21世纪高等教育金融学精讲教程

（第四版）

The Essence of ACCOUNTING FOR FINANCIAL INSTITUTIONS

金融企业会计精讲

李晓梅 陈玥 主编

东北财经大学出版社
Dongbei University of Finance & Economics Press
大连

图书在版编目（CIP）数据

金融企业会计精讲 / 李晓梅，陈玥主编．—4版．—大连：东北财经大学出版社，2024.12．—（21世纪高等教育金融学精讲教程）．—ISBN 978-7-5654-5375-5

Ⅰ. F830.42

中国国家版本馆CIP数据核字第2024SZ4812号

东北财经大学出版社出版

（大连市黑石礁尖山街217号　邮政编码　116025）

网　　址：http://www.dufep.cn

读者信箱：dufep@dufe.edu.cn

大连永盛印业有限公司印刷　　东北财经大学出版社发行

幅面尺寸：170mm×240mm　　字数：463千字　　印张：25

2024年12月第4版　　2024年12月第1次印刷

责任编辑：章北蓓　孙晓梅　王芃南　　责任校对：那　欣

封面设计：张智波　　版式设计：原　皓

定价：58.00元

教学支持　售后服务　联系电话：（0411）84710309

如有印装质量问题，请联系营销部：（0411）84710711

第四版前言

2023年10月召开的中央金融工作会议首次提出“加快建设金融强国”的目标。目前我国已经是金融大国，拥有全球最大的银行体系，第二大保险及重大的股票和债券市场，但金融领域中的各种矛盾和问题相互交织、相互影响，防控风险仍是金融工作的首要命题。习近平总书记指出，金融强国的建设需要强大的金融监管和强大的金融人才队伍。继中央金融工作会议提出“要在金融系统大力弘扬中华优秀传统文化”后，习近平总书记又高屋建瓴地提出：推动金融高质量发展、建设金融强国，要坚持法治和德治相结合，积极培育具有中国特色的金融文化，要求做到“诚实守信，不逾越底线；以义取利，不唯利是图；稳健审慎，不急功近利；守正创新，不脱实向虚；依法合规，不胡作非为”。

在建设金融强国的战略背景下，我们教育工作者应以课程思政为引领，以经济社会实践为依据，培养既熟悉金融企业特征，又掌握会计核算方法的拔尖、创新人才，从而提高金融企业的会计信息质量，服务于维护金融稳定、建设金融强国的战略目标。

结合我国金融企业总体发展目标的要求，参照《企业会计准则》及准则解释的最新修订内容、相关政策及近期银行会计实务操作中的变化，我们对教材进行了系统修订，修订内容覆盖面广，重点涉及金融企业会计概论、存款及理财业务核算、贷款业务核算、外汇业务核算、租赁公司会计和财务报告等，其他各章节也有零星修订，并补充了相关案例链接、扩展链接等内容。

希望修订后的教材在原有基础上更具可操作性，可以满足不同层次读者学习和工作的需要。

本次修订由中央财经大学会计学院李晓梅、陈玥共同完成，并得到相关银行从业人员的大力协助，在此表示诚挚感谢！

由于编者水平有限，书中难免出现疏漏甚至错误，恳请读者批评指正。

李晓梅　陈玥

2024年6月

第三版前言

2018年12月，财政部正式发布修订后的《企业会计准则第21号——租赁》，并自2019年1月1日起在于境内外同时上市以及只在境外上市的公司实施；其他境内上市公司、新三板挂牌公司及执行企业会计准则的非上市公司也自2021年1月1日起实施该项新准则。

为确保本教材与会计准则最新变更的同步性，本版教材重点对有关租赁公司会计核算的内容进行了修订，并对财务报表部分的相关项目及填列方法按最新内容进行了调整。希望修订后的教材在原有基础上更具可操作性，可以满足不同层次读者学习和工作的需要。

修订过程中涉及的部分制度、规范的查阅、归纳和整理工作，由中央财经大学会计学院的白蔚秋老师负责完成；第十四章财务报告部分，由北京农商银行朝阳分行的杨凡负责完成。

由于编者水平有限，书中难免出现疏漏甚至错误，恳请读者批评指正。

第二版前言

李晓梅

2021年8月

前言

本书是作者2014年年初出版的《金融会计》的精讲版本。

《金融会计》一书根据财政部2006年发布的《企业会计准则》及相关的解释类规范，以及中国人民银行及金融行业发布的其他内部规范，主要对我国中央银行、商业银行及各主要非银行金融企业（保险企业除外）的重要业务的会计核算进行较为系统的说明。

而本书的重点则在于金融企业——商业银行、证券公司和基金公司等的会计核算内容。本书力求以简洁的篇幅承载丰富的内容，通过清晰的架构和流畅的阐述，体现我国金融改革、会计改革及会计信息化在金融企业中的最新成果，力求通过凭证展示、流程图解、例题和练习等形式，凸显实务操作性，增强可用性。

相信本书的出版会给不同层次、不同需要的读者以更多选择的空间。

本书在写作过程中参阅了许多国内外相关资料（见参考文献），在此对这些文献的作者表示感谢。

由于编者水平有限，书中难免出现疏漏甚至错误，恳请读者批评指正。

李晓梅

2014年岁尾

目录

第一章 金融企业会计概述

学习目标

1.了解我国金融企业的组成和基本职能
2.熟悉金融企业的会计对象和目标
3.掌握会计信息质量特征
4.掌握金融企业会计的基本核算方法

第一节 金融企业的组成与基本职能

一、金融企业的组成

金融企业是金融机构的重要组成部分。金融机构通常由银行和非银行金融机构组成。

银行是以存款、贷款、汇兑及储蓄等业务承担信用中介的金融机构。现代银行按其在市场经济发展过程中的经济功能和作用划分，可分为中央银行、商业银行和其他专业银行三种类型，其中商业银行是典型的金融企业。

商业银行是以营利为目的，以多种金融负债筹集资金，并以多种金融资产为经营对象，具有信用创造功能的金融机构。商业银行是现代金融体系的主体，它是依照《中华人民共和国公司法》设立的吸收存款、发放贷款、办理结算等金融业务而获取利润的企业法人。商业银行是银行体系中的重要组成部分。

非银行金融机构是指除商业银行以外的其他金融企业，统称为非银行金融机构或金融公司，包括保险公司、证券公司、信托投资公司、租赁公司、基金管理公司和财务公司等。

商业银行和非银行金融机构共同构成了金融企业。

二、我国金融企业的基本职能

（一）商业银行（也称银行业金融机构）

我国商业银行是自主经营、独立核算、自担风险、自负盈亏、自我约束、自我发展的具有法人地位和权利的金融企业，以利润为经营目标，以流动性、安全性、效益性为经营原则。商业银行的主要经营业务有：吸收公众存款，发放短、中、长期贷款，办理国内外结算，办理票据贴现，发行金融债券，买卖政府债券，从事同业拆借，买卖外汇，提供信用证服务及担保，代理保险业务，提供保险箱服务以及经中国人民银行批准的其他业务。

（二）保险公司

保险公司是经营保险业务和投资业务的经济组织，其主营业务是保险业务，具体包括财产保险、人身保险和再保险。保险公司的投资业务是指保险公司在组织经济补偿或给付保险金的经营过程中，将收取的保险费积聚起来形成保险资金，并按规定用于投资使之增值的业务活动。

（三）证券公司

我国的证券公司分为两类，即综合类证券公司和经纪类证券公司。综合类证券公司的业务包括证券经纪业务、证券自营业务、证券承销业务和经国务院证券监督管理机构核定的其他证券业务。经纪类证券公司只允许专门从事证券经纪业务，即只能专门从事代理客户买卖股票、债券、基金、可转换债券和认股权证等业务。

（四）信托投资公司

信托投资公司是专门从事信托投资业务的公司，目前主要业务有：信托业务，如信托存款、信托贷款和信托投资等；委托业务，如委托存款、委托贷款和委托投资等；代理业务，如代理保管、代理收付和代理有价证券的发行和买卖、信用担保等；咨询业务，如资信咨询、项目可行性咨询、投资咨询和金融咨询等。

（五）租赁公司

租赁公司是从事金融租赁业务的公司，其主要业务有：动产和不动产的租赁、转租赁和回租赁业，各种租赁业务所涉及的标的物的购买业务，出租物和抵偿租金产品的处理业务，向金融机构借款及其他融资业务，吸收特定项目下的信托存款，租赁项目下的流动资金贷款业务，以及外汇业务等。

（六）基金管理公司

基金管理公司是依据法律、法规和基金契约，负责基金的经营和管理操作的公司。其主要业务有：证券投资基金的发行和赎回，管理和运用证券投资基金从事股票、债券等金融工具的投资等。

（七）财务公司

财务公司是由企业集团内部集资组建的，主要为集团内部成员筹集和融通资金、提供金融服务的公司。其主要业务有：存贷款、结算、票据贴现、融资租赁、投资、委托及代理发行有价证券等。

扩展链接

金融行业在国家战略中的作用

第二节　金融企业会计对象和目标

金融企业会计是一种特殊行业的专门会计，是根据会计学的基本原理和基本方法，针对金融业务的工作特点而制定的特种会计，适用于金融系统的会计核算和经营管理。

一、金融企业会计对象

会计对象是指会计所要核算和监督的内容。一般来说，会计主体能以货币表现的经济活动即价值运动是广泛和抽象意义上的会计对象。

为了便于确认、计量、记录和报告，必须按照经济业务不同方面的影响而将其分为不同的内容，即对会计对象的具体内容进行初次分类，这就形成了会计要素。按照我国《企业会计准则》的规定，会计要素分为资产、负债、所有者权益、收入、费用和利润六项。

金融企业会计对象从总体上看，依然是资金运动所体现的六大会计要素，但金融企业的资金运动形式区别于其他企业的资金运动形式。

就银行而言，其资金运动形式表现为：社会货币资金→银行信贷资金→社会货币资金。银行对信贷资金的经营主要体现为吸收存款和发放贷款，因此，贷款是银行最主要的资产，存款是其最主要的负债；贷款获得的利息收入是银行最主要的营业收入，而存款发生的利息支出是银行最主要的经营成本。此外，各项中间业务形成的手续费及佣金收支也是构成银行收入、费用的重要内容。将一定时期的收入与费用相减，就形成了银行的利润。

非银行金融机构与商业银行的会计要素在分类上相同，但在内容上有所不同。

非银行金融机构的资金来源主要是发行股票、债券等，且主要从事非贷款的其他金融业务，如保险、信托和租赁等。

二、金融企业会计目标

《企业会计准则——基本准则》明确规定，企业财务报告的目标是向财务会计报告使用者提供与企业财务状况、经营成果和现金流量有关的会计信息，反映企业管理层受托责任履行的情况，有助于财务会计报告使用者作出经济决策。财务会计报告使用者包括投资人、债权人、政府及有关部门和社会公众等。

保护投资者利益是市场经济的必然要求，金融企业的投资者关心其投资的风险与报酬，他们需要会计信息来帮助他们作出有关投资的决策；债权人关心债务企业的偿债能力和财务风险，他们需要财务信息对金融企业的还本付息能力作出合理的评估；政府及有关部门需要金融企业的财务信息来监管其业务活动、制定税收政策、进行税收征管和国民经济统计等；社会公众也关心金融企业对所在地经济作出的贡献，如环境友好、增加就业和提供社区服务等。

现代企业制度强调企业所有权和经营权相分离，金融企业管理层受出资人之托经营管理金融企业，负有受托责任。财务报告应当反映金融企业管理层受托责任的履行情况，这样才有助于外部投资者和债权人等评价金融企业的经营管理责任和资源使用的有效性。

第三节　金融企业会计规范

一、现行金融企业会计规范

2006年，我国《企业会计准则》（以下简称“新会计准则”）全面发布，要求自2007年1月1日起在上市公司的范围内实施，同时鼓励其他企业执行。同年，当时的中国银监会发布《关于银行业金融机构全面执行〈企业会计准则〉的通知》，要求已经上市的银行业金融机构全面执行“新会计准则”。对于其他金融公司，包括证券公司、期货经纪公司和信托公司等，证监会、银监会、中国证券业协会、中国期货业协会等相关监管机构也陆续发布了执行“新会计准则”的细则等规范。

财政部分别于2014年和2016年对“新会计准则”进行了较大规模的修订和增补，之后也有陆续的增补。到目前为止，已发布和修订“新会计准则”共42项（详见本章附录1），并先后发布了17项准则解释。

上述准则与会计处理规定在金融企业的日常核算中都是必须贯彻实施的。随着我国会计规范体系的进一步丰富与完善，金融会计也将随之改进，以便更好地满足会计信息使用者的决策需求。

二、金融企业会计的基本前提

会计的基本前提（或称基本假设）是指会计人员为了实现会计目标而对错综复杂、变化不定的会计环境所作出的合乎情理的假定。金融企业会计的四个基本前提分别是：会计主体、持续经营、会计分期和货币计量。

（一）会计主体

会计主体是指会计工作为之服务的特定单位或组织，是会计确认、计量和报告的空间范围。会计核算和财务报告的编制应当集中反映特定经济实体可以用货币计量的经济活动，并使之与其他经济实体的经济活动区分开。会计主体可以是一个企业，也可以是若干家企业通过控股关系组织起来的集团公司。一个会计主体可能包括几个会计主体，如总公司和分公司；几个会计主体也可以合并为一个会计主体，如联营公司。

（二）持续经营

持续经营是指在可以预见的未来，会计主体将会按照当前的规模和状态继续经营下去，不会停业，也不会大规模削减业务。在持续经营的前提下，会计确认、计量和报告应当以企业持续、正常的生产经营活动为前提。只有假定持续经营这个前提，企业资金才能实现周而复始的循环与周转，会计人员才能分期记账，定期进行财务报告，会计处理方法才能保持一致性和稳定性，才能以权责发生制为基础确定本期的收益和费用，解决资产计价和负债偿还等问题。

（三）会计分期

会计分期是指将会计主体的持续进行的经营活动划分为连续的、长短相同的期间，据以结算盈亏，按期编制财务报告，及时向财务报告使用者提供有关企业财务状况、经营成果和现金流量的信息。会计分期分为年度和中期，中期是指短于一个完整会计年度的报告期间，包括月度、季度和半年度。会计分期前提解决了会计核算与监督的时间范围问题。

（四）货币计量

货币计量，是指会计主体在会计确认、计量和报告时以货币计量单位，反映会计主体的经营活动。我国金融企业的会计核算以人民币为记账本位币。业务收支以外币为主的企业，可以选定某种外币作为记账本位币，但编制的会计报表应折算为人民币反映。境外企业向国内有关部门报送的会计报表也应折算为人民币反映。

三、金融企业会计核算的基础和会计信息质量要求

（一）核算基础——权责发生制

金融企业应以权责发生制为基础进行会计确认、计量和报告。

权责发生制又称应计制，是指凡是当期已经实现的收入和已经发生或应当负担的费用，不论款项是否收付，都应作为当期的收入和费用；凡是不属于当期的收入和费用，即使款项已在当期收付，也不应作为当期的收入和费用。权责发生制原则主要是解决收入和费用何时予以确认、确认多少的问题。根据权责发生制进行收入和费用的核算，能够更加准确地反映特定会计期间真实的财务状况和经营成果。

（二）会计信息质量特征

《企业会计准则——基本准则》对会计信息有如下质量要求：

1.可靠性。可靠性要求金融企业应当以实际发生的交易或事项为依据进行会计确认、计量和报告，如实反映符合确认和计量要求的各项会计要素及其他相关信息，保证会计信息真实可靠、内容完整。真实可靠的会计信息要求如实反映，且具有可验证性和中立性。可靠性是对会计信息质量的最基本要求。

2.相关性。相关性又称有用性，是指金融企业提供的会计信息应当与财务报告使用者的经济决策需要密切相关，能够满足宏观经济管理的需要，满足各有关方面了解企业财务状况、经营成果和现金流量的需要，满足企业加强内部经营管理的需要。

3.可理解性。可理解性要求金融企业提供的会计信息应当清晰明了，便于财务报告使用者理解和使用，同时也有利于审计人员进行审计。此原则作为会计信息的重要质量特征，要求在会计核算中，会计记录应当准确清晰，凭证填制、账簿登记依据应当合法，账户对应关系清楚，文字摘要完整，会计报表应做到项目完整、数字准确、勾稽关系清楚，以便会计信息使用者准确完整地把握信息内容，更好地加以利用。

4.可比性。可比性要求金融企业提供的会计信息可以用于比较。具体包括以下要求：（1）同一企业对不同时期发生的相同或者相似的交易或者事项，应当采用一致的会计政策，不得随意变更；（2）不同企业发生的相同或者相似的交易或者事项，应当采用规定的会计政策，以确保会计信息口径一致、相互可比。

5.实质重于形式。实质重于形式是指金融企业应当按照交易或事项的经济实质进行会计确认、计量和报告，不应仅以交易或者事项的法律形式为会计依据。在实际工作中，交易或事项的外在法律形式并不总能完全反映真实情况和实质内容，此

原则能够保证会计核算信息与客观经济事实相符，从而提高会计信息的质量。

6.重要性。重要性要求金融企业提供的会计信息应当反映与企业财务状况、经营成果和现金流量有关的所有重要交易或者事项。对资产、负债和损益等有较大影响，进而影响财务会计报告使用者作出合理判断的重要会计事项，必须按规定的会计方法和程序进行处理，并在财务会计报告中予以充分准确的披露；对于次要的会计事项，在不影响会计信息真实性和不至于误导财务会计报告使用者作出正确判断的前提下，可适当简化处理。

7.谨慎性。谨慎性又称稳健性，要求金融企业对交易或者事项进行会计确认、计量和报告时应当保持应有的谨慎，不应高估资产或者收益、低估负债或者费用。在资产计价及损益确定时，如果有两种或两种以上的方法或金额可供选择，应选择能够使本期净资产和利润较低的方法或金额。

8.及时性。及时性要求金融企业对于已经发生的交易或者事项，应当进行及时确认、计量和报告，不得提前或者延后。会计信息的价值在于帮助信息使用者作出经济决策，具有时效性。如果金融企业的会计信息不能及时提供，那么即使其信息具有可靠性、可比性和相关性，对于会计信息使用者也没有任何意义，甚至可能会误导会计信息使用者。为保证会计信息的及时性，应及时收集会计信息，及时对会计信息进行加工处理，并及时传递会计信息。

第四节　基本核算方法

所谓基本核算方法，是指企业日常会计核算采用的会计科目、记账方法、会计凭证、账簿、账务处理程序、报表等的具体设计和安排。金融企业由于业务类型不同，所以并没有完全统一的基本核算方法。由于商业银行在凭证使用、账簿设置和账务处理程序方面比较特殊，所以本章将予以重点介绍。金融企业在基本核算方法上可参照一般企业及商业银行的做法，并结合自身的业务特色，组织日常会计核算。

一、会计科目的设置及分类

会计科目是对会计对象的具体内容进行分类反映的标志或名称，它是设置账户、分类记载会计事项的工具，也是确定报表项目的基础。

金融企业应依照《企业会计准则——应用指南》中科目表规定的科目名称和核算内容设置和使用会计科目，处理经济业务（企业会计科目名称和编号见表1-1）。

表1-1 **企业会计科目名称和编号**

顺序号	编号	会计科目名称		顺序号	编号	会计科目名称	
		一、资产类		83	2221	应交税费	√
1	1001	库存现金	√	84	2231	应付利息	√
2	1002	银行存款	√	85	2232	应付股利	√
3	1003	存放中央银行款项	√	86	2241	其他应付款	√
4	1011	存放同业	√	87	2251	应付保单红利	
5	1012	其他货币资金		88	2261	应付分保账款	
6	1021	结算备付金	√	89	2311	代理买卖证券款	√
7	1031	存出保证金	√	90	2312	代理承销证券款	√
8	1101	交易性金融资产	√	91	2313	代理兑付证券款	√
9	1111	买入返售金融资产	√	92	2314	代理业务负债	√
10	1121	应收票据		93	2401	递延收益	
11	1122	应收账款		94	2501	长期借款	
12	1123	预付账款		95	2502	应付债券	√
13	1131	应收股利	√	96	2601	未到期责任准备金	
14	1132	应收利息	√	97	2602	保险责任准备金	
15	1201	应收代位追偿款		98	2611	保户储金	
16	1211	应收分保账款		99	2621	独立账户负债	
17	1212	应收分保合同准备金		100	2701	长期应付款	
18	1221	其他应收款	√	101	2702	租赁负债	√
19	1231	坏账准备	√	102	2711	专项应付款	
20	1301	贴现资产	√	103	2801	预计负债	√
21	1302	拆出资金	√	104	2901	递延所得税负债	√
22	1303	贷款	√			三、共同类	

续表

顺序号	编号	会计科目名称		顺序号	编号	会计科目名称	
23	1304	贷款损失准备	√	105	3001	清算资金往来	√
24	1311	代理兑付证券	√	106	3002	货币兑换	√
25	1321	代理业务资产	√	107	3101	衍生工具	√
26	1401	材料采购		108	3201	套期工具	√
27	1402	在途物资		109	3202	被套期项目	√
28	1403	原材料				四、所有者权益类	
29	1404	材料成本差异		110	4001	实收资本	√
30	1405	库存商品		111	4002	资本公积	√
31	1406	发出商品		112	4003	其他综合收益	√
32	1407	商品进销差价		113	4101	盈余公积	√
33	1408	委托加工物资		114	4102	一般风险准备	√
34	1411	周转材料		115	4103	本年利润	√
35	1421	消耗性生物资产		116	4104	利润分配	√
36	1431	贵金属	√	117	4201	库存股	√
37	1441	抵债资产	√			五、成本类	
38	1451	损余物资		118	5001	生产成本	
39	1461	融资租赁资产	√	119	5101	制造费用	
40	1471	存货跌价准备		120	5201	劳务成本	
41	1501	债权投资	√	121	5301	研发支出	
42	1502	债权投资减值准备	√	122	5401	工程施工	
43	1503	其他债权投资	√	123	5402	工程结算	
44	1504	其他权益工具投资		124	5403	机械作业	
45	1511	长期股权投资	√			六、损益类	

续表

顺序号	编号	会计科目名称	顺序号	编号	会计科目名称
46	1512	长期股权投资减值准备 √	125	6001	主营业务收入 √
47	1521	投资性房地产 √	126	6011	利息收入 √
48	1531	长期应收款 √	127	6021	手续费及佣金收入 √
49	1532	应收融资租赁款 √	128	6031	保费收入
50	1541	存出资本保证金 √	129	6041	租赁收入 √
51	1601	固定资产/使用权资产* √	130	6051	其他业务收入 √
52	1602	累计折旧/使用权资产累计折旧* √	131	6061	汇兑损益 √
53	1603	固定资产减值准备/使用权资产减值准备* √	132	6101	公允价值变动损益 √
54	1604	在建工程 √	133	6111	投资收益 √
55	1605	工程物资 √	134	6201	摊回保险责任准备金
56	1606	固定资产清理 √	135	6202	摊回赔付支出
57	1611	未担保余值 √	136	6203	摊回分保费用
58	1621	生产性生物资产	137	6301	营业外收入 √
59	1622	生产性生物资产累计折旧	138	6401	主营业务成本 √
60	1631	油气资产	139	6402	其他业务成本 √
61	1632	累计折耗	140	6403	税金及附加 √
62	1701	无形资产 √	141	6411	利息支出 √
63	1702	累计摊销 √	142	6421	手续费及佣金支出 √
64	1703	无形资产减值准备 √	143	6501	提取未到期责任准备金
65	1711	商誉 √	144	6502	提取保险责任准备金
66	1801	长期待摊费用 √	145	6511	赔付支出
67	1811	递延所得税资产 √	146	6521	保单红利支出

续表

顺序号	编号	会计科目名称		顺序号	编号	会计科目名称	
68	1821	独立账户资产		147	6531	退保金	
69	1901	待处理财产损溢	√	148	6541	分出保费	
		二、负债类		149	6542	分保费用	
70	2001	短期借款	√	150	6601	销售费用	
71	2002	存入保证金	√	151	6602	管理费用	√
72	2003	拆入资金	√	152	6603	财务费用	
73	2004	向中央银行借款	√	153	6604	勘探费用	
74	2011	吸收存款	√	154	6701	资产减值损失	√
75	2012	同业存放	√	155	6702	资产处置损益	√
76	2021	贴现负债	√	156	6703	其他收益	√
77	2101	交易性金融负债	√	157	6711	营业外支出	√
78	2111	卖出回购金融资产款	√	158	6801	所得税费用	√
79	2201	应付票据		159	6901	以前年度损益调整	√
80	2202	应付账款					
81	2203	预收账款					
82	2211	应付职工薪酬	√				

注：带√的科目为金融企业（保险公司除外）专用会计科目。

带*的科目可根据企业需要自行开设并编号。

（一）按资金性质分类

金融企业会计科目按资金性质可分为五类：资产类、负债类、共同类、所有者权益类和损益类。就金融企业而言，因核算上的需要，可以增设一些特殊业务的专用科目（证券投资基金和期货公司增设的会计科目表见本章附录2）。

1.资产类科目。资产类科目是金融企业各项经济资源的分类名称。金融企业除需设置固定资产、无形资产和其他资产等一般企业共有的资产类科目外，大量资产类科目均为存出款项和发放贷款、拆出资金及垫款等。

2.负债类科目。负债类科目是金融企业各项债务的分类名称。金融企业除需设置短期借款、应付职工薪酬、应交税费等一般企业共有的负债类科目以外，大量负债科目均为存入款项、拆入资金及代理业务产生的负债等。

3.资产负债共同类科目。资产负债共同类科目既能反映金融企业的资产业务，又能反映金融企业的负债业务，如货币兑换和清算资金往来。此类科目的余额在借方表现为资产，余额在贷方表现为负债。在编制会计报表时应根据余额方向，分别纳入资产类或负债类科目反映。

4.所有者权益类科目。所有者权益类科目是金融企业资本项目的分类名称，用来核算所有者投入资金以及留存收益的情况。前者包括实收资本和资本公积，后者包括盈余公积、一般风险准备和未分配利润。

5.损益类科目。损益类科目是金融企业各项经营收入和费用支出的分类名称，用来核算金融企业的日常和非日常活动产生的损益等。此类科目包括利息收入、利息支出、投资收益、业务及管理费等。

（二）按与资产负债表的关系分类

金融企业会计科目按与资产负债表的关系，可以分为表内科目和表外科目。

1.表内科目。表内科目是指为反映金融企业资金实际增减变化而纳入资产负债表内的科目。

2.表外科目。表外科目是指反映金融企业确已发生而尚未涉及资金的实际增减变化，或不涉及资金增减变化而不列入资产负债表的科目，如“有价单证”“空白重要凭证”等。

（三）按反映经济业务内容的详略程度分类

金融企业会计科目按反映经济业务内容的详略程度，可分为一级科目和二级科目。

1.一级科目。一级科目的名称代号及核算内容具有较强的统一性，科目的设置及修改应高度集中。

2.二级科目。二级科目可以由各金融企业根据自身业务的实际需要和权限增加设置。

二、记账方法

记账方法是指运用一定的记账原理和规则，将财务活动记入账簿，并通过试算平衡来检查账簿记录是否正确的一种技术方法。金融企业会计的记账方法包括复式记账法和单式记账法。经济业务发生后，涉及表内科目增减变化的采用复式记账法，未引起表内科目增减变化而只涉及表外科目增减变化的采用单式记账法。

（一）复式记账法

复式记账法就是对每一项经济业务，都要以对应相等的金额，同时在所涉及的两个或两个以上账户中进行登记的记账方法。在国际上，通常采用的复式记账法为借贷记账法。在我国，金融企业的表内科目一律采用借贷记账法。

（二）单式记账法

单式记账法就是对发生的每一项经济业务只在一个账户中进行登记的记账方法。金融企业的表外科目一般采用单式记账法。

三、会计凭证

（一）会计凭证的分类及金融企业会计凭证的特点

会计凭证是记载经济业务，办理资金收付，明确业务经济责任，并具有法律效力的书面证明。它是金融企业办理业务和财务收支的主要依据。按填制程序和用途不同，会计凭证可分为原始凭证和记账凭证。

1.原始凭证

原始凭证是在经济业务发生时直接取得或填制的会计凭证，是用来确定业务的执行和完成情况，并作为记账依据的最原始资料。按来源不同，原始凭证又可分为外来原始凭证和自制原始凭证。

外来原始凭证是在经济业务完成时从企业外部直接取得的凭证。商业银行的原始凭证大多为外来原始凭证。自制原始凭证是企业在办理经济业务过程中，根据业务需要而填制的各种专用凭证。

2.记账凭证

根据不同的分类标准，记账凭证可分为不同的种类。

（1）明细账记账凭证和总账记账凭证。记账凭证按其是否是明细账的记载依据分为明细账记账凭证和总账记账凭证。在商业银行中，由于明细账记账凭证在核算过程中要在企业内部各核算环节进行传递，故又称“传票”；银行的总账记账凭证为汇总记账凭证，又称“科目日结单”。

（2）单式记账凭证和复式记账凭证。记账凭证按其分录形式不同可分为单式记账凭证和复式记账凭证。单式记账凭证是在每张凭证上只填一个会计科目或账户，即一笔经济业务按其对应关系编制两张或两张以上的会计凭证；复式记账凭证是一笔经济业务所涉及的几个科目或账户都反映在一张凭证上。传统上，商业银行的手工核算主要使用单式记账凭证。

（3）基本凭证和特定凭证。商业银行的记账凭证按其性质或适用范围不同可分为基本凭证和特定凭证。

基本凭证又称通用凭证或一般凭证，是会计部门根据合法的原始凭证及业务事项自行编制的具有统一格式的凭证（格式见本章附录3）。

特定凭证又称专用凭证，是金融企业（特别是商业银行）根据各种业务的特殊需要指定的凭证。这类凭证一般由金融企业根据各种特殊需要制定，具有专门用途，并由金融企业统一印制发行，由客户在需要时一次套写数联提交金融企业，商业银行企业以其中一联或几联代记账凭证记账。

记账凭证应根据原始凭证填制，专门用以登记账簿，原始凭证则作为记账凭证的附件。但在商业银行的会计核算中，除某些业务需要自制记账凭证外，大多采用客户提交的或联行及代理行寄来的各种原始凭证，直接代替记账凭证进行账务处理。

（二）会计凭证的编制

编制会计凭证是会计核算工作的起点和基础。编制凭证应做到要素齐全、内容完整、反映真实、数字正确、字迹清楚、书写规范、手续完备，且不得任意涂改。对外签发的凭证以及受理客户提交的凭证，其金额除填写阿拉伯数字的小写金额外，应同时填写中文大写数字，以防涂改，且大小写数字必须相符。

（三）会计凭证的审核

为保证会计凭证的真实性与完整性，应对会计凭证进行审核，只有经过审核后合格的凭证，才能作为记账依据。会计凭证的审核要点主要有：

1.是否为本金融企业受理的凭证。

2.凭证内容、联数、附件是否齐全完整，是否超过有效期限。

3.账号与户名是否相符。

4.大小写金额是否一致，字迹有无涂改。

5.取款是否超过存款余额、拨款限额或贷款额度。

6.印鉴是否真实齐全。

7.款项来源、用途是否符合政策和有关资金管理规定。

8.计息、收费、赔偿金的计算是否正确。

9.内部科目的账户名称使用是否正确等。

（四）会计凭证的传递与保管

会计凭证的传递是指从收到或编制凭证起，通过审查凭证，账务处理，直到凭证装订保管为止的凭证运行路线和处理方式。会计凭证的传递一般包括规定合理的传递路线、时间，会计凭证在传递过程中的衔接手续等。

传统上，由于商业银行业务量大，所以会计凭证应按期整理装订。每日营业终了，对已办完核算手续的凭证应集中整理，按先表内科目、后表外科目的顺序排列。表内科目按科目编号先小号、后大号的顺序进行整理。同一科目下再按现金传票在前、转账传票在后，借方传票在前、贷方传票在后依次排列。表外科目按收入、付出顺序排列。原始凭证及有关单证附于记账凭证后面，并加盖“附件”戳记。科目日结单装订在该科目各明细账记账凭证的前面，传票销号单则附在最后一并装订。装订成册的凭证，应由指定的会计人员负责妥善保管，年度终了时，应移送财会档案室登记归档。

四、账簿和账务组织

（一）账簿的种类

金融企业会计账簿按其用途可分为序时账簿、分类账簿和备查账簿。

1.序时账簿。序时账簿通常称为日记账，它是按照全部经济业务完成时间的先后顺序进行登记的账簿。在实际工作中，按照会计部门收到凭证的先后顺序即按照凭证的编号顺序进行登记。

2.分类账簿。分类账簿用以全面、系统地对资金循环和收支活动进行分类记录。按照分类的概括程度不同，分类账簿又可分为明细分类账和总分类账。

明细分类账是按账户设置和登记的账簿。金融企业的明细分类账按每一会计科目下的开户单位或具体核算对象分户立账，并根据记账凭证的业务顺序逐笔连续记载。

总分类账是按会计科目设置的，是汇总明细分类账的主要工具。总分类账在每日营业终了时，根据各科目日结单借、贷方发生额和今日余额进行登记。

任何科目总账的当日借方或贷方发生额或余额与其所属各分户账借方或贷方发生额或余额的合计数应相等。这种数量相等关系，能够使总分类核算与明细分类核算互相制约，是对总分类账和明细分类账进行核对、保证账账相符的重要依据。

3.备查账簿。备查账簿是对某些在日记账和分类账等主要账簿中未能记载的事项进行补充登记的账簿。这种账簿用于辅助性登记，没有固定的格式，可根据需要加以设计。

（二）账务组织

账务组织是指总的账务结构体系，它包括明细核算和综合核算两个系统。明细核算对综合核算起补充作用，综合核算对明细核算起统驭作用，二者构成了一套完整的、科学的和严密的账务组织体系。

1.明细核算。商业银行的明细核算按明细分类科目（分户）进行，以反映各明细账户资金增减变化及其结果的详细情况。它的具体形式和所使用的账表包括分户账、登记簿和余额表等。它的核算程序为：根据会计凭证登记分户账或登记簿，再根据分户账或登记簿编制余额表，最后与总账进行核对。

（1）分户账。分户账是企业会计账簿中具体反映经济业务的明细分类账簿，是明细核算的主要形式。分户账的格式分为甲、乙、丙、丁四种（见本章附录4）。

（2）登记簿。登记簿又称登记卡，是为了适应某些业务需要而设置的专用账簿。登记簿的格式根据业务需要可自行设计，一般都采用收入、付出、余额三栏的通用格式，根据表外科目传票采取单式记账方法进行登记处理。

（3）余额表。余额表是核对总账与分户账余额和计算利息的重要工具。余额表分为计息余额表和一般余额表（见本章附录4）。计息余额表适用于计息科目，它根据分户账的每日最后余额填列，当日未发生借贷业务的账户应按上日余额填列，使之能与总账核对余额，并计算计息积数。一般余额表适于各种科目及账户登记余额时使用。

2.综合核算。综合核算是按总分类科目进行核算，综合、概括地反映各科目的资金增减变化情况，由各种总分类账组成的核算系统。商业银行综合核算所采用的主要形式包括科目日结单、总账和日计表等。其记账程序为：通过业务传票的审核编制科目日结单，然后根据科目日结单登记各科目总账，最后编制日计表。

（1）科目日结单。科目日结单（见本章附录4）又称总账记账凭证，是每天会计科目的当日借贷方发生额和凭证、附件张数的汇总记录，是监督明细账发生额、轧平当日账务的重要工具，也是登记总账的依据。每日营业终了时，应按同一科目的凭证区分现金和转账凭证、借方或贷方发生额，各自加计总数填入科目日结单的有关栏目，并注明凭证张数。全部科目日结单相加的借贷方合计数必须平衡。

（2）总账。总账（见本章附录4）是综合核算与明细核算相互核对，统驭明细分户账的主要工具，是各科目的总括记录，也是编制日计表、月计表、业务状况报告表、资产负债表的依据。总账按科目设置，总账的发生额，应于每日营业终了时，根据各科目日结单的借贷方发生额合计数分别填记；余额根据本科目的上日余额加减本日发生额后求出。

（3）日计表。日计表（见本章附录4）是反映当日业务活动和轧平全部账务的主要工具。日计表应每日编制，日计表上当日发生额和余额应根据总账各科目当日发生额和余额填记。日计表上的借、贷方发生额和借、贷方余额合计数必须各自平衡。

（三）账务处理程序

金融企业的一般账务处理程序均为凭证—账簿—报表的处理过程，其中商业银行的账务处理较为特殊，商业银行的账务处理程序是将明细核算程序、综合核算程序和账务核对三个方面结合起来的一个完整的会计业务处理程序。在传统手工核算时代，商业银行账务处理程序的具体步骤如下：

（1）根据发生的银行业务编制或者受理审核会计凭证。

（2）根据审核无误的会计凭证登记分户账或现金收入、付出日记簿。

（3）根据分户账期末余额正确编制余额表。

以上是明细核算的基本程序。

（4）根据会计凭证编制科目日结单，并试算当天各科目所发生的借方和贷方发生额是否平衡。

（5）根据科目日结单登记总账并结出总账的期末余额。

（6）根据总账余额编制日计表，并试算日计表是否平衡。

这部分是综合核算的基本程序，然后进行账务的核对：

（7）各总账余额与其所属分户账的余额合计核对相符。

（8）总账现金科目与现金收入日记簿、现金付出登记簿和现金库存账簿核对相符。

（9）现金库存登记簿和实存现金核对相符。

商业银行账务处理程序如图 1-1 所示。

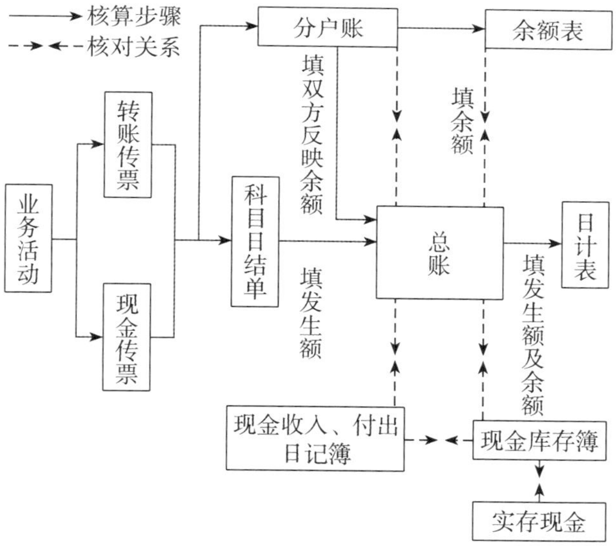

图1-1　商业银行账务处理程序

目前，金融企业普遍应用了计算机核算系统，在电算化条件下，柜员办理业务时只要按照系统提示的画面和有关规定在计算机中录入必要的原始信息，系统就会自动将有关数据过渡到相应的会计科目上，并生成账簿。整个账务处理都是由系统自动完成的，柜员只是在上班、下班、中途交接班时打印柜员重要凭证日结表、柜员现金收付日结表，营业结束时打印交易流水和汇总传票（类似科目汇总表而非科目日结单）。

在计算机操作环境下，商业银行的明细核算、综合核算和账务核对系统的运行方式如图 1-2 所示。

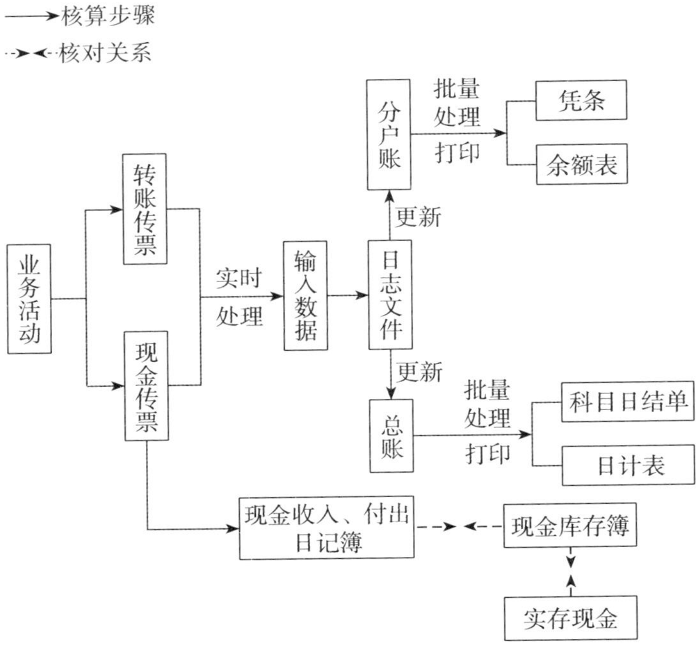

图1-2　商业银行的明细核算、综合核算和账务核对系统的运行方式

编制会计报表是账务处理程序的最后一步，也是财务会计信息最后形成的过程。作为会计信息的载体，金融企业会计报表按照反映内容的不同可分为以下几种：资产负债表、利润表、所有者权益变动表、现金流量表和报表附注。各会计报表的具体格式及编制方法将在第14章中做详细介绍。

扩展链接

与存款业务相关的财务舞弊防范

本章小结

1.金融企业通常由银行和非银行金融机构组成。

2.金融企业会计是根据会计学的基本原理和基本方法，针对金融业务的工作特点而制定的特种会计，适用于金融系统的会计核算和经营管理。

3.金融企业遵循企业会计准则及行业监管机构制定的会计规范，以权责发生制为核算基础，会计信息须满足准则规定的质量要求。

4.金融企业的基本核算方法与一般企业有所不同，特别是商业银行，在凭证、账簿及账务处理程序方面均具有特殊性。

关键概念

金融企业　商业银行　非银行金融机构　权责发生制　基本核算方法

思考与应用

1.简述我国金融企业的基本特征和组成。
2.分析金融会计信息的使用者及其决策需求。
3.商业银行的财务报告如何满足外部利益相关者的需求？
4.简述金融企业会计要素的特点及会计信息质量特征对各要素确认、计量的影响。
5.商业银行会计凭证包括哪些类别？
6.商业银行的账务组织包括哪些内容？有何特点？

附录1　企业会计准则目录

企业会计准则第 1 号	存货
企业会计准则第 2 号	长期股权投资
企业会计准则第 3 号	投资性房地产
企业会计准则第 4 号	固定资产
企业会计准则第 5 号	生物资产
企业会计准则第 6 号	无形资产
企业会计准则第 7 号	非货币性资产交换
企业会计准则第 8 号	资产减值
企业会计准则第 9 号	职工薪酬
企业会计准则第 10 号	企业年金基金
企业会计准则第 11 号	股份支付
企业会计准则第 12 号	债务重组
企业会计准则第 13 号	或有事项
企业会计准则第 14 号	收入
企业会计准则第 16 号	政府补助
企业会计准则第 17 号	借款费用

续表

企业会计准则第 18 号	所得税
企业会计准则第 19 号	外币折算
企业会计准则第 20 号	企业合并
企业会计准则第 21 号	租赁
企业会计准则第 22 号	金融工具确认和计量
企业会计准则第 23 号	金融资产转移
企业会计准则第 24 号	套期会计
企业会计准则第 25 号	保险合同
企业会计准则第 26 号	再保险合同
企业会计准则第 27 号	石油天然气开采
企业会计准则第 28 号	会计政策、会计估计变更和差错更正
企业会计准则第 29 号	资产负债表日后事项
企业会计准则第 30 号	财务报表列报
企业会计准则第 31 号	现金流量表
企业会计准则第 32 号	中期财务报告
企业会计准则第 33 号	合并财务报表
企业会计准则第 34 号	每股收益
企业会计准则第 35 号	分部报告
企业会计准则第 36 号	关联方披露
企业会计准则第 37 号	金融工具列报
企业会计准则第 38 号	首次执行企业会计准则
企业会计准则第 39 号	公允价值计量
企业会计准则第 40 号	合营安排
企业会计准则第 41 号	在其他主体中权益的披露
企业会计准则第 42 号	持有待售的非流动资产、处置组和终止经营

附录2　证券投资基金和期货公司专用会计科目表

证券投资基金会计科目表

顺序号	编号	会计科目名称	顺序号	编号	会计科目名称
一、资产类			二、负债类		
1	1002	银行存款	15	2001	短期借款
2	1021	结算备付金	16	2101	交易性金融负债
3	1031	存出保证金	17	2202	卖出回购金融资产款
4	1102	股票投资	18	2203	应付赎回款
5	1103	债券投资	19	2204	应付赎回费
6	1104	资产支持证券投资	20	2206	应付管理人报酬
7	1105	基金投资	21	2207	应付托管费
8	1106	权证投资	22	2208	应付销售服务费
9	1202	买入返售金融资产	23	2209	应付交易费用
10	1203	应收股利	24	2221	应交税费
11	1204	应收利息	25	2231	应付利息
12	1207	应收申购款	26	2232	应付利润
13	1221	其他应收款	27	2241	其他应付款
14	1501	待摊费用	28	2501	预提费用
三、共同类			五、损益类		
29	3003	证券清算款	38	6011	利息收入
30	3101	远期投资	39	6101	公允价值变动损益
31	3102	其他衍生工具	40	6111	投资收益
32	3201	套期工具	41	6302	其他收入
33	3202	被套期项目	42	6403	管理人报酬
四、所有者权益类			43	6404	托管费
34	4001	实收基金	44	6406	销售服务费
35	4011	损益平准金	45	6407	交易费用
36	4103	本期利润	46	6411	利息支出
37	4104	利润分配	47	6605	其他费用
			48	6901	以前年度损益调整

期货公司专用会计科目表

资产类	负债类	损益类
期货保证金存款	应付货币保证金	手续费收入
应收货币保证金	应付质押保证金	佣金收入
应收质押保证金	应付手续费	佣金支出
应收结算担保金	应付佣金	提取期货风险准备金
应收风险损失款	期货风险准备金	
应收佣金	应付期货投资者保障基金	业务及管理费——监管费、年会费、席位使用费、客户服务费、提取期货投资者保障基金等
期货会员资格投资		
	所有者权益类	
	一般风险准备	

附录3 商业银行基本凭证示例

××银行　现金收入传票

总字第　　号

字第　　号

（贷）____________

（借）现金____________　　　　　　年　月　日

户名或账号	摘要	金额										
		亿	千	百	十	万	千	百	十	元	角	分
合计												

会计　　　　出纳　　　　复核　　　　记账

××银行　现金支出传票

总字第　　号

（借）＿＿＿＿＿＿　　　　　　字第　　号

（贷）现金＿＿＿＿＿＿　　　　年　月　日

户名或账号	摘要	金额										
		亿	千	百	十	万	千	百	十	元	角	分
合计												

会计　　　　出纳　　　　复核　　　　记账

××银行　转账借方传票

总字第　　号

科目（借）＿＿＿＿＿＿　　　　字第　　号

对方科目（贷）＿＿＿＿＿＿　　　　年　月　日

户名或账号	摘要	金额										
		亿	千	百	十	万	千	百	十	元	角	分
合计												

会计　　　　出纳　　　　复核　　　　记账

××银行　转账贷方传票

总字第　　号

科目（贷）＿＿＿＿＿＿　　　　字第　　号

对方科目（借）＿＿＿＿＿＿　　　　年　月　日

户名或账号	摘要	金额										
		亿	千	百	十	万	千	百	十	元	角	分
合计												

会计　　　　出纳　　　　复核　　　　记账

××银行　特种转账借方传票

总字第　　号

字第　　号

年　月　日

付款人	全称				收款人	全称								
	账号或地址					账号或地址								
	开户银行		行号			开户银行		行号						
金额	人民币（大写）				千	百	十	万	千	百	十	元	角	分
原凭证金额		赔偿金												
原凭证名称		号　码			科目（借） 对方科目（贷） 会计　　复核　　记账									
转账原因	银行盖章													

××银行　特种转账贷方传票

总字第　　号

年　月　日　　字第　　号

付款人	全称				收款人	全称								
	账号或地址					账号或地址								
	开户银行		行号			开户银行		行号						
金额	人民币（大写）				千	百	十	万	千	百	十	元	角	分
原凭证金额		赔偿金												
原凭证名称		号　码			科目（贷） 对方科目（借） 会计　　复核　　记账									
转账原因	银行盖章													

××银行　表外科目收入传票

总字第　　号

年　月　日　　　　字第　　号

户名	摘要	表外科目代号	金额										
			亿	千	百	十	万	千	百	十	元	角	分

会计　　　保管　　　复核　　　记账

××银行　表外科目付出传票

总字第　　号

年　月　日　　　　字第　　号

户名	摘要	表外科目代号	金额										
			亿	千	百	十	万	千	百	十	元	角	分

会计　　　保管　　　复核　　　记账

附录4 明细核算与综合核算账、表格式示例

甲种账

本账总页数
本户页数

户名：　　　　账号：　　　　领用凭证记录：

<table>
<tr><th colspan="2">年</th><th rowspan="2">摘要</th><th rowspan="2">凭证号码</th><th rowspan="2">对方科目代号</th><th>借方</th><th>贷方</th><th rowspan="2">借或贷</th><th>余额</th><th rowspan="2">复核盖章</th></tr>
<tr><th>月</th><th>日</th><th>（位数）</th><th>（位数）</th><th>（位数）</th></tr>
<tr><td></td><td></td><td></td><td></td><td></td><td></td><td></td><td></td><td></td><td></td></tr>
</table>

会计　　　　记账

乙种账

本账总页数
本户页数

户名：　　　　账号：　　　　领用凭证记录：　　　　利率：

<table>
<tr><th colspan="2">年</th><th rowspan="2">摘要</th><th rowspan="2">凭证号码</th><th rowspan="2">对方科目代号</th><th>借方</th><th>贷方</th><th rowspan="2">借或贷</th><th>余额</th><th rowspan="2">日数</th><th>积数</th><th rowspan="2">复核盖章</th></tr>
<tr><th>月</th><th>日</th><th>（位数）</th><th>（位数）</th><th>（位数）</th><th>（位数）</th></tr>
<tr><td></td><td></td><td></td><td></td><td></td><td></td><td></td><td></td><td></td><td></td><td></td><td></td></tr>
</table>

会计　　　　记账

丙种账

本账总页数
本户页数

户名：　　　　账号：　　　　领用凭证记录：　　　　利率：

<table>
<tr><th colspan="2">年</th><th rowspan="2">账号</th><th rowspan="2">户名</th><th rowspan="2">摘要</th><th rowspan="2">凭证号码</th><th rowspan="2">对方科目代号</th><th>借方</th><th colspan="3">销账</th><th>贷方</th><th rowspan="2">借或贷</th><th>余额</th><th rowspan="2">复核盖章</th></tr>
<tr><th>月</th><th>日</th><th>（位数）</th><th>年</th><th>月</th><th>日</th><th>（位数）</th><th>（位数）</th></tr>
<tr><td></td><td></td><td></td><td></td><td></td><td></td><td></td><td></td><td></td><td></td><td></td><td></td><td></td><td></td><td></td></tr>
</table>

会计　　　　记账

登记簿

本账总页数
本户页数

户名：　　　　单位：

<table>
<tr><th colspan="2">年</th><th rowspan="3">摘要</th><th colspan="2">收入</th><th colspan="2">付出</th><th colspan="2">余额</th><th rowspan="3">复核盖章</th></tr>
<tr><th rowspan="2">月</th><th rowspan="2">日</th><th rowspan="2">数量</th><th>金额</th><th rowspan="2">数量</th><th>金额</th><th rowspan="2">数量</th><th>金额</th></tr>
<tr><th>（位数）</th><th>（位数）</th><th>（位数）</th></tr>
<tr><td></td><td></td><td></td><td></td><td></td><td></td><td></td><td></td><td></td><td></td></tr>
</table>

计息余额表

科目名称：　　　　　　　　　年　　月　　　　　　　　　共　　页
科目代号：　　　　　　　　　利率：　　　　　　　　　　第　　页

账号户名余额日期					复核盖章
⋮					
10 天小计					
⋮					
本月合计					
至上月底未计息积数					
应加应减积数					
至本月底累计未计息积数					
至结息日累计计息积数					
利息					

一般余额表

年　　月　　日　　　　　　　　共　　页　第　　页

科目代号	户名	摘要	余额	科目代号	户名	摘要	余额
			（位数）				（位数）

科目日结单

年　　月　　日

借方			贷方		
传票张数		金额	传票张数		金额
		（位数）			（位数）
现金	张		现金	张	
转账	张		转账	张	
合计	张		合计	张	

会计　　　　　　　　复核　　　　　　　　经办

总 账

科目名称：　　　　　　　　　　　　　　　　　　　　　　　　第　　号

年　　月份	借方	贷方
上年年底余额		
本年度累计发生额		
上月月底余额		

日期	发生额		余额		复核盖章
	借方	贷方	借方	贷方	
1					
⋮					
10 天小计					
⋮					
20 天小计					
⋮					
31					
合计					
自年初累计					
本期累计计息积数					
本月累计未计息积数					

会计主管　　　　　　　　　　　　记账

日计表

年　　月　　日　　　　　　　　共　　页　第　　页

科目代号	科目名称	本日发生额		余额		科目代号
		借方	贷方	借方	贷方	
		（位数）	（位数）	（位数）	（位数）	

行长（主任）　　　　会计　　　　复核　　　　制表

第二章 存款及理财业务核算

学习目标

1.了解商业银行存款业务的种类和管理规定
2.掌握单位存款业务的核算
3.熟悉储蓄存款的种类与核算程序
4.掌握活期存款利息的核算方法
5.了解定期存款利息的核算方法
6.了解理财业务的基本核算步骤

第一节　存款业务概述

一、存款的意义和种类

存款是商业银行（以下简称银行）以信用方式吸收社会暂时闲置资金的筹资活动。存款是银行业金融机构重要的负债业务和信贷资金的主要来源。

存款的分类标准较多，这里列举与会计核算有关的分类方式和类别，并对部分内容加以解释。

（一）按产生与来源的不同，可以分为原始存款和派生存款

原始存款，也称现金存款或直接存款，是指银行吸收的现金存款或从央行贷款或再贴现所形成的存款。派生存款，也称转账存款或间接存款，是指银行将原始存款用于贷款等资产业务后形成的存款。

（二）按资金的性质不同，可以分为财政性存款和一般性存款

财政性存款是指各级财政拨入的预算资金或应上缴财政的各项资金以及财政安排的专项资金。这部分存款业务属金融机构代理的人民银行业务，所涉及的资金属

于人民银行信贷资金，是人民银行基础货币的组成部分，应全部上缴人民银行。一般性存款是指银行吸收的企事业单位存款、个人储蓄存款、机关团体存款及财政预算外存款等，这部分存款应按一定比例上缴人民银行，形成存款准备金。

（三）按存款的期限不同，可分为活期存款和定期存款

（四）按存取款的方式不同，可分为支票存款、存单存款、存折存款、通知存款和协定存款等

（五）按存款币种的不同，可分为人民币存款和外币存款

二、银行存款账户的开立与管理

为加强对存款及其结算账户的管理，存款人应按规定在银行开立各种结算账户。

（一）存款账户的种类

存款账户按管理要求的不同划分为基本存款账户、一般存款账户、专用存款账户和临时存款账户。

1.基本存款账户。此账户是存款人因办理日常转账结算和现金收付的需要而开立的银行结算账户。基本存款账户是存款人的主要账户。存款人日常经营活动的资金收付及其工资、奖金等现金的支取，应通过该账户办理。

2.一般存款账户。此账户是存款人因借款或其他结算需要，在基本存款账户开户行以外的银行营业机构开立的银行结算账户。该账户用于办理存款人借款转存、借款归还和其他结算的资金收付。该账户可以办理现金缴存，但不得办理现金支取。

3.专用存款账户。此账户是存款人按照法律、行政法规和规章，对其特定用途资金进行专项管理和使用而开立的银行结算账户。专用存款账户用于办理各项专用资金的收付。

4.临时存款账户。此账户是存款人因临时需要并在规定期限内使用而开立的银行结算账户。该账户用于办理临时机构以及存款人临时经营活动发生的资金收付。

（二）存款账户的管理①

1.单位基本存款账户的存款人只能在银行开立一个基本存款账户。申请人开立基本存款账户时，应向开户银行出具市场监管机构核发的企业法人执照或营业执照正本，以及有关部门的证明、批文等证明文件。

2.对存款人开立基本存款账户、临时存款账户和预算单位开立专用存款账户实

① 中国人民银行．人民币银行结算账户管理办法（中国人民银行令〔2003〕5号）．

行核准制度，经人民银行核准后，由开户行核发开户登记证，但存款人因注册验资需要开立的临时存款账户除外。

3.存款人可以自主选择银行开立结算账户。开户可以实行双向选择，存款人可以自主选择银行，银行也可以自愿选择存款人开立账户，银行不得违反规定强行拉客户在本行开户，任何单位和个人也不能干预存款人在银行开立和使用账户。

4.存款人开立和使用银行结算账户应当遵守法律、行政法规，不得利用银行结算账户进行偷逃税款、逃废债务、套取现金及其他违法犯罪活动，也不允许出租和转让给他人。

三、存款业务核算的要求

根据企业会计准则，商业银行的吸收存款、同业存放、同业拆入、卖出回购、发行债券全部划分为以摊余成本计量的金融负债。

（一）正确、及时地办理存款业务

为了使存款人的资金能够及时到账，款项能够及时对外支付，金融企业在办理存款业务时应按照规定的操作程序，认真审查相关凭证，正确使用有关会计科目及账户，及时进行账务处理，充分保证存款业务的核算质量。

（二）维护存款人的合法权益

单位和个人存入银行的资金作为金融企业的负债，银行只是暂时取得了对资金的使用权而没有所有权。因此，除国家法律和有关制度另有规定外，银行不得代任何单位或个人查询、冻结、扣划存款人账户内的存款。银行对于应计利息的存款要正确、及时地计付利息。

（三）遵循银行不垫款原则

在银行开立存款账户的存款人委托金融企业办理款项支付时，必须在其存款账户上持有足够的资金，存款人签发的各种支款凭证的金额必须小于其存款账户余额，银行作为支付中介，不可以代垫款项。银行为保证资金的安全，在办理现金收入业务时，应先收款、后记账；在办理现金付出业务时，应先记账、后付款；在办理转账业务时，应先记付款单位账，后记收款单位账。

由于存款业务联系面广，涉及每一个开户单位和个人，所以对存款业务的会计处理必须在合法合规的前提下完成，严格执行操作规程，并恪守会计人员的职业道德。对在办理存款及理财业务过程中的违法违规行为，一经查出，涉案人员须负法律责任（详见本章结尾案例）。

四、主要会计科目及核算内容

存款业务核算涉及的主要会计科目及核算内容见表2-1。

表2-1 存款业务会计科目及其核算内容

	名称	主要核算内容
负债类	吸收存款	核算企业（银行）吸收的除同业存放款项以外的其他各种存款。余额反映在贷方，反映企业吸收的除同业存放款项以外的其他各项存款余额。本科目应当按照存款类别及存款单位，分别“本金”“利息调整”等进行明细核算
负债类	应付利息	核算商业银行按照合同约定支付的利息，包括吸收存款、分期付息到期还本的长期借款、发行债券等应支付的利息。应按存款的种类进行明细核算
损益类	利息支出	核算企业（银行）发生的利息支出，包括吸收存款、与其他金融机构（中央银行、同业等）之间发生资金往来业务、卖出回购金融资产等产生的利息支出。应按利息支出项目进行明细核算

第二节　单位存款的核算

一、单位活期存款业务的核算

单位活期存款存取的方式主要有两种，即存取现金和转账存取。其中转账存取存款主要是通过办理各种结算方式和运用信用支付工具实现的，本节只叙述存取现金的处理方法。

（一）存入现金的核算

单位存入现金时，应填写一式两联现金缴款单（见表2-2）交银行柜台。银行柜员审查凭证点收现金，登记现金收入日记簿，并复核签章，将第一联加盖“现金收讫”章后作为回单退交存款人，第二联代现金收入传票登记单位存款分户账。会计分录为：

借：库存现金

　贷：吸收存款——单位活期存款——××户

表2-2

现金缴款单（收入凭证）

年　　月　　日

总字第	号
现金日记账顺序	号

<table>
<tr><td rowspan="2">缴款人</td><td>全称</td><td colspan="2"></td><td colspan="2">款项来源</td><td colspan="8"></td></tr>
<tr><td>账号</td><td colspan="2"></td><td colspan="2">缴款部门</td><td colspan="8"></td></tr>
<tr><td colspan="6" rowspan="2">人民币（大写）</td><td>十</td><td>万</td><td>千</td><td>百</td><td>十</td><td>元</td><td>角</td><td>分</td></tr>
<tr><td></td><td></td><td></td><td></td><td></td><td></td><td></td><td></td></tr>
<tr><td>券别</td><td>张数</td><td></td><td>券别</td><td>张数</td><td></td><td colspan="8" rowspan="2"></td></tr>
<tr><td></td><td></td><td></td><td></td><td></td><td></td></tr>
</table>

会计　　　　　　复核　　　　　　记账　　　　　　出纳

（二）支取现金的核算

支票户向银行支取现金时，应签发现金支票，并在支票上加盖预留印鉴，由收款人背书后提交给银行柜员。柜员接到现金支票后，应重点审查：支票是否真实；记载事项是否齐全；大小写金额是否相符；是否超过提示付款期限（支票的提示付款期限从出票日起10天）；其签章与预留印鉴是否相符；出票人账户是否有足够支付的存款；是否背书等。经审查无误后，以现金支票代现金付出传票登记分户账后，凭以付款。会计分录为：

借：吸收存款——单位活期存款——××户

　贷：库存现金

现金支票作为登记现金付出日记簿的依据。银行柜员配款并且复核后，向取款人支付现金。

二、定期存款的核算

单位如有在一定时期内闲置不用的资金，可在银行办理定期存款。单位定期存款是单位存入款项时约定期限、到期支取本息的一种存款业务。

定期存款存期分为3个月、6个月、1年、2年、3年和5年6个档次。

（一）存入定期存款

单位存入定期存款时，应按存款金额签发活期存款账户转账支票交开户银行。银行按规定审查无误后办理转账。会计分录为：

借：吸收存款——单位活期存款——××户

　贷：吸收存款——单位定期存款——××户

（二）支取定期存款

单位持存单支取定期存款时，银行会计人员核对定期存款分户账。核对无误后，计算出利息，填制利息清单，办理转账。会计分录为：

借：吸收存款——单位定期存款——××户

　　应付利息——定期存款利息——支出户

　贷：吸收存款——单位活期存款——××户

定期存款到期后，如果单位要求续存，则可以按结清旧户另开新户办理。

三、对账与销户

（一）对账

对账是指银行与单位核对存款账户余额。银行与开户单位的经济往来，由于双方记账时间有先后以及发生技术性差错等原因，会导致双方账务不相符或产生未达账项。为了及时查清未达账项，保证内外账务相符和保护存款安全，银行必须与开户单位经常进行账务核对。具体做法是由客户根据银行出具的对账单进行逐笔勾对，发现问题，及时与开户银行沟通解决。

（二）销户

存款单位因迁移、合并、停产等原因不再使用原来存款账户时，应及时到银行办理销户手续。银行办理销户时，应首先与销户单位核对存款账户余额，核对相符后，对应计算利息的存款账户，要结清利息。对支票存款户，应收回所有空白支票；对存折存款户，应收回存折注销。然后将原存款账户的余额转入其他存款账户或其他地区金融机构。撤销后的账户应停止使用。

第三节　个人储蓄存款业务的核算

一、个人储蓄存款的原则和种类

个人储蓄是聚集零星钱财，将零星钱财存放银行生息，将货币使用权让渡给银行的一种信用行为。个人储蓄存款是银行通过信用方式对广大居民的货币收入进行集中和再分配的一种重要形式。大力开展储蓄业务对利国、利民和利己有着重要意义。

（一）储蓄原则

为了正确执行国家保护和鼓励人民储蓄的政策，银行对个人储蓄存款实行“存款自愿，取款自由，存款有息，为储户保密”的原则。同时，银行办理储蓄存款业务应实行实名制，即以客户本人有效身份证件的姓名办理存入手续。

1.存款自愿，取款自由。存款存多少，存期长短，存入哪家银行，何时存取，都由客户自己决定。对定期存款，也可按照储蓄章程规定办理提前支取。

2.存款有息。银行对客户的各种储蓄存款，都应该按照规定付给利息。

3.为客户保密。银行有责任对客户的存款情况保守秘密。公安、司法机关因审理案件需要查询有关个人储蓄资料时，应按规定提出书面查询公函，经县支行以上的银行核对，由指定的储蓄所提供资料，查询单位不得擅自查阅账册，并须对银行提供的资料保密。除此之外，任何单位和个人不得向银行查询客户存款情况，银行工作人员如有违反上述原则的现象，则应视情节轻重追究责任。

（二）储蓄种类

个人储蓄存款业务的基本种类包括个人活期存款、个人定期存款、定活两便储蓄存款、通知存款和小额支付账户存款等。

在我国，银行在大多数城市已基本实现了电脑储蓄。办理电脑储蓄业务的处所，建立有单独的连通系统，并在管辖行和各储蓄所分别设立地区计算机中心、本所计算机中心和终端机进行联网。业务发生后，由终端机输入本所计算机中心的小型计算机，然后再定时或批量输入区计算中心的主计算机。电脑储蓄亦应遵守“钱账分管”“现金收入业务先收款后记账”“现金付出业务先记账后付款”的基本规定。

二、个人活期储蓄存款的核算

（一）开户

个人活期储蓄存款，是个人在银行开立的本外币活期储蓄账户和个人结算账户，该种存款不固定期限，客户可以采用柜面、自助渠道、行内、跨行等多种形式存取。

个人活期储蓄存款的开户可采用现金开户、支票开户、转存开户、来账通知开户等形式（本章只介绍现金开户的核算）。

银行受理单笔现金开户业务时，按规定审核客户身份证件，录入客户预留信息，为客户开立分户账，设置取款密码，点款收款并进行账务处理。会计分录为：

借：库存现金

　　贷：吸收存款——个人活期存款——××户

银行为个人开立活期存款分户账并存入资金后，将存折或银行卡交给客户。

（二）续存

客户续存现金时，将存折（或银行卡）和现金一并交柜员，口述存入金额。柜员检验存折（卡）、点收款项无误后，调出客户分户账，录入存款金额并打印存款凭证交客户签字确认。会计分录与开户时相同。个人活期储蓄存款的续存，也可以采用支票续存、转存续存和来账通知续存等方式。若为异地续存，则须按规定扣收手续费（账务处理略）。

（三）支取

个人活期储蓄存款支取现金时，客户可持存折或银行卡通过柜台或自助取款设备办理。会计分录为：

借：吸收存款——个人活期存款——××户

　贷：库存现金

客户也可以通过多种方式进行转账支取。异地支取和跨行支取的，应按规定扣收手续费（账务处理略）。

（四）清户

个人客户要求支取全部存款余额，不再续存，称为清户。现金清户时银行根据当日挂牌的活期存款利率计息，利息算至清户前一日止，同时在存折上加盖“清户”戳记，存折作取款凭条的附件，生成利息清单。其余手续同取款。会计分录为：

借：吸收存款——个人活期存款——××户

　　应付利息

　贷：库存现金

除现金清户方式外，还有转存清户和异地清户方式（账务处理略）。

三、个人定期储蓄存款的核算

个人定期储蓄存款是指存入时约定存款期限，一次或分次存入本金，到期一次或分次支取本金和利息的一种储蓄方式。

个人定期储蓄存款按存取方式不同，可分为整存整取、零存整取、整存零取和存本取息等。由于定期储蓄各个类型只是在存期、利率及处理流程上不同，所以核算方面区别不大，这里重点介绍整存整取定期储蓄存款的核算。

（一）整存整取定期储蓄存款的核算

整存整取定期储蓄存款是本金一次存入，约定存期，到期一并支取本息的储蓄存款。此种储蓄50元起存，多存不限，存期分为3个月、半年、1年、2年、3年和5年等档次。

1.单笔现金开户

客户来银行开户时，将身份证件和现金交给银行，并告知选择的存款期限。银行审核身份证件，并清点现金，点收无误后，打印相关凭证交客户签字确认，为客户开立定期存款账户。会计分录为：

借：库存现金

贷：吸收存款——整存整取定期储蓄存款——××户

客户也可以通过柜台、自助设备或网银进行转账开户，将活期存款转存定期。银行也受理支票开户和来账通知开户的定期储蓄存款（账务处理略）。

2. 支取（清户）

（1）到期支取。客户到期取款时，银行核对一本通存折或银行卡；银行核对身份证件，验证密码无误后，计算出应付利息，填制利息清单，按客户要求办理转账或支取现金。会计分录为：

借：吸收存款——整存整取定期储蓄存款——××户

　　应付利息——定期存款利息

　贷：库存现金

客户也可通过自助设备或网银办理支取（清户）操作。

（2）过期支取。客户过期支取，其处理手续与到期支取相同，但利息计算应包括到期利息和过期利息。

（3）提前支取。存款尚未到期，客户如急需用款，则可以凭本人身份证件到柜台办理全部提前支取或部分提前支取，也可通过自助设备或网银办理提前支取。

全部提前支取时，银行按提前支取规定计付利息。其余手续与到期支取相同。

部分提前支取时，除对支取部分按提前支取办法支付本息外，对未取部分（续存本金）应按新开立定期存款账户办理。会计分录为：

借：吸收存款——整存整取定期储蓄存款——××户（全部本金）

　　应付利息——定期储蓄利息（提前支取部分利息）

　贷：库存现金（提前支取部分应给客户的本息）

　　　吸收存款——整存整取定期储蓄存款——××户（续存本金）

（二）其他定期储蓄存款

零存整取定期储蓄存款是存款时约定期限，每月固定存入一定数额本金，到期一次支取本息的一种储蓄存款。这种储蓄存款每月存入一次，如中途漏存一次，则应在次月补存。

存本取息定期储蓄存款是指本金一次存入，在约定存期内分次支取利息，到期支取本金的一种储蓄存款。存本取息通常以5 000元起存，多存不限，由银行发给存款凭证，到期一次支取本金，利息凭存单分期支取，由客户与银行商定每月或几个月支取一次。

整存零取定期储蓄存款是本金一次存入，约定存期，分次支取本金，到期支取利息的一种储蓄存款。其最低起存金额为1 000元人民币。

定活两便储蓄是一种本金一次存入，不约定存期，可随时一次支取本息的存款方式。它既有活期之便，又有定期之利。一般以50元起存，多存不限。记名式定活两便储蓄存款的会计核算手续基本上与整存整取定期储蓄相同。不记名式存单一般固定面额，分50元和100元两种，可以在约定范围内通存通兑。

个人通知储蓄是一次存入本金，不约定存期，支取时需提前通知银行（提前1天或7天），约定支取时间和金额，一次或多次提取存款的储蓄。个人通知储蓄存款的起存金额为5万元，最低支取金额为5万元，存款人须一次存入，一次或分次支取。利率以取款当日中国人民银行公告的利率为准。

第四节　存款利息的计算

一、利息计算的一般规定

（一）计息范围

银行吸收存款人资金，除财政性预算内存款以及有特殊规定的款项不计利息外，均应按规定支付利息。会计部门应按结息期和计算方法，准确地计算利息。对于应付而未付的存款利息按权责发生制进行核算。

（二）计息时间

存期是存款的时间，计息时存期“算头不算尾”，也就是存入日计算利息，支取日不计算利息，其计算方法是从存入日算至支取的前一日。

具体计算利息时，定期存款与活期存款的存期计算方式有所不同。

定期存款计算利息时，按照存期“算头不算尾”的方法，从存入日算至支取的前一日为止。存期一般按对年、对月计算。

单位活期存款除非清户，一般均连续不间断地发生存取款业务，因此，活期存款利息一般采取定期结息的做法，即按季结计利息。具体方法是计算计息积数，对活期存款的存期也就按照实际天数计算，所谓实际天数就是按照日历天数，大月按31天计算，小月按30天计算，2月按28天（或29天）计算。

个人储蓄的活期存款按季度计算利息，每季末月20日为结息日，从上季末月21日至本季末月20日。

单位和个人的定期存款利息，应根据存期的档次，于存款到期日，利随本清。

（三）利息计算的基本公式

利息=本金（存款金额）×存期×利率

本金元位起息，元位以下不计息。计算的利息保留到分位，分位以下四舍五入。利率是指一定存款的利息与存款本金的比率。利率由国务院授权中国人民银行制定与公布，各金融机构执行。利率分为名义利率和实际利率，目前在核算利息时使用名义利率，暂不考虑实际利率。

利率可表示为：年利率%、月利率‰和日利率‱。在运用不同利率时应注意它们的相互关系：年利率÷12=月利率，月利率÷30=日利率。

【相关链接】 中国人民银行《银行会计基本规范指导意见》节选

七、计息规则

第三十三条 银行应根据规定的利率、结息日期和计息方法结计利息。

第三十四条 银行于结息日结计利息，所计利息应计入结息日次日账。

第三十五条 银行采用积数计息法的，应按实际天数结计利息，计算公式是：

利息=累计计息积数×日利率

累计计息积数=每日余额累计数

第三十六条 年利率换算为日利率的关系是：

日利率（‱）=年利率（%）÷360

第三十七条 定期存款（或贷款）到期日为节假日，在节假日前最后一个营业日支取（或归还），应扣除到期日与支取（归还）日之间的天数（算头不算尾，下同）按合同利率计算的利息。

节假日后支取存款，按过期支取存款计算利息。

节假日后第一个营业日归还贷款，按合同利率加收到期日与归还日之间天数的利息；若节假日后第一个营业日未归还贷款，则从该日起按逾期贷款计算利息。

法律、法规另有规定的，从其规定。

（资料来源 中国人民银行．银行会计基本规范指导意见．银发〔2002〕370号．2002.）

二、单位存款利息的核算

（一）单位活期存款利息的核算

单位活期存款按季结息，每季度末月20日为结息日，利息次日转入本金，不计复利。由于活期存款存取频繁，存款余额经常发生变动，所以银行在实际工作中通常采用累计日积数法计息。累计日积数是各存款账户每日最后余额的逐日累计数。计算公式为：

应付存款利息=累计计息积数×日利率

累计计息积数=每日余额累计数

下面以余额表计息法和分户账账页计息法具体说明积数计息法的基本原理。

1.余额表计息

采用该方法计息时，银行会计部门每日营业终了，将各计息分户账的最后余额按户抄列在积息余额表内（当日余额未变动的，照抄上日余额）。如遇错账冲正，则应在余额表的“应加积数”“应减积数”栏内调整计息积数。在结息日，逐户将全季的累计积数乘以日利率，即得出各户应计利息数。计息余额表见表2-3。

表2-3 ××银行计息余额表

20××年9月

科目名称：吸收存款——单位活期存款　　利率：月0.6‰　　共　页　第　页

账号、户名日期、余额	20××…0401	20××…0402	…
	X 公司	Y 公司	…
至上月底累计未计息积数	9 620 000	（略）	
1	11 200		
2	45 000		
3	45 000		
4	45 000		
5	33 200		
6	22 100		
7	22 100		
8	22 100		
9	24 300		
10	24 300		
10 天小计	294 300		
⋮			
20 天小计	680 000		
⋮			
本月合计	1 030 000		
应加积数①	71 000		
应减积数			
至结息日累计应计息积数②	10 371 000		
至本月底未计息积数③	350 000		

①应加积数和应减积数是因账务记载中出现差错、作出更正后调整积数造成的。本例中的应加积数为本计息期内漏记X公司转账收入一笔，金额1 420元，5天以后发现，更正后累计5天的应加积数为71 000元。

②至结息日累计应计息积数=至上月月底累计未计息积数+20天小计+应加积数

=9 620 000+680 000+71 000=10 371 000

③至本月底未计息积数=本月合计−20天小计

=1 030 000−680 000=350 000

【例2-1】根据表2-3的计息余额表，计算M公司第三季度的利息并转账。

第三季度利息=10 371 000×（0.6‰÷30）=207.42（元）

借：利息支出　　207.42

　贷：应付利息　　207.42

次日转入单位活期存款账户时：

借：应付利息　　207.42

　贷：吸收存款——单位活期存款——甲公司户　　207.42

2.分户账账页计息

采用乙种账结计利息的，存款账户使用带积数的乙种账。当存款人的存款账户发生资金收付后，按前一次最后余额乘以该余额的实存天数计算出积数，记入账页的“日数”和“积数”栏内。如更换账页，则应将累计积数过入新账页第一行内，待结息日营业终了，加计本结息期内的累计天数和累计积数，以积数乘以日利率，即可得出应付利息数。计息分户账见表2-4。

表2-4　××银行吸收存款——单位活期存款分户账

户名：X公司　　账号：20××…0401　　利率：月0.6‰

20××年		摘要	借方	贷方	借或贷	余额	日数	积数
月	日							
9	1	承前页			贷		—	9 620 000
						11 200	1	11 200
9	2	转贷		33 800	贷	45 000	3	135 000
9	5	转借	11 800		贷	33 200	1	33 200
9	6	转借	11 100		贷	22 100	3	66 300
9	9	转贷		2 200	贷	24 300	2	48 600
	⋮	⋮				⋮	⋮	⋮
9	20	结息					—	10 371 000
9	21	转息		207.42		—		

计算利息和转账分录与余额表计息法相同。

（二）单位定期存款利息计算

单位定期存款的利息计算采取逐笔计息、利随本清的办法，即在存款到期日支取本金的同时一并计付利息。

逐笔计息法的计算公式为：

应付存款利息=本金×年（月）数×年（月）利率+本金×零头天数×日利率

或：利息=本金×自然天数×日利率

【例2-2】假设N公司存入银行定期存款500 000元，定期2年，年利率假定为3.33%，3月20日到期，该单位于4月1日来行支取，支取日活期存款年利率为0.36%，其利息计算如下（假定以前年度未计提应付利息）：

到期利息=500 000×2×3.33%=33 300（元）

逾期利息=500 000×12×（0.36%÷360）=60（元）

借：利息支出	33 360	
贷：应付利息		33 360
借：吸收存款——单位定期存款——N单位户	500 000	
应付利息	33 360	
贷：吸收存款——单位活期存款——N单位户		533 360

三、个人储蓄存款利息的核算

（一）活期储蓄存款利息的核算

按规定，活期储蓄存款按季结息，银行按当日活期储蓄存款挂牌利率结计利息，每季末月20日为结息日，从上季末月21日至本季末月20日。未到结息日清户的，利息按清户日活期储蓄利率计算，算至清户日前一日为止。

（二）定期储蓄存款利息的核算

1.整存整取定期储蓄存款利息的计算

根据《储蓄管理条例》的规定，整存整取定期储蓄存款在原定存期内的利息，一律按存入日银行挂牌公告的利率计付利息，存期内遇利率调整，不分段计息；整存整取定期储蓄存款未到期，客户全部或部分提前支取的，提前支取部分按支取日活期储蓄存款利率计息，其余部分到期时，按原存入日挂牌公告的定期储蓄存款利率计息；整存整取定期储蓄存款过期支取的，除约定自动转存的以外，其超过原定存期的部分，按支取日活期储蓄存款利率计息。应付利息计算公式如下：

应付利息=本金×存期×利率

【例2-3】假设客户王平20×5年4月16日存入整存整取定期储蓄存款80 000元，定期2年，年利率为3.06%。该档利率20×7年2月21日调至2.99%，王平20×7年4月16日到期支取（假定以前年度未计提应付利息）。

应付利息=80 000×2×3.06%=4 896（元）

借：利息支出	4 896	

贷：应付利息 4 896

借：吸收存款——整存整取定期储蓄存款——王平户 80 000

应付利息 4 896

贷：库存现金 84 896

2.零存整取定期储蓄存款利息的计算

零存整取定期储蓄存款按约定存期到期支取的利息，根据不同情况，可以采用不同的计算方法。在实际工作中，常用的计算方法有固定基数法、月积数法和日积数法三种。

（1）固定基数法是指事先算出每元存款利息基数，到期乘以存款余额的计息方法。这种方法适用于存款逐月全存，到期支取的计息，计算公式为：

每元存款利息基数=（1+存款月数）÷2×月利率

【例2-4】假设客户王平于20×7年3月18日来银行办理零存整取定期储蓄存款，月存1 600元，存期1年，月利率为1.425‰，于次年3月18日支取。

每元存款利息基数=（1+12）÷2×1.425‰=0.0092625（元）

应付利息=19 200×0.0092625=177.84（元）

3年期、5年期的存款也可以按各档利率，参照上述公式算出基数，乘以存款余额，计算应付利息。

（2）月积数法是适用于存款已到期，但有漏存月份情况下的计算利息的方法。将零存整取储蓄存款分户账的每月存款余额乘以所存月数，就是月积数。到期支取时，按月积数之和乘以同档月利率，即为应付利息数。

（3）日积数法，即客户每次来存款时，根据存入发生额乘以业务发生日至存款到期日的天数（算头不算尾），取得计息积数，按“存加取减”的原则，结出积数余额。到期日，以积数余额乘以存入日约定利率即为应付利息数。如客户提前支取，则按“存加取减”的原则，从积数余额中扣除未存满约定存期所产生的积数（即提前支取金额乘以提前支取日算至到期日的天数），结出计息积数，乘以支取日银行挂牌公告的活期储蓄存款利率，即为应付利息数。

过期支取的应付利息为到期利息与过期利息之和。到期利息按正常规定计算，过期利息则按最后余额与过期月数及支取日挂牌公告的活期储蓄存款利率计息；提前支取可比照整存整取定期储蓄存款的计息办法计算利息，不满整月的零头天数不计利息。

3.存本取息定期储蓄存款利息的计算

存本取息每次支取的利息数可按如下公式计算：

每次支取利息数=（本金×存款月数×月利率）÷支取利息次数

【例2-5】假设客户王平于20××年6月10日存入本金200 000元，存期1年，月利率为1.65‰，每3个月支取利息一次。则：

每次支取利息数=（200 000×12×1.65‰）÷4=990（元）

4.整存零取定期储蓄存款利息的核算

在这种储蓄存款方式下，到期计息可采用本金平均数法和月积数法。本金平均数法计息公式为：

到期应付利息=（全部本金+每次支取本金额）÷2×存期×月利率

【例2-6】假设客户王平一次存入本金36 000元，1年期，每月支取一次3 000元，月利率为1.65‰，最后一次支取日期为到期日，连同利息一并支取。

到期应付利息=（36 000+3 000）÷2×12×1.65‰=386.10（元）

客户在存期内若要求部分提前支取，可提前支取一至二次，但必须在以后月份内停取一至二次。剩余款项的支取日按原定日期不变。如果提前支取全部余额，则根据实存金额及实存日期，按规定的活期储蓄利率计息；若过期支取，则可比照零存整取储蓄存款原则办理。

（三）定活两便储蓄存款利息的计算

定活两便储蓄存款的利息，根据实际存期同档的整存整取定期储蓄利率，按一定的折扣计算。不满规定存期的按活期利率计算。具体规定为：存期不满3个月的，按支取日挂牌公告的活期利率计算；存期3个月以上（含3个月）不满半年的，整个存期按支取日挂牌公告的整存整取3个月定期储蓄利率打6折计息；存期半年以上（含半年）不满1年的，整个存期按支取日挂牌公告的整存整取半年定期储蓄利率打6折计息；存期在1年以上的（含1年），无论存期多长，整个存期一律按支取日整存整取1年期定期储蓄利率打6折计息。

第五节　理财业务及理财产品的核算

一、理财产品的特点和核算要求

（一）代客理财业务和非保本理财产品

商业银行的代客理财业务，是指银行遵循为客户利益服务的原则，以客户需求为导向，以客户特定目的为目标，为客户提供的资产管理等专业化服务。理财产品是指上述服务过程中所运营管理的资产管理产品，是银行将所募集的客户理财资金进行独立投资与运用，并按约定兑付客户理财本金和收益的产品。目前，商业银行已不再发行保本理财产品。银行接受投资者的委托和授权，按照事先约定，自主对投资者资金或资产进行交易、投资、配置和管理，根据约定条件和实际投资收益情况向客户支付收益，并不保证客户本金的安全。

（二）核算要求

1. 银行理财业务应当按照管理运作方式、承担职责和风险属性不同，分别进行会计核算。银行应将理财业务投资与本行自营投资业务分开运作，分设投资专户核算。

2. 将理财业务资金实行专户管理。原则上应当按每一理财产品设置资金专户独立核算，确保专款专用。

3. 对非保本理财业务发售的理财产品，银行代理客户进行投资且不承担任何投资风险，因此应当将非保本理财产品纳入表外核算。同时，对于非保本理财业务，应当比照表内理财业务核算规定做好表外备查登记，以满足信息披露和对账的需要。

二、主要会计科目及核算内容

理财业务核算涉及的主要会计科目及核算内容见表2-5。

表2-5　理财业务核算涉及的主要会计科目及核算内容*

名称	主要核算内容
代理业务资产	核算商业银行代理单位（个人）客户非保本理财业务所形成的资产。应设置“理财”二级科目，区分“单位（个人）理财投资资金”，并按“成本”和“已实现未结算损益”进行明细核算
应收手续费及佣金	核算应收取的各项理财产品的手续费
代理业务负债	核算商业银行代理单位（个人）客户非保本理财业务收到的款项。应设置“理财”二级科目，按单位（个人）进行明细核算
理财类业务收入	核算理财业务取得的销售手续费收入、推荐费收入和管理费收入等。应按收入种类进行明细核算

*设置“非保本理财投资资产”表外科目，用于核算非保本理财投资基础资产的成本和利息，本科目应根据投资标的不同下设债券、贷款、票据等明细科目。

三、代客理财业务的核算

（一）理财资金募集、扣款的核算

客户认/申购理财产品时，银行根据客户认/申购额，冻结客户存款。在理财产品成立日，将资金从客户账户扣划至非保本理财募集户。会计分录为：

借：吸收存款——单位/个人活期存款——××户

  贷：代理业务负债——理财——单位/个人理财资金

（二）理财资金投资的核算

1.理财资金划转至本行或他行托管专户时，确认非保本理财投资。会计分录为：

借：代理业务资产——理财——单位/个人理财投资资金——成本

  贷：吸收存款——单位活期存款——××户

  （或）存放中央银行款项——准备金

2.同时，根据投资情况登记表外明细账。会计分录为：

收：非保本理财投资资产——成本——债券等资产

（三）理财产品存续期间的核算

1.理财产品存续期间，基础资产结息时，会计处理如下：

（1）如结息当日收到了利息，则无须进行表外利息的核算。

（2）基础资产结息日不能收到利息时，登记表外明细账。会计分录为：

收：非保本理财投资资产——利息——债券等资产

（3）产生应收未收的利息时，注销表外明细账。会计分录为：

付：非保本理财投资资产——利息——债券等资产

2.理财产品存续期间，基础资产到期或处置时，会计分录为：

付：非保本理财投资资产——成本——债券等资产

——利息——债券等资产

3.总行收到理财资产收益时，会计分录为：

借：存放中央银行款项——准备金（或吸收存款——单位活期存款——××户）

  贷：代理业务资产——理财——单位/个人理财投资资金——已实现未结算损益

（四）代客理财业务相关费用的核算

1.管理费用的核算

（1）银行作为理财产品管理人的，对于理财产品协议约定的固定管理费，总行应当每月计提并确认理财产品收入。会计分录为：

借：应收手续费及佣金——代理业务手续费——代理理财手续费

  贷：理财类业务收入——理财管理费收入——××理财管理费收入

（2）若理财产品协议中约定收取浮动管理费的，银行作为管理人应当在产品到期、赎回并实际收到时确认为理财产品收入。

2.销售费用的核算

总行应当每月计提并确认理财产品销售服务费收入。会计分录为：

借：应收手续费及佣金——代理业务手续费——代理理财手续费

贷：理财类业务收入——理财销售收入——××理财销售收入

——理财推荐费收入——××理财推荐费收入

（五）理财产品提前终止或到期的核算

1.理财产品提前终止和到期时，商业银行总行收到理财产品本金和损益后，应当终止确认理财投资资金成本科目，并将差额记入理财投资已实现未结算损益明细科目。会计分录为：

借：存放中央银行款项——准备金（或吸收存款——单位活期存款——××户）

贷：代理业务资产——理财——单位/个人理财投资资金——成本

贷或借：代理业务资产——理财——单位/个人理财投资资金

——已实现未结算损益

同时销记基础资产表外账。会计分录为：

付：非保本理财投资资产——成本——债券等资产

——利息——债券等资产

2.总行与客户进行结算，结转已实现未结算损益，将客户本金及损益划至客户账户，将本行收益计入理财产品收入。会计分录为：

借：代理业务负债——理财——单位/个人理财资金

借或贷：代理业务资产——理财——单位/个人理财投资资金

——已实现未结算损益

贷：吸收存款——单位/个人活期存款——××户（客户本金+客户收益）

应收手续费及佣金——代理业务手续费——代理理财手续费

（或）理财类业务收入——理财管理费收入

——××理财管理费收入（本行未计提的收益）

（或）理财类业务收入——理财推荐费收入

——××理财推荐费收入（本行未计提的收益）

（或）理财类业务收入——理财销售收入

——××理财销售收入（本行未计提的收益）

【案例链接】

1.××支行理财经理过渡客户资金事件。2023年9月，××分行排查发现，××支行理财经理吕某违规代客户管理资金，未按照客户要求购买理财产品，通过掌握的客户账号、密码、验证码等信息，将230万元（共计6笔业务）资金转入自己控制的账户。2023年10月，客户向公安机关报案。

2.××支行小企业客户经理涉嫌盗窃客户资金案。2023年7月，××分行对系统下发的预警数据延伸核实发现，××支行小企业客户经理杨某霖在业务交接后违规以客户经理名义与客户联系，并使用掌握的客户银行卡、密码和身份证原件，通过柜面转账和ATM取现的方式转移客户资金，涉案金额为36.53万元。2023年8月，公安机关以涉嫌盗窃罪立案侦查，该案件被监管认定为自查发现。

3.××支行营业部原主任涉嫌诈骗案。2023年5月，根据总行下发的风险数据，××分行核查发现，××支行营业部原主任李某国向客户承诺高额收益，介绍客户相关的投资产品，代客操作手机银行，将客户资金转入他人账户。8月，××分行向公安机关报案，公安机关以涉嫌诈骗罪对其立案侦查，涉案金额暂未确定。

4.××支行柜员涉嫌诈骗案。2023年8月，根据总行下发的风险数据，××分行排查发现××支行柜员孟某芝在2019年2月办理的2笔业务，存在授权影像是客户本人，但客户签名笔迹与前期办理业务不一致的情况，金额合计42万元。2023年10月，检察院以孟某芝涉嫌吸收客户资金不入账罪和诈骗罪批准将其逮捕。

扩展链接

与存款业务相关的财务舞弊防范

本章小结

1.银行的存款业务是银行最大的负债业务，也是信贷资金的重要来源。

2.存款的种类是多样的，存款账户中最主要的是基本存款账户。

3.存款业务的核算涉及单位活期存款、单位定期存款、活期储蓄存款和定期储蓄存款的存入和支取等。

4.活期存款利息的计算通常采用累计日积数法计算，定期结息；定期存款利息采取利随本清的方式，按本金、存期和利率计算利息，于到期日随本金一并支付。

5.银行理财产品均为非保本理财产品。

关键概念

负债业务　基本存款户　积数法　代客理财业务

思考与应用

（一）复习思考

1.简述存款的意义和种类。

2.单位开立的存款账户有哪些种类？特点如何？

3.如何理解开立银行存款账户的管理要求？

4.个人储蓄存款业务的办理原则是什么？个人储蓄业务有哪些类别？

（二）操作练习

1.20×4年9月甲银行的开户单位发生如下经济业务，请根据这些业务编制会计分录。

（1）9月3日，新兴百货公司存入现金，现金缴款单上的合计数为80 000元。

（2）9月5日，红星乳品厂提取现金，开出现金支票，金额30 000元。

（3）9月20日，第三季度红星乳品厂活期存款账户累计积数为860 000元，由于错账更正而应冲减积数5 000元。活期存款年利率为0.72%。

2.甲银行活期储蓄存款的结息日为每季度末月20日。该行的客户李江20×4年分别在该行办理如下存款业务（活期储蓄存款月利率为0.6‰），请根据这些业务计算积数的变化情况及结息日和销户时的利息金额，并编制有关会计分录。

（1）1月5日开户，存入现金10 000元。

（2）2月18日，支取现金1 500元。

（3）3月20日，结息，存入客户账户。

（4）5月26日，存入现金4 000元。

（5）6月15日，李江要求销户，银行计算并支付应付利息。

3.客户陈强于20×4年8月20日在甲银行存入3年期整存整取定期存款20 000元。陈强于20××年9月20日要求提前支取5 000元，剩余部分续存。开户时3年定期存款月利率为2.7‰，20××年9月20日活期储蓄存款月利率为0.6‰。

要求：

（1）计算20×4年9月20日甲银行应付陈强的利息并编制相关会计分录。

（2）编制存款到期日甲银行支付剩余款项及利息的会计分录。

第三章 贷款业务核算

学习目标

1.了解商业银行贷款的种类
2.掌握贷款发放和收回的会计核算
3.掌握贴现业务的办理和到期收回贴现款的会计核算
4.了解信贷资产证券化的会计核算

第一节　贷款业务概述

一、贷款的意义与种类

贷款是银行或其他金融机构按一定利率和归还期限等条件出借货币资金的一种信用活动形式。广义的贷款是指贷款、贴现、透支等让渡资金使用权业务的总称。贷款是商业银行最主要的资产业务。商业银行发放贷款应遵循资金使用安全性、流动性和盈利性的原则。

按照不同的标准，可以将商业银行贷款分为以下几类：

（一）按期限分类

根据贷款的期限，可以分为短期贷款、中期贷款和长期贷款。短期贷款是指银行根据有关规定发放的、期限在1年以下（含1年）的各种贷款。中期贷款是指银行发放的贷款期限在1年以上5年以下（含5年）的各种贷款。长期贷款是指银行发放的贷款期限在5年以上的各种贷款。

（二）按还款方式分类

根据贷款的还款方式，可以分为一次偿还的贷款和分期偿还的贷款。一次偿还的贷款是在贷款到期时一次偿还本金，而利息则根据约定，或在整个贷款期间分期支付，或在贷款到期时一次支付。分期偿还的贷款是按年、按季、按月以相等的金额还本付息。

（三）按对象分类

根据贷款的对象，可以分为单位贷款和个人贷款。单位贷款业务是指商业银行为企业法人、事业单位及其他组织融通资金而发放的贷款，包括流动资金贷款、固定资金贷款、贸易融资、住房信贷和综合授信、公司垫款等。个人贷款业务是指商业银行为自然人融通资金而发放的贷款，包括个人消费贷款、个人小额贷款、个人住房贷款、个人汽车消费贷款、个人综合消费贷款、个人小额短期信用贷款和个人助学贷款（包括国家助学贷款和一般商业性助学贷款）等。

（四）按保障条件分类

根据贷款的保障条件，可以分为信用贷款、担保贷款和票据贴现。信用贷款是指银行完全凭借客户的信誉而无需其提供抵押物或第三方保证而发放的贷款，这类贷款从理论上讲风险较大，银行通常要收取较高的利息。担保贷款是指具有一定的财产或信用作为还款保证的贷款。根据还款保证的不同，具体分为抵押贷款、质押贷款和保证贷款。票据贴现是持票人向银行贴付一定利息所做的票据转让行为。

（五）按自主程度分类

根据贷款的自主程度，可以分为自营贷款、委托贷款和特定贷款。自营贷款是指银行自主发放的贷款，贷款本息由银行收回，贷款的风险由银行承担。自营贷款构成商业银行贷款的主要部分。委托贷款是指由委托人提供资金，由受托人根据委托人指定的贷款对象、用途、金额、期限和利率代为发放、监督使用并协助委托人收回的贷款。在办理委托贷款业务的过程中，贷款人只收取手续费，并且不承担贷款的风险。特定贷款是指经国务院批准并对贷款可能造成的损失采取相应补救措施后责成国有独资商业银行发放的贷款。此类贷款具有政策性贷款的性质，但又不属于政策性贷款，如扶贫救灾贷款。

（六）按质量和风险程度分类

根据贷款的质量和风险程度，可以分为正常贷款、关注贷款、次级贷款、可疑贷款和损失贷款。正常贷款是指借款人能够履行合同，有充分把握按时、足额偿还本息的贷款。关注贷款是指尽管借款人目前有能力偿还本息，但是存在一些可能对偿还产生不利影响的因素的贷款。次级贷款是指借款人的还款能力出现了明显问题，依靠其正常经营收入已无法保证足额偿还本息的贷款。可疑贷款是指借款人无法足额偿还本息，即使执行抵押或担保也肯定造成一定损失的贷款。损失贷款是指在采取所有可能的措施和一切必要的法律程序后，本息仍无法收回或只能收回极少部分的贷款。其中，后三类被统称为“不良类”。在这种方法下，银行考虑的是贷款的绝对风险，每上一级别贷款的信用状况一定优于下一级别。

我国财政部2017年颁布的《企业会计准则第22号——金融工具确认和计量》中，要求商业银行将贷款根据风险特征划分为三个阶段，并采用预期信用损失模型进行计量。预期信用损失模型中损失准备确认为第一阶段资产的采用12个月内的预期信用损失，第二阶段或第三阶段的资产采用整个存续期内的预期信用损失。同时，商业银行在对贷款和垫款报送监管时仍然按照原有的5级分类进行。

（七）按业务模式和合同现金流量特征分类

根据贷款的业务模式和合同现金流量特征，可以分为以摊余成本计量的贷款、以公允价值计量且其变动计入当期损益的贷款、以公允价值计量且其变动计入其他综合收益的贷款。本章所讨论的贷款仅指以摊余成本计量的贷款。

二、贷款业务的会计核算要求

银行发放贷款主要遵循安全性、流动性和盈利性原则。在进行贷款核算时，尤其是对中长期贷款进行核算时，主要应遵循以下原则：

（一）本息分别核算

银行发放的中长期贷款，应当按照实际贷出的贷款金额入账。期末，应当按照贷款本金和适用的利率计算应收取的利息，将贷款本金和利息分别进行核算。

（二）商业贷款与政策性贷款分别核算

由于政策性贷款的发放与国家相关政策导向有密切相关性，而且政策性贷款在利率上也通常具有一定的优惠，所以银行应将政策性贷款与商业贷款分别进行核算。

（三）自营贷款和委托贷款分别核算

自营贷款的风险由银行承担，并由银行收取本金和利息。委托贷款的风险由委托人承担，银行在发放委托贷款时，只收取手续费，不得代垫资金。

（四）应计贷款和非应计贷款分别核算

非应计贷款是指贷款本金或利息逾期90天没有收回的贷款。应计贷款是指非应计贷款以外的贷款。当贷款的本金或利息逾期90天时，应单独核算。

三、贷款业务的会计核算方法

（一）核算依据

商业银行贷款业务会计核算主要依据的会计准则包括《企业会计准则——基本准则》《企业会计准则第12号——债务重组》《企业会计准则第22号——金融工具

确认和计量》《企业会计准则第23号——金融资产转移》等。

（二）主要会计科目及核算内容

贷款业务会计核算的内容主要包括贷款发放、计提利息、计提减值、还款、结清、核销和减免等。

贷款业务核算涉及的主要会计科目及核算内容见表3-1。

表3-1　　贷款业务会计科目及核算内容

	名称	主要核算内容
资产类	贷款	核算按规定发放的各种客户贷款，包括质押贷款、抵押贷款、保证贷款和信用贷款等[①]。本科目可按代理类别、客户，分别“本金”“利息调整”“已减值”等进行明细核算
	贴现资产	核算办理票据的贴现、转贴现等业务所融出的资金。本科目可按贴现类别和贴现申请人进行明细核算
	应收利息	核算发放贷款、存放中央银行款项、拆出资金、买入返售金融资产等应收取的利息[②]。本科目可按借款人进行明细核算
	贷款损失准备	核算根据各项贷款可能发生的损失计提的损失准备。
	抵债资产	核算依法取得并准备按有关规定处置的实物抵债资产的成本。本科目可按抵债资产类别及借款人进行明细核算
损益类	利息收入	核算确认的利息，包括发放的各类贷款、与其他金融机构之间发生的资金往来业务、买入返售金融资产实现的利息收入。本科目可按业务类别进行明细核算

此外，商业银行还可根据需要设置“公司垫款”“代理业务资产”“代理业务负债”“抵债资产跌价准备”“应收未收贷款利息”“受托管理银团贷款”“应收委托贷款利息”等会计科目。

第二节　贷款业务的核算

一、信用贷款的核算

（一）贷款发放

商业银行发放信用贷款、担保贷款、抵押贷款时，多采用逐笔核贷的贷款核算

---

① 也可单独设置“银团贷款”“贸易融资”“协议透支”“信用卡透支”“转贷款”“垫款”等科目，或根据需要使用“质押贷款”“抵押贷款”科目。

② 也包括企业持有交易性金融资产和债权类金融资产投资的应收利息。

方式。这种核算方式的特点是：由借款单位向银行提出申请，银行根据批准的贷款计划，逐笔立据、逐笔审查、逐笔发放，约定期限，一次贷放，一次或分次归还贷款，按照规定利率计收利息。

借款人申请贷款时，首先向信贷部门提交贷款申请书，经信贷部门审核批准后，双方商定贷款的额度、期限、用途和利率等，并签订借款合同或协议。借款合同一经签订，便具有法律效力，银行和借款人必须共同遵守、履行。借款合同申请书的格式见表3-2。

表3-2 **借款合同申请书**

<table>
<tr><td>借款人</td><td></td><td>账号</td><td></td><td>已借款金额</td><td></td></tr>
<tr><td>申请贷款金额</td><td></td><td>还款日期</td><td></td><td>借款利息（月息）</td><td></td></tr>
<tr><td>借款用途及理由</td><td colspan="5"></td></tr>
<tr><td colspan="2">借款方
借款单位（章）
负责人（章）
经办人（章）</td><td colspan="2">借款担保方
担保单位（章）
负责人（章）</td><td colspan="2">贷款方
贷款银行（章）
经办人（章）</td></tr>
<tr><td colspan="6">银行审核意见：</td></tr>
<tr><td colspan="6">上列贷款按银行核定金额，双方商定如下合同条款，共同遵守：
1. 贷款方应按核定的贷款金额用途，保证按计划提供贷款；否则应按规定付给借款方违约金。
2. 借款单位保证按规定的用途使用贷款，未经贷款方的同意，不得挪作他用。如转移贷款用途，则贷款方有权进行处罚，实施收取罚息、提前收回贷款、停止发放新的贷款等信用制裁。
3. 对上列借款，借款方应保证按期归还。如需延期使用，则借款方最迟在贷款到期前 3 天提出延期使用申请，经贷款方同意办理延期手续。对贷款方未同意延期或未办理延期手续的逾期贷款，按政策规定加收 20%~50% 的罚息。
4. 贷款到期一个月后，如借款方未按期归还贷款本息，则由担保单位负责为借款方偿还本息和逾期罚息。
5. 本合同一式三份，借款方、贷款方、担保方各持一份。</td></tr>
</table>

借款合同签订以后，借款单位需要用款时，应填制一式五联的借款凭证，送信贷部门审批，其格式见表3-3。信贷部门审查同意后，在借款凭证上加注贷款编号、贷款种类、贷款期限、贷款利率和银行核定贷款金额等项目，送会计部门凭以办理放款手续。

表3-3　　**银行（贷款）借款凭证（申请书代付出凭证）**

单位编号：　　　　　　　　年　月　日　　　　　　　　银行编号：

<table>
<tr><td rowspan="3">收款单位</td><td>名称</td><td></td><td rowspan="3">借款单位</td><td>名称</td><td></td></tr>
<tr><td>往来户账号</td><td></td><td>放款户账号</td><td></td></tr>
<tr><td>开户银行</td><td></td><td>开户银行</td><td></td></tr>
<tr><td>借款期限</td><td></td><td>利率</td><td></td><td>起息日</td><td></td></tr>
</table>

<table>
<tr><td>借款申请金额</td><td>人民币
（大写）</td><td>千</td><td>百</td><td>十</td><td>万</td><td>千</td><td>百</td><td>十</td><td>元</td><td>角</td><td>分</td></tr>
<tr><td></td><td></td><td></td><td></td><td></td><td></td><td></td><td></td><td></td><td></td><td></td><td></td></tr>
<tr><td>借款原因及用途</td><td>银行核定金额</td><td>千</td><td>百</td><td>十</td><td>万</td><td>千</td><td>百</td><td>十</td><td>元</td><td>角</td><td>分</td></tr>
<tr><td></td><td></td><td></td><td></td><td></td><td></td><td></td><td></td><td></td><td></td><td></td><td></td></tr>
</table>

<table>
<tr><td>银行审批
负责人　　信贷部门主管　　信贷员</td><td>期限</td><td>计划还款日期</td><td>计划还款金额</td></tr>
<tr><td></td><td></td><td></td><td></td></tr>
<tr><td></td><td></td><td></td><td></td></tr>
<tr><td>兹根据你行贷款办法规定，申请办理上述借款，请核定贷给。
此致
银行
（借款单位预留往来户印鉴）</td><td colspan="3">会计分录：借
对方科目：贷
会计　　　复核　　　记账</td></tr>
</table>

贷款客户的开户行会计部门收到借款凭证后，应认真审查信贷部门的审批意见，审核凭证各项内容，审核无误后办理转账。会计分录为：

借：贷款——借款单位户——本金（合同本金）

　贷：吸收存款——借款单位户（实际支付的金额）

同时按其差额，

借或贷：贷款——利息调整

【例3-1】甲银行20×4年3月10日接到开户单位A公司的借款申请，经信贷部门核定，同意贷给该客户期限9个月、利率6%的短期贷款1 000 000元，会计部门于3月20日根据借款凭证编制贷款发放的转账分录。

3月20日贷款发放的会计分录为：

借：贷款——短期贷款——A公司户　　　　　　1 000 000

　贷：吸收存款——A公司户　　　　　　1 000 000

在贸易融资的情况下，若借款人非本行客户，则应通过“贸易融资”和“跨行清算资金往来”科目进行会计核算，在此不详细展开。

（二）贷款利息计提

对于未减值贷款，银行会计部门应按贷款合同剩余本金及合同约定利率计算贷款的利息收入。会计分录为：

借：应收利息

　贷：利息收入

　　应交税费——应交增值税（销项税额）

（三）未减值贷款的收回

银行会计部门应经常查看贷款借据的到期情况，在贷款快要到期时，与信贷部门联系，通常提前3天通知借款单位准备还款资金，以便到期时按期还款。

当借款单位归还贷款时，应签发转账支票及填制一式四联的还款凭证办理还款手续。还款凭证格式见表3-4。

表3-4　　　　**银行（　　贷款）还款凭证（借方凭证）**

年　　月　　日　　　　合同编号：

<table>
<tr><td rowspan="3">借款单位</td><td>名称</td><td colspan="3"></td><td rowspan="3">付款单位</td><td colspan="3">名称</td><td colspan="4"></td></tr>
<tr><td>放款户账号</td><td colspan="3"></td><td colspan="3">往来户账号</td><td colspan="4"></td></tr>
<tr><td>开户银行</td><td colspan="3"></td><td colspan="3">开户银行</td><td colspan="4"></td></tr>
<tr><td>还款日期</td><td colspan="5">年　月　日</td><td colspan="3">还款次序</td><td colspan="4">第　　次还款</td></tr>
<tr><td rowspan="2">偿还金额</td><td rowspan="2">人民币
（大写）</td><td>亿</td><td>千</td><td>百</td><td>十</td><td>万</td><td>千</td><td>百</td><td>十</td><td>元</td><td>角</td><td>分</td></tr>
<tr><td></td><td></td><td></td><td></td><td></td><td></td><td></td><td></td><td></td><td></td><td></td></tr>
<tr><td colspan="6">还款内容</td><td colspan="7"></td></tr>
<tr><td colspan="6">由我单位往来划转归还上述借款
（借款单位预留往来账户印鉴）
（银行主动收贷时免盖）</td><td colspan="7">会计分录：借
对方科目：贷
会计　　复核　　记账</td></tr>
</table>

若贷款未发生减值，则银行在收回贷款时应按实际收到的本金和利息，作如下

会计分录：

借：吸收存款——借款单位户

　贷：应收利息

　　贷款——借款单位户

存在利息调整余额的，还应同时结转。

【例3-2】接上例，A公司于20×4年12月20日按期归还贷款本息。假设甲银行采取每季度末定期收息的方式核算贷款利息（增值税税率为6%），则应于当年6月20日、9月20日和12月20日分别做以下计息分录：

●6月20日，应收利息=1 000 000×6%×3÷12=15 000（元）

利息收入=15 000÷（1+6%）=14 150.94（元）

增值税销项税额=15 000−14 150.94=849.06（元）

计提应收利息时，会计分录为：

借：应收利息	15 000	
贷：利息收入		14 150.94
应交税费——应交增值税（销项税额）		849.06

实际收到利息时，会计分录为：

借：吸收存款——X公司户	15 000	
贷：应收利息		15 000

●9月20日，计提利息及利息转账分录与6月20日相同。

●12月20日，计息的分录仍与6月20日相同，由于客户当日按期还款，所以可将最后一季度的利息与本金一并收回。会计分录为：

借：吸收存款——A公司户	1 015 000	
贷：贷款——短期贷款——A公司户		1 000 000
利息收入（最后一季度利息）		14 150.94
应交税费——应交增值税（销项税额）		849.06

（四）减值贷款的处理

1. 计提贷款减值准备

资产负债表日，银行按照预期信用损失法计算计提贷款减值准备，会计分录为：

借：资产减值损失——计提贷款损失准备

　贷：贷款损失准备

同时，将已发生减值的贷款转入减值贷款，会计分录为：

借：贷款——已减值

　贷：贷款——本金

贷：贷款——利息调整

2. 减值贷款计提利息

银行应按已减值贷款的摊余成本和实际利率计算确定的利息收入金额（暂不考虑增值税），会计分录为：

借：贷款损失准备

　贷：利息收入

此外，还需将按合同本金和合同约定的名义利率计算确定的应收利息金额进行表外登记，表外分录为：

收：应收利息

3. 已减值贷款的收回

银行收回已减值贷款时，应作如下会计分录：

借：吸收存款——借款单位户（实际收到的金额）

　　贷款损失准备（贷款损失准备余额）

　贷：贷款——已减值

　　　资产减值损失（差额）

发生信用减值的贷款还款时，银行还需结清表外应收未收的贷款利息，表外分录为：

付：应收利息

【例3-3】甲银行20×1年1月1日发放的3年期贷款中，有一客户Y公司的贷款本金为200万元，年利率为6.4%，增值税率为6%。20×2年12月31日，经测试确认该笔贷款已发生减值15 000元。

20×2年12月31日的会计分录为：

借：资产减值损失	15 000	
贷：贷款损失准备		15 000

同时，将贷款转入减值贷款，会计分录为：

借：贷款——已减值——Y公司户	2 000 000	
贷：贷款——本金——Y公司户		2 000 000

假定甲银行仍采取定期收息方式收取利息，且至20×2年第三季度止已计提的应收利息均已收回。

20×2年第四季度，利息=1 985 000×3×6.4%÷12=31 760（元）

会计分录为：

借：贷款损失准备	31 760	
贷：利息收入		29 962.26

贷：应交税费——应交增值税（销项税额） 1 797.74

表外分录为：

收：应收利息 32 000（2 000 000×3×6.4%÷12）

【例3-4】接【例3-3】，甲银行于20×4年1月1日全额收回Y公司贷款本金200万元及全部应收未收利息。

甲银行在20×3年共提利息=31 760×4=127 040（万元）

贷款损失准备借方余额=127 040+31 760-15 000=143 800（万元）

全部应收未收利息=32 000+32 000×4=160 000（万元）

会计分录为：

借：吸收存款——Y公司户 2 160 000

贷：贷款——已减值 2 000 000

资产减值损失 15 000

贷款损失准备 143 800

利息收入 1 132.08

应交税费——应交增值税（销项税额） 67.92

表外分录为：

付：应收利息 160 000

4.贷款展期

贷款到期，由于客观情况发生变化，借款人经过努力仍不能还清贷款的，短期贷款必须于到期日前10日，中长期贷款必须于到期日前1个月，由借款人向银行提出贷款展期的书面申请，写明展期的原因，银行信贷部门视具体情况决定是否展期。对同意展期的贷款，应在展期申请书上签署意见，然后将展期申请书交给会计部门。每一笔贷款只能展期一次，短期贷款展期不得超过原贷款的期限，中长期贷款展期不得超过原贷款期限的一半，最长不得超过3年。

贷款展期时，银行的会计部门无须办理转账手续。

5.贷款逾期

贷款到期，借款单位事先未向银行申请办理展期手续，或申请展期未获得批准，或者已经办理展期，但展期到期日仍未能归还贷款的，即作为逾期贷款。银行应将贷款转入该单位的逾期贷款账户。等借款单位存款账户有款支付时，一次或分次扣收，并从逾期之日起至款项还清前一日止，除按规定利率计息外，还应按实际逾期天数和人民银行规定的罚息率计收罚息。

贷款本金或利息逾期90天没有收回的贷款通过“非应计客户贷款”科目核算。本科目应按贷款种类设置一级科目再按借款人设专户进行明细核算。期末借方余额，反映银行按规定发放的客户贷款余额。

●当应计贷款转为非应计贷款时，会计分录为：

借：非应计客户贷款

　贷：逾期贷款——借款单位户

同时，冲减利息收入，会计分录为：

借：利息收入

　贷：应收利息（已计提未收回的应收未收利息和之后计提的应收利息，均应在表外进行登记）

表外分录为：

收：应收利息

●到期收回客户贷款本息时，按实际收到的金额作会计处理，会计分录为：

借：吸收存款——××单位存款户

　贷：非应计客户贷款（按客户贷款本金）

　　利息收入（按其差额）

　　应交税费——应交增值税（销项税额）

二、抵押贷款的核算

抵押贷款是担保贷款的一种，是银行对借款人以一定财产作为抵押而发放的一种贷款。借款人到期不能归还贷款本息时，银行有权依法处置贷款抵押物，并从所得价款收入中优先收回贷款本息，或以该抵押物折价充抵贷款本息。

抵押贷款的核算一般采取逐笔核贷的贷款核算方式。

（一）抵押贷款发放

抵押贷款由借款人向银行提出申请，并向银行提交“抵押贷款申请书”，写明借款用途、金额、还款日期，抵押品名称、数量、价值、存放地点等有关事项，同时提交有权处分人同意抵押（质押）的证明或保证人同意保证的有关证明文件。

在抵押贷款中，流动资金贷款最长不超过1年，固定资金贷款一般为1~3年，最长不超过5年。

抵押贷款通常不是按抵押品价值全额贷放，而是按抵押品价值的一定比例贷放贷款。这个比率通常称为抵押率，抵押率的计算公式如下：

$$抵押率=\frac{借款本息之和}{抵押物估价}\times100\%$$

银行在办理抵押贷款时，抵押率一般控制在80%以下；对于一些科技含量高、更新速度快的机器设备，抵押率还会更低，一般控制在50%以下。

借款人使用贷款时，由信贷部门根据确定的贷款额度，填写一式五联的借款凭证，签字后加盖借款人的预留印鉴，经信贷部门有关人员审批后，将与抵押贷款有关单证一并送交会计部门。

会计部门收到信贷部门转来的有关单证，经审查无误后，根据有关规定及借款人的要求办理转账。贷款发放时的会计分录为：

借：抵押贷款——借款人贷款户

贷：吸收存款——借款人存款户

同时，对收到的担保物品进行表外登记，表外分录为：

收：抵押物——××种类

（二）抵押贷款收回

抵押贷款到期，借款人应主动提交还款凭证，连同银行出具的抵押品代保管收据，办理还款手续，会计分录为：

借：吸收存款——借款人存款户

贷：抵押贷款——借款人贷款户

应收利息——抵押贷款利息

同时，销记表外科目，原抵押申请书作为表外科目付出传票的附件，表外分录为：

付：抵押物——××种类

（三）抵押贷款逾期

抵押贷款到期，借款单位如不能按期归还贷款本息，则银行应将其贷款转入逾期贷款科目核算，并按规定计收罚息。出现下列情况时，银行有权依法处理抵押物品：借款合同履行期满，借款人未按期偿还贷款本息，又未同银行签订贷款展期协议或申请展期未经批准的；抵押期间借款人死亡、无继承人或受遗赠人的；借款人的继承人拒绝偿还贷款本息或继承人放弃继承的；借款人被解散、宣布破产或依法撤销的；其他可以依法处分抵押物的情形。银行处理抵押品主要有两种方式，分别为作价入账和出售。

（四）抵债资产的核算

抵债资产是指银行依法行使债权或担保物权而受偿于债务人、担保人或第三人的实物资产或财产权利。这里主要介绍抵债资产冲减贷款本息、抵债资产处置变现和抵债资产转自用的核算。

按照抵债金额与对应贷款本息余额的关系划分，以物抵债可分为抵偿全部贷款和抵偿部分贷款。抵债金额大于等于对应贷款本息余额时为抵偿全部贷款，小于对应贷款本息余额时为抵偿部分贷款。

贷款冲销前，先补提上次计息日至结清日之间的利息及罚息，然后再结息、抵销贷款等。

1.取得抵债资产

银行取得抵债资产时，先进行表外登记，表外分录为：

收：处理期内待处理抵债资产——××种类

付：抵押物——××种类

2.抵债资产入账

银行将抵债资产按照公允价值入账，为取得抵债资产支付的欠缴税费、应由银行支付的诉讼费用和相关过户税费在抵债资产冲抵贷款时予以冲销。会计分录为：

借：抵债资产——××种类（公允价值）

贷：其他应付款——信贷业务款项（抵债资产专户）

系统内资金往来

支付相关税费的会计处理为：

借：行内资金往来

贷：应交税费相关科目

借：应交税费相关科目

贷：银行存款相关科目

3. 抵债资产冲减贷款本息

借：其他应付款——信贷业务款项（抵债资产专户）

贷款损失准备（已计提的贷款损失准备）

资产减值损失（贷方大于借方时的损失）

贷：抵押贷款——借款人户——本金

应收利息

利息收入

投资收益——抵债资产业务收益

同时，结清表外应收未收贷款利息，表外分录为：

付：应收利息

若抵债金额不足以冲抵贷款本息，则银行应按照业务规定进行贷款的核销处理。

4.抵债资产处置变现

当抵债资产处置的金额大于抵债资产账面价值时，差额计入营业外收入；当抵债资产处置金额小于抵债资产账面价值时，差额计入资产处置损益。

（1）银行将依法取得的抵债资产进行处置时，收到抵债资产处置资金，会计分录为：

借：吸收存款——购买单位户（或跨行清算资金往来）（处置抵债资产实际收到的金额）

　贷：其他应付款——信贷业务款项

（2）收回资金大于贷款本息时，银行将收回资金扣除税费、抵债资产账面价值和补价后的差额计入资产处置损益。会计分录为：

借：其他应付款——信贷业务款项

　贷：抵债资产

　　其他应付款——抵债资产处置补价

　　资产处置损益——抵债资产处置损益

（3）向客户支付补价时，会计分录为：

借：其他应付款——抵债资产处置补价

　贷：吸收存款——贷款客户（或跨行清算资金往来）

5.将抵债资产转为自用资产

抵债资产经审批转为自用资产时，将抵债资产的账面价值转入相应的自用资产，会计分录为：

借：固定资产等相关资产类科目

　贷：抵债资产

银行将抵债资产冲抵贷款本息、处置变现或转为自用后，均应进行表外注销，表外分录为：

付：处理期内待处理抵债资产——××种类

抵债资产取得以后，未处置或未转为银行自用之前，若发生减值，则应计提抵债资产减值准备，记入“抵债资产减值准备”账户。该账户的余额应于处置或转为自用时与“抵债资产”账户的余额一并转出。此外，银行所持有的抵债资产也可能出现盘亏和损毁，本教材对此不详细展开论述。

三、贷款利息的核算

（一）贷款利息的计算方法

银行发放的各种贷款，除国家有特殊规定和财政补贴外，均应按规定计收利息。贷款利息的计算分为定期收息和利随本清两种。

1.定期收息

对于定期收息的贷款，银行于每季度末月20日营业终了时，根据下列公式计算利息：

应收利息=本金×年利率×3÷12

2.利随本清

利随本清也称逐笔结息的计息方式。贷款到期后，借款人还款时，应计算自放款日起至还款日前一日止的贷款天数，然后利用下列公式计算利息：

应收利息=还款金额×日数×月利率÷30

（二）贷款利息的核算

企业应按照“本金、表内应收利息、表外应收利息”的顺序收回贷款本金及贷款产生的应收利息。

按期计提贷款应收利息时，会计分录为：

借：应收利息

　贷：利息收入

　　　应交税费——应交增值税（销项税额）

收到利息时，会计分录为：

借：吸收存款——借款单位户

　贷：应收利息

当贷款成为非应计贷款时，应将已入账但尚未收取的利息收入和应收利息予以冲销；其后发生的应计利息，应纳入表外核算。贷款成为非应计贷款后，在收到该笔贷款的还款时，首先应冲减本金；本金全部收回后，再收到的还款则应确认为当期利息收入。

已转入表外核算的应收利息以后收到时，应按以下原则处理：

1.本金未逾期，且有客观证据表明借款人将会履行未来还款义务的，应将收到的该部分利息确认为利息收入。收到该部分利息时，按收到的金额记账如下：

借：吸收存款——存款单位户

　贷：利息收入

2.本金未逾期或逾期未超过90天，且无客观证据表明借款人将会履行未来还款义务的，以及本金已逾期的，应将收到的该部分利息确认为贷款本金的收回。收到该部分利息时，按收到的金额记账如下：

借：吸收存款——存款单位户

　贷：贷款——短期或中长期贷款——借款单位户

当拆出资金到期（含展期，下同）90天后仍未收回的，或者拆出资金尚未到期而已计提应收利息逾期90天后仍未收回的，应将原已计入损益的利息收入转入表外核算，其后发生的应计利息纳入表外核算。

第三节　贴现业务的核算

一、贴现的概念

票据贴现是指票据持有人在票据到期以前为获得资金而向银行贴付一定的利息所做的票据转让。目前，银行办理贴现业务的票据主要是商业汇票。商业汇票按承兑人的不同可以分为商业承兑汇票和银行承兑汇票。商业汇票一律记名，允许背书转让，期限最长不超过6个月。根据银行票据贴现的业务模式和合同现金流量特征，可以将贴现票据分为以摊余成本计量的贴现票据，和以公允价值计量且其变动计入其他综合收益的贴现票据。

二、商业汇票的贴现

商业汇票持有者如急需使用资金，可持汇票向开户银行申请贴现。申请时填制一式五联的贴现凭证（见表3-5）。

表3-5　　**贴现凭证（代申请书）**

申请日期　　　　年　月　日　　　　第　号

<table>
<tr><td rowspan="3">贴现汇票</td><td>种类</td><td colspan="4"></td><td>号码</td><td colspan="5"></td><td rowspan="3" colspan="2">持票人</td><td colspan="3">名称</td><td colspan="7"></td></tr>
<tr><td>出票日</td><td colspan="10">年　月　日</td><td colspan="3">账号</td><td colspan="7"></td></tr>
<tr><td>到票日</td><td colspan="10">年　月　日</td><td colspan="3">开户银行</td><td colspan="7"></td></tr>
<tr><td colspan="2">汇票承兑人</td><td colspan="2">名称</td><td colspan="3"></td><td colspan="2">账号</td><td colspan="5"></td><td colspan="3">开户银行</td><td colspan="7"></td></tr>
<tr><td rowspan="2">汇票金额</td><td rowspan="2" colspan="15">人民币（大写）</td><td>千</td><td>百</td><td>十</td><td>万</td><td>千</td><td>百</td><td>十</td><td>元</td><td>角</td><td>分</td></tr>
<tr><td></td><td></td><td></td><td></td><td></td><td></td><td></td><td></td><td></td><td></td></tr>
<tr><td rowspan="2">贴现率</td><td rowspan="2">‰</td><td rowspan="2">贴现利息</td><td>千</td><td>百</td><td>十</td><td>万</td><td>千</td><td>百</td><td>十</td><td>元</td><td>角</td><td>分</td><td rowspan="2" colspan="3">实付贴现金额</td><td>千</td><td>百</td><td>十</td><td>万</td><td>千</td><td>百</td><td>十</td><td>元</td><td>角</td><td>分</td></tr>
<tr><td></td><td></td><td></td><td></td><td></td><td></td><td></td><td></td><td></td><td></td><td></td><td></td><td></td><td></td><td></td><td></td><td></td><td></td><td></td><td></td></tr>
<tr><td colspan="5">附送承兑汇票申请贴现，请审核。
持票人签字</td><td colspan="5">银行审核</td><td colspan="7">负责人　信贷员</td><td colspan="9">科目：贷
对方科目：借
复核　记账</td></tr>
</table>

贴现申请人在第一联凭证上按规定签章后，将凭证及商业汇票一并送交银行信贷部门。信贷部门根据信贷管理办法及结算规定进行贴现审查后，填写《××汇票贴现审批书》，提出审查意见，按照贷款审批权限，报经相关部门审批。贷款决策部门审查同意后，应在《××汇票贴现审批书》上签署决策意见，并在贴现凭证的

"银行审核"栏签注"同意"字样并加盖有关人员名章后，送交会计部门。

会计部门接到贴现凭证及商业汇票后，按照规定的贴现率，计算出贴现利息并予以扣收。贴现利息的计算方法如下：

贴现利息=汇票金额×贴现天数×（月贴现率÷30）

实付贴现金额=汇票金额-贴现利息

将按规定贴现率计算出来的贴现利息、实付贴现金额填在贴现凭证有关栏内，办理转账手续。银行通过"贴现资产"科目核算办理商业票据的贴现、转贴现和再贴现业务的款项。该科目应按贴现种类和贴现申请人进行明细核算，期末为借方余额，反映银行办理的贴现款项。

三、以摊余成本计量的票据贴现业务会计核算

对于业务模式为以收取合同现金流量为目标，且该合同现金流仅为对本金和以未偿付本金金额为基础的利息的支付的票据贴现业务，应划分为以摊余成本计量。以摊余成本计量的票据贴现业务核算包括确认票据资产、确认利息收入、计提减值准备、到期卖出和减值准备转移等。

（一）融出资金

1. 贴现行办理卖方付息式贴现业务

（1）确认票据资产

卖方付息式贴现业务中，贴现行确认票据资产的会计分录为：

借：贴现资产——以摊余成本计量的商业承兑汇票等——面值

　贷：其他应付款——票据业务

　　　贴现资产——以摊余成本计量的商业承兑汇票等——利息调整

同时，按汇票金额登记表外科目，表外分录为：

收：贴现票据——以摊余成本计量的商业承兑汇票等

（2）付款

贴现行向贴现方付款时的会计分录为：

借：其他应付款——票据业务

　贷：吸收存款——××贴现客户

2. 贴现行办理非卖方付息式贴现业务

办理非卖方付息式贴现业务融出资金时，贴现行应先将付息方支付金额记入"其他应付款——票据业务"科目。付息完成后，贴现行办理贴现业务。

（1）收到付息

借：跨行清算资金往来——大额支付（或吸收存款——××付息客户）

贷：其他应付款——票据业务

（2）确认票据资产

借：贴现资产——以摊余成本计量的商业承兑汇票等——面值

其他应付款——票据业务（买方或第三方付息金额）

贷：其他应付款——票据业务（支付给贴现方金额）

贴现资产——以摊余成本计量的商业承兑汇票等——利息调整

同时，登记表外账：

收：贴现票据——以摊余成本计量的商业承兑汇票等

（3）向贴现方付款

借：其他应付款——票据业务

贷：吸收存款——××贴现客户

（二）确认利息收入

贴现行需在资产负债表日按票据面值和贴现利率确认利息收入，记入“利息调整”科目，会计分录为：

借：贴现资产——以摊余成本计量的商业承兑汇票等——利息调整

贷：利息收入——以摊余成本计量的直贴票据利息收入

应交税费——应交增值税（销项税额）

（三）计提减值准备

贴现行应在资产负债表日对以摊余成本计量的贴现票据进行减值测试，确认减值准备及减值损失。会计分录为：

借：资产减值损失——计提贷款损失准备——以摊余成本计量的贴现票据损失准备

贷：贷款损失准备——以摊余成本计量的贴现票据损失准备

如果当月的应计提减值准备金额大于已经计提的减值准备余额，则应补计提减值准备，会计分录同上；如果当月的应计提减值准备金额小于已经计提的减值准备，则应冲回多计提的减值准备，做相反分录。

【例3-5】20×4年5月5日，甲银行收到客户Y公司提交的银行承兑汇票，金额为340 000元，到期日为20×4年7月10日，Y公司申请贴现，甲银行审定后同意按7.2%的贴现率贴现，不考虑增值税等相关税费。

贴现天数=66天

贴现利息=340 000×66×7.2%÷360=4 488（元）

实付贴现金额=340 000−4 488=335 512（元）

会计分录为：

借：贴现资产——以摊余成本计量的银行承兑汇票　　340 000
　　贷：吸收存款——Y公司户　　335 512
　　　　贴现资产——利息调整　　4 488

（四）贴现汇票到期

贴现银行应经常查看已贴现汇票的到期情况。对于已到期的贴现汇票，应及时收回票款。

1.商业承兑汇票贴现款到期收回

商业承兑汇票贴现款的收回是通过委托收款方式进行的。贴现银行作为收款人，应于汇票到期前发出托收，向承兑人收取票款。

此时，表外科目的会计分录为：

付：贴现票据——以摊余成本计量的商业承兑汇票

（1）收回贴现款

当贴现银行收到承兑人划回的票款时，分下列两种情况处理：

第一，票据由其他银行客户承兑，会计分录为：

借：跨行清算资金往来——大额支付
　　贷：其他应付款——票据业务

第二，票据由本银行跨机构承兑，会计分录为：

借：其他应付款——票据业务（转入机构）
　　贷：其他应付款——票据业务（转出机构）

（2）核销票据资产

借：其他应付款——票据业务（或跨行清算资金往来）
　　贷：贴现资产——以摊余成本计量的商业承兑汇票——面值

（3）确认利息收入

借：贴现资产——以摊余成本计量的商业承兑汇票——利息调整
　　贷：利息收入——以摊余成本计量的商业承兑汇票
　　　　应交税费——应交增值税（销项税额）

（4）冲回已计提减值准备

借：贷款损失准备——以摊余成本计量的贴现票据损失准备
　　贷：资产减值损失——计提贷款损失准备——以摊余成本计量的贴现票据损失准备

（5）付款人无法承兑

如果贴现银行收到付款人开户行退回委托收款凭证、汇票和拒付理由书或付款人未付票款通知书时，则在非买断式贴现的情况下，可向贴现申请人索取贴现票款。对于贴现申请人在本行开户的，可以从贴现申请人账户收取。会计分录为：

借：吸收存款——贴现申请人存款户

贷：贴现资产——以摊余成本计量的商业承兑汇票

借：贴现资产——利息调整

贷：利息收入

应交税费——应交增值税（销项税额）

若贴现申请人账户余额不足，则不足部分转为逾期贷款，会计分录为：

借：吸收存款——贴现申请人存款户

逾期贷款——贴现申请人贷款户

贷：贴现资产——商业承兑汇票

2.银行承兑汇票贴现款到期收回

银行承兑汇票的承兑人是付款人开户银行，信用可靠，不会发生退票情况，贴现银行在汇票到期前，以自己为收款人，填制委托收款凭证，向对方银行收取贴现款。

此时，表外科目的会计分录为：

付：贴现票据——以摊余成本计量的银行承兑汇票

等收到对方银行划回的款项时，其会计分录与回收商业承兑汇票贴现款的相同。

【例3-6】接【例3-5】，假设【例3-5】中的银行承兑汇票到期，甲银行向异地某承兑银行（同系统）发出委托收款凭证和汇票后，于日后收到划回的汇票款项。

此时，甲银行的会计分录为：

借：支付清算类科目	340 000	
贷：贴现资产——以摊余成本计量的银行承兑汇票		340 000
借：贴现资产——利息调整	4 488	
贷：利息收入		4 233.96
应交税费——应交增值税（销项税额）		254.04

四、以公允价值计量且其变动计入其他综合收益的票据贴现业务会计核算

对于业务模式既以收取合同现金流量为目标又以出售该金融资产为目标，且该合同现金流仅为对本金和以未偿付本金金额为基础的利息的支付的贴现票据业务，应划分为以公允价值计量且其变动计入其他综合收益的贴现票据。以公允价值计量且其变动计入其他综合收益的贴现票据业务核算包括确认票据资产、确认利息收入、确认公允价值变动、计提减值准备、到期卖出和减值准备转移等。

（一）融出资金

1. 贴现行办理卖方付息式贴现业务

（1）确认票据资产

借：贴现资产——以公允价值计量且其变动计入其他综合收益的商业承兑汇票等——面值

贷：其他应付款——票据业务

贴现资产——以公允价值计量且其变动计入其他综合收益的商业承兑汇票等——利息调整

同时，按汇票金额登记表外科目：

收：贴现票据——以公允价值计量且其变动计入其他综合收益的商业承兑汇票等等

（2）付款

借：其他应付款——票据业务

贷：吸收存款——××贴现客户

2. 贴现行办理非卖方付息式贴现业务

（1）收到付息

借：跨行清算资金往来——大额支付（或吸收存款——××付息客户）

贷：其他应付款——票据业务

（2）确认票据资产

借：贴现资产——以公允价值计量且其变动计入其他综合收益的商业承兑汇票等——面值

其他应付款——票据业务（买方或第三方付息金额）

贷：其他应付款——票据业务（支付给贴现方金额）

贴现资产——以公允价值计量且其变动计入其他综合收益的商业承兑汇票等——利息调整

同时，登记表外账：

收：贴现票据——以公允价值计量且其变动计入其他综合收益的商业承兑汇票等等

（3）向贴现方付款

借：其他应付款——票据业务

贷：吸收存款——××贴现客户

（二）确认利息收入

借：贴现资产——以公允价值计量且其变动计入其他综合收益的商业承兑汇票等——利息调整

贷：利息收入——以公允价值计量且其变动计入其他综合收益的商业承兑汇票等利息收入

应交税费——应交增值税（销项税额）

（三）公允价值变动

贴现行在资产负债表日确认贴现票据的公允价值，并将公允价值变动计入其他综合收益。会计分录为：

借或贷：贴现票据——以公允价值计量且其变动计入综合收益的商业汇票等——公允价值变动

贷或借：其他综合收益——以公允价值计量且其变动计入其他综合收益的金融资产公允价值变动

（四）计提减值准备

资产负债表日，贴现行应对以公允价值计量且其变动计入其他综合收益的票据转贴现业务计提减值，确认减值准备及减值损失。

1. 首次计提减值准备，会计分录为：

借：资产减值损失——计提贷款损失准备——以公允价值计量且其变动计入其他综合收益的票据贴现损失准备

贷：其他综合收益——以公允价值计量且其变动计入其他综合收益的金融资产减值准备

2. 后续计提减值准备

如果当月的应计提减值准备金额大于已经计提的减值准备余额，则补计提减值准备，会计分录同上；如果当月的应计提减值准备金额小于已经计提的减值准备，则冲回多计提的减值准备，做相反的会计分录。

（五）贴现汇票到期

1. 核销票据资产

借：其他应付款——票据业务（转出机构）

贴现票据——以公允价值计量且其变动计入其他综合收益的商业承兑汇票等——利息调整

借或贷：贴现票据——以公允价值计量且其变动计入其他综合收益的商业承兑汇票等——公允价值变动

贷：贴现票据——以公允价值计量且其变动计入其他综合收益的商业承兑汇票等——面值

贷或借：其他综合收益——以公允价值计量且其变动计入其他综合收益的金融资产公允价值变动

贷或借：贴现利息收入——以公允价值计量且其变动计入其他综合收益的商业承兑汇票等（差额）

2. 冲回已计提减值准备。

借：其他综合收益——以公允价值计量且其变动计入其他综合收益的金融资产减值准备

贷：资产减值损失——计提贷款损失准备——直贴票据损失准备

此外，银行还可以将贴现的票据进行行内转卖和行外卖出，票据可能在不同减值阶段中的发生形态转移，本书对此不展开讨论。

第四节　信贷资产证券化的核算

一、定义

所谓信贷资产证券化，是指银行业金融机构作为发起机构，将信贷资产信托给受托机构，由受托机构以资产支持证券的形式向投资机构发行受益证券，以该财产所产生的现金支付资产支持证券收益的结构性融资活动。在资产证券化活动中，商业银行同时作为贷款服务机构接受受托机构委托，负责管理证券化信贷资产。

信贷资产证券化业务，涉及受托机构、委托贷款服务机构、资金保管机构、证券登记托管机构及其他为证券化交易提供服务的机构。

二、主要会计科目及核算内容

信贷资产证券化业务主要会计科目及核算内容见表3-6。

表3-6　信贷资产证券化业务主要会计科目及核算内容

	名称	主要核算内容
资产类	继续涉入资产	核算商业银行作为发起机构仍保留对所转让信贷资产控制的，应当在转让日按照继续涉入该信贷资产的程度确认的有关资产
	证券化发行费用	核算商业银行作为发起机构的发行费用，该费用应于发行日确认为相关资产，并在证券存续期间逐期进行摊销
负债类	继续涉入负债	核算商业银行作为发起机构仍保留对所转让信贷资产控制的，应当在转让日按照继续涉入该信贷资产的程度确认的相关负债
	应付债券	本科目下设“应付债券——资产支持证券”二级科目，二级科目下设“应付债券——资产支持证券——成本”“应付债券——资产支持证券——利息调整”三级科目，核算商业银行作为发起机构仍保留了证券化资产所有权上几乎所有控制权时，发行的资产支持证券
表外	证券化信贷资产	本科目下设“证券化信贷资产——本金”二级科目，核算本行通过证券化转让的信贷资产

三、信贷资产证券化的会计核算

（一）信托成立日的会计处理

1.确认信贷资产控制权转移时的会计处理

商业银行将截至转让日信贷资产的账面价值与资产转让收取的对价之间的差额确认为损益。如果取得了某项新资产或者承担了某项新负债，则应在转让日按公允价值确认该新资产或者新负债，并将该新资产扣除新负债后的净额作为上述对价的组成部分。会计分录为：

借：存放中央银行款项
　　贷款损失准备
　　相关资产科目（新资产的公允价值）
　贷：贷款
　　　相关负债科目（新负债的公允价值）
　　　资产减值损失
　　　投资收益——证券化业务收益

同时，进行表外登记，表外分录为：

收：证券化信贷资产——本金

2.保留了证券化资产所有权上几乎所有控制权时的会计处理

商业银行在收到受托机构实际汇入的发行资金后，会计分录为：

借：存放中央银行款项
　贷：应付债券——资产支持证券——成本

借：证券化发行费用
　贷：存放中央银行款项

同时，进行表外登记，表外分录为：

收：证券化信贷资产——本金

3.既没有转移也没有保留证券化资产所有权上几乎所有的控制权时的会计处理

（1）未保留控制权的会计处理比照上述第1条执行。

（2）在保留控制权的情况下，商业银行根据相关机构出具的意见，按继续涉入证券化资产的程度确认继续涉入资产，并相应确认负债。继续涉入该资产的程度，是指该信贷资产价值变动使商业银行面临的风险水平。

商业银行通过对该资产提供财务担保的方式继续涉入的，其涉入程度为该信贷资产的账面价值和财务担保金额两者之中的较低者。财务担保金额是指所收到的对价中，将被要求偿还的最高金额。同时按照财务担保金额与财务担保合同的公允价值（通常为提供财务担保所收取的费用）之和确认继续涉入形成的负债。

商业银行通过剩余权益次级化的方式为信用损失提供保证的，应将因剩余权益次级化而不能收回的现金流量的最大值与收到非现金支付对价的公允价值之和确认为资产，将因剩余权益次级化而不能收回的现金流量最大值与次级化的公允价值之和确认为负债。会计分录为：

借：存放中央银行款项

　　继续涉入资产

　　贷款损失准备

　贷：贷款

　　　继续涉入负债

　　　资产减值损失

　　　投资收益——证券化业务收益

借：持有至到期债券——资产支持证券——成本

　贷：存放中央银行款项

同时，进行表外登记，表外分录为：

收：证券化信贷资产——本金

（二）证券化存续期间及到期后的会计处理

1.保留了证券化资产所有权上几乎所有控制权时的会计处理

（1）商业银行仍应按自营贷款的核算要求对已设立信托的贷款进行核算。

（2）商业银行按月计提证券化资产的应付利息，定期支付证券化资产的利息，摊销信贷资产证券化发行费用，会计分录为：

借：利息支出——资产支持证券

借或贷：应付债券——资产支持证券——利息调整

　贷：应付利息——资产支持证券利息

借：应付利息——资产支持证券利息

　贷：存放中央银行款项

借：手续费及佣金支出

　贷：证券化发行费用

（3）债券到期时，归还投资人债券本金，会计分录为：

借：应付债券——资产支持证券——成本

　贷：存放中央银行款项

（4）在贷款本金收回时销记表外科目，表外分录为：

付：证券化信贷资产——本金

2.继续涉及资产及负债的会计处理

（1）商业银行通过担保方式继续涉入的，在后续期间，应将因提供信用保证而收到的对价在担保合同期间内按时间比例摊销，确认为各期收入。因担保形成的资产的账面价值，应当在资产负债表日进行减值测试，当可回收金额低于其账面价值时，应当按其差额计提减值准备。

（2）商业银行通过剩余权益次级化的方式为信用损失提供保证的，采用实际利率法将信用增级取得的对价分期予以确认。此外，还应在资产负债表日对已确认资产确认可能发生的减值损失。在确认资产减值损失时，应按照减值金额等额冲减继续涉入资产与继续涉入负债，同时将未终止确认资产的减值损失计入当期损益。

3.商业银行作为证券化资产服务机构的会计处理

（1）对已终止确认的资产计收利息或收回本金时，会计分录为：

借：存放中央银行款项

　贷：其他应付款——证券化信贷资产信托资金

其中属于初始起算日前的利息确认为该行的利息收入，会计分录为：

借：存放中央银行款项

　贷：利息收入

　　　应交税费——应交增值税（销项税额）

如果结息日未能全额收取利息，则对应收未收利息进行表外登记，表外分录为：

收：证券化信贷资产——应收利息

实际收到利息后做相反的会计分录。

（2）商业银行将收回资金按服务合同规定划给信托资产托管账户，会计分录为：

借：其他应付款——证券化信贷资产信托资金

　贷：存放中央银行款项

（3）商业银行收到服务费或资金保管费后，会计分录为：

借：存放中央银行款项

　贷：手续费及佣金收入——证券化业务手续费收入

　　　应交税费——应交增值税（销项税额）

四、信贷资产证券化的信息披露

商业银行未终止确认所转让资产，或者按继续涉入资产程度确认某项资产的，应当在会计报表附注中披露以下内容：

1.资产的性质。

2.仍保留的资产所有权上风险和报酬的性质（如信用风险等）。

3.继续确认所转让资产整体的，应当披露所转让资产的账面价值和相关负债的账面价值。

4.继续涉入所转让资产的，应当披露所转让资产整体的账面价值、继续确认资产的账面价值及负债的账面价值。

扩展链接-1

银行贷款对科技创新的推动作用

扩展链接-2

银行贷款的风险防控

本章小结

1.贷款是商业银行最主要的资产业务，是银行经营货币资金获利的主要渠道。

2.信用贷款和抵押贷款通常采用逐笔核贷的核算方式；贷款一旦减值，应按减值后的摊余成本计算利息，按本金计算的应收利息纳入表外核算。

3.贷款利息的计算分为定期收息和利随本清两种。

4.贴现商业汇票也是贷款的一种，到期收回阶段的核算应与票据结算部分的有关内容结合掌握。

关键概念

信用贷款　抵押贷款　贴现

思考与应用

（一）复习思考

1.商业银行贷款具体有哪些种类？

2.商业银行如何进行贷款风险管理？

3.什么是贴现？贴现业务与贷款业务有何联系与区别？

4.商业银行贴现业务如何核算？商业承兑汇票和银行承兑汇票贴现在账务处理上有何异同？

（二）操作练习

某商业银行发生下列未减值贷款业务，请编制这些业务的会计分录（增值税税率为6%）。

1.7月2日，开户单位新兴百货公司申请流动资金贷款200 000元，经信贷部门审查同意发放，转入该公司存款账户。

2.7月3日，开户单位塑料厂申请办理抵押贷款300 000元，审核后予以办理。

3.7月7日，开户单位塑料厂归还2月7日借入的短期贷款500 000元，月利率为6‰，贷款本息一并归还。

4.7月20日，计提借款人制药厂贷款利息34 000元。

5.7月23日，借款人王刚以现金支付贷款本金50 000元，利息2 300元。

6.7月28日，借款人李鸿申请短期贷款20 000元，审查后予以办理，付给现金。

7.7月31日，向借款人制药厂收取贷款利息34 000元。

第四章 国内支付结算业务核算

学习目标

1.了解支付结算的概念和原则
2.熟悉支付结算业务的核算特点
3.掌握银行汇票、银行本票、支票和商业汇票的会计核算
4.掌握汇兑、托收承付、委托收款结算业务的会计核算
5.了解信用卡支付系统的会计核算

第一节 国内支付结算业务概述

一、支付结算的意义

结算是指对经济主体之间因商品交易、劳务供应、资金调拨及其他款项往来而产生的货币收付关系，是对债权债务进行清偿的行为。

本章介绍的国内支付结算业务，是指商业银行通过提供结算工具，对国内客户之间因商品交易、劳务供应、资金调拨及其他款项往来而产生的债权债务进行清偿的行为。

支付结算是银行代客户清偿债权债务、收付款项的一种传统的中间业务，客户在银行开立存款结算账户，除为了资金安全的目的外，很大程度上是利用银行在转账结算方面收付款项的便利。商业银行为了扩大业务、与企业建立广泛联系、吸收更多的存款，也尽量加强和完善结算业务工作，为顾客提供优质、方便、迅速和安全的结算服务。

二、支付结算的管理体制

在我国，支付结算业务实行集中统一和分级管理相结合的管理体制。支付结算的有关制度和办法由中国人民银行总行负责统一制定，并由中国人民银行组织、协调、管理和监督全国的社会支付结算工作，协调和处理银行之间的支付结算纠纷。

各商业银行总行可以根据统一的支付结算制度，结合本行情况和经济活动的需要，制定具体管理实施办法，但必须报经中国人民银行总行批准后执行。商业银行总行负责组织、管理、协调本行内的支付结算工作，协调、处理本行内分支机构之间的支付结算纠纷。

三、支付结算原则和结算纪律

（一）支付结算原则

结算原则是办理结算业务的单位、个人以及银行会计部门在组织结算业务核算时所必须遵循的原则。其内容包括：

1. 恪守信用，履约付款。

2. 谁的钱进谁的账，由谁支配。

3. 银行不垫款。

（二）支付结算纪律

1. 银行需遵守的结算纪律

（1）不准以任何理由压票、任意退票、截留挪用客户和他行的资金、受理无理拒付和不扣少扣滞纳金。

（2）不准在结算制度之外规定附加条件，影响汇路通畅。

（3）不准违反规定为单位和个人开立账户。

（4）不准拒绝受理、代理他行正常结算业务。

（5）不准放弃对企事业单位和个人违反结算纪律的制裁。

（6）不准违章签发、承兑、贴现票据，套取银行资金。

（7）不准超额占用联行汇差资金、转嫁资金矛盾。

（8）不准逃避向人民银行转汇大额汇划款项和清算大额银行汇票资金。

（9）不准签发空头银行汇票、银行本票和办理空头汇款。

（10）不准无理拒绝支付应由银行支付的票据款项。

2. 单位和个人需遵守的结算纪律

（1）不准套取银行信用，签发空头支票、印章与预留印鉴不符支票、远期支票和没有资金保证的票据。

（2）不准无理拒付，任意占用他人资金。

（3）不准违反规定开立和使用账户。

（4）不准签发、取得和转让没有真实交易和债权债务的票据，套取银行和他人资金。

四、支付结算业务的核算特点

银行是全国的支付结算中心，社会支付结算业务在商业银行的各项业务中所占的比重最大，核算手续繁多，其会计核算归纳起来有如下特点：

其一，支付结算的核算程序必须以相关法律为依据。

其二，支付结算业务的处理程序同支付结算业务的会计处理步骤完全一致。

其三，支付结算业务的凭证格式由银行统一制定。

五、支付结算的方式

目前，我国的国内支付结算工具主要包括银行汇票、商业汇票、银行本票、支票、信用卡、汇兑、托收承付、委托收款和信用证等。其中，银行汇票、商业汇票、银行本票和支票属于票据结算。

由于结算业务的当事人可在不同地点、不同银行开户，所以银行间资金的划转和清算须根据不同情况参与不同的支付清算系统（包括中国人民银行大额实时支付系统、小额批量支付系统、银行业金融机构行内支付系统和同城票据交换等）。为强调结算业务流程中账户资金划转的会计核算，本章除行内转账业务外，跨行业务一律使用“跨行清算资金往来”科目完成资金的清算划拨。“跨行清算资金往来”科目可以用于人民银行大、小额支付系统和同城票据清算业务。由于各商业银行可能在内部会计制度中使用不同名称的科目，所以实际工作中应按所在银行实际设置的账户系统进行操作。行内转账是指在同一银行系统范围内的资金划转，本章将此类银行统称为“本行”或“行内”，并将银行业金融机构行内支付系统的账务划转简化为直接转账。

银行业金融机构行内支付系统和中国人民银行现代化支付系统的核算将在后续章节中详细说明。

六、主要会计科目及核算内容

支付结算业务核算涉及的主要会计科目及核算内容见表4-1。

表4-1　**支付结算业务会计科目及核算内容**

<table>
<tr><th></th><th>名称</th><th colspan="2">核算内容</th></tr>
<tr><td>资产类</td><td>跨行清算资金往来</td><td colspan="2">核算和反映银行发生跨行的电子汇划和往来资金等的资金清算款项，可设置同城票据清算、大额支付和小额支付等二级科目</td></tr>
<tr><td rowspan="3">负债类</td><td>汇出汇款</td><td>核算出票银行开出银行汇票收取的款项</td><td rowspan="3">这三个科目的余额在编制资产负债表时可并入“吸收存款”项目</td></tr>
<tr><td>应解汇款（及临时存款）</td><td>核算银行暂收客户的款项</td></tr>
<tr><td>开出本票</td><td>核算出票银行开出银行本票收取的款项</td></tr>
<tr><td>损益类</td><td>手续费及佣金收入</td><td colspan="2">核算金融企业确认的手续费及佣金收入，可按手续费及佣金收入类别进行明细核算</td></tr>
</table>

第二节　票据结算业务的核算

一、票据的相关概念

票据是按照一定形式制成、写明有付出一定货币金额义务的证件。用于结算的票据是指以支付金钱为目的的有价证券，即出票人根据票据法签发的，由自己无条件支付确定金额或委托他人无条件支付确定金额给收款人或持票人的有价证券。票据包括汇票、本票、支票、提单、存单、股票和债券等。在我国，票据一般包括汇票、本票和支票。

票据的基本功能有三个：结算功能、信用功能和流通功能。

票据的当事人有出票人、收款人、付款人、承兑人、背书人、被背书人和保证人。

能够产生票据权利与义务的法律行为，称为票据行为。票据行为主要包括出票、背书、承兑和保证四种。出票是指出票人签发票据并将其交给收款人的票据行为；背书是指在票据背面或者粘单上记载有关事项并签章的票据行为；承兑是指票据的付款人在票据上记载一定的事项，以承诺在票据到期日向持票人支付票据金额的票据行为；保证是指票据债务人以外的第三人通过在票据上记载一定的事项，为特定的票据债务人履行票据债务提供担保，对汇票的债务承担保证责任的票据行为。

二、银行汇票的核算

银行汇票是出票银行签发的，由其在见票时按照实际结算金额无条件支付给收款人或者持票人的票据。银行汇票的出票人为经人民银行批准办理银行汇票业务的银行，银行汇票的出票银行即为银行汇票的付款人。

单位和个人在进行各种转账结算时，均可使用银行汇票。银行汇票可以用于转账，签发现金银行汇票时，申请人和收款人必须均为个人；申请人或者收款人为单位的，不得为其签发现金银行汇票。银行汇票的提示付款期限为自出票日起1个月。持票人超过付款期限提示付款的，代理付款人不予受理。银行汇票业务流程如图4-1所示。

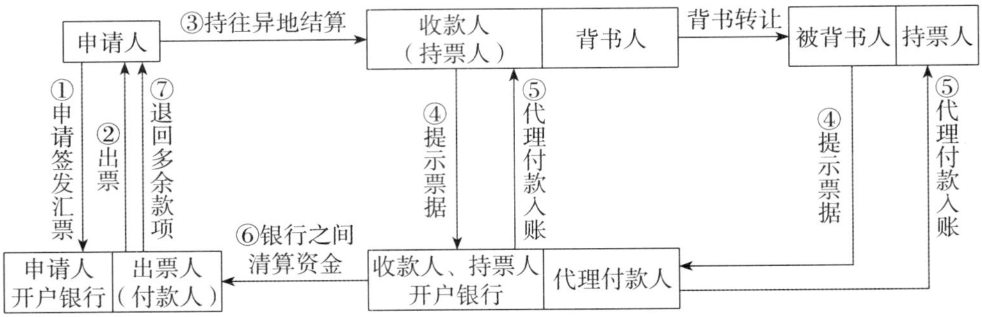

图4-1　银行汇票业务流程图

（一）汇款人向银行申请汇票

单位或个人需要使用银行汇票，应向银行填写银行汇票申请书，银行汇票申请书一式三联，第一联是存根，第二联是借方凭证，第三联是贷方凭证。

出票银行受理申请人提交的汇票申请书时，需详细审查其内容是否填写齐全、清晰，汇票上的签章是否为预留银行的签章；申请书填明“现金”字样的，要看申请人和收款人是否均为个人，且申请人是否交存现金。

对银行汇票申请书的有关内容审查无误后，出票行才可予以受理。

对申请人以账户扣款方式签发的，出票行以第二联申请书作为借方凭证，以第三联作为贷方凭证，转账分录为：

借：吸收存款——申请人户
　贷：汇出汇款
　　手续费及佣金收入——结算业务收入
　　应交税费——应交增值税（销项税额）

申请人交付现金的，出票行以第三联申请书作为贷方凭证，其会计分录为：

借：库存现金
　贷：汇出汇款
　　手续费及佣金收入——结算业务收入
　　应交税费——应交增值税（销项税额）

出票行办好转账或收妥现金后，即可签发银行汇票（见表4-2）。

表4-2

付款期限 壹个月

中国工商银行

银行汇票

2　地名　$\frac{B}{0}\frac{A}{1}$00000000

出票日期（大写）　年　月　日　　代理付款行：　　行号：

收款人：　　账号：

出票金额人民币（大写）

实际结算金额人民币（大写）

千	百	十	万	千	百	十	元	角	分

申请人：　　账号：

出票行：　　行号：

备　注：

凭票付款

出票行签章

密押：

多余金额

千	百	十	万	千	百	十	元	角	分

复核　　记账

此联代理付款行付款后作联行往账借方凭证附件

汇票凭证一式四联，第一联是卡片，第二联是汇票，第三联是解讫通知，第四联是多余款收账通知。填写的汇票经审核无误后，在第二联上加盖汇票专用章，并由授权的经办人签名或盖章，在实际结算金额栏的小写金额上端用总行统一制作的压数机压印出票金额，然后连同第三联一并交给申请人。

（二）持票人接受并审核汇票

银行汇票的申请人将出票行开出的汇票第二、第三联作为支付手段交给汇票上记名的收款人，用以偿付商品或劳务结算款项。收款人审查无误后，应在汇票出票金额以内，按实际交易结算款项的金额办理结算，将实际结算金额和多余金额填入银行汇票和解讫通知的有关栏内。

（三）持票人向银行兑付汇票

1.解付行内签发的银行汇票

转账汇票的持票人向开户银行提示付款时，应在汇票背面“持票人向银行提示付款签章”处签章，签章须与预留银行签章相同，然后，将银行汇票和解讫通知及两联进账单一并送交开户银行。

银行接到汇票、解讫通知和进账单（见表4-3），审查无误后，将汇票作为借方凭证附件，第二联进账单作为贷方凭证，办理转账。

表4-3　　××银行　**进账单**　（贷方凭证）　2

年　　月　　日

<table>
<tr><td rowspan="3">出票人</td><td>全　　称</td><td colspan="5"></td><td rowspan="3">收款人</td><td>全　　称</td><td colspan="11"></td></tr>
<tr><td>账　　号</td><td colspan="5"></td><td>账　　号</td><td colspan="11"></td></tr>
<tr><td>开户银行</td><td colspan="5"></td><td>开户银行</td><td colspan="11"></td></tr>
<tr><td rowspan="2">金额</td><td colspan="8" rowspan="2">人民币
大写</td><td>亿</td><td>千</td><td>百</td><td>十</td><td>万</td><td>千</td><td>百</td><td>十</td><td>元</td><td>角</td><td>分</td></tr>
<tr><td></td><td></td><td></td><td></td><td></td><td></td><td></td><td></td><td></td><td></td><td></td></tr>
<tr><td colspan="2">票据种类</td><td></td><td>票据张数</td><td></td><td colspan="15" rowspan="3">
复核　　　　记账</td></tr>
<tr><td colspan="2">票据号码</td><td colspan="3"></td></tr>
<tr><td colspan="5">备注：</td></tr>
</table>

此联由收款人开户银行作贷方凭证

会计分录为：

借：汇出汇款

　贷：吸收存款——持票人户（或其他有关科目）

现金银行汇票付款仅限于解付行内签发的银行汇票，不能代理解付其他商业银行签发的银行汇票。解付时，会计分录为：

借：汇出汇款

　贷：库存现金

2.解付其他商业银行签发的转账银行汇票

代理解付其他商业银行签发的银行汇票，持票人在代理付款行开户时，代理付款行解付全国银行汇票，通过同城票据交换提出银行汇票；解付华东三省一市银行汇票，通过小额方式解付或同城票据交换提出银行汇票。

（1）解付全国银行汇票，会计分录为：

借：跨行清算资金往来——同城票据清算

　贷：其他应付款——同城票据款项——同城票据清算——提出

（2）解付华东三省一市汇票，通过小额方式解付，会计分录为：

借：跨行清算资金往来——小额支付

　贷：吸收存款——××户

同城方式的会计核算同解付全国银行汇票。

银行汇票超期付款的，持票人只能持银行汇票和解讫通知到出票行请求付款，代理行不得代为付款。银行汇票退款是指申请人由于银行汇票超过提示付款期限或其他原因而要求退款的情况，分为转账银行汇票退款和现金银行汇票退款。发生银行汇票退款时，持票人只能到出票人处申请办理。

（四）银行汇票的结清

银行汇票结清是指银行汇票的出票行收到代理付款行的付款凭据或信息时销记汇出汇款的过程。在银行汇票结清须在代理付款行付款时应联动进行账务处理，分为按实际金额全额付款和余款退回。

1.按实际金额全额付款

出票行在汇票卡片的实际结算金额栏填入全部金额，在多余款收账通知的多余金额栏填写“—0—”，汇票卡片作为借方凭证，解讫通知和多余款收账通知作为借方凭证的附件。

（1）行内签发银行汇票的结清，其核算见前文（三）中的“1.解付行内签发的银行汇票”。

（2）代理其他商业银行签发银行汇票结清。汇票全额付款的，按实际结算金额结算，会计分录为：

借：汇出汇款

　贷：跨行清算资金往来——同城票据清算

　　　　　　　　　　　——小额支付

2.付款后汇票有余款

（1）行内签发银行汇票付款后有余款的，且原申请人在本核算单位开户的，将多余款项转入原申请人账户。出票行应在汇票卡片和多余款收账通知上填写实际结算金额，汇票卡片作为借方凭证，解讫通知作为多余款贷方凭证。会计分录为：

借：汇出汇款

　贷：吸收存款——××户

（2）行内签发银行汇票付款后有余款的，且采用现金方式退回余款的，会计分录为：

借：汇出汇款

　贷：库存现金

【例4-1】甲银行接收客户M单位的申请，开出的银行汇票金额为450 000元，由客户持往异地办理采购业务。M单位业务员将汇票转交异地销货方N公司，实际结算金额为400 000元，N公司将汇票在当地跨系统乙银行兑付，款项转入N公司存款账户。乙银行向甲银行清算资金，并划回汇票多余款。

●甲银行开出汇票时，会计分录为：

借：吸收存款——M单位户　　450 000

　贷：汇出汇款　　450 000

●乙银行代理兑付时，会计分录为：

借：跨行清算资金往来　　400 000

　贷：吸收存款——N公司户　　400 000

●甲银行结清汇票时，会计分录为：

借：汇出汇款　　450 000

　贷：跨行清算资金往来　　400 000

　　　吸收存款——M单位户　　50 000

三、商业汇票的核算

商业汇票是出票人签发的，委托付款人在指定付款日期无条件支付确定金额给收款人或持票人的票据。商业汇票分为商业承兑汇票和银行承兑汇票两种。商业承兑汇票由银行以外的付款人承兑，银行承兑汇票由银行承兑。商业汇票的付款人即为承兑人。

商业汇票必须是在银行开立存款账户的法人以及其他组织之间使用，且其必须具有真实的交易关系或债权债务关系。出票人不得签发无对价的商业汇票，用以骗取银行或者其他票据当事人的资金。

汇票的付款期限最长不得超过6个月。商业汇票的提示付款期限为自汇票到期日起10日。

符合条件的商业汇票的持票人可持未到期的商业汇票向银行申请贴现。

商业承兑汇票与银行承兑汇票的业务流程分别如图4-2和图4-3所示。

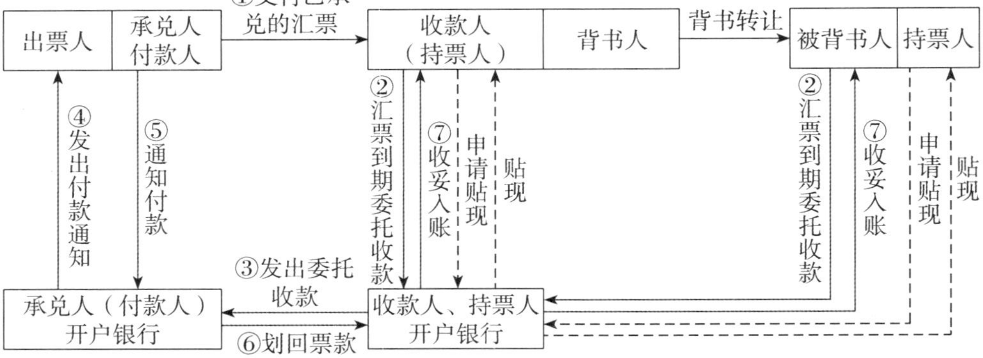

图4-2　商业承兑汇票业务流程图

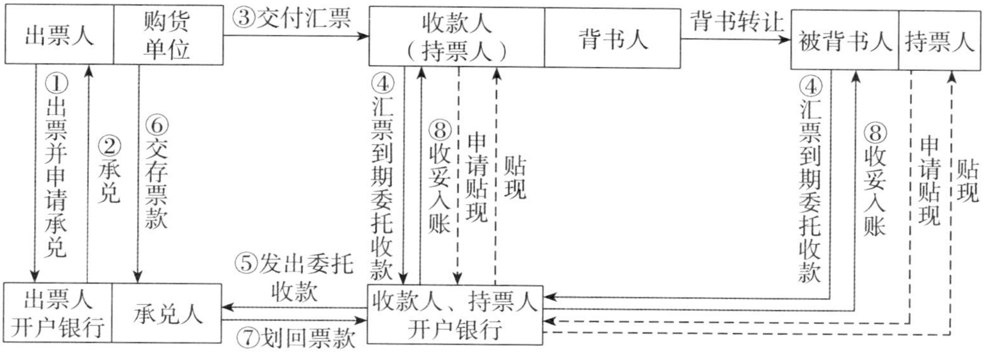

图4-3　银行承兑汇票业务流程图

（一）商业承兑汇票的核算

1.商业承兑汇票的签发与承兑

（1）商业承兑汇票的签发

商业承兑汇票的出票人，必须是在银行开立存款账户的法人以及其他组织，其与付款人具有真实的委托付款关系，且具有支付汇票金额的可靠资金来源。签发的商业承兑汇票（见表4-4）必须记载标明“商业承兑汇票”的字样、无条件支付的委托、确定的金额、付款人的名称、收款人的名称、出票日期和出票人的签章。这些内容缺一不可，否则汇票无效。

表4-4　　**商业承兑汇票**　　2　　A/O A/I 00000000

出票日期：　年　月　日
（大写）

付款人	全　称		收款人	全　称										
	账　号			账　号										
	开户银行			开户银行										
出票金额	人民币 大写			亿	千	百	十	万	千	百	十	元	角	分
汇票到期日（大写）		付款人开户行	行号											
交易合同号码			地址											
本汇票已经承兑，到期无条件支付票款。 承兑人签章 承兑日期　年　月　日				本汇票请予以承兑，于到期日付款。 出票人签章										

此联持票人开户行随托收凭证寄付款人开户行作借方凭证附件

（2）商业承兑汇票的承兑

商业承兑汇票可以由付款人签发并承兑，也可以由收款人签发交由付款人承兑；付款人承兑商业汇票时，应当在汇票正面记载“承兑”字样和承兑日期并签章。付款人承兑时不得附有条件，否则视为拒绝承兑。付款人对承兑的汇票负有到期无条件支付票款的责任。

商业承兑汇票的付款人承兑后，该汇票即可作为延期付款的一种支付手段，收款人作为持票人，可在提示付款期内通过开户银行或直接向付款人提示付款。

2.持票人委托开户行收取汇票款

持票人在提示付款期内，委托开户银行收取商业承兑汇票款时，应先填制邮划或电划的托收凭证（见表4-11），并在“托收凭据名称”栏注明“商业承兑汇票”及汇票号码。然后，将托收凭证连同汇票一并送交开户银行。

开户银行接到汇票和托收凭证，且审查无误后，即在托收凭证各联上加盖“商业承兑汇票”戳记，托收凭证第一联加盖业务公章，退给持票人；第二联专夹保管；第三、第四、第五联与商业承兑汇票一并寄交付款人开户行。

3.付款人开户行收到汇票

付款人开户行收到持票人开户行寄来的托收凭证及汇票后，应按前述内容认真进行审核，确定付款人确在本行开户，承兑人在汇票上的签章与预留银行的签章相符，即可将商业承兑汇票留存，托收凭证第五联转交给付款人并签收。

付款人接到开户银行的付款通知时，应在当日通知银行付款。付款人在接到通知次日起的3日内未通知银行付款的，视同付款人承诺付款，银行应于第四日上午开始营业时，将票款划给持票人。划款时可能出现两种情况：

（1）付款人的银行账户有足够款项支付汇票款时，分两种情况。

①收付款人在同一系统银行开户时，将第三联托收凭证作借方凭证，汇票加盖转讫章作附件。会计分录为：

借：吸收存款——付款人户

　　贷：吸收存款——收款人户

②收款人在其他商业银行开户时，会计分录为：

借：吸收存款——付款人户（或其他有关科目）

　　贷：跨行清算资金往来

（2）付款人的银行账户不足支付的，银行应填制付款人未付票款通知书，在委托收款凭证备注栏注明“付款人无款支付”字样，连同汇票一并退回持票人开户行。处理手续与委托收款结算的无款支付相同。

银行在付款人接到通知日的次日起3日内收到付款人的拒绝付款证明时，应按委托收款结算拒绝付款的手续处理，注明“拒绝付款”的委托收款凭证、拒付证明及汇票均寄回持票人开户行。

4.持票人开户银行收到划回票款或退回凭证

（1）持票人开户行（跨行）收到划回款项，办理转账，会计分录为：

借：跨行清算资金往来

　贷：吸收存款——持票人户（或其他有关科目）

转账后，将第四联委托收款凭证加盖转讫章，作为收账通知交给持票人。

（2）持票人开户行若收到付款人开户行发来的未付票款通知书或拒绝付款证明以及退回的汇票和委托收款凭证，则应按委托收款结算时同种情况下的处理手续办理，将未付款通知书或拒绝付款证明及汇票和委托收款凭证一并退还给持票人，并由持票人签收。

【例4-2】甲银行受理客户M单位提交的商业承兑汇票及委托收款凭证，向同城的丙银行收取即将到期的商业汇票款35 000元。丙银行收到交换提入的票据后，向汇票付款人R公司提示付款。汇票到期，丙银行将汇票金额划转甲银行付款。

- 丙银行划款的会计分录为：

借：吸收存款——R公司户	35 000	
贷：跨行清算资金往来——同城票据清算		35 000

- 甲银行收到款项，为M单位入账，会计分录为：

借：跨行清算资金往来——同城票据清算	35 000	
贷：吸收存款——M单位户		35 000

（二）银行承兑汇票的会计核算

1.银行承兑汇票的签发

银行承兑汇票的出票人，必须是在承兑银行开立存款账户的法人以及其他组织，且与承兑银行具有真正的委托付款关系，出票人必须资信状况良好，具有支付汇票金额的可靠资金来源。

银行承兑汇票应由在承兑银行开立存款账户的存款人签发。签发银行承兑汇票时必须记载标明“银行承兑汇票”的字样、无条件支付的委托、确定的金额、付款人和收款人的名称以及出票日期和出票人签章（见表4-5）。

2.银行承兑汇票的承兑

银行承兑汇票的出票人或持票人持银行承兑汇票向银行提示承兑时，银行的信贷部门须按有关规定和审批程序，对出票人的资格、资信、购销合同和汇票记载的内容进行认真审查，必要时可由出票人提供担保。符合规定和承兑条件的，与出票人签署承兑协议，一联留存，另一联及副本和第一、第二联汇票一并交本行会计部门。

表4-5

银行承兑汇票　　2　$\frac{C}{O}\frac{A}{I}$00000000

出票日期　年　月　日
（大写）

<table>
<tr><td>出票人全称</td><td></td><td rowspan="3">收款人</td><td>全　称</td><td></td></tr>
<tr><td>出票人账号</td><td></td><td>账　号</td><td></td></tr>
<tr><td>付款行全称</td><td></td><td>开户银行</td><td></td></tr>
<tr><td rowspan="2">出票金额</td><td colspan="2" rowspan="2">人民币
（大写）</td><td colspan="2">亿 千 百 十 万 千 百 十 元 角 分</td></tr>
<tr><td colspan="2"></td></tr>
<tr><td>汇票到期日
（大写）</td><td></td><td rowspan="2">付款行</td><td>行号</td><td></td></tr>
<tr><td>承兑协议编号</td><td></td><td>地址</td><td></td></tr>
<tr><td rowspan="2">本汇票请你行承兑，到期无条件付款。

出票人签章</td><td colspan="2">本汇票已经承兑，到期日由本行付款。
承兑行签章
承兑日期　年　月　日</td><td colspan="2" rowspan="2">

复核　记账</td></tr>
<tr><td colspan="2">备注：</td></tr>
</table>

此联收款人开户行随托收凭证寄付款行作借方凭证附件

会计部门接到汇票和承兑协议，应审查汇票必须记载的事项是否齐全，出票人的签章是否符合规定，出票人是否在本行开有存款账户，汇票上记载的出票人名称、账号是否相符，汇票是否为统一规定印制的凭证。审核无误后，在第一、第二联汇票上注明承兑协议编号，并在第二联汇票“承兑人签章”处加盖汇票专用章，并由授权的经办人签名或盖章。由出票人申请承兑的，将第二联汇票连同第一联承兑协议交给出票人；由持票人提示承兑的，将第二联汇票交给持票人，将第一联承兑协议交给出票人。

商业银行在办理票据承兑时，为防范风险，可向承兑申请人收取保证金和敞口风险管理费，同时，还要按票面金额向出票人收取万分之五的手续费。

（1）银行为承兑申请人开立保证金账户收取保证金，并从其结算账户转入资金的会计分录为：

借：吸收存款——承兑申请人户

　贷：吸收存款——单位活期保证金存款（银行承兑汇票）——承兑申请人户

（2）银行收取敞口风险管理费、工本费和承兑手续费的会计分录为：

借：吸收存款——承兑申请人户（或其他有关科目）

　贷：手续费及佣金收入

　　应交税费——应交增值税（销项税额）

承兑银行将留存的第一联汇票卡片及承兑协议副本专夹保管，并在登记簿上进行登记。

3.持票人委托开户银行收取汇票款

持票人在提示付款期内，委托开户银行向承兑银行收取票款时，应填制委托收款凭证，在“委托收款凭证名称”栏注明“银行承兑汇票”及其汇票号码，连同汇票一并转交开户行。

开户银行按规定要求审查无误后，在委托收款凭证各联上加盖“银行承兑汇票”戳记，在委托收款凭证第一联加盖业务公章交持票人，将第二联专夹保管，将第三、第四和第五联连同汇票一并转交承兑银行。

4.承兑银行到期收取汇票款

承兑银行因留有汇票和承兑协议，故应每天查看汇票的到期情况，对于到期的汇票，应于到期日（遇法定休假日顺延）向承兑申请人收取票款。承兑银行需填制两联特种转账借方凭证，一联为特种转账贷方凭证，并在“转账原因”栏注明“根据××号汇票划转票款”。

（1）全额保证金扣款的，会计分录为：

借：全额保证金扣款——单位活期保证金存款（银行承兑汇票）

　　　　　　——承兑申请人户

　贷：应解汇款（及临时存款）

另一联为特种转账借方凭证，在其上加盖转讫章后作为支款通知交给出票人。

（2）部分保证金扣款的，不足部分从出票人结算账户扣收，会计分录为：

借：吸收存款——单位活期保证金存款（银行承兑汇票）

　　存款（银行承兑汇票）——承兑申请人户（或其他有关科目）

　　　　　　——承兑申请人户

　贷：应解汇款（及临时存款）

（3）保证金账户和结算账户均不足支付时，银行需要垫款，会计分录为：

借：吸收存款——单位活期保证金存款（银行承兑汇票）

　　存款（银行承兑汇票）——承兑申请人户（或其他有关科目）

　　　　　　——承兑申请人户

　　贷款——承兑垫款（本金）

贷：应解汇款（及临时存款）

5.承兑银行支付汇票款

承兑银行收到持票人开户行转来的汇票和委托收款凭证后，应抽出专夹保管的汇票卡片和承兑协议副本，并认真审查。审查无误后，应于汇票的到期日或到期日之后的见票日，按照委托收款划款阶段的手续办理。

（1）持票人在本行开户，会计分录为：

借：应解汇款（及临时存款）

　贷：吸收存款——收款人户

（2）持票人在其他商业银行开户，会计分录为：

借：应解汇款（及临时存款）

　贷：跨行清算资金往来

6.持票人开户行收款

持票人开户行接到跨系统承兑银行转来的划款凭证，按照委托收款款项划回的手续处理，将留存的第二联委托收款凭证抽出，与收到的第四联凭证相核对，核对无误后，在第二联凭证上填注转账日期，并以之作为贷方凭证。会计分录为：

借：跨行清算资金往来

　贷：吸收存款——持票人户

转账后，在第四联委托收款凭证上加盖转讫章，将其作为收账通知交给持票人。

7.已承兑的银行承兑汇票的注销、丧失和挂失

出票人对未使用已承兑的银行承兑汇票，应到承兑银行申请注销。已承兑的银行承兑汇票丧失，失票人到承兑银行挂失时，应提交三联挂失止付通知书。

【例4-3】甲银行接到客户W公司的承兑申请，承兑其开出的银行承兑汇票，金额为200 000元，经审核签署承兑协议，并按票面额的3‰收取手续费。数月后，异地的跨系统乙银行收到开户单位N单位提交的银行承兑汇票和托收凭证，为其收取即将到期的银行承兑汇票款。

①甲银行与W公司签署承兑协议，全额扣收保证金并收取承兑手续费。会计分录为：

借：吸收存款——W公司户　　200 600

　贷：吸收存款——单位活期保证金存款（银行承兑汇票）——W公司户　　200 000

　　手续费及佣金收入　　566.04

　　应交税费——应交增值税（销项税额）　　33.96

②银行承兑汇票到期，甲银行办理转账。会计分录为：

借：吸收存款——单位活期保证金存款（银行承兑汇票）——W公司户　200 000

　贷：应解汇款（及临时存款）　200 000

③甲银行收到乙银行发来的委托收款凭证及汇票，按期划出汇票款。会计分录为：

借：应解汇款（及临时存款）　200 000

　贷：跨行清算资金往来　200 000

④异地乙银行收到划回的款项，为收款人收账。会计分录为：

借：跨行清算资金往来　200 000

　贷：吸收存款——N单位户　200 000

四、银行本票的核算

银行本票是银行签发的，承诺自己在见票时无条件支付确定的金额给收款人或者持票人的票据。银行本票由银行签发，保证兑付，而且见票即付，信用高，支付功能强。

单位和个人在同一票据交换区域需要支付各种款项时，均可使用银行本票。银行本票可以用于转账，注明"现金"字样的银行本票可以用于现金支取。银行本票的提示付款期自出票日起最长不得超过2个月。

银行本票业务流程如图4-4所示。

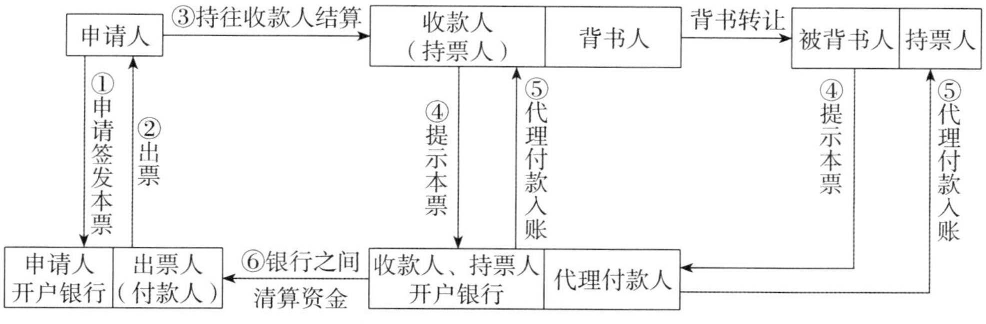

图4-4　银行本票业务流程图

（一）银行本票的申请

申请人使用银行本票，应向银行填写"银行本票申请书"，填写收款人名称、申请人名称、支付金额、申请日期等事项并签章。申请人和收款人均为个人，需要支取现金的，应在"支付金额"栏先填写"现金"字样，然后填写支付金额。申请人或收款人为单位的，不得申请签发现金银行本票。

银行本票申请书一式三联，第一联为存根，第二联为借方凭证，第三联为贷方凭证。交现金办理本票的，第二联注销。

出票银行受理银行本票申请书时，应认真审查其填写内容是否齐全、清晰；申请书填明“现金”字样的，要审查申请人和收款人是否均为个人。审查无误后，收妥款项并签发银行本票（见表4-6）。

表4-6

付款期限
贰个月

中国建设银行
本　票　　2　　地名 $\frac{E}{0}\frac{B}{3}$00000000

出票日期（大写）　　年　　月　　日

收款人：		申请人：	
凭票即付 人民币（大写）			
转账	现金		
备注：		出票行签章	出纳　　复核　　经办

此联出票行结清本票时作借方凭证

出票银行签发银行本票的账务处理如下：

1. 以账户扣款方式签发的，以第二联申请书作为借方凭证，以第三联作为贷方凭证。会计分录为：

借：吸收存款——申请人户

　　贷：开出本票

　　　　手续费及佣金收入——结算业务收入

　　　　应交税费——应交增值税（销项税额）

2. 现金交付的，以第三联作为贷方凭证。会计分录为：

借：库存现金

贷：开出本票

　　手续费及佣金收入——结算业务收入

　　应交税费——应交增值税（销项税额）

出票银行在办理转账或收妥现金后，签发银行本票。本票填写时，出票日期和出票金额必须大写；用于转账的，须在银行本票上划去“现金”字样；支取现金的，须在银行本票上划去“转账”字样。本票的小写金额需用压数机压印。

签发完毕，出票银行在本票上签章后，本票正联交申请人，将第一联卡片或存根联盖章后留存，并用专夹保管。

（二）银行本票付款的核算

1.本票收款人的处理

本票的申请人取得银行本票后，将其用于债权债务的结算，将本票转给相关的收款人。收款人可以将银行本票背书转让给被背书人。收款人或被背书人需在付款期内持本票向银行兑付。

2.代理付款行的处理

代理付款行接到持票人提交的本票和进账单时，应认真审查。审查无误后，即可办理兑付手续。

（1）出票行、代理付款行、持票人开户行均为本系统银行。此时，兑付行应以本票第一联代借方凭证，以进账单第二联代贷方凭证办理转账。会计分录为：

借：开出本票

　贷：吸收存款——持票人户

将第一联进账单加盖转讫章交持票人，作为收账通知。

持票人向银行兑取现金时，需要认真查验本票上填写的申请人和收款人是否均为个人以及收款人和被委托人的身份证件，并要求提交收款人和被委托人身份证件的复印件留存备查。审查无误后，办理付款手续，将本票作为借方凭证，将本票卡片或存根联作为附件。会计分录为：

借：开出本票

　贷：库存现金

（2）代理兑付其他商业银行签发的本票。当持票人与原申请人不在同一系统银行开户时，代理兑付行以进账单第二联代贷方凭证办理转账。会计分录为：

借：跨行清算资金往来

　贷：吸收存款——持票人户

将第一联进账单加盖转讫章交持票人，作为收账通知；将本票加盖转讫章，通过同城票据交换或人民银行小额支付系统将其转给出票银行。

（三）银行本票结清的核算

当持票人与申请人在同一系统银行开户时，本票付款时即可结清“开出本票”科目；当持票人与申请人不在同一系统银行开户时，代理付款行通过同城票据交换提出本票，出票行收到交换提入的本票时，抽出专夹保管的本票卡片或存根，若经核对相符，确属本行出票，则将本票作为借方凭证，将本票卡片或存根作为附件，办理本票的结清。会计分录为：

借：开出本票

　贷：跨行清算资金往来

【例4-4】甲银行应客户M公司申请，为其开出银行本票一张，金额为660 000元。M公司将本票用于结算货款，将其交付收款人S公司。S公司将本票在同城跨系统的丙银行兑付，存入其存款账户。丙银行通过票据交换与甲银行清算本票资金。

①甲银行开出本票时，会计分录为：

借：吸收存款——M公司户	660 000	
贷：开出本票		660 000

②丙银行代理兑付本票时，会计分录为：

借：跨行清算资金往来	660 000	
贷：吸收存款——S公司户		660 000

③甲银行结清本票时，会计分录为：

借：开出本票	660 000	
贷：跨行清算资金往来		660 000

五、支票的核算

支票是出票人签发的，委托办理支票存款业务的银行或其他金融机构在见票时无条件支付确定的金额给收款人或者持票人的票据。

支票是一种委托式信用证券，分为转账支票、现金支票和普通支票。支票上印有“现金”字样的为现金支票（见表4-7），现金支票只能用于支取现金。支票上印有“转账”字样的为转账支票（见表4-8），转账支票只能用于转账。支票上未印有“现金”或“转账”字样的为普通支票（见表4-9），普通支票既可以用于转账，也可以用于支取现金。在普通支票左上角划有两条平行线的，为划线支票。划线支票只能用于转账，不能提取现金。

表4-7

中国银行　现金支票（京）　　XIV00000000

本支票付款期限十天

出票日期（大写）　　年　　月　　日　　付款行名称：

收款人：　　出票人账号：

人民币（大写）	亿	千	百	十	万	千	百	十	元	角	分

用途________________

上列款项请从

我账户内支付

出票人签章　　　　复核　　记账

表4-8

中国光大银行　转账支票（黑）　　XVI00000000

本支票付款期限十天

出票日期（大写）　　年　　月　　日　　付款行名称：

收款人：　　出票人账号：

人民币（大写）	亿	千	百	十	万	千	百	十	元	角	分

用途________________

上列款项请从

我账户内支付

出票人签章　　　　复核　　记账

表4-9

农村信用合作社　支票（粤）　　$\frac{G}{0}\frac{G}{2}$00000000

本支票付款期限十天

出票日期（大写）　　年　　月　　日　　付款行名称：

收款人：　　出票人账号：

人民币（大写）	亿	千	百	十	万	千	百	十	元	角	分

用途________________

上列款项请从

我账户内支付

出票人签章　　　　复核　　记账

若支票的使用范围为同一票据交换区，则单位和个人在同一票据交换区域的各种款项结算均可使用支票。支票的提示付款期限为自出票日起10日，但人民银行另有规定的除外。支票业务流程如图4-5所示。

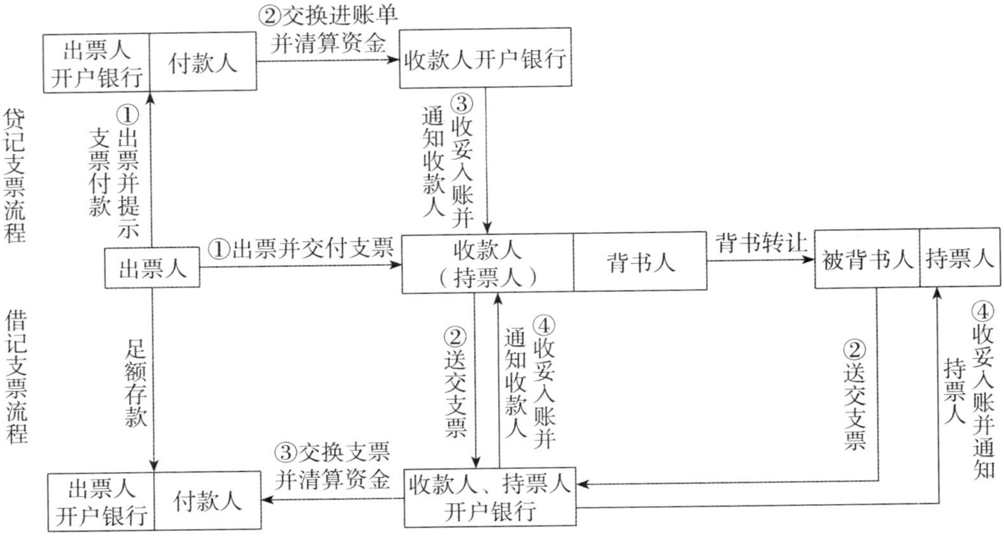

图4-5　支票业务流程图

现金支票的核算内容已在第二章中说明，下面介绍转账支票的核算。

（一）持票人与出票人在同一系统银行开户的处理手续

1.借记支票的核算

银行接受持票人交来的支票和进账单时，应对其内容进行严格的审查。对支票进行上述审查无误后，将支票作为借方凭证，以进账单第二联作为贷方凭证办理转账。会计分录为：

借：吸收存款——出票人户

　贷：吸收存款——持票人户

在进账单第一联上加盖转讫章后交持票人，作为收账通知。

2.贷记支票的核算

出票人向银行送交支票时，应填写三联进账单，连同支票一并送交开户银行。银行仍按审查的内容予以审查，若审查无误，则进行账务处理，会计分录与受理持票人交存支票时相同。转账后，在进账单第一联上加盖转讫章后交出票人，作为回单；在进账单第三联上加盖转讫章后转交收款人，作为收账通知。

（二）持票人与出票人不在同一系统银行开户的处理手续

1.持票人在本行开户、出票人在他行开户（借记支票）的核算

持票人开户银行收到持票人交存的支票和进账单时，仍按前述内容进行审查，审查无误后，在第二联进账单上加盖“收妥后入账”戳记，在第一联进账单上加盖转讫章后交持票人，支票按照同城票据交换的有关规定，及时提出交换。

（1）提出借记支票时，会计分录为：

借：跨行清算资金往来——同城票据清算

　贷：其他应付款——同城票据清算——提出

待退票时间过后，办理转账。会计分录为：

借：其他应付款——同城票据清算——提出

　贷：吸收存款——持票人户

发生退票时，分别冲减“跨行清算资金往来”和“其他应付款”账户。

（2）出票人开户银行收到交换提入的支票，经审核为正确时，会计分录为：

借：吸收存款——付款人户

　贷：跨行清算资金往来——同城票据清算

若提入借记支票有错误，则会计分录为：

借：其他应收款——同城票据清算——退票户

　贷：跨行清算资金往来——同城票据清算

退票时，会计分录为：

借：跨行清算资金往来——同城票据清算

　贷：其他应收款——同城票据清算——退票户

2.出票人在本行开户、持票人在他行开户（贷记支票）的核算

（1）出票人开户银行接到出票人交来的转账支票和三联进账单时，仍按上述内容进行审查，审查无误后，以支票作为借方凭证办理转账。会计分录为：

借：吸收存款——出票人户

　贷：跨行清算资金往来——同城票据清算

在第一联进账单上加盖转讫章后交出票人，作为回单；在第二、第三联进账单上盖章后，按照同城票据交换的有关规定，及时提出交换。

（2）收款人开户银行收到交换提入的第二、第三联进账单，审查无误后，以第二联进账单作为贷方凭证，办理转账。会计分录为：

借：跨行清算资金往来——同城票据清算

　贷：吸收存款——收款人户

在第三联进账单上加盖转讫章后交收款人，作为收账通知。

（3）若提入的贷记支票需要退票，则会计分录为：

借：跨行清算资金往来——同城票据清算

　贷：其他应付款——同城票据清算——退票

退票时，会计分录为：

借：其他应付款——同城票据清算——退票

　贷：跨行清算资金往来——同城票据清算

现金支票的核算可参照“存款业务的核算”一章中的有关内容，本章不再赘述。

（三）支票的领购和挂失

银行的存款人需领购支票时，应填写“票据和结算凭证领用单”并在其上加盖与预留银行签章相同的签章。银行审核后，收取支票工本费和手续费，在“重要空白凭证领用登记簿”上注明领用日期、存款人名称、支票起止号码等以备核查，然后将支票交存款人。支票账户的存款人结清账户时，必须将全部剩余空白支票交回银行，由银行统一处理。

支票丢失时，失票人应及时到支票的付款行办理有关挂失手续，并提交挂失止付通知书，银行审核无误并确定票款未付后，登记“支票挂失登记簿”，并在出票人分户账上作出标记，凭此以掌握止付。

第三节　结算方式的核算

所谓结算方式，是指汇兑、托收承付和委托收款等不使用票据的结算方式。

一、汇兑结算方式的核算

汇兑结算，是汇款人委托银行将款项汇给收款人的结算方式。作为一种传统的结算方式，汇兑结算便于汇款人向收款人主动汇款。汇兑结算广泛应用于单位和个人的各种款项的结算。目前，客户通过网上银行或终端设备等途径办理汇兑业务已经基本普及。汇兑结算业务流程如图4-6所示。

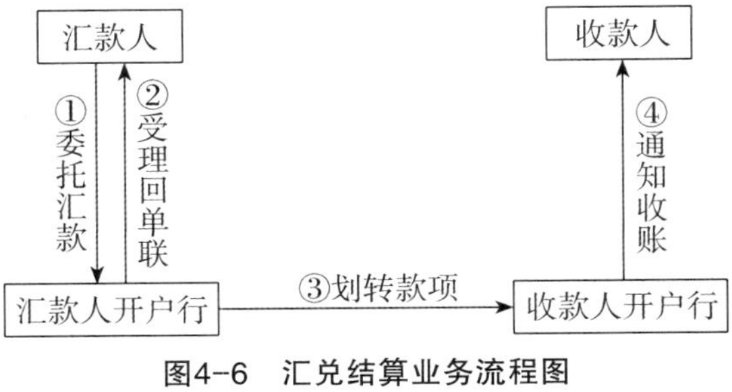

图4-6　汇兑结算业务流程图

若汇款人通过柜台委托银行办理汇款，则应按照汇款凭证的填写要求，认真填制凭证（见表4-10）。填妥后盖章，交银行工作人员办理。汇款凭证第一联为收款凭证，第二联为支款凭证，第三联为收款凭证，第四联为收账通知。如果汇款人是以现金交付的，则应将现金和汇款凭证一并交付汇出行办理。

表4-10　　××银行　　信汇凭证（借方凭证）　　2

委托日期　　年　　月　　日

<table>
<tr><td rowspan="3">汇款人</td><td>全　　称</td><td></td><td rowspan="3">收款人</td><td>全　　称</td><td colspan="11"></td></tr>
<tr><td>账　　号</td><td></td><td>账　　号</td><td colspan="11"></td></tr>
<tr><td>汇出地点</td><td>省　　市/县</td><td>汇入地点</td><td colspan="11">省　　市/县</td></tr>
<tr><td colspan="2">汇出行名称</td><td></td><td colspan="2">汇入行名称</td><td colspan="11"></td></tr>
<tr><td rowspan="2">金额</td><td colspan="4" rowspan="2">人民币（大写）</td><td>亿</td><td>千</td><td>百</td><td>十</td><td>万</td><td>千</td><td>百</td><td>十</td><td>元</td><td>角</td><td>分</td></tr>
<tr><td></td><td></td><td></td><td></td><td></td><td></td><td></td><td></td><td></td><td></td><td></td></tr>
<tr><td colspan="3" rowspan="2">此汇款支付给收款人。
汇款人签章</td><td colspan="2">支付密码</td><td colspan="11"></td></tr>
<tr><td colspan="13">附加信息及用途：
复核　　记账</td></tr>
</table>

此联汇出行作借方凭证

1.汇出行的核算

汇出行受理汇款凭证，审查凭证无误后，在第一联上加盖转讫章后退给汇款人。汇款人转账交付的，银行以第二联作为借方凭证办理转账。

（1）对于行内转账的，会计分录为：

借：吸收存款——汇款人户

　贷：吸收存款——收款人户

（2）对于跨行汇款的，会计分录为：

借：吸收存款——汇款人户

　贷：跨行清算资金往来

（3）对于跨行现金汇款的，银行另填一联特种转账贷方凭证，以第二联汇款凭证作为借方凭证记账。会计分录为：

借：库存现金

　贷：应解汇款（及临时存款）

借：应解汇款（及临时存款）

　贷：跨行清算资金往来

转账后，汇出行向汇入行发出汇款信息。

2.汇入行的核算

汇入行收到汇出行转来的汇款信息，审核无误后按下列手续处理：

（1）来账入账，直接收账的汇款。若来账信息与收款人信息相符，则银行应将汇款直接转入收款人账户，并向收款人发出收账通知。会计分录为：

借：跨行清算资金往来

　贷：吸收存款——收款人户

（2）来账挂账，不直接收账的汇款。通过人民银行支付系统划入的来账，如果无法记入指定收款人的存款账户，则银行先将款项记入“其他应付款”账户。会计分录为：

借：跨行清算资金往来

　贷：其他应付款——待处理汇划款项

（3）挂账汇款手工入账。若收款人在本行开户，经查只是由于收款人户名不符等原因挂账的，则可根据收款人信息手工清分后入账。会计分录为：

借：其他应付款——待处理汇划款项

　贷：吸收存款——收款人户

（4）挂账汇款退汇。若无法清分进行手工入账，则汇入行应办理退汇手续。会计分录为：

借：其他应付款——待处理汇划款项

　贷：跨行清算资金往来

3.手续费的核算

（1）经办行收取交易手续费。汇兑业务发生时，银行应向客户收取汇兑手续费和汇划费（统称交易手续费），会计分录为：

借：库存现金

（或）吸收存款——汇款人户

　贷：手续费及佣金收入——结算业务收入

　　　应交税费——应交增值税（销项税额）

（2）向人民银行支付交易手续费。各商业银行使用人民银行现代化支付系统，需由总行统一向人民银行支付大额、小额支付系统手续费。

①商业银行总行统一支付时，会计分录为：

借：其他应收款——待分摊手续费

　贷：存放中央银行款项

②商业银行总行向下级行分摊手续费时，会计分录为：

借：手续费及佣金支出——支付结算业务手续费支出

　　应交税费——应交增值税（进项税额）

　贷：其他应收款——待分摊手续费

人民银行对商业银行多支付的手续费会予以返还。返还的手续费统一转给商业银行总行，再由总行根据业务量在各下级行之间分配（会计分录略）。

二、托收承付结算方式的核算

托收承付也称异地托收承付，是指收款人根据购销合同发货后，委托银行向异地付款人收取款项，并由收款人向银行承认付款的结算方式。

【相关链接】　托收承付结算方式的基本规定

（1）异地托收承付的适用范围规定如下：

①使用这种结算方式的收款单位和付款单位，必须是国有企业、供销合作社以及经营管理较好，并经开户银行审查同意的城乡集体所有制工业企业。

②办理结算的款项必须是商品交易以及因商品交易而产生的劳务供应款项。代销、寄售、赊销商品的款项，不得办理托收承付结算。

（2）使用托收承付结算方式时，收付双方必须签有符合《中华人民共和国经济合同法》（现已改为《中华人民共和国民法典》）的购销合同，并在合同上订明使用托收承付结算方式。

（3）收款人办理托收，必须具有商品确已发运的证件，包括铁路、航运、公路等运输部门签发的运单、运单副本和邮局包裹回执等。没有发运证件的，按照《支付结算办法》所规定的具体情况，可凭其他有关证件办理。

（4）托收承付结算每笔的金额起点为10 000元，新华书店系统每笔金额起点为1 000元。

（5）托收承付结算款项的划回方法，分邮寄和电报两种，由收款人选用。

（6）收付双方须重合同、守信用。收款人对同一付款人发货托收累计三次收不回货款的，收款人开户行应暂停收款人向该付款人办理托收；付款人累计三次提出无理拒付的，付款人开户行应暂停其向外办理托收。

（资料来源　中国人民银行.支付结算办法.银发〔1997〕393号，1997.）

托收承付结算方式的业务流程如图4-7所示。

（一）收款人开户银行受理托收承付

全额支付的异地托收承付结算，其处理过程可分为四个阶段：收款人开户行受理并发出托收凭证；付款人开户行通知承付；付款人开户行划款；收款人开户行收款。

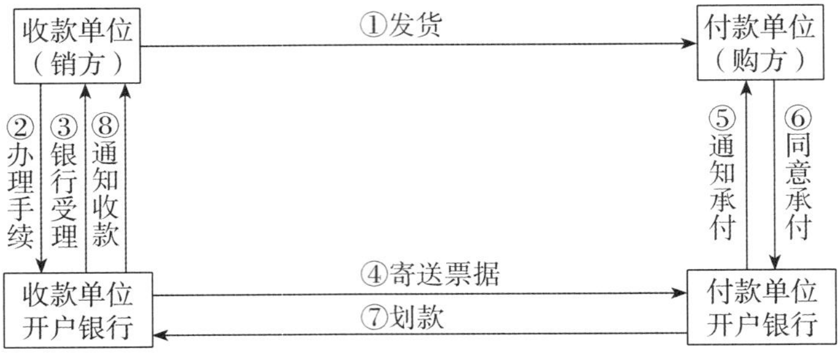

图4-7 托收承付结算方式业务流程图

收款人按签订的购销合同发货后，即可填制一式五联的托收凭证（见表4-11）。第一联为回单，第二联为贷方凭证，第三联为借方凭证，第四联为收账通知，第五联为付款通知。

表4-11

托收凭证（贷方凭证） 2

委托日期 年 月 日

<table>
<tr><td colspan="2">业务类型</td><td colspan="4">委托收款（□邮划、□电划）</td><td colspan="13">托收承付（□邮划、□电划）</td></tr>
<tr><td rowspan="3">付款人</td><td>全称</td><td colspan="4"></td><td rowspan="3">收款人</td><td>全称</td><td colspan="11"></td></tr>
<tr><td>账号</td><td colspan="4"></td><td>账号</td><td colspan="11"></td></tr>
<tr><td>地址</td><td>省 市县</td><td>开户行</td><td colspan="2"></td><td>地址</td><td colspan="3">省 市县</td><td colspan="3">开户行</td><td colspan="5"></td></tr>
<tr><td rowspan="2">金额</td><td rowspan="2" colspan="7">人民币
(大写)</td><td>亿</td><td>千</td><td>百</td><td>十</td><td>万</td><td>千</td><td>百</td><td>十</td><td>元</td><td>角</td><td>分</td></tr>
<tr><td></td><td></td><td></td><td></td><td></td><td></td><td></td><td></td><td></td><td></td><td></td></tr>
<tr><td colspan="2">款项内容</td><td colspan="2"></td><td>托收凭据名　称</td><td colspan="3"></td><td colspan="4">附寄单证张数</td><td colspan="7"></td></tr>
<tr><td colspan="3">商品发运情况</td><td colspan="3"></td><td colspan="2">合同名称号码</td><td colspan="11"></td></tr>
<tr><td colspan="4">备注：
收款人开户银行收到日期
年 月 日</td><td colspan="4">上列款项随附有关债务证明，请予办理。
收款人签章</td><td colspan="11">复核 记账</td></tr>
</table>

此联收款人开户银行作贷方凭证

托收凭证按要求的内容填妥并盖章后，连同发运单证或其他符合托收承付结算要求的有关证明和交易单证（所附单证的张数应在托收凭证上注明）一并送交银行。收款人如需取回发运证件，银行应在托收凭证上加盖“已验发运单证”戳记。

开户银行接到托收凭证及其附件后，应当按照托收的范围、条件和托收凭证填写的要求认真地进行审查，必要时，还应查验收付款人签订的购销合同。凡不合要求或违反购销合同发货的，不能予以办理。审查时间最长不得超过次日。

开户银行将托收凭证、发运证件和交易单证审核无误后，在托收凭证第一联上加盖业务公章后退给收款人，以第二联托收凭证为据登记“发出托收结算凭证登记簿”，并留存保管，将托收凭证的第三、第四、第五联连同所附单证一并转交付款人开户行。

（二）付款人开户行通知承付

付款人开户行收到托收承付凭证和所附单证，审查无误后，在各联凭证上批注到期日及承付期限，将第三、第四联托收凭证按承付到期日顺序保管，并登记“定期代收结算凭证登记簿”。将托收凭证第五联连同所附单证送交付款人，通知其准备到期付款。

承付货款分为验单付款和验货付款两种，由收付款双方商量选用，并在合同中明确规定。验单付款的承付期为3天，从付款人开户银行发出承付通知的次日算起（承付期内遇法定休假日顺延）；验货付款的承付期为10天，从运输部门向付款人发出提货通知的次日算起。

（三）付款人开户行划款

承付期满次日上午，付款人开户行主动将托收款项从付款人账户付出，划往收款人开户行，以第三联托收凭证代借方传票办理转账。

（1）收付款人在同一银行系统开户，会计分录为：

借：吸收存款——付款人户

　贷：吸收存款——收款人户

（2）收款人为跨行开户的，可通过同城票据交换、人民银行大额支付系统或人民银行小额支付系统划款，会计分录为：

借：吸收存款——付款人户

　贷：跨行清算资金往来——同城票据清算（或大额支付/小额支付）

（四）收款人开户行收款

收款人若与付款人在同一系统银行开户，则付款的同时收款亦已完成。收款人为跨行开户的，则可通过同城票据交换、人民银行大额支付系统或人民银行小额支付系统收款，会计分录为：

借：跨行清算资金往来——同城票据清算（或大额支付/小额支付）

　贷：吸收存款——付款人户

至此，全额解付的托收承付结算业务处理完毕。

【例4-5】甲银行收到客户M公司提交的托收承付结算凭证和发运单证，向异地购货方N公司收取货款及代垫运费共计182 600元。甲银行审核无误后发出托收凭证和交易单证。N公司的开户行丙银行（跨行）收到凭证后，通知N公司验单付款。承付期满，N公司未提出异议，丙银行通过人民银行大额支付系统将款项划转给甲银行。

（1）丙银行划出款项时，会计分录为：

借：吸收存款——N公司户　　182 600

　贷：跨行清算资金往来——大额支付　　182 600

（2）甲银行收到划回款项时，会计分录为：

借：跨行清算资金往来——大额支付　　182 600

　贷：吸收存款——M公司户　　182 600

（五）逾期付款

付款人在承付期满日银行营业终了时，如无足够资金支付，则其不足部分为逾期未付款项，按逾期付款处理。

1.逾期天数及赔偿金。

逾期天数应从承付期满日算起。承付期满日银行营业终了时，付款人如无足够资金支付，则其不足部分，应当算作逾期1天，计算1天的赔偿金；赔偿金为每天按逾期付款金额的5‰计。在各单位流动资金账户内扣付货款，应从企业销售收入中预留工资后，按照应缴纳税款、到期贷款、应偿付货款、应上缴利润的顺序扣付。

逾期付款的赔偿金实行定期扣付，每月计算一次，于次月3日内单独划给收款人。赔偿金的扣付列在企业销售收入扣款顺序的首位，如付款人账户余额不足以全额支付时，应列在工资之前，并对该账户采取“只收不付”的控制方法，待一次扣足赔偿金后，才准予办理其他款项的支付，由此而产生的经济后果由付款人自行负责。

2.付款人开户银行对付款人逾期未能付款的情况，应当及时通知收款人开户银行，由其转告收款人。

3.付款人开户银行要随时掌握付款人账户逾期未付的资金情况，待账户收入款项时，必须将逾期未付款项和应付赔偿金及时扣划给收款人，不得拖延扣划。赔偿金扣款的账务处理与全额付款相同。

4.付款人开户银行对不执行合同规定、三次拖欠货款的付款人，应当通知收款人开户银行转告收款人，停止对该付款人办理托收。如果收款人不听劝告，继续对该付款人办理托收，付款人开户行对发出通知的次日起1个月之后收到的托收凭证，可以拒绝受理，注明理由，退回原件。

5.付款人开户银行对逾期未付的托收凭证，负责进行扣款的期限为3个月（从承付期满日算起）。在此期限内，银行必须按照扣款顺序继续扣款。期满时，如果付款人仍无足够资金支付该笔尚未付清的欠款，银行应于次日通知付款人将有关交易单证（单证已做账务处理或已部分支付的，可以填制“应付款项证明单”），在两日内退回银行。

对付款人逾期不退回单证的，开户银行应当自发出通知的第3日起，按照该笔尚未付清款项的金额，每天处以5‰但不低于50元的罚款，并暂停付款人向外办理结算业务，直到退回单证时止。罚款时的会计分录为：

借：吸收存款——付款人户

贷：营业外收入——罚没所得

（六）拒绝付款

对下列情况，付款人在承付期内，可向银行提出全部或部分拒绝付款：

1.没有签订购销合同或未订明使用异地托收承付结算方式购销合同的款项。

2.未经双方事先达成协议，收款人提前交货或因逾期交货付款人不再需要该项货物的款项。

3.未按合同规定的到货地址发货的款项。

4.代销、寄售、赊销商品的款项。

5.验单付款，发现所列货物的品种、规格、数量、价格与合同规定不符，或货物已到但经查验货物与合同规定或发货清单不符的款项。

6.验货付款，经查验货物与合同规定或发货清单不符的款项。

7.货款已经支付或计算有错误的款项。

不属于上述情况的，付款人不得向银行提出拒绝付款。

付款人对以上情况提出拒付时，必须填写一式四联的“拒绝付款理由书”。

开户银行必须认真审查拒绝付款理由，查验合同。对于付款人提出拒付的手续不全、依据不足、理由不符合规定和不属于前述七种拒付情况的，以及超过承付期拒付和应当部分拒付提为全部拒付的，银行均不得受理。

银行不同意拒付的，应实行强制扣款。银行同意部分或全部拒付的，应在拒付理由书上签注意见。如果是部分拒付，除办理部分付款外，应将拒付理由书连同拒付证明及拒付商品清单邮寄给收款人开户银行转交收款人；如果是全部拒付，则应将拒付理由书、拒付证明和有关单证邮寄给收款人开户银行转交收款人。

三、委托收款结算方式的核算

委托银行收款，是收款人向银行提供收款依据，委托银行向付款人收取款项的结算方式。

凡在银行或其他金融机构开立账户的单位和个体工商户的商品交易、劳务款项和其他应收款项的结算，均可使用委托收款结算方式。委托收款在同城和异地均可使用，且不受金额起点的限制。

委托收款结算方式的业务流程可参考托收承付结算的业务流程。

（一）收款人开户银行受理委托收款

收款人办理委托收款时，填制一式五联的委托收款凭证（现已与托收凭证合并为同一凭证，见表4-11）。第一联为回单，第二联为贷方凭证，第三联为借方凭证，第四联为收账通知，第五联为付款通知。

填妥委托收款凭证后，收款人在凭证的第二联加盖单位印章或个人签章后，将结算凭证和债务证明提交开户银行。开户银行按照委托收款凭证的填写要求审查无误后，比照托收承付结算方式的处理方法，向付款人开户银行发出委托收款凭证。

（二）付款人开户银行通知划款

付款人开户银行收到委托收款凭证及有关单证，审查是否确属本行受理，审查无误后，登记“收到委托收款凭证登记簿”，将第五联凭证加盖业务公章后，连同其他有关单证一并交付款人签收。

（三）付款人开户银行划款

1.收款人开户行为行内机构时，会计分录为：

借：吸收存款——付款人户

　　贷：吸收存款——收款人户

2.收款人开户行为跨行其他商业银行。付款人开户行可以通过同城票据交换提入方式付款，也可以通过大额贷记、小额贷记方式付款，会计分录为：

借：吸收存款——付款人户

　　贷：跨行清算资金往来——同城票据清算（或大额支付/小额支付）

付款人在付款期满时，账户上如果没有足够的资金支付全部款项，银行应索回全部单证，并填写付款人未付款通知书，连同第四联委托收款凭证一并退回收款人开户银行。

付款人若提出全部或部分拒付，应填制拒付理由书，连同委托收款凭证及所附单证送交开户银行，由银行转交收款人开户银行。付款人开户银行不负责审查拒付理由，对部分支付的款项按全额划款的手续处理。

（四）收款人开户银行收款

收款人开户银行为行内机构时，在付款阶段已完成这一步骤。跨行的收款人开户银行收到划回的款项后办理转账，手续与托收承付基本相同，会计分录为：

借：跨行清算资金往来——同城票据清算（或大额支付/小额支付）

　贷：吸收存款——收款人户

对于无款支付和拒付的情况，收款人开户银行应将未付款通知书、拒付理由书及债务证明转交收款人。

第四节　单位信用卡的核算

一、信用卡的概念和基本功能

信用卡是指商业银行向个人和单位发行的、凭以向特约商户（如商店、旅馆、娱乐场所、饭店等）购物、消费和向银行存取现金，且具有消费信用功能的特制载体卡片。信用卡的外观为带有卡名、卡号、持卡人姓名、有效期、信息磁条或芯片、防伪标志等内容的卡片。信用卡广泛运用于商品经济的支付与结算，具有“电子货币”功能。

【相关链接】　　信用卡结算的基本规定

（1）限制信用卡备用金账户的资金来源

单位卡账户的资金必须从其基本存款账户转入，不得交存现金，不得将销售收入的款项存入该账户；个人卡账户的资金以其持有的现金存入，或以其工资性款项及属于个人的劳动报酬收入转账存入，严禁将单位的款项存入个人卡账户。

这些规定，有利于防止将信用卡账户变相作为基本存款账户使用，遏制公款私存和公款消费。

（2）严格信用卡的使用范围

信用卡应主要用于消费性支付。单位卡不得用于10万元以上的商品交易、劳务供应款项的结算。

（3）加强现金管理

单位卡一律不得支取现金。个人卡提取现金时，超过支付限额的，代理银行应向发卡银行索权。这些规定有利于限制利用信用卡大量套取现金，有利于加强对消费基金的控制。

（4）控制支付风险

①限定透支额度：信用卡透支额，金卡最高不得超过1万元，普通卡最高不得超过5千元。

②限定透支期限：信用卡透支期限最长为60天。

③明确透支利息的计算：信用卡透支利息，自签单日或银行记账日起，15日内按日息5‱计算，超过15日按日息10‱计算，超过30日或透支金额超过规定限额的，按日息15‱计算。透支利

息不分段，按最后期限或者最高透支额的最高利率档次计算。

④禁止恶意透支。恶意透支是指持卡人超过规定限额或规定期限，并且经发卡银行催收无效的透支行为。

⑤设立备用金存款制度和担保制度。申领信用卡要向发卡行交存一定的备用金。发卡银行根据申请人的资信程度，要求其提供担保。担保的方式可采用保证、抵押或质押。

（资料来源 中国人民银行.支付结算办法.银发〔1997〕393号，1997.）

二、单位信用卡结算业务的会计核算

（一）信用卡的发放

单位申请使用信用卡，应按发卡银行的规定向发卡银行提交申请表。发卡银行审查同意后，应及时通知申请人前来办理领卡手续，并按规定向其收取备用金和手续费。申请人从其基本存款账户支付以上款项。具体分为以下两种情况：

1.申请人已在发卡银行开有基本存款账户

申请人开具支票、填写三联进账单，交发卡行经办人员。经办人员审查无误后，支票作借方凭证，第二联进账单作贷方凭证，另填制一联特种转账贷方凭证，作收取手续费贷方凭证。会计分录为：

借：吸收存款——申请人户

　贷：吸收存款——保证金存款——申请人信用卡户

　　　手续费及佣金收入

　　　应交税费——应交增值税（销项税额）

银行经办人员将第一联进账单加盖转讫章后交给申请单位，作为回单。

2.申请人未在发卡银行开立基本存款账户

单位卡申请人开具支票、填写进账单，交发卡银行经办人员。发卡银行经办人员审核无误后，在进账单上按票据交换场次加盖“收妥后入账”的戳记，将第一联加盖转讫章后交给持票人。支票按照票据交换的规定及时提出交换。待退票时间过后，第二联进账单作贷方凭证，并另填制一联特种转账贷方凭证，作收取手续费贷方凭证。会计分录为：

借：跨行清算资金往来

　贷：吸收存款——保证金存款——申请人信用卡户

　　　手续费及佣金收入

　　　应交税费——应交增值税（销项税额）

（二）信用卡直接消费业务的核算手续

直接消费是信用卡的主要功能。持卡人凭卡在特约商户购物或消费之后，无须支付现金。由于银行为特约商户介绍了客户，所以特约商户要向银行支付一定比例的结算手续费。

1.特约商户接受信用卡的处理手续

特约商户受理客户信用卡，经审查无误后，在签购单上压卡，并填写实际结算金额、用途、持卡人身份证件号码、单位名称和编号。若超过支付限额，则应向发卡银行索权并填写授权号码，交持卡人签名确认，同时核对其签名与卡片背面签名是否一致。无误后，由持卡人在签购单上签名确认，并将信用卡、身份证件和第一联签购单交还给持卡人。

每日营业终了，特约商户应将当日受理的信用卡签购单汇总，并按规定比率计算出应交给银行的手续费，在交易总额中扣除后得出净额。然后将总额、银行手续费、净额、签购单张数、结算日期等记入“汇计单”。汇计单（见表4-12）、签购单、进账单一并送交收单银行办理进账。

表4-12　**汇计单**

××银行	
××卡	日期
汇计单	签购单总份数＿＿＿＿＿＿＿＿份
特约商户名称、代号	
	总计金额（¥）
	手续费（¥）%
编号00000000	净计金额（¥）

2.款项清算的账务处理

信用卡资金的清算分为以下两种情况：

（1）特约商户与持卡人在同一系统银行开户

对特约商户交来的进账单、三联汇计单，以及第二、第三联签购单，收单银行应认真审查。审查无误后，办理转账。会计分录为：

借：吸收存款——保证金存款——持卡人户

　贷：吸收存款——特约单位户

　　　手续费及佣金收入

　　　应交税费——应交增值税（销项税额）

（2）发卡银行是跨系统银行

在发卡银行是跨系统银行的情况下，特约商户开户银行（收单银行）可通过同城票据交换或人民银行大额、小额支付系统办理款项的收账手续。会计分录为：

借：跨行清算资金往来——同城票据清算（或大额支付/小额支付）

贷：吸收存款——特约单位户

手续费及佣金收入

应交税费——应交增值税（销项税额）

发卡银行收到借记通知后，从持卡人账户划出资金，会计分录为：

借：吸收存款——保证金存款——持卡人户

贷：跨行清算资金往来——同城票据清算（或大额支付/小额支付）

第五节 国内信用证的核算

一、信用证结算概述

信用证是广泛运用于商业活动的一种结算方式。按照中国人民银行2016年发布的《国内信用证结算办法》的定义，国内信用证（以下简称信用证），是指银行依照申请人的申请开立的、对相符交单予以付款的承诺。我国国内信用证是以人民币计价、不可撤销的跟单信用证。

（一）信用证的分类

国际上通行的信用证分类主要有以下几种：

1.跟单信用证和光票信用证，划分标准为是否跟附单据办理结算。

2.可转让信用证和不可转让信用证，划分标准为是否可将信用证金额部分或全部转让给第三人。

3.可撤销信用证和不可撤销信用证，划分标准为是否可单方取消或修改信用证。

4.保兑信用证和非保兑信用证，划分标准为是否需要提供保兑。

5.即期信用证和远期信用证，划分标准为信用证的付款期限。

6.议付信用证和非议付信用证，划分标准为是否可以议付。

这些分类只是从不同角度说明了信用证的某个特征。在实际应用中，一个信用证可能同时具备上述分类中的几个特征，如即期不可撤销、不可转让的跟单信用证。

（二）信用证的当事人

1.开证申请人：交易合同中的购货方（买方）。

2.开证行：购货方（买方）的开户银行。

3.受益人：交易合同中的供货方（卖方）。

4.通知行：受开证行委托向受益人通知信用证的银行。

5.议付行：根据开证行在议付信用证中的授权，买进受益人提交的汇票和单据的银行。

【相关链接】　国内信用证结算的有关规定

《国内信用证结算办法》适用于银行为国内企事业单位之间货物和服务贸易提供的信用证服务。服务贸易包括但不限于运输、旅游、咨询、通信、建筑、保险、金融、计算机和信息、专有权利使用和特许、广告宣传、电影音像等服务项目。

信用证业务的各方当事人应当遵守中华人民共和国的法律、法规以及本办法的规定，遵守诚实信用原则，认真履行义务，不得利用信用证进行欺诈等违法犯罪活动，不得损害社会公共利益。

信用证的开立和转让，应当具有真实的贸易背景。

信用证只限于转账结算，不得支取现金。

信用证与作为其依据的贸易合同相互独立，即使信用证含有对此类合同的任何援引，银行也与该合同无关，且不受其约束。

银行对信用证作出的付款、确认到期付款、议付或履行信用证项下其他义务的承诺，不受申请人与开证行、申请人与受益人之间关系而产生的任何请求或抗辩的制约。

受益人在任何情况下，不得利用银行之间或申请人与开证行之间的契约关系。

在信用证业务中，银行处理的是单据，而不是单据所涉及的货物或服务。

（资料来源　中国人民银行、中国银行业监督管理委员会.国内信用证结算办法.〔2016〕10号，2016.）

即期付款信用证结算业务流程如图4-8所示。

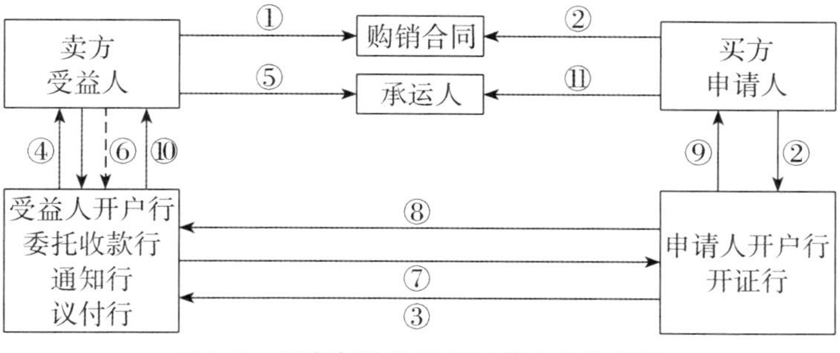

图4-8　即期付款信用证结算业务流程图

（三）即期信用证流程说明

1.购销双方签约，合同订明采用信用证结算方式。

2.买方向开户行申请开证。

3.开证行受理申请，收取保证金并开出信用证。

4.通知行核对后，向受益人（卖方）通知信用证。

5.卖方通过承运人向买方发货。

6.受益人发货后向开户行交单，委托其向开证行收款（这一阶段，受益人可向银行申请议付）。

7.委托收款行向开证行交付单据，索要货款。

8.开证行收到单据，审核后付款。

9.开证行向开证申请人交付单据，并发送付款通知。

10.委托收款行收到开证行划来货款，向受益人发出收款通知。

11.买方凭收到的单据向承运人提取货物。

二、国内信用证开证的会计核算

（一）申请开立信用证

申请人向其开户行申请开立信用证的，应填制一式三联开证申请书（见表4-13），并在开证申请书背面开证申请人承诺书上签章，连同有关购销合同交其开户行。申请书第一联受理回单，申请人留存；第二联开证依据，会计部门留存；第三联开证存查，信贷部门留存。开证行收到后，在第一联开证申请书加盖业务公章后交申请人，并审查以下内容：

1.申请书记载的事项是否符合要求。

2.申请人是否签章，签章是否与其预留银行的签章相符。

3.各条款之间是否矛盾。

4.申请书记载的有关条款是否与购销合同一致。

审核无误后，同意开证的，应根据申请人的资信情况，确定向其收取保证金的比例，或同时要求申请人提供其他担保。

申请人向银行交存保证金时，应提交支票和三联进账单，支票作借方凭证，第一联进账单作为回单加盖转讫章后转交申请人，第二联进账单作贷方凭证，第三联进账单作贷方凭证附件。其会计分录为：

借：吸收存款——申请人户

　贷：保证金存款——信用证保证金（申请人户）

要求申请人提供抵押、质押或保函的，登记备忘科目登记簿，表外分录为：

收：重要或有价单证

有关单证专夹保管。

表4-13

开证申请书

开证申请书（受理回单）1

编号：

申请日期：　　年　月　日

××银行：

开证方式：信开□　电开□

有效期及有效地点：

申请人名称、账号、地址及邮政编码：

受益人名称、地址、邮政编码、账号及开户行：

运输方式：　　　　　　　　　交单期：

分批装运：允许□不允许□　　金额：

转　　运：允许□不允许□　　付款方式：即期付款□　延期付款□

货物运输起止地：自________至________议付□

最迟装运日期：________年________月________日付款期限：即期□　运输单据日后________天

合同号码：

货物描述：

受益人应提交的单据：

1.（　）发票注明信用证号码及合同号码。

2.（　）全套海运□河运□提单，正本____份，副本____份，收货人________，注明运费已付□/未付□。

3.（　）航空运单，收货人________，注明运费已付□/未付□。

4.（　）铁路□公路□运单，收货人________，注明运费已付□/未付□。

5.（　）邮政收据，收货人________，注明运费已付。

6.（　）货物收据，收货人________。

7.（　）保险单正本____份，副本____份，投保金额________元，投保险别________________。

8.（　）装箱单____份，注明每一包装件内货物数量及每件的毛、净重。

9.（　）其他单据。

其他条款：

1.（　）单据必须自运输单据签发日起________天内提交（不能晚于信用证有效期）。

2.（　）货物数量及信用证金额均可有________%的浮动范围。

3.（　）其他。

联系人：　　　　　　　　　　　　　　　开证申请人签章

电话：

注：开证申请书一式三联，第一联受理回单；第二联开证依据；第三联开证存查。用途及联次应分别印在“开证申请书”右端括弧内和括弧与编号之间。

（二）开证行开立信用证

开证行根据第二联开证申请书和《国内信用证结算办法》的规定开立信用证（见表4-14）。

表4-14

信用证

编号：

开证日期 年 月 日

开户行申请人	全　称		受益人	全　称	
	地址、邮编			地址、邮编	
	账　号			账　号	
	开户行			开户行	
开证金额		人民币（大写）¥			
有效日期及有效地点					
通知行名称及行号					

运输方式：
分批装运：允许□　不允许□
转运：　　允许□　不允许□
货物运输起止地：自____至__
最迟装运日期年____月____日__

交单期：
付款方式：即期付款□　延期付款□
议付□
议付行名称及行号：
付款期限：即期□
运输单据日后____天

货物描述：
受益人应提交的单据：
其他条款：
本信用证依据中国人民银行《国内信用证结算办法》和申请人的开正申请书开立。本信用证为不可撤销、不可转让信用证，受益人开户行应将每次提交单据情况背书记录在正本信用证背面。
开证行地址及邮编：
电传：
电话：
传真：　　　　　　　　编押：
开证行签章

注：1. 信开信用证一式四联，第一联副本，第二联正本，第三联副本，第四联开证通知。用途及联次应分别印在“信用证”右端括弧内和括弧与编号之间。

2. 电开信用证一式两联，第一联副本，第二联开证通知。用途及联次应按第 1 点的要求印在各联上。

3. 货物描述、提交的单据等按开证申请书记载。

采用信开信用证的，填制一式四联信开信用证。第一联为信用证副本，通知行留存；第二联为信用证正本，交受益人；第三联为信用证副本，开证行留存；第四联为开证通知，申请人留存。开证行应在第一、第二、第三联信用证指定位置加编密押，并在第一、第二联信用证上加盖信用证专用章及经办人名章。经复核无误后，将信用证第一、第二联寄交通知行，在第四联上加盖业务公章后交申请人。

采用电开信用证的，缮打一式两联电开信用证。第一联为信用证副本，开证行留存；第二联为开证通知，申请人留存。开证行加编密押并核对无误后，以电传方式向通知行发送电开信用证信息，在第二联上加盖业务公章后交申请人。

开证行开立信开或电开信用证后，根据第三联信开信用证或第一联电开信用证作表外科目核算，

收：开出即期（或远期）信用证

并按规定向申请人收取开证手续费及邮电费。收取开证手续费及邮电费的会计分录为：

借：吸收存款——申请人户

　贷：手续费及佣金收入

　　应交税费——应交增值税（销项税额）

　　业务及管理费——代收邮电费

三、修改信用证

（一）受理信用证修改申请及审核

申请人向其开证行申请修改信用证的，应填制一式三联信用证修改申请书，并在申请书背面信用证修改申请人承诺书上签章，连同受益人同意修改的书面证明提交开证行。第一联受理回单，申请人留存；第二联修改依据，会计部门留存；第三联修改存查，信贷部门留存。

开证行受理修改申请时，应认真审核。

（二）开立信用证修改书

开证行根据第二联信用证修改申请书开立信用证修改书。

采用信开信用证修改书的，填制一式四联信开信用证修改书。第一联信用证修改书副本，通知行留存；第二联信用证修改书正本，交受益人；第三联信用证修改书副本，开证行留存；第四联信用证修改通知，申请人留存。开证行应在第一、第二、第三联信用证修改书指定位置加编密押，并在第一、第二联信用证修改书上加盖信用证专用章及经办人名章。经审核无误后，将修改书第一、第二联寄交通知行，在第四联上加盖业务公章后交申请人。

采用电开信用证修改书的，缮打一式两联电开信用证修改书，开证行加编密押

并核对无误后，以电传方式向通知行发送电开信用证修改书信息。

开证行开立信开或电开信用证修改书后，属于增额或减额修改的，应根据第三联信开信用证修改书或第一联电开信用证修改书作表外科目核算，

收或付：开出即期（或远期）信用证

并按规定向申请人收取信用证修改手续费及邮电费。

四、通知行通知信用证

（一）信用证的通知

1.核验签章和密押。通知行收到开证行发来的信用证，核对无误后，根据信开和电开信用证副本登记“信用证通知登记簿”。

2.缮制信用证通知书。通知行在规定时间内核验信用证并确认其表面真实性后，缮制一式两联信用证通知书（见表4-15）。在第一联通知上加盖业务公章后，连同信用证正本交受益人，并由受益人在“信用证通知登记簿”上签收；将第二联通知存查，连同信用证副本留存，专夹保管，并按规定向受益人收取通知手续费。

表4-15 信用证通知书

××银行

信用证通知书（通知）1

编号：

通知日期　　年　月　日

××（受益人）：

开证行名称：

信用证编号：________开证日期：________信用证金额：________

我行收到上述银行□电开□信开信用证一份，经核验，印章相符，密押正确，现随附通知。你单位申请议付交单时，请将本通知及信用证一并提交，否则，你单位应对议付后果承担责任。

备注：

本信用证连同通知书及附件共________页。

如对本信用证的条款有异议，请与开证申请人联系进行必要的修改，以排除交单时可能发生的问题。

通知行地址：

电传：

电话：

传真：

通知行签章

注：本通知书一式两联，第一联通知；第二联通知存查。用途及联次应分别印在“信用证通知书”右端括弧内和括弧与编号之间。

3.经核验签章不符的，应及时将该信用证寄退开证行重开信用证；密押不符

的，应及时查询开证行。

（二）信用证修改的通知

通知行收到开证行发来的信用证修改书，确认表面真实性后，缮制一式两联信用证修改通知书。第一联为通知，在其上加盖业务公章后连同信用证修改书正本交受益人，并由受益人在“信用证通知登记簿”上签收；第二联为通知存查，将其连同信用证修改书副本留存，专夹保管，并按规定向受益人收取通知手续费（会计分录略）。

五、受益人开户行对来单的处理手续

（一）议付来单的处理

1.受理来单及审核

受益人向开户行申请议付的，应填制一式两联信用证议付/委托收款申请书，第一联受益人留存，第二联开户行留存，并填制一式五联议付凭证（见表4-16），第一联为借方凭证，第二联为贷方凭证，第三联为贷方凭证，第四联为收账通知，第五联为到期卡。受益人在第一联信用证议付/委托收款申请书和第一联议付凭证上加盖预留银行签章后连同信用证通知书、信用证修改通知书、信用证正本、信用证修改书及单据一并提交议付行。议付行应认真审查。

表4-16 **议付凭证**

议付凭证（借方凭证）1

日期　　年　月　日　　　　　　　　　　第　　号

<table>
<tr><td rowspan="3">信用证</td><td colspan="2">编号</td><td colspan="10"></td><td rowspan="3">受益人</td><td colspan="3">名称</td><td colspan="7"></td></tr>
<tr><td colspan="2">开证日期</td><td colspan="10">年　月　日</td><td colspan="3">账号</td><td colspan="7"></td></tr>
<tr><td colspan="2">到期日</td><td colspan="10">年　月　日</td><td colspan="3">开户银行</td><td colspan="7"></td></tr>
<tr><td rowspan="2">议付金额</td><td colspan="13" rowspan="2">人民币（大写）</td><td>千</td><td>百</td><td>十</td><td>万</td><td>千</td><td>百</td><td>十</td><td>元</td><td>角</td><td>分</td></tr>
<tr><td></td><td></td><td></td><td></td><td></td><td></td><td></td><td></td><td></td><td></td></tr>
<tr><td rowspan="2">议付率</td><td rowspan="2">‰</td><td rowspan="2">议付利息</td><td>千</td><td>百</td><td>十</td><td>万</td><td>千</td><td>百</td><td>十</td><td>元</td><td>角</td><td>分</td><td rowspan="2">实付议付金额</td><td>千</td><td>百</td><td>十</td><td>万</td><td>千</td><td>百</td><td>十</td><td>元</td><td>角</td><td>分</td></tr>
<tr><td></td><td></td><td></td><td></td><td></td><td></td><td></td><td></td><td></td><td></td><td></td><td></td><td></td><td></td><td></td><td></td><td></td><td></td><td></td><td></td></tr>
<tr><td colspan="7">附送信用证及单据申请议付，
请审核。
受益人签字</td><td colspan="2">银行审批</td><td colspan="6">负责人　　信贷员</td><td colspan="9">科目（借）
对方科目（贷）
复核
记账</td></tr>
</table>

此联银行议付时作借方凭证

2.议付行对单证相符、同意议付的情况进行会计核算

（1）议付行应按规定计算议付利息、实付议付金额，第一联议付凭证作借方凭证，第二联议付凭证作吸收存款科目贷方凭证，第三联议付凭证作利息收入科目贷方凭证。会计分录为：

借：议付信用证款项

　　贷：吸收存款——受益人户

　　　　应收利息

议付行办理转账后，将第五联议付凭证和第一联信用证议付/委托收款申请书专夹保管，登记“信用证议付登记簿”，并按规定向受益人收取议付手续费，在“手续费及佣金收入”科目进行核算。

（2）议付行在信用证正本背面记明议付日期、业务编号、增额、议付金额、信用证余额、议付行名称，并加盖业务公章；在第二联信用证议付/委托收款申请书上加盖业务公章，在第四联议付凭证上加盖转讫章后，将其连同信用证通知书、信用证修改通知书和信用证正本、信用证修改书退还受益人。

（3）议付行办妥转账手续后，制作一式两联寄单通知书。在第一联上加盖业务公章后，将其随填制的委托收款凭证，连同单据一并寄开证行办理收款；议付行将第二联留存，并按照发出委托收款的手续处理。

3.议付行对单证不符的情况进行处理

（1）议付行审核单据发现不符，洽受益人修改后相符，同意议付的，比照议付来单的手续正常处理。

（2）议付行审核单据发现不符，洽受益人修改后仍不符，拒绝议付的，应制作一式两联拒绝议付/不符点通知书（格式由各行制定），注明拒绝议付理由，将一联留存，在另一联上加盖业务公章后连同有关单证退还受益人。

（二）委托收款来单的处理

受益人委托开户行向开证行提交单证的，应填制委托收款凭证和信用证议付/委托收款申请书，连同信用证正本、信用证修改书正本和有关单据提交开户行。若开户行审查填写符合要求，单证齐全，则将第一联信用证议付/委托收款申请书随托收凭证，连同有关单证一并寄开证行，并按照发出委托收款的手续处理。

六、开证行对来单的处理手续

（一）对单据相符、足额付款的情况进行会计核算

开证行在收到议付行寄来的委托收款凭证、单据及寄单通知书或受益人开户行寄来的委托收款凭证、信用证正本、信用证修改书正本、单据及信用证议付/委托

收款申请书时，应抽出信用证留底，并在规定的时间内审查。

经审查单证相符的，做以下处理：

1.即期信用证付款

（1）信用证申请人与收款人均在本系统银行开户，会计分录为：

借：吸收存款——信用证保证金——申请人户

　贷：吸收存款——受益人户

（2）收款人在其他商业银行开户，会计分录为：

借：吸收存款——信用证保证金——申请人户

　贷：跨行清算资金往来

开证行办妥付款手续后，应填制一式两联信用证来单通知书。开证行在第一联上加盖业务公章后，连同有关单据交开证申请人，并由其签收；将第二联留存。

2.远期信用证付款

开证行应在规定的时间内向受益人开户行（含议付行）发电，未议付的由其转告受益人，确认到期付款。到期日付款比照即期全额付款手续处理。

（二）对单据相符、不足付款的情况进行处理

开证行在付款时，开证申请人交存的保证金和存款账户余额不足支付信用证款项的，可作为申请人的逾期贷款处理；申请人提供了抵押、质押担保的，应转为抵债资产处理；提供保函的，应向担保人收取款项。

七、受益人开户行（含议付行）收到开证行划来款项的处理

跨系统的受益人开户行（含议付行）收到开证行的来账信息，按照委托收款划回的手续处理，并办理转账。会计分录为：

借：跨行清算资金往来

　贷：议付信用证款项

　（或）吸收存款——受益人户

属于议付的，议付行应销记“信用证议付登记簿”和“发出委托收款凭证登记簿”；属于受益人通过其开户行委托收款的，开户行应在委托收款收账通知联上加盖转讫章后通知受益人。

八、信用证注销的处理手续

若开证行在信用证有效期内未收到任何单据，则在信用证有效期满1个月后，应注销信用证，解除开证申请人的信用证担保，并作如下处理：

1.退还保证金，会计分录为：

借：吸收存款——保证金存款——信用证保证金（申请人户）

贷：吸收存款——申请人户

同时，退还抵押物、质押物或保函。销记备忘科目登记簿。

2.开证行收到开证申请人提出对未逾有效期信用证的注销申请和信用证正本时，应审查开证申请人与受益人同意注销的证明，审查无误后，解除开证申请人的担保。

扩展链接

数字经济环境下的支付创新

本章小结

1.支付结算是商业银行代客户清偿债权债务、收付款项的一种传统中间业务。

2.支付结算的有关制度和办法由中国人民银行总行负责统一制定，银行和客户必须遵循结算原则，遵守结算纪律。

3.我国的国内支付结算工具主要包括银行汇票、商业汇票、银行本票、支票、信用卡、汇兑、托收承付、委托收款和信用证等。

4.本章内容的核心在于银行如何将资金从付款人账户划转至收款人账户，核算中使用的支付清算系统属于完成资金划拨的渠道，将在后续章节中介绍。

关键概念

支付结算　票据　结算方式

思考与应用

（一）复习思考

1.什么是支付结算？办理支付结算业务必须遵循哪些原则？

2.支付结算的方式有哪些？各结算方式有何主要特点？

3.简述商业承兑汇票和银行承兑汇票的相同点和不同点。

4.比较银行本票与银行汇票的适用范围和核算流程。

5.托收承付结算方式的使用为何需要限定条件？

（二）操作练习

1.假设20×4年12月20日中国建设银行某市支行发生下列商业汇票业务，请按业务要求编制转账的会计分录：

（1）开户单位东方建材公司提交当日到期的商业承兑汇票及同城委托收款凭证，金额为30 000元，委托银行向也在本行开户的广大建材城收取汇票款，经审核无误办理转账。

（2）根据本年7月签署的承兑协议，向承兑申请人博雅公司收取本日到期的银行承兑汇票款45 000元，办理转账。

（3）收到异地中国建设银行某市支行寄来的委托收款结算凭证及银行承兑汇票，金额为134 000元，汇票已于2天前到期；经审核无误后于当日将汇票款划出，办理转账。

（4）收到异地中国建设银行某市支行寄来的联行报单及商业承兑汇票，金额为50 000元，收款人为在本行开户的立达商贸公司，经审核无误后办理转账。

（5）在本行开户的银行承兑汇票申请人兴业商场的银行承兑汇票款46 000元已经到期，由于该付款人账户资金不足，只能支付35 000元，其余转为逾期贷款，办理转账。

2.假设20×4年6月20日中国工商银行某市支行发生下列银行汇票业务，请按业务要求编制转账的会计分录：

（1）开户单位金达餐厅提交银行汇票申请书，金额48 000元，委托银行签发汇票持往异地办理采购，银行审核无误，开出汇票，办理转账。

（2）收到异地中国工商银行某市支行寄来的汇款解讫通知和联行报单，原汇款单位是在本行开户的飘逸美发厅，汇票金额30 000元，实际结算金额25 000元，办理转账。

（3）开户单位宏兴百货公司提交银行汇票和进账单，金额70 000元，汇款人为在异地中国工商银行某市支行开户的某单位，审核无误，办理转账。

3.假设20×4年12月20日中国工商银行某市支行发生下列汇兑业务，请按业务要求编制转账的会计分录：

（1）开户单位新新服装店提交信汇凭证一份，金额4 000元，系汇往在异地中国工商银行某市支行开户的惠民纺织厂的交易尾款，审核无误，办理转账。

（2）收到异地中国工商银行某市支行寄来的邮划贷方报单及信汇凭证一份，汇给华都酒店5112房间的客人张林差旅费3 000元，银行审核无误后办理转账，并用便条通知张林所在酒店。

（3）当日，张林持银行便条及个人身份证来行领取其信汇款3 000元，银行审核无误后付现。

4.假设20×4年12月20日中国工商银行某市支行发生下列支票和本票业务，请按业务要求编制转账的会计分录：

（1）收到某客户提交的银行本票申请书及现金6 000元，经审核无误后办理签发不定额银行本票的手续。

（2）开户单位新大五金厂签发转账支票，支付在同一银行开户的四达机械厂货款10 000元，经审核无误后办理转账。

（3）开户单位农机公司持不定额本票及两联进账单来行办理兑付手续，金额为40 000元，经审查该本票为同城其他银行签发，银行办理转账。

（4）收到开户单位果品批发站送交的支票和两联进账单，金额为60 000元，该支票的签发人在同城其他银行开户，当日退票时间过后，银行办理转账。

（5）开户单位隆发公司持定额本票及两联进账单来行办理兑付，金额为50 000元，经审查该本票为本行签发，办理转账。

5.假设20×4年12月20日工商银行某市支行发生下列委托收款和托收承付结算业务，请按业务要求编制转账的会计分录：

（1）3天前，收到异地某工商银行寄来的有关托收承付结算凭证及附件，通知开户单位果品批发站付款，金额为82 000元，当日承付期满，办理划款手续。

（2）日前收到异地某行处的委托收款凭证，向本行开户的信通公司收取货款52 000元，经审查无误，通知信通公司。信通公司经检验单证发现部分商品规格不符，部分拒付2 000元，余款于当日划出。

（3）收到异地某行处的邮划贷方报单，系划付的商业承兑汇票款，收款单位为在本行开户的农机公司，金额为43 000元，经审核无误办理转账。

第五章 外汇业务核算

学习目标

1.掌握外汇业务核算的特点和外汇买卖业务的核算
2.掌握外汇存款业务的核算
3.熟悉外汇贷款业务的核算
4.熟悉国际结算业务的核算

第一节　外汇业务概述

一、外汇业务的意义

外汇是国际汇兑的简称，是指以外国货币表示的可以用于国际清偿和国际结算的支付手段和资产。根据《中华人民共和国外汇管理条例》的规定，外汇包括外国货币、外币有价证券、外币支付凭证、特殊债权以及其他外汇资金等。

我国对外汇实行统一政策、集中管理的方针。国家授权外汇管理局行使外汇管理职权，国务院授权中国人民银行管理国家外汇业务。经中国人民银行核准的各金融机构，可在核准经营的范围内开展外汇业务。

二、外汇业务的主要内容

外汇业务是指以记账本位币以外的货币进行的款项收付、往来结算等业务。经营外汇业务是银行业务经营的重要组成部分。目前我国商业银行办理的外汇业务通常可以划分为外汇公司业务和外汇零售业务。外汇公司业务主要包括单位存款、外汇公司汇款、结售汇、外币兑换、进口代收、托收和信用证等；外汇零售业务主要包括外币储蓄、国际汇款、结售汇、外币兑换、外币理财和代理退税等。其他与外汇有关的业务还包括外汇贷款，外汇同业拆借，外汇借款，发行或代理发行股票以外的外币有价证券，买卖或代理买卖股票以外的外币有价证券，外汇票据的承兑和贴现，外汇担保，资信调查、咨询和鉴证业务等。

三、外汇业务核算原理

银行外汇业务核算应遵循《企业会计准则第19号——外币折算》的规定，解决的问题具体如下：

（一）记账本位币

我国银行一般以人民币作为记账本位币，也允许业务收支以人民币以外的货币为主的银行选择其中一种货币作为记账本位币。但是，编报的财务会计报告应当折算为人民币。银行选择的记账本位币一经确定，不得改变。

（二）外汇交易

外汇交易是以外币计价或者结算的交易，包括：

1.买入或者卖出以外币计价的商品或者劳务。

2.借入或者借出外汇资金。

3.其他以外币计价或者结算的交易，如接受外币现金捐赠等。

外汇交易可分为货币性项目和非货币性项目。货币性项目是银行持有的货币和将以固定或可确定金额的货币收取的资产或者偿付的负债。货币性资产包括现金、存款、应收账款和应收票据以及准备持有至到期日的债券投资等；货币性负债包括应付账款、其他应付款、短期借款、应付债券、长期借款和长期应付款等。

非货币性项目是货币性项目以外的项目，如长期股权投资、交易性金融资产（股票、基金）、固定资产和无形资产等。

（三）外币折算的会计处理

外币折算是指将外汇交易或外币财务报表折算为记账本位币反映的过程。外汇交易折算的会计处理主要涉及两个环节：一是在交易日对外汇交易进行初始确认，将外币金额折算为记账本位币金额；二是在资产负债表日对相关项目进行折算，因汇率变动产生的差额应计入当期损益。

银行对于发生的外汇交易，应当在初始确认时，采用交易发生日的即期汇率将外币金额折算为记账本位币金额，或者采用与交易发生日即期汇率近似的汇率折算。

在资产负债表日，对于外币货币性项目，采用资产负债表日即期汇率折算，因资产负债表日即期汇率与初始确认时或者前一资产负债表日即期汇率不同而产生的汇兑损益差额，计入当期损益，同时调增或调减外币货币性项目的记账本位币金额。而以历史成本计量的外币非货币性项目，已在交易发生日按当日即期汇率折算，资产负债表日不改变其记账本位币金额。

四、外汇业务核算方法

外汇业务的专门核算方法有外汇分账制和外汇统账制两种。虽然在外币折算准则中没有提及分账制记账方法，但在《企业会计准则第19号——外币折算》应用指南中提出："金融保险企业的外汇交易频繁，涉及外币币种较多，可以采用分账制记账方法进行日常核算。"

（一）外汇分账制

外汇分账制也叫原币记账法，是经营外汇业务的银行，对外币与记账本位币实行分账核算的一种记账方法，也就是直接以各种原币为记账单位，而不折成记账本位币进行记账的方法。

采用外汇分账制核算的银行，应按业务发生时的各种原币填制凭证、登记账簿编制会计报表。银行发生结售汇、外汇买卖以及各种货币之间的兑换及账务间的联系均通过"货币兑换"科目核算，并按业务发生时的汇率记账。在资产负债表日，银行应将以原币编制的财务会计报表折算为记账本位币，其中货币性项目按资产负债表日即期汇率折算，非货币性项目按交易日即期汇率折算，产生的汇兑差额计入当期损益。

（二）外汇统账制

外汇统账制，也叫本位币记账法或本币统账制，是经营外汇业务的企业，对外汇的买卖、收付等都折合成记账本位币，统一用记账本位币进行核算的一种方法。

采用外汇统账制核算的银行，应分别按记账本位币和各种外币进行明细核算。银行发生外汇业务时，应当将有关外币金额折合为记账本位币记账，并登记外币金额和折合率。除另有规定外，所有与外汇业务有关的账户，应当采用业务发生时的汇率或业务发生当期期初的汇率折算。

五、商业银行外汇业务核算的特点

（一）账务记载实行外汇分账制

采用外汇分账制可以有效记录和反映记账本位币、外币资金的收付，核算和监督各种不同币种的收、支、存情况。目前，我国银行对外汇业务的核算基本上都采用外汇分账制。

(二)设置特定会计科目

“货币兑换”(或称“外币兑换”“外汇买卖”)科目是为了实现外汇分账制而设立的一个特定科目。在银行外汇业务的会计核算中,“货币兑换”科目使用得非常频繁,准确运用“货币兑换”科目进行外汇业务的核算,能够确保银行资产负债的真实性,并有助于银行间的资金清算和账务往来,以及对外汇风险的识别、判断、分析和监控。

(三)联行、代理行往来账务关系的复杂性

外汇业务的会计核算在办理贸易和非贸易业务的国际结算中,既有各种外币资金结算,又有记账本位币资金结算,既有境内外币支付系统的核算,又有境外联行、代理行的资金结算。结算的货币种类不一,汇率时有变化,尤其在国际结算中,外汇业务的会计核算必须严格遵照有关协议、协定中规定的结算方式和账务处理细则进行结算,特别在对海外联行、代理行进行账务处理时,不仅要遵循国际惯例,而且必须遵照所在国(或地区)有关银行法规的规定,从而使账务处理多样化、核算内容复杂化,因此导致账务关系非常复杂。

【相关链接】

所谓境内外币支付系统,是指为中华人民共和国境内的银行业金融机构(以下简称“银行”)和外币清算机构提供外币支付服务的实时全额支付系统,用于清算银行资金头寸调拨、企业或个人投资、商品及劳务交易引起的外币资金结算。

境内外币支付系统由中国人民银行牵头建设,由清算总中心集中运营,由直接参与机构等单一法人集中接入,采用“Y”型信息流结构,由外币清算处理中心负责对支付指令进行接收、清算和转发,由代理结算银行负责对支付指令进行结算。

参加境内外币支付系统的商业银行,可设置“外币支付业务往账”“外币支付业务来账”等专用科目进行核算。由于各银行内部会计制度使用的科目可能不同,本章涉及此类业务时,没有使用具体会计科目,一律用“境内外币支付系统专用科目”替代。

(四)按国际惯例结算

外汇业务会计的另一个显著特点就是要遵循国际惯例,比如在国外代理行往来、联行往来时要遵守国际银行间往来的有关规定;办理信用证、托收、汇款等国际结算业务时,会受到来自国际商会的《跟单信用证统一惯例》(UCP600)、《跟单信用证业务指南》(UCP515)、《托收统一规则》(URC522)、《见索即付保函统一规则》(URDG758)、《2000年国际贸易术语解释通则》等国际惯例、通则的制约。

六、主要会计科目及核算内容

外汇业务核算涉及的主要会计科目及核算内容见表5-1。

表5-1 外汇业务会计科目及核算内容

	名称	主要核算内容	备注
资产类	短（中）期外汇贷款	核算银行发放的短期及中期外汇贷款的使用和收回	此类科目根据业务情况单独设置，也可以在“贷款”科目下设置明细科目核算
	进口押汇	核算进口方银行向进口商提供信用证项下或托收项下进口押汇的发放和收回	
	出口押汇	核算出口方银行向出口商提供信用证项下或托收项下出口押汇的发放和收回	
	打包贷款	核算出口方银行向出口商提供的，以信用证正本为抵押的出口前期融资性本币短期贷款的发放和收回	
	买方信贷外汇贷款①	核算出口国银行直接向买方或买方银行提供的贷款的发放和收回	
	应收出口托收款项	核算受客户或银行同业委托，代向付款人收取贸易或非贸易项下的款项	
	应收进口代收款项	核算代收银行收到进口代收单据，接受托收行委托代为向付款人收取的款项	
	应收信用证出口款项	核算出口商交来远（即）期信用证项下出口单证，经议付行议付寄单的款项	
	应收开出信用证	核算开证行接受开证申请人的申请而对外签发信用证的款项	
	应收承兑汇票款	核算进口商办理远期信用证项下进口业务，委托银行对外结算，汇票已经银行承兑的款项	
	存放境外同业	核算境内银行存放在境外账户行的外汇款项和往来业务。该科目可按国外代理行设置分户账	

① 总行设置“借入买方信贷款”科目核算。

续表

	名称	主要核算内容	备注
负债类	汇入汇款	核算汇入行的境外汇入汇款业务中待解付的汇入汇款增减变动情况。该科目可按收款客户设置明细账户	期末可并入“吸收存款”科目编制报表
	出口托收款项	核算受客户或银行同业委托，代向付款人收取贸易或非贸易项下的款项	与“应收出口托收款项”互为对转科目
	进口代收款项	核算代收银行收到进口代收单据，接受托收行委托代为向付款人收取的款项	与“应收进口代收款项”互为对转科目
	代收信用证出口款项	核算议付行议付远（即）期信用证项下出口单证的款项	与“应收信用证出口款项”互为对转科目
	开出信用证	核算开证行接受开证申请人的申请而对外签发信用证的款项	与“应收开出信用证”互为对转科目
	承兑汇票	核算银行收到寄来远期信用证项下进口单据远期汇票已经银行承兑的款项	与“应收承兑汇票款”互为对转科目
	存出保证金	核算金融企业因办理业务需要存出或交纳的各种保证金款项。本科目可按保证金的类别及存放单位或交易场所进行明细核算	
资产负债共同类	货币兑换	核算金融企业采用分账制核算外币交易所产生的不同币种之间的兑换。本科目可按币种进行明细核算	
损益类	汇兑损益	核算金融企业发生的外币交易因汇率变动而产生的汇兑损益	

第二节　外汇买卖业务的核算

一、外汇买卖业务的内容

银行的外汇买卖业务主要包括自营外汇买卖、代客外汇买卖和临柜业务中的结售汇等。

自营外汇买卖，是指银行根据国家外汇管理规定及自身外汇资金头寸管理和保值、增值的需要，以自身的外汇资金，通过境内外同业银行进行外汇头寸的转换，以期赚取差价利润的业务。

代客外汇买卖，是银行接受客户委托，代其在国际金融市场上或通过中国外汇交易中心或外汇调剂市场进行的外汇或本位币调剂买卖交易。

临柜业务则主要表现为结汇、售汇、结售汇项下外汇与本币平盘交易、外币兑换和套汇等形式。

（一）结汇

我国对经常项目下的外汇收入实行结汇制。境内企事业单位、机关和社会团体按国家外汇管理政策的规定，将各类外汇收入按银行挂牌汇率结售给银行。银行购入外汇，付给人民币。结汇有强制结汇、意愿结汇和限额结汇等多种形式。目前，我国主要实行的是强制结汇制，部分企业经批准实行限额结汇制，对境内居民个人实行意愿结汇制。

（二）售汇

境内企事业单位、机关和社会团体在经常项目下正常用汇时，可以持有效凭证，用人民币到银行办理兑付。

（三）结售汇项下外汇/本币平盘交易

这是银行为平盘结售汇敞口而进行的外币/记账本位币买卖交易。按照我国现行外汇管理制度，国家对银行的结算周转外汇实行比例管理，各银行结算周转外汇的比例由中国人民银行根据其资产和外汇结算业务量核定。各银行持有超过其高限比例的结算周转外汇时，必须出售给其他银行或中国人民银行；持有的结算周转外汇降低到低限比例以下时，应及时从其他银行或中国人民银行购入补足。

（四）外币兑换

外币兑换是指银行从个人手中买入外币付给人民币，或者收进人民币兑出外币。

（五）套汇

由于不同币种间没有直接的汇价，或者客户拥有的某种外汇与其支付所需要的币种不一样，所以可以要求银行套算兑换。

二、外汇汇率

外汇必须按一定的价格进行买卖，从而对不同货币进行折算。这个价格是外汇汇价，也叫外汇汇率。外汇汇率是用一种货币单位表示另一种货币单位的价格。

从银行买卖外汇的角度划分，汇率分为买入汇率、卖出汇率、中间汇率和现钞汇率；按外汇交易交割期限划分，有即期汇率和远期汇率；按对外汇管理的松严区分，有官方汇率和市场汇率。

外汇汇率有两种标价方法，即直接标价法和间接标价法。直接标价法是用外国货币表示本国货币；间接标价法是用本国货币表示外国货币。我国的外汇牌价采用直接标价法。

三、“货币兑换”科目使用说明

“货币兑换”科目是外汇分账制会计核算特有的科目，属于资产负债共同类科目，是联系外币账户和人民币账户的桥梁和纽带。

在填制会计凭证、编制会计分录、记载账务时，“货币兑换”科目下外币账户和人民币账户均应完整地加以反映。

在资产负债表日，各分账货币账户余额都要按期末汇率折算为人民币金额，与人民币账户项下的“货币兑换”科目余额相比较计算汇兑损益，结转利润科目。发生汇兑收益，借记本科目，贷记“汇兑损益”科目；发生亏损，借记“汇兑损益”科目，贷记本科目。

需要说明的是，“货币兑换”科目的分户账具有一定的特殊性，它把人民币和外币金额记在同一个账页上，账簿格式由买入、卖出、结余三栏组成，买入、卖出栏内又各由外币、汇价和人民币三栏组成。买入栏外币为贷方，人民币为借方；卖出栏外币为借方，人民币为贷方，结余栏则设借或贷外币、借或贷人民币两栏。其格式见表5-2。

表5-2　　××银行“货币兑换”科目账

货币：　　　　账户：

年		摘要	买入			卖出			结余			
			外币（贷）	汇价	人民币（借）	外币（借）	汇价	人民币（贷）	借/贷	外币	借/贷	人民币
月	日		（十亿位）		（十亿位）	（十亿位）		（十亿位）		（十亿位）		（十亿位）

买入外币（贷方）×汇价=人民币借方

卖出外币（借方）×汇价=人民币贷方

如果买入外币数大于卖出外币数，外币结余则以买入外币（贷）项数减去卖出外币（借）项数，余额为外币贷方结余数。人民币结余则将买入外币人民币（借）项数减去卖出外币人民币（贷）项数，余额为人民币借方结余数。结余额以外币与人民币同时反映。由于“货币兑换”科目凭证是多联套写凭证，外币联与人民币联内容相同，所以记账时凭“货币兑换”科目外币联凭证记账。

“货币兑换”科目的余额能够反映银行外汇资金头寸余缺状况。银行检查某一外汇资金余缺，只需看“货币兑换”科目余额在哪一方，如外币账户的余额在贷方，则表明该货币买入大于卖出，即为多头；如外币账户的余额在借方，则表明该外币卖出多于买入，即空头。银行对外汇资金头寸的掌握，直接影响其风险损失的规避。

四、外汇买卖业务的账务处理

（一）结售汇的核算

当买入外汇时，外币金额记入“货币兑换”科目的贷方，与原币有关科目对转，相应的人民币金额记入该科目的借方，与人民币有关科目对转。买入外汇（包括结汇及外币兑人民币业务）的基本账务处理如下：

借：××科目（外币）

　贷：货币兑换——汇（钞）买价（外币）

借：货币兑换——汇（钞）买价（人民币）

　贷：××科目（人民币）

【例5-1】某客户持200美元来银行兑换人民币现金。假设业务发生时，美元现钞买入价为USD100=¥675.25。会计分录为：

借：库存现金　　USD200

　贷：货币兑换——钞买价　　USD200

借：货币兑换——钞买价　　¥1 350.50

　贷：库存现金　　¥1 350.50

售汇业务即商业银行依据国家外汇管理的相关规定向客户卖出外汇。当卖出外汇时，外币金额记入“货币兑换”科目的借方，与原币有关科目对转，相应的人民币金额记入该科目的贷方，与人民币有关科目对转。卖出外汇（包括售汇及人民币兑外币业务）的基本账务处理如下：

借：××科目（人民币）

　贷：货币兑换——汇（钞）卖价（人民币）

借：货币兑换——汇（钞）卖价（外币）

　贷：××科目（外币）

【例5-2】W公司向开户银行购买100 000美元支付进口货款。假设业务发生时，美元汇卖价USD100=¥685.26。会计分录为：

借：吸收存款——W公司户　　¥685 260

　贷：货币兑换——汇卖价　　¥685 260

借：货币兑换——汇卖价　　USD100 000

贷：汇出汇款或有关科目　　　　　　　　　　　　　　　　　USD100 000

（二）套汇业务核算

由于我国银行没有挂出两种不同外币之间的直接比价，所以当两种外币进行兑换时，需要通过人民币来进行折算。套汇有两种具体情况：一是两种外币之间的套算，即一种外币兑换为另一种外币，必须通过人民币进行套汇，也就是先买入一种外币，按买入价折成人民币数额，再卖出另一种外币，把人民币数额按卖价折算为另一种外币；二是同种货币之间的套算，包括钞兑汇或汇兑钞，因为同一种外币体现在汇率上，现钞和现汇价值有差异，所以，也必须按套汇方法处理。

两种外币之间套算的基本账务处理如下：

借：××科目（A外币）

　贷：货币兑换——汇（钞）买价（A外币）

借：货币兑换——汇（钞）买价（人民币）

　贷：货币兑换——汇（钞）卖价（人民币）

借：货币兑换——汇（钞）卖价（B外币）

　贷：××科目（B外币）

【例5-3】X公司以其外汇美元存款申请汇往中国香港，以支付某客户货款港币250 000元。假设业务发生时，美元汇买价为USD100=¥682.45，港币汇卖价为HKD100=¥89.20。会计分录为：

借：吸收存款——外汇活期存款——X公司户　　USD32 676.39

　贷：货币兑换——汇买价　　　　　　　　　　　　USD32 676.39

借：货币兑换——汇买价　　　　　　　　　　¥223 000

　贷：货币兑换——汇卖价　　　　　　　　　　　　¥223 000

借：货币兑换——汇卖价　　　　　　　　　　HKD250 000

　贷：汇出汇款　　　　　　　　　　　　　　　　　HKD250 000

第三节　外汇存贷款业务的核算

一、外汇存款的核算

外汇存款是银行以信用方式吸收的国内外单位和个人在经济活动中暂时闲置的并能自由兑换或在国际上获得偿付的外汇资金。银行为适应外汇所有者的不同对象和需要，开办了单位外汇存款和个人外汇存款等性质不同的存款业务。

（一）单位外汇存款的核算

单位外汇存款也称甲种外汇存款。经国家外汇管理局核准开立外汇账户的企

（事）业法人和其他经济组织，当需要将境内资金汇出或将境外资金汇入境内或者办理其他存款和转账业务时，可持外汇管理局核准的《开立外汇账户批准书》等相关材料，到银行开立外汇账户后办理存款及转账等结算业务。单位外汇存款业务按账户性质分为经常项目外汇账户（外汇结算账户）和资本项目外汇账户（外汇资本金账户）。经常项目外汇账户是用于经常项目外汇收支或经国家外汇管理局批准的资本项目外汇支出的账户。资本项目外汇账户是用于资本项目外汇收支的账户，两者在账户管理上有所不同。外汇账户包括外汇现汇账户和外币现钞账户。所有存款对象只能开立外汇现汇账户，不得开立外币现钞账户。以现钞存入或支取外币现钞时，应按要求进行外汇买卖。

根据存款期限的不同，单位外汇存款分为外汇活期存款和外汇定期存款。为便于单位外汇存款业务的会计核算，可设置“外汇活期存款”和“外汇定期存款”科目（或在“吸收存款”总账科目下设置二级科目）。

1.存款存入的核算

（1）以外币现钞存入

单位外汇存款一般为现汇账户，存入时应按存入日的现钞买入价和同种货币现汇卖出价折算入账（属于同种货币之间的套算），会计分录为：

借：库存现金（外币）

　贷：货币兑换——钞买价（外币）

借：货币兑换——钞买价（人民币）

　贷：货币兑换——汇卖价（人民币）

借：货币兑换——汇卖价（外币）

　贷：吸收存款——外汇活（定）期存款——××户（外币）

（2）直接以国外收汇或国内转汇存入

- 如果存款单位以汇入的原币存入，则会计分录为：

借：汇入汇款或有关科目（外币）

　贷：吸收存款——外汇活（定）期存款——××户（外币）

- 如果汇入币种与存入币种不同，则按当天两种外汇汇价套汇入账，会计分录为：

借：汇入汇款或有关科目（A外币）

　贷：货币兑换——汇买价（A外币）

借：货币兑换——汇买价（人民币）

　贷：货币兑换——汇卖价（人民币）

借：货币兑换——汇卖价（B外币）

　贷：吸收存款——外汇活（定）期存款——××户（B外币）

●如果境内机构转汇存入，则会计分录为：

借：境内外币支付系统专用科目（外币）

贷：吸收存款——外汇活（定）期存款——××户（外币）

2. 支取的核算

（1）从现汇账户支取原币现钞时，按汇买价、钞卖价套汇后，支取原币现钞。会计分录为：

借：吸收存款——外汇活期存款——××户（A外币）

贷：货币兑换——汇买价（A外币）

借：货币兑换——汇买价（人民币）

贷：货币兑换——钞卖价（人民币）

借：货币兑换——钞卖价（A外币）

贷：库存现金（A外币）

（2）以原币汇往国外或国内异地时，直接办理，并按规定收费标准计收等值人民币手续费。会计分录为：

借：吸收存款——外汇活期存款——××户（外币）

贷：汇出汇款等有关科目（外币）

（3）以存款货币外的另一种货币支取，即当支取货币与原存款货币不同时，需按汇买价、汇卖价套汇后办理。会计分录为：

借：吸收存款——外汇活期存款——××户（A外币）

贷：货币兑换——汇买价（A外币）

借：货币兑换——汇买价（人民币）

贷：货币兑换——汇卖价（人民币）

借：货币兑换——汇卖价（B外币）

贷：汇出汇款等有关科目（B外币）

（二）个人外汇存款的核算

个人外汇存款是指银行为吸收境内外自然人的外汇资金而开办的一项外汇存款业务。

个人外汇存款业务按照存取方式分为外汇活期储蓄存款、外汇定期储蓄存款和个人通知存款。商业银行对外汇活期储蓄存款及外汇定期储蓄存款一般有起存额要求。外汇活期储蓄存款每年计付一次利息，计息日为每年的6月30日；外汇定期储蓄存款存期分1个月、3个月、6个月、1年和2年5种档次。

1. 存入的核算

（1）存款人将外币现钞存入外币现钞户，会计分录为：

借：库存现金（外币）

　贷：吸收存款——个人外汇活（定）期存款——××户（外币）

（2）存款人将境内、境外汇入的汇款或托收的外币票据收妥款存入现汇户，会计分录为：

借：存放境外同业或有关科目（外币）

　贷：汇入汇款（外币）

借：汇入汇款（外币）

　贷：吸收存款——个人外汇活（定）期存款——××户（外币）

2.支取的核算

（1）存款人从外汇活期储蓄存款现钞账户或现汇账户中支取外币现钞，会计分录为：

借：吸收存款——个人外汇活期存款——××户（外币）

　贷：库存现金（外币）

（2）存款人从外汇定期储蓄存款现钞账户或现汇账户中支取外币现钞时，计算应付存款利息，办理转账，会计分录为：

借：吸收存款——个人外汇定期存款——××户（外币）

　　应付利息（外币，已提取部分）

　　利息支出——储蓄存款利息支出户（外币，不足部分）

　贷：库存现金（外币）

3.汇出汇款的核算

办理现汇户的汇出汇款时，签发结算凭证，办理账务划转手续，同时计算外汇定期或活期储蓄利息，会计分录为：

借：吸收存款——个人外汇活（定）期存款——××户（外币）

（或）借：应付利息（利息支出）（外币）

　贷：汇出汇款（外币）

汇出行收到汇入行解付通知书后，应冲销“汇出汇款”科目卡片账，会计分录为：

借：汇出汇款（外币）

　贷：存放境外同业或有关科目（外币）

同时，按规定收取等值人民币邮电费、汇款手续费，会计分录为：

借：库存现金（人民币）

　贷：手续费及佣金收入——汇费收入户（人民币）

　　应交税费——应交增值税（销项税额）

　　业务及管理费——邮电费（人民币）

【例5-4】客户张红从其活期存款美元外汇账户支取2 000英镑的等值美元，申请用信汇方式汇往英国某大学交纳学费。客户按有关要求办妥汇款手续，交开户银行审核无误后，办理汇出汇款。假设当天美元汇买价为USD100=¥681.22，英镑汇卖价为GBP100=¥1 021.50。会计分录为：

借：吸收存款——个人外汇活期存款——张红　　USD2 999.03
　贷：货币兑换——汇买价　　USD2 999.03
借：货币兑换——汇买价　　¥20 430
　贷：货币兑换——汇卖价　　¥20 430
借：货币兑换——汇卖价　　GBP2 000
　贷：汇出汇款　　GBP2 000
借：库存现金　　¥20.43
　贷：手续费及佣金收入——汇费收入户（1‰）　　¥19.27
　　　应交税费——应交增值税（销项税额）　　¥1.16

二、外汇贷款的核算

外汇贷款也称外汇放款，是银行对借款人自主提供的，以外币为计价单位的，按双方约定的利率和期限还本付息的贷款。

外汇贷款除了具有银行其他信贷业务的一般特点外，还具有本身的特点：

1.借外汇还外汇，借什么货币还什么货币，收取原币利息，贷款使用的货币由借款人选择，汇率风险由借款人承担。

2.实行浮动利率，计收承担费，利率按伦敦银行同业拆放利率加上银行管理费用计算得出，并不定期公布。

3.借款单位必须具有合理、合法的外汇贷款用途，有相应的外汇收入或其他外汇来源。

4.贷款期限由提款期、宽限期和还款期组成。

5.一般不发生派生存款，贷款发放是从贷款账户直接对外支付，不存在贷款转存款后的对外支付，不会形成借款单位的派生性存款。

6.政策性强、涉及面广、工作要求高。

目前，外汇贷款种类较多，按照发放贷款的投向分，有境内外汇贷款和境外外汇贷款；按照还款期限分，有短期外汇贷款和中长期外汇贷款；按照外汇贷款资金的用途和性质分，有流动资金贷款和固定资金贷款；按照融资的目的分，有对外贸易贷款和出口信贷；按照外汇贷款发放条件分，有信用贷款、担保贷款和抵押贷款；按照外汇贷款利率形式分，有浮动利率贷款、固定利率贷款和优惠利率贷款；

按照外汇贷款资金的来源分，有现汇贷款、转贷贷款和项目贷款等。下面，我们将着重学习现汇贷款、贸易融资和买方信贷外汇贷款的会计核算。

（一）现汇贷款的核算

现汇贷款是指企业根据业务需要采用信用证、托收或汇款等结算方式，在国际市场上采购适用商品，向银行申请的额度内外汇贷款或单笔外汇贷款。贷款到期，借款单位以外汇收入或其他外汇来源偿还本息。现汇贷款的核算主要包括贷款发放、计收利息和到期偿还三个环节。在核算中主要通过“短（中）期外汇贷款”科目核算。

1. 现汇贷款的发放

（1）借款单位直接使用贷款对外支付货款，不派生存款，会计分录为：

借：短（中）期外汇贷款——××户（外币）

　贷：存放境外同业或有关科目（外币）

（2）借款单位以非贷款货币对外付汇，会计分录为：

借：短（中）期外汇贷款——××户（贷款外币）

　贷：货币兑换——汇买价（贷款外币）

借：货币兑换——汇买价（人民币）

　贷：货币兑换——汇卖价（人民币）

借：货币兑换——汇卖价（支付货币）

　贷：存放境外同业或有关科目（支付货币）

2. 现汇贷款的计息

外汇贷款的利率可以根据合同规定，采用浮动利率、固定利率和优惠利率。现汇贷款根据合同规定，按季或按月结息。结息时，应分别根据不同的贷款利率，算出结息期内共计应收利息，由银行填制“外汇贷款结息凭证”办理转账。对结息期计收的利息，应区别不同情况进行处理。

（1）以原币偿还贷款利息。借款单位以外汇存款（原币）偿还利息，会计分录为：

借：吸收存款——外汇活期存款——××户（外币）

　贷：利息收入——××贷款利息收入户（外币）

　　　应交税费——应交增值税（销项税额）

（2）将利息转为贷款本金。借款单位不以原币偿还贷款利息，可按与银行达成的协定，将利息转为贷款本金，会计分录为：

借：短（中）期外汇贷款——××户（外币）

　贷：利息收入——××贷款利息收入户（外币）

　　　应交税费——应交增值税（销项税额）

3.现汇贷款本金的偿还

（1）借款单位用外汇存款偿还贷款本金，会计分录为：

借：吸收存款——外汇活期存款——××户（外币）

　贷：短（中）期外汇贷款——××户（外币）

（2）借款单位经批准用人民币购买外汇偿还贷款本金，会计分录为：

借：吸收存款——××户（人民币）

　贷：货币兑换——汇卖价（人民币）

借：货币兑换——汇卖价（外币）

　贷：短（中）期外汇贷款——××户（外币）

（3）借款单位用非原贷款货币的外汇存款偿还，会计分录为：

借：吸收存款——外汇活期存款——××户（还款外币）

　贷：货币兑换——汇买价（还款外币）

借：货币兑换——汇买价（人民币）

　贷：货币兑换——汇卖价（人民币）

借：货币兑换——汇卖价（贷款外币）

　贷：短（中）期外汇贷款——××户（贷款外币）

（二）贸易融资的核算

贸易融资是指银行结合进出口贸易结算业务，对进口商、出口商和中间商提供融通资金的便利，是外贸、外贸结算和资金融通三者的有机结合。针对进出口贸易结算的不同阶段和环节，银行提供的贸易融资主要包括：进口押汇、票据贴现、出口押汇、打包贷款和福费廷业务。

1.进口押汇

进口押汇是指进口商以进口货物的物权作抵押，向银行申请的短期资金融通。根据结算方式的不同，进口押汇可分为信用证项下进口押汇和托收项下进口押汇两种。

进口押汇是企业以物权作抵押向银行申请的短期周转资金融通。因此，银行必须按信贷资产风险管理原则实施风险控制，有关贷款金额应控制在进口押汇总授信额度之内，并要求借款人所提供的单据做到单单、单证相符。

无论信用证项下还是托收项下银行提供的进口押汇，均是在银行收到有关单据后，根据进口商的押汇申请，先行垫款对外支付，转而向进口商办理付款赎单手续，收回贷款，释放单据的过程。因此，进口押汇的会计核算主要包括承做进口押汇和偿还押汇本息两个环节。在核算中主要通过“进口押汇”科目反映（或在“贷款”科目下设置“进口押汇”二级科目）。

（1）承做进口押汇的核算

进口商申请进口押汇时，必须填制进口押汇申请书，并提供信托收据、贸易合同和其他有关资料。经银行审核同意，办理进口押汇，对外付款手续。会计分录为：

借：进口押汇——××户（外币）

　贷：存放境外同业或有关科目（外币）

（2）偿还押汇本息的核算

进口商向银行偿还进口押汇本息，赎取单据时，银行应抽出保管的有关凭证，并冲销卡片账，计算并扣除自进口押汇日起至进口商赎单还款日止的利息。会计分录为：

借：吸收存款——外汇活期存款——××户（外币）

　贷：进口押汇——××户（外币）

　　利息收入——押汇利息收入户（外币）

　　应交税费——应交增值税（销项税额）

进口押汇利息=押汇金额×押汇天数×日利率

2.票据贴现

票据贴现是指远期票据经承兑后，在到期日前，由银行从票面金额中扣减贴现利息后，将余款支付给持票人的一种融资方式。

一般银行只承做银行承兑汇票的贴现业务。在办理银行承兑汇票的贴现时，应认真审核票据的真实性、流通性和法律依据。贴现利率可采用优惠贷款利率。

（1）贴入票据的核算

持票人申请贴现时，应填制贴现申请书，并提供开证行、保兑行或付款行承兑的远期汇票，经银行审核无误同意后，计算贴息并办理贴现。会计分录为：

借：贴现资产——××户（外币）

　贷：吸收存款——外汇活期存款——××户（外币）

　　利息收入——贴现利息收入户（外币）

　　应交税费——应交增值税（销项税额）

（2）承兑票据的核算

承兑到期收回贴现票款，会计分录为：

借：存放境外同业或有关科目（外币）

　贷：贴现资产——××户（外币）

3.出口押汇

出口押汇是指出口商将全套出口单据提交议付行，由该行买入单据并按票面金额扣除自议付日到预计收汇日止的利息及有关手续费，将净款预先付给出口商的一种出口融资方式。根据结算方式的不同，出口押汇可分为信用证项下出口押汇及托收项下出口押汇。

出口押汇是银行预先垫款买入一笔尚未收妥的外汇，有一定的收汇风险。因此，应确保押汇项下单据做到单证、单单完全相符；进口商信誉良好，开证行、付款行资信良好，且所处国家政局、经济稳定，外汇充裕；收汇条件合理，不受限制。

出口押汇主要包括承做出口押汇和收回押汇垫款两个环节的核算。在核算中通过“出口押汇”科目反映（或在“贷款”科目下设置“出口押汇”二级科目）。

（1）承做出口押汇的核算

银行在承做出口押汇时，出口单位需填制“出口押汇申请书”，并与押汇银行签订“出口押汇总质权书”，明确双方的权利和义务。银行经审核同意后，从押汇之日起加上开证行或付款行合理的工作日，加邮程时间，加票据期限，计算押汇垫款利息，办理出口押汇手续。会计分录为：

借：出口押汇——××户（外币）

　贷：利息收入——押汇利息收入户（外币）

　　　应交税费——应交增值税（销项税额）

　　　货币兑换——汇买价（外币）

借：货币兑换——汇买价（人民币）

　贷：吸收存款——××户（人民币）

出口押汇的利率，按同档次流动资金贷款利率执行。

出口押汇利息=票面金额×估计收到票款所需日数×年利率÷360

出口押汇贷款的实际入账金额=票据金额-押汇利息-预扣国外银行费用-本行费用

（2）收款偿还押汇的核算

押汇银行收到海外联行或代理行寄来的贷方报单时，要考核押汇时间是否合理，然后收回出口押汇款项。会计分录为：

借：存放境外同业或有关科目（外币）

　贷：手续费及佣金收入——国外银行费用收入户（外币）

　　　应交税费——应交增值税（销项税额）

　　　出口押汇——××户（外币）

【例5-5】Y进出口公司1月4日把即期信用证项下全套单据（金额USD50 000），连同押汇申请书交某银行，经审核单据符合押汇要求，该银行当天即按6.5%利率扣收15天的利息，并将余额按当日美元挂牌汇买价USD100=¥680.84折合人民币后，收入该公司人民币存款户。1月20日，该银行收到国外代理行（开证行）的贷记通知，金额USD50 100（其中USD100为银行费用），经审核无误后办理转账。

①1月4日，承做出口押汇，会计分录为：

押汇利息=50 000美元×15天×6.5%÷360=135.42（美元）

借：出口押汇——Y公司户　　USD50 000

　贷：利息收入——押汇利息收入户　　USD127.75

　　应交税费——应交增值税（销项税额）　　USD7.67

　　货币兑换——汇买价　　USD49 864.58

借：货币兑换——汇买价　　¥339 498.01

　贷：吸收存款——Y公司户　　¥339 498.01

②1月20日，收到贷记通知，会计分录为：

借：存放境外同业或有关科目——某国外代理行户　　USD50 100

　贷：手续费及佣金收入——国外银行费用收入户　　USD94.34

　　应交税费——应交增值税（销项税额）　　USD5.66

　　出口押汇——Y公司户　　USD50 000

4.打包贷款

打包贷款是指信用证的受益人受证后，如果缺乏本币资金备货，则可凭正本信用证按规定手续向当地银行申请做一种融资性的出口前期短期贷款。该贷款只是用以缓解受益人在备货期间资金不足的临时困难。

为了加强对打包贷款的管理，减少贷款风险，银行应对申请人的资信和经营、与银行业务往来、该笔出口业务的备货等情况及贷款的偿还能力进行认真审查；贷款限期可从贷款之日起至该信用证项下货款收妥或办理出口押汇日止，一般不超过4个月。贷款利率按照本币同档次流动资金贷款利率执行，贷款到期不展期，贷款逾期按规定加收逾期利息。

对打包贷款可通过“打包贷款”科目核算（或在“贷款”科目下设置“打包贷款”二级科目）。

（1）打包贷款发放的核算

申请打包贷款的单位必须向银行提交打包贷款申请书、外贸合同及国外银行开来的信用证正本等有关文件，与银行签订打包贷款合同，经银行核准，发放贷款并收入当事人有关账户。会计分录为：

借：打包贷款——××户（人民币）

　贷：吸收存款——××户（人民币）

（2）打包贷款本息偿还的核算

偿还打包贷款本息时，银行原则上从打包贷款受益人的出口议付货款中主动扣还，也可以受益人存款归还，应视还款的具体情况做不同的账务处理。

- 以出口押汇归还打包贷款本息，会计分录为：

借：出口押汇——××户（外币）
　贷：货币兑换——汇买价（外币）
借：货币兑换——汇买价（人民币）
　贷：打包贷款——××户（人民币）
　　　利息收入——××贷款利息收入户（人民币）
　　　应交税费——应交增值税（销项税额）
　　　吸收存款——××户（人民币，剩余部分）

- 以收妥结汇款归还打包贷款本息，会计分录为：

借：存放境外同业或有关科目（外币）
　贷：货币兑换——汇买价（外币）
借：货币兑换——汇买价（人民币）
　贷：打包贷款——××户（人民币）
　　　利息收入——××贷款利息收入户（人民币）
　　　应交税费——应交增值税（销项税额）
　　　吸收存款——××户（人民币，剩余部分）

- 以人民币存款归还打包贷款本息，会计分录为：

借：吸收存款——××户（人民币）
　贷：打包贷款——××户（人民币）
　　　利息收入——××贷款利息收入户（人民币）
　　　应交税费——应交增值税（销项税额）

5. 福费廷业务

福费廷业务（Forfaiting）是指银行或其他金融机构从债权人（通常为出口商）那里购买因商品或劳务产生的应收账款或其他形式的债权的贸易融资方式，也称买断业务或票据包买。区别于出口押汇，福费廷业务的主要特点是无追索权，即银行购买债权后，无论后续发生何种情况，银行对出口商均不再具有追索权。福费廷业务为参与国际贸易的企业提供了不占用银行授信额度的资金融通方式，同时帮助出口企业规避了远期收款可能产生的国家风险、买方信用风险、利率风险和汇率风险等。

福费廷业务包括自营福费廷包买、二级市场福费廷包买、自营福费廷转卖和二级市场福费廷转卖业务。

根据管理福费廷的业务模式以及福费廷业务的合同现金流量特征，福费廷业务应分类为以公允价值计量且其变动计入其他综合收益的金融资产。

福费廷业务会计核算包括放款、摊销预收利息（即买断利息）、确认公允价值变动、到期还款、预收款多退少补、减值计提和减值形态转移等（转卖业务略）。

（1）放款的核算

①在卖方付息的情况下，放款时应按合同规定的贷款金额确认本金，预收利息计入利息调整，会计分录为：

借：贸易融资——以公允价值计量且变动计入其他综合收益的自营福费廷等——本金

　贷：贸易融资——以公允价值计量且变动计入其他综合收益的自营福费廷等——利息调整

　　其他应付款——信贷业务款项（实际应付金额）

　　贸易融资业务收入——福费廷手续费收入

　　其他应付款——预收福费廷业务款项

向卖方付款时，会计分录为：

借：其他应付款——信贷业务款项专户

　贷：跨行清算资金往来（或其他有关科目）

②在自营福费廷买方付息的情况下，会计核算分为以下步骤：

• 收到付息资金时，会计分录为：

借：跨行清算资金往来

或借：吸收存款——××户

　贷：其他应付款——信贷业务款项

• 确认自营福费廷资产时，会计分录为：

借：贸易融资——以公允价值计量且变动计入其他综合收益的自营福费廷等——本金

　其他应付款——信贷业务款项（付息金额）

　贷：贸易融资——以公允价值计量且变动计入其他综合收益的自营福费廷——利息调整

　　其他应付款——信贷业务款项（支付给卖方金额）

　　贸易融资业务收入——福费廷手续费收入

　　其他应付款——预收福费廷业务款项

• 向卖方付款时，会计分录为：

借：其他应付款——信贷业务款项专户

　贷：跨行清算资金往来（或其他有关科目）

（2）按期摊销预收利息的核算

按期摊销预收利息，计入贷款利息收入时，会计分录为：

借：贸易融资——以公允价值计量且变动计入其他综合收益的自营福费廷等——利息调整

　贷：利息收入——贸易融资利息收入——以公允价值计量且其变动计入其他综合收益的自营福费廷等

（3）对在资产负债表日确认的公允价值进行核算

在资产负债表日确认的公允价值变动，应计入其他综合收益。

● 当公允价值大于账面金额时，会计分录为：

借：贸易融资——以公允价值计量且其变动计入其他综合收益的自营福费廷等——公允价值变动

　贷：其他综合收益——以公允价值计量且其变动计入其他综合收益的金融资产公允价值变动——贸易融资

● 当公允价值小于账面金额时，做相反分录。

（4）减值的核算

在资产负债表日，应根据实际情况，对福费廷资产计提减值。

①首次计提贷款减值准备，会计分录为：

借：资产减值损失——以公允价值计量且其变动计入其他综合收益的贸易融资损失准备

　贷：其他综合收益——以公允价值计量且其变动计入其他综合收益的单位贷款损失准备——自营福费廷损失准备等

②后续计提贷款减值准备。

如果当月计算出的应计提减值准备金额大于已经计提的减值准备余额，则补计提减值准备，会计分录同上。如果当月的应计提减值准备金额小于已经计提的减值准备，则冲回多计提的减值准备，做相反分录。

（5）到期还款的核算

①承兑行还款后，预收款与还款金额合计少于本息合计的，需向卖出行补收差额。

● 承兑行还款时，会计分录为：

借：跨行清算资金往来（或其他有关科目）

　贷：其他应付款——信贷业务款项

●冲减资产本息时，需将未摊销的利息调整确认为利息收入，按还款金额冲销资产本金，会计分录为：

借：贸易融资——以公允价值计量且变动计入其他综合收益的自营福费廷等——利息调整

其他应付款——信贷业务款项

——预收福费廷业务款项

贷：利息收入——贸易融资利息收入——以公允价值计量且其变动计入其他综合收益的自营福费廷等

贸易融资——以公允价值计量且变动计入其他综合收益的自营福费廷等——本金

向卖出行收取差额后，冲减剩余本息。

●卖出行付款时，会计分录为：

借：跨行清算资金往来

贷：其他应付款——信贷业务款项

●冲减剩余资产本息时，会计分录为：

借：其他应付款——信贷业务款项

贷：贸易融资——以公允价值计量且变动计入其他综合收益的自营福费廷等——本金

②承兑行还款后，预收款与还款金额合计大于本息合计的，需要向卖出行退回差额。

●承兑行还款和冲减资产本息时，其会计分录同到期还款的会计分录。

●退货多收款项时，会计分录为：

借：其他应付款——预收福费廷业务款项

贷：其他应付款——信贷业务款项

借：其他应付款——信贷业务款项

贷：跨行清算资金往来（或其他有关科目）

③将已计提减值准备冲回

借：其他综合收益——以公允价值计量且其变动计入其他综合收益的单位贷款损失准备——自营福费廷损失准备等

贷：资产减值损失——以公允价值计量且其变动计入其他综合收益的贸易融资损失准备

（三）买方信贷外汇贷款的核算

买方信贷是出口国银行直接向买方或买方银行提供的贷款，用于向出口国购买技术和设备，解决买方一时筹集巨额资金的困难。买方信贷分为出口买方信贷和进口买方信贷。目前我国银行办理的主要是进口买方信贷，即从出口国银行取得并按需要转贷给国内借款单位使用的信贷。进口买方信贷是我国利用外资的重要形式。

买方信贷应包括对外签订协议、支付定金、使用贷款和收回贷款本息四个环节的内容。核算时，分行通过“买方信贷外汇贷款”科目反映，总行通过“借入买方信贷款”科目反映（或分别在“贷款”科目下设置有关二级科目）。

1.对外签订协议

总行根据国家的有关法规、政策与计划，统一对外谈判，签订买方信贷总协议，并通知各分行和有关部门，总协议下每个项目的具体信贷协议，或按贸易合同逐笔申请的贷款，由总行对外谈判签订，或由总行授权分行谈判签订。分行协议签订后，均由总行使用“买方信贷用款限额”表外科目核算，并登记“买方信贷用款限额登记簿”。表外会计分录为：

收：买方信贷用款限额（外币）

在使用贷款时，按使用金额随时逐笔转销此表外科目。会计分录为：

付：买方信贷用款限额（外币）

2.支付定金

根据买方信贷运作的惯例，使用买方信贷外汇贷款前，一般要先付一定比例的定金。

（1）购汇支付。借款单位以人民币购买外汇支付定金。会计分录为：

借：吸收存款——××户（人民币）

　贷：货币兑换——汇卖价（人民币）

借：货币兑换——汇卖价（外币）

　贷：存放境外同业或有关科目（外币）

（2）申做现汇贷款支付。借款单位向银行申请现汇贷款支付定金。会计分录为：

借：短期外汇贷款——××户（外币）

　贷：存放境外同业或有关科目（外币）

3.使用贷款

支用买方信贷对外付款有两种情况：

（1）进口单位无现汇，须取得买方信贷外汇贷款，到期时由进口单位偿还贷款本息。

- 若进口单位与总行在同地，则由总行直接发放贷款。会计分录为：

借：买方信贷外汇贷款——××户（外币）

贷：借入买方信贷款——××户（外币）

同时，冲销表外科目用款限额。

●若进口单位与总行在异地，则由辖属分行发放外汇贷款。会计分录为：

借：买方信贷外汇贷款——××户（外币）

贷：境内外币支付系统专用科目（外币）

●总行收到其辖属分行发来的报单后进行账务处理。会计分录为：

借：境内外币支付系统专用科目（外币）

贷：借入买方信贷款——××户（外币）

同时，冲销表外科目用款限额。

（2）进口单位有现汇，按正常手续向银行办理结汇，银行按规定收取结汇手续费，则由银行承担买方信贷资金，并承担买方信贷项下的利息。

●由总行办理结汇。会计分录为：

借：吸收存款——××户（人民币）

贷：货币兑换——汇卖价（人民币）

借：货币兑换——汇卖价（外币）

贷：借入买方信贷款——××户（外币）

同时，冲销表外科目用款限额。

●由当地分行办理结汇。会计分录为：

借：吸收存款——××户（人民币）

贷：货币兑换——汇卖价（人民币）

借：货币兑换——汇卖价（外币）

贷：境内外币支付系统专用科目（外币）

●总行收到辖属分行发来的报单后进行账务处理。会计分录为：

借：境内外币支付系统专用科目（外币）

贷：借入买方信贷款——××户（外币）

同时，冲销表外科目用款限额。

4.收回贷款本息

贷款到期，由银行按照借款契约规定计算借款利息，并如期收回贷款本息。

（1）总行偿还本息

●总行偿还国外借款利息，会计分录为：

借：利息支出——买方信贷外汇贷款利息支出户（外币）

贷：存放境外同业或有关科目（外币）

●总行偿还本金，会计分录为：

借：借入买方信贷款——××户（外币）

　贷：存放境外同业或有关科目（外币）

（2）借款单位偿还本息的核算

●若进口单位取得了买方信贷外汇贷款，则在贷款到期时，银行应按时向借款单位收回本息。借款单位在总行开户，以人民币结汇偿还本息。会计分录为：

借：吸收存款——××户（人民币）

　贷：货币兑换——汇卖价（人民币）

借：货币兑换——汇卖价（外币）

　贷：买方信贷外汇贷款——××户（外币）

　　利息收入——买方信贷外汇贷款利息收入户（外币）

　　应交税费——应交增值税（销项税额）

借款单位以外汇偿还。会计分录为：

借：吸收存款——外汇活期存款——××户（外币）

　贷：买方信贷外汇贷款——××户（外币）

　　利息收入——买方信贷外汇贷款利息收入户（外币）

　　应交税费——应交增值税（销项税额）

●如果借款单位在分行开户，则通过境内外币支付系统专用科目进行核算。

第四节　国际结算业务的核算

一、国际汇兑业务的核算

国际汇兑是银行利用汇票和其他信用工具，通过联行或同业相互间款项的划拨代替现金运送，以清算处理在不同国家或地区间的买卖双方债权债务或款项授受的一种结算方式，也是完成国际结算的主要方式。

常见的国际汇兑结算方法有以下两种：

一是汇出法，也称顺汇。它是由汇款人通过银行将款项汇给国外收款人或债权人以清偿债务的方式，在银行业务中表现为汇款方式，多用于非贸易收支结算。

二是出票法，也称逆汇。它是由收款人向汇款人签发汇票，委托银行代为收款的结算方式，在银行业务中多表现为托收方式和信用证方式，并常用于贸易收支结算。我们将围绕汇款方式进行介绍。

汇款方式按款项授受来划分，主要可分为汇出国外汇款和国外汇入汇款两种。

银行办理汇出国外汇款业务，一律通过“汇出汇款”科目核算；办理汇入汇款业务，通过“汇入汇款”科目核算；签发旅行信用证，通过“开出旅行信用证”科目核算。汇款结算程序如图5-1所示。

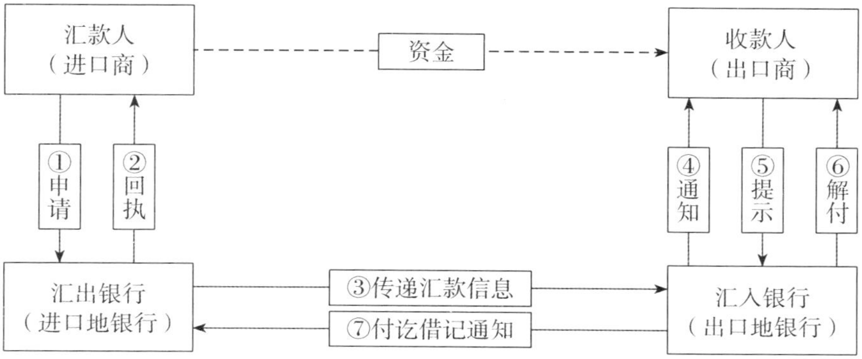

图5-1　汇款结算程序图

（一）汇出国外汇款的核算

汇出国外汇款，是银行接受汇款人的委托，以电汇、信汇和票汇的方式，将款项汇往国外收款人开户行的汇款方式。接受汇款人委托、汇出款项的银行称为汇出行。汇出国外汇款，通常有电汇、信汇、票汇、旅行信用证和旅行支票等五种形式。

1.受理汇出汇款

汇款人要求汇款时，应向银行提出申请，填制汇款申请书，并在申请汇款时，须按有关汇出汇款的管理规定提供相关部门核准件。经银行审核后，结合不同的汇款方式，计算业务手续费，填制不同的汇款凭证，办理汇出汇款手续。

（1）汇款人若以现汇存款办理汇出，则会计分录为：

借：吸收存款——外汇活期存款——××户（外币）

　贷：汇出汇款（外币）

借：库存现金

（或）吸收存款——××户（人民币）

　贷：手续费及佣金收入——汇费收入户（人民币）

　　　应交税费——应交增值税（销项税额）

若汇款人要求汇出款项的货币与现汇存款货币不同，则须按汇买价、汇卖价套汇后办理。

（2）汇款人若以人民币购汇汇出，则会计分录为：

借：吸收存款——××户（人民币）

贷：手续费及佣金收入——汇费收入户（人民币）

应交税费——应交增值税（销项税额）

货币兑换——汇卖价（人民币）

借：货币兑换——汇卖价（外币）

贷：汇出汇款（外币）

2.汇款解付

国外银行解付汇款后，将已解付汇款的借记报单寄回汇出行。汇出行在接到国外联行或代理行的借记报单时，即凭报单销账。会计分录为：

借：汇出汇款（外币）

贷：存放境外同业或有关科目（外币）

【例5-6】M公司通过银行信汇付给美国某公司交易尾款1 000美元，汇费费率为1‰（最低20元起收）。假设当天美元汇卖价为USD100=¥684.15。一周后，银行收到国外某代理行付讫借方报单，办理转账。会计分录为：

借：吸收存款——M公司　¥6 861.50

贷：手续费及佣金收入——汇费收入户　¥18.87

应交税费——应交增值税（销项税额）　¥1.13

货币兑换——汇卖价　¥6 841.50

借：货币兑换——汇卖价　USD1 000

贷：汇出汇款　USD1 000

一周后银行办理转账处理。会计分录为：

借：汇出汇款　USD1 000

贷：存放境外同业或有关科目——××代理行户　USD1 000

对开出旅行信用证事项可以通过“开出旅行信用证”科目核算，会计分录可参照汇出国外汇款办理，只需要将“汇出汇款”科目改为“开出旅行信用证”科目。

（二）国外汇入汇款的核算

国外汇入汇款是银行根据与国外联行、代理行约定，凭国外联行、代理行发出的电报或信汇委托书代为解付的汇款。

1.收到汇款资金头寸

汇入行收到国外汇出行的汇款资金头寸时，应区分以下两种情况进行处理：

（1）汇款资金头寸由汇入行直接入账反映

若汇入行与国外汇出行直接开立账户或汇入行实行集中开户分散记账的做法，则收到汇款资金头寸时，直接入账反映。会计分录为：

借：存放境外同业或有关科目（外币）

贷：汇入汇款（外币）

（2）汇款资金头寸由汇入行上划总行入账反映

若汇入行不实行集中开户分散记账的做法或国外汇出行在总行开立现汇账户，则汇入行收到汇款头寸时，应通过境内外币支付系统专用科目，随附存放境外同业等报单划总行，由总行入账反映。会计分录为：

借：境内外币支付系统专用科目（外币）

贷：汇入汇款（外币）

总行收到上划报单，会计分录为：

借：存放境外同业或有关科目（外币）

贷：境内外币支付系统专用科目（外币）

2.解付汇款

解付汇款时，通过“货币兑换”科目办理结汇。会计分录为：

借：汇入汇款（外币）

贷：货币兑换——汇买价（外币）

借：货币兑换——汇买价（人民币）

贷：吸收存款——××户（人民币）

若汇款直接以外币转入有关单位或个人的外汇存款账户，则会计分录为：

借：汇入汇款（外币）

贷：吸收存款——外汇活期存款——××户（外币）

若汇入款项的货币与收款人现汇存款货币不同，则须按汇买价、汇卖价套汇后办理。

【例5-7】某银行收到美国波士顿花旗银行代F航运公司电汇我国C外轮代理公司的港口费用USD18 000，授权借记该行在我总行开立的账户，款项解付入收款人现汇存款账户。

①经办行收到汇款通知，会计分录为：

借：境内外币支付系统专用科目　　USD18 000

贷：汇入汇款　　USD18 000

总行收到上划报单，会计分录为：

借：境内外币支付系统专用科目　　USD18 000

贷：境外同业存款——美国波士顿银行户　　USD18 000

②汇款解付，入收款人现汇存款账户，会计分录为：

借：汇入汇款　　USD18 000

贷：吸收存款——外汇活期存款——C外轮代理公司户　　USD18 000

银行收到汇款行寄来的以本行为付款行的票汇通知书后，经核对印鉴、密押及各项内容无误后，即先凭以转入“汇入汇款”科目，待持票人来行兑取。当持票人持已背书的汇票来行取款时，银行经验对，印鉴密押、有效期、付款金额各项内容无误，并与票汇通知书核对相符后，办理结汇。

二、托收结算业务的核算

托收结算方式是由卖方开立汇票，委托出口地银行通过在国外的联行或代理行，向买方收取货款和劳务费用的一种结算方式。托收是建立在商业信用基础上的一种结算方式，其基本特征是“收妥付汇，实收实付”。

目前，托收主要有光票托收和跟单托收两种。光票托收是卖方仅开立汇票而不附带任何货运单据，委托银行收取款项的一种托收，主要用于非贸易结算。跟单托收是由卖方开立跟单汇票（即汇票连同一套货运单据）交给银行，委托银行代为收款的托收方式，主要用于贸易货款的结算。

托收的结算程序一般包括出口商发货交单，出口地银行寄单托收，进口地银行提示单据，进口商承付或承兑，进口地银行付款或承兑交单后偿付，出口地银行收妥结汇等内容。跟单托收结算程序如图5-2所示。

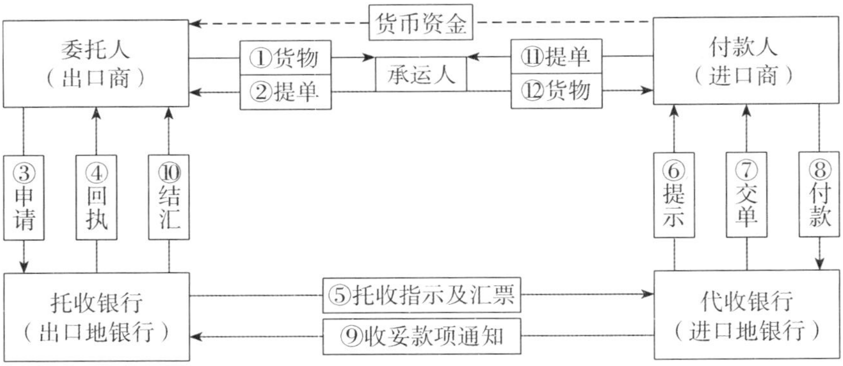

图5-2　跟单托收结算程序图

（一）出口托收业务的核算

出口跟单托收结算方式，是出口商根据买卖双方签订的贸易合同规定，在货物运出后，将有关货运单据和以进口商为付款人的汇票交给银行，由银行委托国外银行向进口商收取货款的一种结算方式。因出口托收不经国外银行开来信用证，没有信用证及银行信用作付款保证，故又称“无证托收”。

1.交单的处理

出口商委托银行代收货款时，应备妥出口托收单据，填具“无证出口托收申请书”，连同出口单据一并送交银行办理托收。在托收申请书上应由申请人注明收款方式、交单条件和其他有关收款事项。银行审单后，根据申请书的要求，填制“出口托收委托书”，注明货款收妥后的处理办法，连同有关单据寄交国外代收银行委托收款。

银行在寄出托收委托书及有关单据时，为表示代表物权的单据已经寄出，而货款尚未收妥，对进出口各方的权责关系应通过“应收出口托收款项”和“出口托收款项”对转科目进行核算。会计分录为：

借：应收出口托收款项（外币）

　贷：出口托收款项（外币）

2.收妥结汇

出口托收款项一律实行收妥结汇。国内托收银行接到国外代收银行收妥货款的报单或授权通知书后，与出口单位办理结汇。会计分录为：

借：出口托收款项（外币）

　贷：应收出口托收款项（外币）

借：存放境外同业或有关科目（外币）

　贷：货币兑换——汇卖价（外币）

借：货币兑换——汇卖价（人民币）

　贷：吸收存款——××户（人民币）

如果出口托收遇到国外拒付，则应核销上述对转科目。

（二）进口代收业务的核算

进口代收结算方式是指国外出口商根据贸易合同规定，不通过开立信用证，在货物发运后委托出口地银行寄单，通过进口地银行向进口商收取货款的一种结算方式。

1.国外寄来进口代收单据的处理

银行收到国外寄来的进口代收单据后，应将单据编列顺序号，并缮制“进口代收单据通知书”，将汇票和单据连同进口代收通知书送进口商审核，请其确认付款。同时，填制有关凭证，进行账务处理。会计分录为：

借：应收进口代收款项（外币）

　贷：进口代收款项（外币）

如进口商不同意承付，则应提出拒付理由书，连同单据退还银行，由银行转告国外委托行。如进口商提出部分拒付，则在取得国外委托行同意后，应按实际付款金额办理付款手续，并按部分付款的金额进行相应的转账。拒付时也应转销对转科目。

2.进口单位确认付款

进口商审核同意承付后，将承付确认书交给银行，通知银行办理结汇并对外付款。远期汇票经进口商承兑后将已承兑汇票到期日通知国外委托行，待汇票到期日按即期付款手续处理。会计分录为：

借：吸收存款——××户（人民币）

　贷：货币兑换——汇卖价（人民币）

借：货币兑换——汇卖价（外币）

　贷：存放境外同业或有关科目（外币）

同时，转销对转科目。会计分录为：

借：进口代收款项（外币）

　贷：应收进口代收款项（外币）

按照国际惯例，代收行应按规定费率计收进口代收手续费，此项费用若按规定由进口商负担，则当然要向进口商计收；如托收委托书上没有明确由谁负担，则从收妥的进口代收款项中扣收等值外汇。出口商如有异议，则由交易双方直接交涉，代收行不必过问。

进口代收款项收妥后，须按托收委托书上规定的付款办法及付汇路线划给托收行。

三、信用证结算业务的核算

信用证是开证银行根据开证申请人（进口商）的要求和指示向受益人（出口商）开立一定金额、在一定期限内凭议付行寄来的规定单据付款或承兑汇票的书面承诺，也是银行有条件保证付款的凭信。信用证结算方式是当前国际贸易结算的主要方式。

信用证的特点是以银行信用保证代替商业信用保证，即开证银行以自己的信用作付款保证，承担第一性的、首要的付款责任。信用证是一项独立的保证文件，它虽以买卖双方交易合同为基础，但又不依附于交易合同，开证银行只对信用证负责。信用证业务处理的是代表货物所有权或证明货物已发运的单据，而非货物，故信用证交易把合同的货物交易转变为只管单证是否相符的单据交易。银行对于信用证项下不能控制的一切事故免责，信用证主要是起保证作用和资金融通作用。

信用证的结算程序一般包括进口商申请开证，进口地银行开证，出口地银行通知信用证，出口商装货备单，出口地银行议付、索汇，进口商赎单提货等环节。跟单信用证结算程序如图5-3所示。

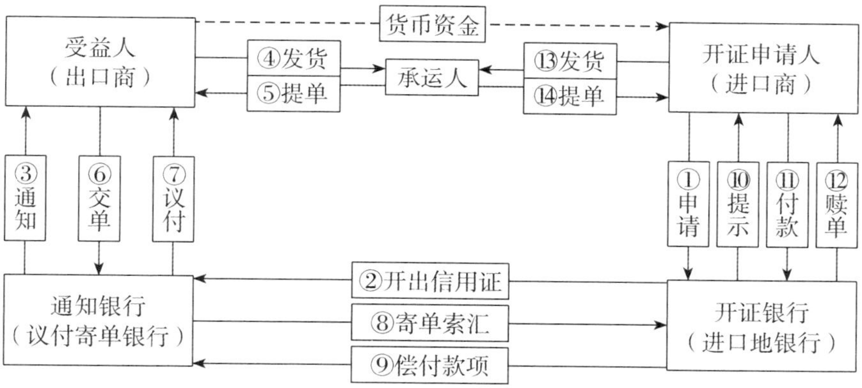

图5-3　跟单信用证结算程序图

（一）信用证项下出口业务的核算

出口信用证结算是出口商根据国外进口商通过国外银行开来的信用证，按照合同条款规定，将出口单据送交国内银行，由银行办理审单议付，在向国外银行收取外汇后，对出口商办理结汇的一种结算方式。出口信用证结算方式的会计处理手续主要包括信用证的受理与通知、交单议付和出口收结汇等环节。

1.信用证的受理与通知

银行接到国外开来的信用证时，首先应对开证银行的资信、资金实力、进口商的偿付能力和保证条款等进行全面审查，并明确表示信用证能否接受或如何修改。对有关贸易条款方面的问题由出口单位根据合同审查，如需修改，则由出口单位与进口商联系。

信用证经审核无误后，即编制信用证通知流水号，并将信用证正本及时通知出口商，以便其备货出运。同时，根据信用证副本缮制“国外开来保证凭信”记录卡，并依据各联不同的作用分别处理。该过程虽未发生资金收付，但已在银行与进出口商之间形成了一种潜在的权责关系，为明确责任，应进行表外科目记录，会计分录为：

收：国外开来保证凭信（外币）

银行办理信用证通知后，应将信用证副本及“国外开来保证凭信”记录卡留底联归档严格保管，以后有关修改和使用情况，均需随时记录，以便查考。

“国外开来保证凭信”表外科目，是用以核算境外联行及国外代理行开来委托国内银行代为通知各信用证受益人的保证凭信。该科目余额反映了一定时期银行经办出口结算业务的具体情况，是银行匡算待收外汇资金的依据，也是管理与监督出口商及时备货出运的手段。

如国外银行在开证时已预先汇入信用证项下部分或全部保证金，授权出口地银行在议付单据后进行扣抵，则应在信用证留底及其他有关单证上详细记录，并通过“存入保证金”科目进行核算。会计分录为：

借：存放境外同业或有关科目（外币）

　贷：存入保证金（外币）

出口商按信用证规定备妥出口单证，向银行交单议付时，即可使用保证金办理结汇，多退少补。

2.交单议付

国外开证银行履行信用证的付款责任，是以信用证规定的条款为依据，以单证相符、单单一致为前提。出口商如同意接受国外开来的信用证，则必须严格按照信用证规定条款办理，备妥一切单证，按期运出商品。

银行接受出口商送来办理议付的信用证和单据后，应及时审核，要求单证相符、单单一致，以及单据内容正确完备；审核无误后，银行须在信用证上批注议付日期及运输方式，并填制“出口寄单议付通知书”，销记表外科目。“出口寄单议付通知书”是银行出口收汇的索偿证书，也是出口收汇和结汇的主要业务凭证。会计分录为：

付：国外开来保证凭信（外币）

借：应收信用证出口款项（外币）

　贷：代收信用证出口款项（外币）

如信用证规定部分货款托收，或按信用证金额超额出口，则在议付时，均须在“出口寄单议付通知书”上分别注明信用证议付金额及托收金额，并另填制“出口托收委托书”，以便分别进行核算。

对在审单过程中发现的单据不符，银行应迅速向出口商反映，以便出口商及时与有关方面协商解决。

3.出口收结汇

出口收结汇是银行办理出口信用证业务的最后环节，是议付行在议付单据或代为收妥出口款项后，按当日银行挂牌汇率买入外汇，同时折算成相应的人民币支付给出口商的结算过程。出口方议付行待接到国外银行付款入账的“已贷记”或“请借记”通知书后，办理出口结汇手续。会计分录为：

借：代收信用证出口款项（外币）

　贷：应收信用证出口款项（外币）

借：存放境外同业或有关科目（外币）

　贷：吸收存款——外汇活期存款——××户（外币）

如该出口商仅有人民币账户，则应按当日外汇牌价折算成人民币结汇入账。会计分录为：

借：存放境外同业或有关科目（外币）

　贷：手续费及佣金收入——国外银行费用收入户（外币）

　　应交税费——应交增值税（销项税额）

　　货币兑换——汇买价（外币）

借：货币兑换——汇买价（人民币）

　贷：吸收存款——××户（人民币）

【例5-8】5月10日，某分行接到我国香港某联行开来的即期信用证一份，用于购买服装，受益人为D服装进出口公司，信用证金额为港币155 000元；6月6日，公司将全套单据向某分行办理议付，单证相符；6月20日，该分行收到我国香港某联行的贷记报单，办理结汇转账。设当天港币的买入价为HKD100=¥88.32。会计分录为：

①5月10日，收到信用证的核算：

收：国外开来保证凭信		HKD155 000
②6月5日，寄单索汇的核算：		
付：国外开来保证凭信		HKD155 000
借：应收信用证出口款项	HKD155 000	
贷：代收信用证出口款项		HKD155 000
③6月20日，收汇结汇的核算：		
借：代收信用证出口款项	HKD155 000	
贷：应收信用证出口款项		HKD155 000
借：存放海外联行——中国香港某联行户	HKD155 000	
贷：货币兑换——汇买价		HKD155 000
借：货币兑换——汇买价	¥136 896	
贷：吸收存款——D服装进出口公司户		¥136 896

（二）信用证项下进口业务的核算

进口信用证结算是银行根据进口商申请开证的要求，向国外出口商（受益人）开立一定金额、在一定期限内按规定条件保证付款的信用证，凭国外寄来的按照信用证条款规定的单据，对国外付款，并向进口商办理结汇的一种结算方式。

进口信用证结算业务，主要包括开立信用证、修改信用证、审单与付款三个环节。银行开立信用证时要通过“应收开出信用证”与“开出信用证”两个科目进行核算，以反映银行开立信用证后有关当事人间的责任关系。

1.开立信用证

进口商和国外出口商签订贸易合同后，按照合同规定条件，填具“开立信用证申请书”，并连同有关批件、证明一同交银行申请开立信用证。银行接到开证申请书及相关文件，应核实开证申请人是否在市场监管部门注册、具有法人资格、实行独立核算、有自营或代理进出口权，核实其资信状况、偿债能力、进口货物的国内外市场情况、开证单位的经验素质，以及附属证明文件、进口合同和证实单据的真实性。经审核同意后，银行根据开证申请人的自身情况，酌情收取保证金，并选择信誉高、资本实力雄厚和经营能力强的国外银行作为代理行，签发信用证。

随着信用证的签发，银行对外承担了第一性付款责任。不论即期还是远期信用证，银行均对此办理相应的转账。会计分录为：

借：应收开出信用证（外币）

　　贷：开出信用证（外币）

2.修改信用证

信用证开出后，如因情况变化，进口商提出修改信用证，则银行应予同意，但须协助审核，如审核申请修改的信用证号码、修改后的条款等；然后将修改条款通知国外代理行或联行，转送国外出口商。如国外出口商要求修改原信用证，经进口商同意后，也可修改原信用证，并将修改内容分别与进出口双方及代理行联系，其修改后的增减金额，应通过“应收开出信用证”和“开出信用证”科目调整，并在信用证留底账卡上加以批注。

（1）如修改增额，则会计分录为：

借：应收开出信用证（外币，增加额）

　　贷：开出信用证（外币，增加额）

（2）如修改减额，则会计分录为：

借：开出信用证（外币，减少额）

　　贷：应收开出信用证（外币，减少额）

3.审单与付款

银行收到国外议付行寄来的单据后，应立即通知进口商，并与原信用证所要求的条款核对，做好收单审单工作。进口商提交海关申报单、涉外付汇申报单及外管局批文、付汇确认书，经银行审核确认付款后，由银行按信用证条款规定，在付款登记簿上详细登记信用证号码、付款日期、金额、账户行名称、寄单行名称及业务编号，办理付款或承兑，并对进口商办理结汇。

（三）信用证付款方式的种类

信用证付款方式，有即期付款和远期付款两种。因此，信用证按付款方式分类，可分为即期付款信用证和远期付款信用证。

1.即期付款信用证

即期付款信用证的支付方式又包括单到国内审单付款、国外审单主动借记付款和国外审单电报索汇等数种形式。

（1）单到国内审单付款

单到国内审单付款即银行接到国外代理行寄来的单据后，立即送交进口商审核，并约定进口商于3日内通知银行对外结汇付款或提出拒付理由办理拒付。银行在进口商确认付款后，即对国外代理行发出付款通知，同时，对进口商办理结汇转账手续。会计分录为：

借：吸收存款——××户（人民币）

　贷：货币兑换——汇卖价（人民币）

借：货币兑换——汇卖价（外币）

　贷：存放境外同业或有关科目（外币）

同时，转销对转科目。会计分录为：

借：开出信用证（外币）

　贷：应收开出信用证（外币）

【例5-9】某分行受S公司委托，于3月15日向中国香港华商公司开出即期信用证一份，金额为HKD250 000，购买货物一批，信用证由中国香港汇丰银行通知，规定支付方式为“单到国内审单付款”。4月20日，该分行接到中国香港汇丰银行寄来的全套单据，金额为HKD250 000加议付费用HKD2 000，共计HKD252 000，随即通知S公司。S公司于4月22日送来确认承付书，全额承付，银行当即办理付汇与结汇手续。假设结汇当天港币汇卖价为HKD100=¥87.25。

①3月15日，开立信用证时，会计分录为：

借：应收开出信用	HKD250 000	
贷：开出信用证		HKD250 000

②4月22日，对外付汇时，会计分录为：

借：吸收存款——S公司户	¥219 870	
贷：货币兑换——汇卖价		¥219 870
借：货币兑换——汇卖价	HKD252 000	
贷：海外联行存款——国华银行户		HKD252 000
借：开出信用证	HKD250 000	

贷：应收开出信用证　　HKD250 000

（2）国外审单主动借记付款

国外审单主动借记付款是出口商将有关单据交由议付行审核后，如单据相符，议付行即可主动借记开证行在该行所开立的账户，并将单据连同借记报单一并寄送开证行。在会计核算中，该种方式与上一种方式的差别在于：账户使用不同；由于银行先垫款，进口商应负担自国外银行划款日起至其归还银行垫款日止的银行垫款利息。会计分录为：

借：吸收存款——××户（人民币）

贷：货币兑换——汇卖价（人民币）

借：货币兑换——汇卖价（外币）

贷：存放境外同业或有关科目（外币）

利息收入——××利息收入户（外币）

应交税费——应交增值税（销项税额）

同时，转销对转科目。会计分录为：

借：开出信用证（外币）

贷：应收开出信用证（外币）

（3）国外审单电报索汇

国外审单电报索汇是由国外议付行审查单证无误后，并不立即借记开证行账户，而是用电报通知开证行，再由开证行用电汇或信汇汇交议付行。该种方法除付款行为表现为授权或主动借记之外，其他与单到国内审单付款方式完全一致。会计分录详见单到国内审单付款方式。

2.远期付款信用证

远期付款信用证是为了对进口商提供远期付款的便利，而由开证行对出口商提供的一种银行担保，保证出口商提交远期跟单汇票时，在单单、单证一致的情况下，银行给予承兑，并在信用证到期时付款。

远期付款信用证分两个阶段进行，即承兑和到期付款。

（1）承兑

开证行收到远期信用证项下进口单据后，将单据连同“进口信用证单据通知书”送交进口商以确认到期付款。进口商确认到期付款后，银行即办理远期汇票的承兑手续，并将已承兑汇票或承兑通知书寄国外议付行。汇票一经承兑，既能够反映承兑行对国外议付行承担到期付款的责任，又能够反映承兑行对进口商拥有的权益。会计分录为：

借：应收承兑汇票款（外币，到期值）

贷：承兑汇票（外币，到期值）

借：开出信用证（外币，开证金额）

贷：应收开出信用证（外币，开证金额）

（2）到期付款

在远期汇票承兑到期时，开证行即办理对国外付款和对进口商结汇扣款手续。会计分录为：

借：承兑汇票（外币，到期值）

贷：应收承兑汇票款（外币，到期值）

其对外付款、对内扣款的手续及会计分录与即期信用证的相同。

【例5-10】某分行受H进口公司委托，于9月10日向美国花旗银行开出不可撤销的远期信用证USD120 000，开证条款规定“承兑后60天付款”。9月25日，经有关方面同意，信用证修改减额USD10 000。开证行收到单据后经审核相符，送该公司确认到期付款。开证行于10月15日承兑远期汇票，并对议付行寄发“已承兑通知书”，通知到期日全额付款。承兑到期，银行对公司办理结汇，对外付汇。假设支付日当天美元汇卖价为USD100=¥682.75。

①9月10日，开立信用证时，会计分录为：

借：应收开出信用证　　USD120 000

贷：开出信用证　　USD120 000

②9月25日，修改信用证时，会计分录为：

借：开出信用证　　USD10 000

贷：应收开出信用证　　USD10 000

③10月15日，承兑远期信用证时，会计分录为：

借：应收承兑汇票款　　USD110 000

贷：承兑汇票　　USD110 000

借：开出信用证　　USD110 000

贷：应收开出信用证　　USD110 000

④12月15日，信用证到期，办理结汇并对外付款时，会计分录为：

借：吸收存款——H进口公司户　　¥751 025

贷：货币兑换——汇卖价　　¥751 025

借：货币兑换——汇卖价　　USD110 000

贷：存放境外同业——花旗银行户　　USD110 000

借：承兑汇票　　USD110 000

贷：应收承兑汇票款　　USD110 000

扩展链接

外汇业务管理新规

本章小结

1.商业银行办理外汇业务，应遵循国家有关外汇管理的相关法规。

2.我国商业银行采用外汇分账制进行外币业务核算，设置“货币兑换”科目核算全部外汇交易。

3.本章重点介绍了外汇买卖、外汇存贷款及国际结算业务的会计核算。

关键概念

外汇分账制　结汇　套汇　贸易融资　国际结算

思考与应用

（一）复习思考

1.简述外汇业务核算的特点。

2.简述外汇分账制核算的基本要点。

3.如何认识和使用“货币兑换”科目？

4.什么是外汇贷款？现汇贷款的核算手续是什么？

5.贸易融资有哪几种方式？如何核算？

6.什么是买方信贷外汇贷款？简述其基本做法。

（二）操作练习

某商业银行发生下列外汇业务，请编制有关会计分录（折算时按表5-3所列的牌价计算）：

表5-3　外汇牌价

币种	外币单位	汇买价	汇卖价	钞买价
美元	100	703.25	706.36	700.12
英镑	100	1 356.15	1 361.50	1 303.45

1.客户王平从其活期存款美元账户支取USD1 000，换成等值英镑，汇往国外支付购药费用。

2.客户李珊要求将USD200现金兑换成人民币现金。

3.开户单位A公司托收出口货款一笔，金额为USD20 000，交单方式为D/P即期付款。委托国外联行代收，本行填制委托书并寄出全套单证。10天后，本行收到代收行划收报单及委托书回单，将收回的货款与A公司结汇。

4.B公司在本行开有美元活期存款账户，应B公司申请，本行开出由纽约花旗银行通知的不可撤销信用证，金额为USD320 000，用于购买设备。支付方式为单到国内审单付款。20天后，本行收到纽约花旗银行寄来的全套单据，金额为USD320 000加议付费用USD5 000，当即通知B公司。B公司全额承付，本行办理付款手续。

第六章 银行间支付清算业务核算

学习目标

1.熟悉支付清算体系的概念和内容
2.掌握中国人民银行大额实时支付系统的核算步骤
3.掌握中国人民银行小额批量支付系统的核算步骤
4.熟悉银行业金融机构行内支付系统的核算步骤
5.掌握同城票据交换业务的核算步骤

第一节　支付清算业务概述

一、支付清算体系的概念和内容

所谓支付，广义上是指经济活动引起的一切资金转移行为。一个国家的支付体系是其经济金融体系的重要组成部分，是实现资金转移的制度和技术安排的有机组合。支付清算体系包括以下组成要素：

1. 支付清算系统。支付清算系统是支撑各种支付工具应用、实现资金清算并完成资金转移的通道。

2. 支付工具。支付工具是传达收付款人支付指令、实现债权债务清偿和资金转移的载体，包括现金和非现金（如票据、银行卡）两种形式。

3. 支付清算服务组织。支付清算服务组织是通过账户服务、支付系统、支付工具等手段为社会提供资金清算和结算服务的机构。

4. 支付清算体系监督管理。支付清算体系监督管理是中央银行为维护支付体系的安全、稳定及社会公众对支付体系的信心，综合运用经济、法律和行政手段，对支付清算系统、支付工具和支付清算服务组织进行监督管理的行为。

二、支付结算与资金清算的关系

商业银行为开户的企业和个人办理资金转移，是支付结算业务的主要内容，由此而引发的银行之间的资金账务往来和债权债务关系，则是银行间支付清算业务的主要处理对象。

银行客户之间的资金转移业务可以从两个角度来理解：从客户角度出发，资金往来通过银行进行划转，称为支付结算；从银行角度出发，由客户资金转移引起的银行之间的资金存欠关系的结清，称为资金清算。由此可见，资金清算是支付结算业务的延伸，而支付结算所使用的支付工具又是资金清算的支撑。银行之间资金清算系统的科学设计和不断改进，为支付结算提供了更为安全、快捷的通道，提高了结算质量，并能够促进支付结算工具的创新。

三、我国支付清算体系简介

本部分简要介绍中国现代化支付系统和其他单位运营的支付系统。中国现代化支付系统（CNAPS）是中国人民银行利用电子计算机网络和电子通信技术开发建设完成的，为银行业金融机构和金融市场提供资金清算服务的公共平台。该系统能够高效、安全地处理银行业金融机构办理的各种异地支付业务及其资金清算和金融市场交易的资金清算业务。

中国现代化支付系统支撑的支付工具包括贷记支付工具和借记支付工具。贷记支付工具包括汇兑、委托收款、托收承付和定期贷记；借记支付工具包括银行汇票、国内信用证、银行本票、支票、旅行支票和定期借记等。其他工具还有商业汇票和银行卡。现代化支付系统支持商业银行间的支付清算，包括跨行和行内的贷记支付业务，如汇兑、委托收款和托收承付划回以及定期贷记。定期借记业务可通过支付系统处理，商业银行的资金调拨、行间资金拆借也须通过支付系统处理。

（一）中国人民银行支付系统

1.大、小额支付系统

中国人民银行支付系统由大额实时支付系统和小额批量支付系统两个业务应用系统，以及清算账户管理系统和支付信息管理系统两个辅助支持系统组成；建有两级处理中心，即国家处理中心和全国省会（首府）城市处理中心及深圳城市处理中心。中国人民银行支付系统的总体结构如图6-1所示。

大额实时支付系统（HVPS）主要处理同城和异地的金额在规定起点（2万元）以上的大额贷记支付业务和紧急的小额贷记支付业务。大额支付指令逐笔实时发送，全额清算资金。

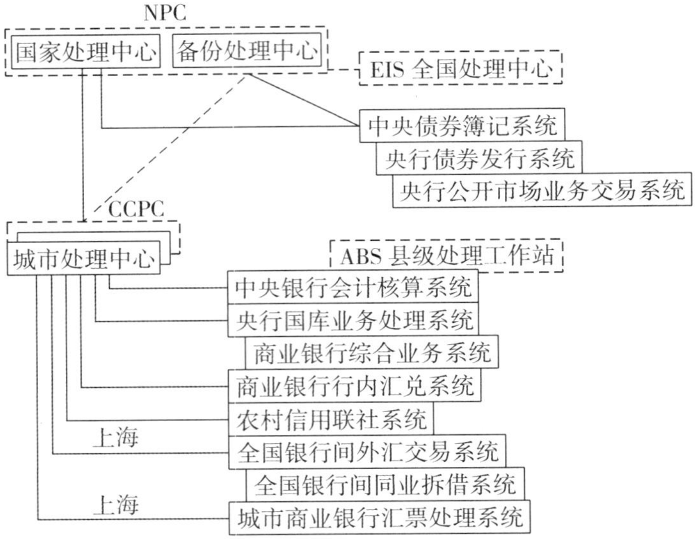

图6-1 中国人民银行支付系统总体结构图[①]

小额批量支付系统（BEPS）主要处理同城和异地纸质凭证截留的借记支付业务以及每笔金额在规定起点以下的小额贷记支付业务。支付指令批量发送，轧差净额清算资金。

2.全国支票影像交换系统

全国支票影像交换系统是指运用影像技术将实物支票转换为支票影像信息，通过计算机及网络将影像信息传递至出票人开户银行提示付款的业务处理系统。影像交换系统定位于处理银行机构跨行和行内的支票影像信息交换，其资金清算通过中国人民银行覆盖全国的小额支付系统处理。支票影像业务的处理分为影像信息交换和业务回执处理两个阶段，即支票提出银行通过影像交换系统将支票影像信息发送至提入行提示付款；提入行通过小额支付系统向提出行发送回执完成付款。

3.网上支付跨行清算系统

网上支付跨行清算系统是中国人民银行继大、小额支付系统后建设的又一人民币跨行支付清算系统基础设施，是中国现代化支付系统的重要组成部分。网上支付跨行清算系统主要支持网上跨行零售支付业务的处理，业务指令逐笔发送、实时轧差、定时结算。客户可通过在线方式提交支付业务，并可实时获取业务处理结果。系统支持商业银行以及经中国人民银行批准的非金融支付服务机构接入，并向客户

① 通信网络为虚拟或专用网络，以地面网为主，通过卫星网备份。

提供“7×24小时”全天候支付服务。

4.境内外币支付系统

境内外币支付系统由中国人民银行牵头建设，由清算中心集中运营，由直接参与机构等单一法人集中接入，采用“Y”形信息流结构，由外币清算处理中心负责对支付指令进行接收、清算和转发，由代理结算银行负责对支付指令进行结算。

外币清算处理中心的主要功能包括外币支付报文收发，圈存资金和授信额度管理，对外币支付进行逐笔实时清算，对可用额度不足的外币支付进行排队管理，对清算排队业务进行撮合，管理清算窗口，分币种、分场次向代理结算银行提交清算结果。

代理结算银行的主要功能包括为参与者开立外币结算账户，提供日间授信，圈存资金和授信额度管理，根据清算结算进行记账处理，以及日终对账。代理结算银行由中国人民银行指定或授权的商业银行担任。境内外币支付系统对支付指令逐笔实时全额结算，从发起清算银行发出到接收清算银行收到通常在一分钟以内。

境内外币支付系统于2008年4月28日投入运营之后，已经成为境内商业银行间外币支付的主要渠道。

5.同城票据交换系统

作为我国支付清算系统的重要组成部分，票据交换系统是由人民银行分支行组织的，在指定区域内定时、定点集中交换结算票据的跨行支付清算体系，其主要任务是清分人民银行和银行业金融机构所提出交换的结算票据。票据交换系统主要处理纸质票据不能截留的支票、本票、跨行银行汇票，以及跨行代收、代付的纸质凭证。票据交换的场所被称为票据交换所。

6.人民币跨境支付系统

人民币跨境支付系统（Cross-Border Interbank Payment System，CIPS），是为满足全球各主要时区人民币业务发展的需要而建立的支付清算系统。人民银行于2012年开始分两期建设：一期主要采用实时全额结算方式，为跨境贸易、跨境投融资和其他跨境人民币业务提供清算、结算服务；二期采用更为节约流动性的混合结算方式，提高人民币跨境和离岸资金的清算、结算效率。该系统于2015年开始正式运营，一期的主要功能是为跨境人民币业务的处理提供便利，支持跨境货物贸易和服务贸易结算、跨境直接投资、跨境融资和跨境个人汇款等业务。其主要特点包括：

（1）采用实时全额结算方式处理客户汇款和金融机构汇款两类业务。

（2）各直接参与者一点接入，集中清算业务，缩短清算路径，提高清算效率。

（3）采用国际通用ISO20022报文标准，采纳统一规范的中文四角码，支持中英文传输，在名称、地址、收费等栏位设置上更有利于人民币业务的自动处理。CIPS报文设计充分考虑了与现行SWIFT MT报文的转换要求，便于跨境业务直通处理并支持未来业务的发展需求。

（4）运行时间覆盖亚洲、欧洲、非洲和大洋洲等人民币业务主要时区。

（5）为境内直接参与者提供专线接入方式。

（二）其他单位运营的支付系统

1.银行业金融机构行内支付系统

银行业金融机构行内支付系统是银行业金融机构综合业务处理系统的重要组成部分，是其内部资金往来与资金清算的渠道，在支付清算系统中居于基础地位。各大商业银行先后建设了新一代行内支付系统，这些系统采用以客户为导向的信息管理机制，并通过纵向分层、横向分区的结构，实现了业务处理系统的数据集中，以满足扁平化管理的需要，同时强化了风险管理功能。

2.银行卡跨行交易清算系统

中国银联银行卡跨行支付系统由银行卡跨行支付系统及发卡银行行内银行卡支付系统组成。目前，我国已形成以中国银联银行卡跨行支付系统为主干，连接各发卡银行行内银行卡支付系统的银行卡支付网络架构。

3.城市商业银行支付清算系统和汇票处理系统

城市商业银行支付清算系统和汇票处理系统依托中国人民银行现代化支付系统，其银行汇票使用经中国人民银行批准的，由城市商业银行资金清算中心颁布的统一标识的银行汇票凭证、统一印模的汇票专用章和统一的密押系统。清算中心负责城市商业银行支付业务和汇票业务的资金清算。

4.农信银支付清算系统

农信银支付清算系统是由农信银资金清算中心根据全国农村合作金融机构支付结算业务的特点，借鉴现代化支付系统和全国性商业银行资金清算及支付结算业务系统的先进经验，应用现代计算机网络和信息技术开发的、集资金清算和信息服务为一体的支付清算平台。

中国支付清算体系的整体框架如图6-2所示。

本章中重点介绍中国人民银行支付系统的核算以及银行业金融机构行内支付系统的核算。由于本章业务涉及的会计科目为支付系统专用科目，且会计主体包括人民银行和商业银行，二者使用的科目体系不同，所以对于会计科目及核算内容将单独介绍，不再列表说明。

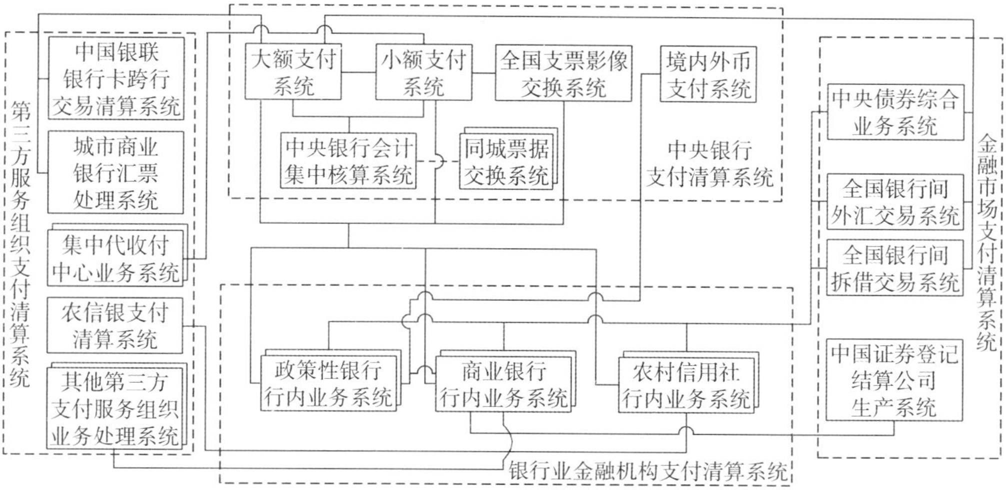

图6-2　中国支付清算体系整体框架图[①]

第二节　中国人民银行大额实时支付系统的核算

一、大额实时支付系统的参与者

中国人民银行大额实时支付系统的参与者根据其参与支付系统的身份不同，分为直接参与者、间接参与者和特许参与者。

直接参与者是指直接与支付系统城市处理中心连接并在中国人民银行开设清算账户的银行机构以及中国人民银行地市级（含）以上中心支行（库）。

间接参与者是指未在中国人民银行开设清算账户而委托直接参与者办理资金清算的银行、非银行金融机构和中国人民银行县（市）支行（库）。

特许参与者是指经中国人民银行批准通过大额支付系统办理特定业务的机构。

二、大额实时支付系统的业务流程

大额实时支付系统由发起行、发起清算行、发报中心、国家处理中心、收报中心、接收清算行、接收行构成（如图6-3所示）。其信息传递从发起行发起，经发起清算行、发报中心、国家处理中心、收报中心、接收清算行，传至接收行止。

发起行（发报行）是向发起清算行提交支付业务的参与者。

① 资料来源　中国人民银行支付结算司. 中国支付体系发展报告2009［M］. 北京：中国金融出版社，2010.

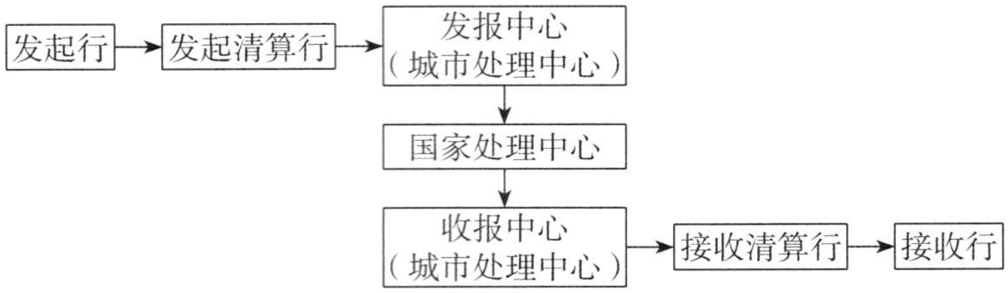

图6-3 大额实时支付系统的业务流程

发起清算行（清算账户行）是向支付系统提交支付信息并在人民银行开设清算账户的直接参与者或特许参与者。发起清算行也可作为发起行向支付系统发起支付业务。

发报中心（城市处理中心，人民银行机构）是向国家处理中心转发发起清算行支付信息的城市处理中心。

国家处理中心（人民银行机构）是接收、转发支付信息，并进行资金清算处理的机构。

收报中心（城市处理中心，人民银行机构）是向接收清算行转发国家处理中心支付信息的城市处理中心。

接收清算行（清算账户行）是向接收行转发支付信息并在人民银行开设清算账户的直接参与者。

接收行（收报行）是从接收清算行接收支付信息的参与者。接收清算行也可作为接收行接收支付信息。

三、大额实时支付系统的业务范围

贷记支付业务是指付款人委托其开户银行主动将款项划给收款人的业务。目前大额实时支付系统贷记支付业务的金额起点为2万元，业务范围包括一般大额支付业务、即时转账业务和城市商业银行的银行汇票业务。

（一）一般大额支付业务

一般大额支付业务是由发起行发起，逐笔实时发往国家处理中心，国家处理中心清算资金后，实时转发接收行的业务。它包括汇兑、委托收款划回、托收承付划回、中央银行和国库部门办理的资金汇划等。

（二）即时转账业务

即时转账业务是由与支付系统国家处理中心直接连接的特许参与者（第三方）发起，通过国家处理中心实时清算资金后，通知被借记行和被贷记行的业务。目前，即时转账业务主要由中央债券综合业务系统发起。

（三）城市商业银行的银行汇票业务

城市商业银行的银行汇票业务是支付系统为支持中小金融机构结算和通汇而专门设计的，支持城市商业银行的银行汇票资金移存和兑付的资金清算业务。

本章主要介绍一般大额支付业务的会计核算。

由于同一城市的同一商业银行分支机构只能在人民银行开设一个清算账户，所以同一清算账户行辖属机构之间的支付业务不能使用本支付系统。大额支付系统需要收费，一般商业银行对于非资金调拨的系统内往来业务往往不通过大额支付系统处理。

四、会计科目设置

由于本章所介绍的会计科目为行间支付清算业务专用科目，所以在《中华人民共和国会计准则》（简称新会计准则）的科目表中未予列示，且不同会计主体使用不同科目体系，本章对此不再列表说明。本书其他章节在科目使用上进行了简化，经办行在办理跨行款项汇划时，一律以“跨行清算资金往来——大额支付”科目替代。

（一）清算账户行（商业银行机构）的会计科目

1.“大额支付系统往账待清算”科目

本科目核算清算账户行发出的支付业务以及代理下属机构发出的支付业务。清算账户行受理贷记支付业务时，贷记本科目。日终，收到人民银行清算资金对账报文，其中所列往账总金额在借方时，借记本科目，贷记“存放中央银行款项”科目；往账总金额在贷方时，贷记本科目，借记“存放中央银行款项”科目。本科目余额通常在贷方，表示未发出款项。

2.“大额支付系统来账待清算”科目

本科目核算清算开户行接收的支付业务以及代理下属机构接收的支付业务。清算账户行受理汇入贷记业务时，借记本科目。日终收到人民银行清算资金对账报文，其中所列来账总金额在贷方时，贷记本科目，借记“存放中央银行款项”科目；来账总金额在借方时，借记本科目，贷记“存放中央银行款项”科目。本科目余额通常在借方，表示未转账或未转发款项。

3.“支付系统应付结算款项”科目

本科目核算各网点接收的来账中收款人账号户名与本网点实际账号户名不符的来账，由系统中等待手工解付的款项自动转入本科目，再由经办人员检查确认后手工处理。

4.“支付系统手续费暂收款项”科目

本科目核算各网点办理支付业务的结算收费及划缴。当收取手续费时，借记

“库存现金”或有关存款科目，贷记本科目；当划缴手续费时，借记本科目，贷记“库存现金”或“存放中央银行款项”等科目。

（二）城市处理中心和国家处理中心（人民银行机构）的会计科目

1.存款类科目

城市处理中心和国家处理中心按参与大额实时支付系统的金融机构类别，分别设置“工商银行准备金存款”“农业银行准备金存款”“中国银行准备金存款”“建设银行准备金存款”“交通银行准备金存款”“政策性银行准备金存款”“其他商业银行准备金存款”“城市信用社准备金存款”“农村信用社准备金存款”“其他金融机构准备金存款”“外资银行准备金存款”“外资其他金融机构准备金存款”“其他存款”等存款科目。各准备金存款科目核算各金融机构存放在中国人民银行的法定准备金和超额准备金。“其他存款”科目核算特许参与者用于清算的资金和支付业务收费的归集、划拨等。

此类科目贷方核算各银行业金融机构在人民银行准备金存款的增加金额，借方核算各银行业金融机构在人民银行准备金存款的减少金额，余额通常在贷方。此类科目须按直接参与者（不包括人民银行机构）、特许参与者分设清算账户。

2.清算类科目

（1）“大额支付往来”科目。本科目核算支付系统发起清算行和接收清算行通过大额支付系统办理的支付结算往来款项，余额轧差反映。年终，本科目余额全额转入“支付清算资金往来”科目，余额为零。

（2）“支付清算资金往来”科目。本科目核算支付系统发起清算行和接收清算行通过大额支付系统办理的支付结算汇差款项。年终，“大额支付往来”科目余额对清后，结转至本科目，余额轧差反映。

（3）“汇总平衡”科目（国家处理中心专用）。本科目是为平衡国家处理中心代理人民银行各行（库）账务处理而设置的。该科目用于核算三类业务：发起行或接收行为人民银行的不通过清算账户核算的支付清算业务，如国库资金汇划业务、人民银行会计营业部门自身汇划业务等；为人民银行会计营业部门发起的只涉及一个清算账户的单边业务，如现金存取、缴存款和再贷款业务等；为同城票据交换轧差净额的清算等业务。

五、大额实时支付业务的会计核算

大额实时支付系统的运行时序如图6-4所示。

（一）发起行和发起清算行的核算

发起行按规定受理并审核有关支付业务凭证后，即可办理发送往账业务。发送

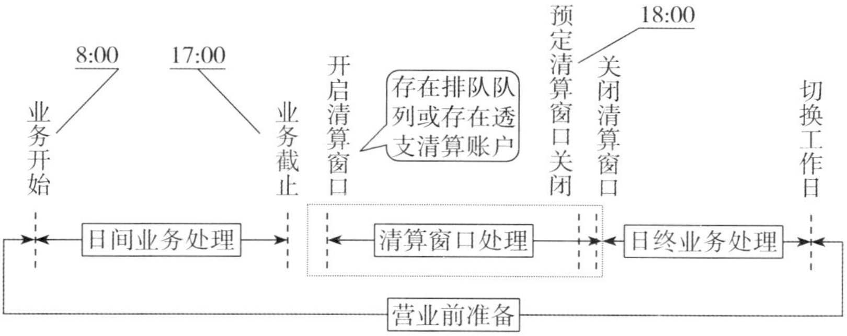

图6-4 大额实时支付系统运行时序图

往账业务涉及的业务类型通常包括汇兑、委托收款、托收承付、同业拆借、退汇、电子联行和国库资金汇划等。发送往账业务的商业银行可能是清算账户行，也可能是非清算账户行。

1.发起行为清算账户行（直接参与者）的发出贷记业务

贷记业务在支付结算业务中，通常为本行客户付出款项给在他行开户的收款单位。对此类业务发起行的会计分录为：

借：吸收存款——付款人户

　贷：大额支付系统往账待清算

复核经办人员根据原始发报依据对报文复核无误后，加编密押。若金额超出授权金额，则等待授权；若不需授权，则联动发报交易，系统自动记账，打印“电子汇划贷方报单”。对于清算账户行本身的支付业务，在作复核发报或授权时，报文即已向大额支付系统发出。

2.发起行为非清算账户行（间接参与者）的发出贷记业务

此时，发起行需首先通过商业银行的行内支付系统将款项转到发起清算行（清算账户行），再由清算账户行通过大额支付系统转账。向发起清算行发出贷记业务时，会计分录为：

借：吸收存款——付款人户

　贷：辖内上存款项（或其他有关科目）

复核经办人员根据原始发报依据对报文复核无误后，加编密押。若金额超出授权金额，则等待授权；若不需授权，则联动发报交易，系统自动记账，打印贷方报单。

发起清算行对于来自发起行的支付报文，系统自动核押、接收。对于发起行发来的贷记业务，将其转发大额支付系统，由系统自动记账。会计分录为：

借：辖内款项存放（或其他有关科目）

贷：大额支付系统往账待清算

3.凭证及日终处理

发起行办理支付业务时，客户所提交的“电汇凭证”“托收凭证”等均为发报依据，应作为电子汇划贷方报单的附件。清算账户行的电子汇划往账报单，则作为已发报凭证。

发起清算行对于所有已发出的支付业务，只有收到国家处理中心返回的“已清算”结果，才表示该笔业务发送成功。发起清算行业务系统接收人民银行前置机传送来的“大额支付业务核对报文”，自动核对并销记“支付系统往来报单登记簿”，自动进行资金清算的账务处理。会计分录为：

借：大额支付系统往账待清算（往账总金额）

贷：存放中央银行款项（往账总金额）

根据大额支付系统“委托日期必须为当日”的要求，所有往账支付业务，应当全部在当日营业终了之前发出。系统在营业时间结束后，将不再允许进行录入、发报业务的处理。因此，在营业终了前15分钟，应停止向系统内录入往账支付的业务。对于此后客户申请办理的汇兑等支付业务，应向客户说明该笔汇款将于下一个工作日发出，并在原始凭证上加盖“轧次日”戳记。

（二）发报中心（城市处理中心）的核算

发报中心收到发起清算行发来的支付信息，确认无误后，逐笔加编全国密押，实时发送国家处理中心。

（三）国家处理中心的核算

国家处理中心收到发报中心发来的支付报文，逐笔确认无误后，对于发起清算行、接收清算行均为商业银行的，做会计分录：

借：××银行准备金存款——××发起清算行户

贷：大额支付往来——人民银行××行（发报中心）户

借：大额支付往来——人民银行××行（收报中心）户

贷：××银行准备金存款——××接收清算行户

对于发起清算行和接收清算行中有一方为人民银行或双方均为人民银行机构的账务处理，这里不做介绍。

（四）收报中心（城市处理中心）的核算

收报中心接收国家处理中心发来的支付信息，确认无误后，逐笔加编地方密押，实时发送接收清算行。

（五）接收清算行和接收行的核算

接收清算行的电子汇划系统接收大额支付系统前置机传送来的支付报文，系统进行自动清分，若收款人账号含有网点号，则直接将报文清分至收款人开户行；若账号为非标准账号，则以报文接收行行号为清分条件，将报文清分至接收行。支付报文通过电子汇划系统进行转发并记账，接收行收到“账号”“户名”相符的支付报文，系统将自动登记客户分户账。

1.接收行为清算账户行

接收到贷记业务信息后，将其转至银行行内业务处理系统。会计分录为：

借：大额支付系统来账待清算

　贷：吸收存款——收款人户

2.接收行为非清算账户行

在这种情况下，须经接收清算行通过行内支付系统电子汇划，将款项划至接收行。

- 接收清算行受理贷记业务，通过电子汇划将款项转至接收行时，会计分录为：

借：大额支付系统来账待清算

　贷：辖内款项存放（或其他有关科目）

- 接收行根据支付报文，将贷记支付款项转至客户账户时，会计分录为：

借：辖内上存款项（或其他有关科目）

　贷：吸收存款——收款人户

3.人工处理

对于“账号”“户名”不相符的支付报文，或收款账户为内部账户的情况，汇入款项应先转入“支付系统应付结算款项”，然后经人工处理入账。会计分录为：

借：大额支付系统来账待清算（或电子汇划待转账）

　贷：支付系统应付结算款项

经检查核实后，办理人工转账。会计分录为：

借：支付系统应付结算款项

　贷：吸收存款——收款人户

4.接收清算行的资金清算

接收清算行业务系统接收人民银行前置机传送来的“大额支付业务核对报文”，自动核对并销记“支付系统往来报单登记簿”，自动进行资金清算的账务处理。会计分录为：

借：存放中央银行款项（来账总金额）

　　贷：大额支付系统来账待清算（来账总金额）

（六）大额支付系统结算收费的核算

凡通过大额支付系统办理转账支付业务的发起行，均须按规定的标准和实际发生的业务笔数，向人民银行缴付汇划费用。人民银行根据规定设置了不同业务类型和分时段按金额收费的标准，于每月月末前一天对上月月末至当日的业务进行计费，并在月末扣收。

1.发起行收取手续费

发起行在经办大额款项汇划业务时，即向客户扣收手续费。会计分录为：

借：吸收存款——付款人户（或库存现金）

　　贷：手续费及佣金收入——大额支付收入

　　　　应交税费——应交增值税（销项税额）

2.商业银行向人民银行支付的大额支付手续费

商业银行向人民银行支付的大额支付手续费由商业银行总行一并支付。总行的会计分录为：

借：其他应收款——待分摊手续费

　　贷：存放中央银行款项

3.总行向下级行分摊大额支付手续费

总行向下级行分摊大额支付手续费时，会计分录为：

借：手续费及佣金支出——大额支付结算手续费支出

　　贷：其他应收款——待分摊手续费

商业银行使用人民银行大额支付系统资源，多支付的手续费将由人民银行返还。返还的手续费由商业银行总行统一收回，并根据业务量在下属各级银行之间进行分配，会计分录与上交时的分录相反。

（七）国家处理中心年终账务结转

1.“大额支付往来”科目的结转

年度最后一个工作日，国家处理中心完成日终试算平衡，并将日终账务信息下载后，立即将“大额支付往来”科目余额以“人民银行××行（库）”为单位，结转到“支付清算资金往来”科目。若“大额支付往来”科目为借方余额，则会计分录为：

借：支付清算资金往来——人民银行××行（库）户

　　贷：大额支付往来——人民银行××行（库）户

若“大额支付往来”科目为贷方余额，则会计分录相反。

国家处理中心将各行（库）“支付清算资金往来”账户的余额保留，纳入下一年度每一营业日的账务平衡。

人民银行会计营业部门和国库部门接收国家处理中心日终下载的账务信息，进行自身试算平衡后，办理年度账务结转，将“大额支付往来”科目余额结转“支付清算资金往来”科目。

2.汇总平衡科目的结转

年终总的试算平衡结束后，国家处理中心以“人民银行××行（库）”为单位，将汇总平衡科目借方或贷方余额结转为下年度的期初余额。

3.清算账户的结转

年终总的试算平衡结束后，国家处理中心分别将每一个清算账户的借方或贷方余额结转为下年度的期初余额。

4.“支付清算资金往来”科目余额的核对

国家处理中心账务结转后，将“支付清算资金往来”科目余额下载至人民银行会计营业部门和国库部门。各人民银行（库）收到下载的“支付清算资金往来”科目余额，与自身结转存档的“支付清算资金往来”科目余额进行核对。核对不符的，以国家处理中心下载的余额进行账务调整，纳入暂收（付）款项科目核算，查明原因后，进行相应的处理。

第三节 中国人民银行小额批量支付系统的核算

一、小额批量支付系统与大额实时支付系统的关系

小额批量支付系统与大额实时支付系统均属于中国人民银行现代化支付系统的应用系统，运作原理相同、参与者相同、运用的清算账户管理系统相同，并共享在中国人民银行清算账户的清算资金。

二者的区别体现在以下方面：

第一，清算的金额起点不同。目前，大额支付系统规定的金额起点为2万元以上，小额支付系统为2万元以下。

第二，业务范围不同。大额支付系统处理的是大额贷记支付业务和紧急的小额贷记支付业务；小额支付系统则处理银行业金融机构行内直接参与者之间的支付业务以及跨行普通、定期和实时的贷记和借记业务。

第三，处理模式不同。大额支付系统实时处理支付指令，全额清算资金；小额支付系统一般批量发送支付指令，轧差净额清算资金。

二、小额批量支付系统的参与者和业务流程

小额批量支付系统的参与者分为直接参与者、间接参与者和特许参与者。其定义与大额实时支付系统参与者的定义相同。

小额批量支付系统处理的业务类型分为贷记业务和借记业务两类，各类业务的流程如下：

（一）贷记业务

1.同城贷记业务

小额支付系统处理的同城贷记支付业务，其信息从付款行发起，经付款清算行、城市处理中心、收款清算行，至收款行止（如图6-5所示）。

图6-5　同城贷记支付业务流程

2.异地贷记业务

小额支付系统处理的异地贷记支付业务，其信息从付款行发起，经付款清算行、付款行城市处理中心、国家处理中心、收款行城市处理中心、收款清算行，至收款行止（如图6-6所示）。

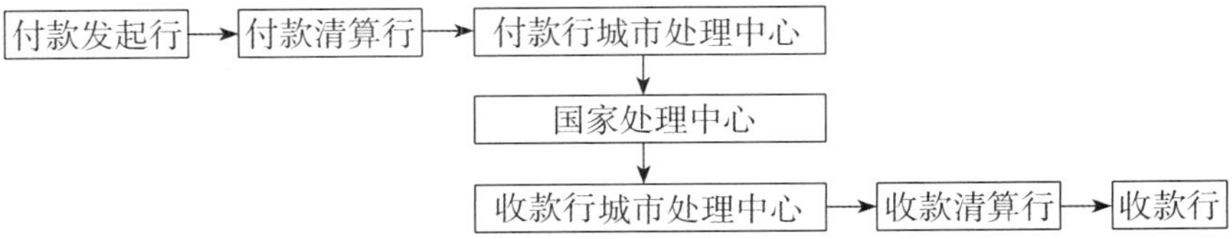

图6-6　异地贷记支付业务流程

（二）借记业务

1.同城借记业务

小额支付系统处理的同城借记支付业务，其信息从收款发起行发起，经收款清算行、城市处理中心、付款清算行、付款行后，付款行按规定时限发出回执信息，经原路径返回至收款发起行止（如图6-7所示）。

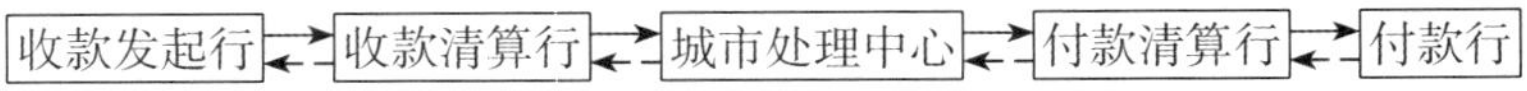

图6-7　同城借记支付业务流程

2.异地借记业务

小额支付系统处理的异地借记支付业务，其信息从收款发起行发起，经收款清算行、收款行城市处理中心、国家处理中心、付款行城市处理中心、付款清算行、付款行后，付款行按规定时限发出回执信息，经原路径返回至收款发起行止（如图

6-8所示）。

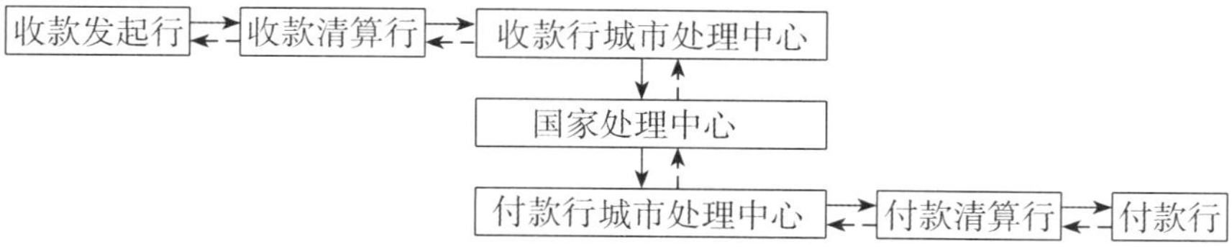

图6-8　异地借记支付业务流程

付款清算行是指向小额支付系统提交贷记支付业务信息或发起借记支付业务回执信息的直接参与者；收款清算行是指向小额支付系统提交借记支付业务信息，并接收借记支付业务回执信息或贷记支付业务信息的直接参与者。

三、小额批量支付系统的业务范围

银行业金融机构行内直接参与者之间的支付业务可以通过小额支付系统办理。小额支付系统处理下列跨行支付业务：

1.普通贷记支付业务，是指付款行向收款行主动发起的付款业务。它包括汇兑、委托收款（划回）、托收承付（划回）、国库贷记汇划业务和网银贷记支付业务等。

2.定期贷记支付业务，是指付款行依据当事各方事先签订的协议，定期向指定收款行发起的批量付款业务。它包括代付工资，代付保险金和养老金业务等。

3.实时贷记支付业务，是指付款行接受付款人委托发起的、将确定款项实时贷记指定收款人账户的业务。它主要包括个人储蓄通存业务。

4.普通借记支付业务，是指收款行向付款行主动发起的收款业务。它包括中国人民银行机构间的借记业务和国库借记汇划业务等。

5.定期借记支付业务，是指收款行依据当事各方事先签订的协议，定期向指定付款行发起的批量收款业务。它包括代收水、电、煤气等公用事业费业务及国库批量扣税业务等。

6.实时借记支付业务，是指收款行接受收款人委托发起的、将确定款项实时借记指定付款人账户的业务。它包括个人储蓄通兑业务、对公通兑业务及国库实时扣税业务等。

7.中国人民银行规定的其他支付业务。

四、会计科目设置

（一）清算账户行的会计科目

人民银行发布的《小额支付系统业务处理手续（试行）》中，清算账户行使用的科目为“待清算支付款项”科目，未区分往账和来账。与人民银行清算时，直接将该科目余额与“存放中央银行款项”科目对转。各商业银行可按需要设置相应的账户。本书其他章节在科目使用上进行了简化，经办行在办理跨行款项汇划时，一律以“跨行清算资金往来——小额支付”科目替代。

1.“小额支付系统往账待清算”科目

清算账户行向支付系统发出或代理下属机构发出贷记支付业务或借记支付业务回执，记入本科目贷方；日终，收到人民银行资金清算对账报文时，将贷方发生额从借方转出，清算后本科目无余额。

2.“小额支付系统来账待清算”科目

清算账户行接收或代理下属机构接收支付系统发来的贷记支付业务或借记支付业务回执，记入本科目借方；日终，收到人民银行资金清算对账报文时，将借方发生额从贷方转出，清算后本科目无余额。

3.“小额支付系统待发报”科目

清算账户行辖属机构已复核或授权的小额贷记支付业务或借记业务回执在等待业务组包发出时，记入本科目贷方；等待发出的支付业务组包发出时，记入本科目借方。发出后本科目无余额。

（二）国家处理中心和城市处理中心的会计科目

人民银行所设国家处理中心和城市处理中心核算小额批量支付业务的会计科目，存款类科目与大额实时支付系统所使用的科目相同；联行类科目中，“支付清算资金往来”和“汇总平衡”科目与大额实时支付系统相同，另设置“小额支付往来”科目，核算支付系统清算账户行通过小额支付系统办理的支付结算往来款项，余额轧差反映。年终，该科目余额全额转入“支付清算资金往来”科目，结转后余额为零。

五、小额批量支付业务的会计核算

（一）贷记业务的核算

1.发出贷记业务

（1）付款发起行为非清算账户行，经办柜员审核客户提交的有关贷记凭证后，需要通过商业银行行内电子汇划系统发往付款清算行。会计分录为：

借：吸收存款——付款人户

　　贷：辖内上存款项（或其他有关科目）

复核柜员根据客户提交的贷记凭证对报文进行复核，若交易金额未超过授权金额，则系统自动记账，打印贷方报单。付款清算行收到后，转账的会计分

录为：

借：辖内款项存放（或其他有关科目）

　贷：小额支付系统待发报

（2）付款发起行本身即为清算账户行时，会计分录为：

借：吸收存款——付款人户

　贷：小额支付系统待发报

（3）清算账户行组包发报时，应在规定的时间内自动进行组包，并将其发至人民银行小额支付系统前置机。对于加急的小额支付业务报文，可由清算账户行人工进行组包发出。发出贷记业务时，会计分录为：

借：小额支付系统待发报

　贷：小额支付系统往账待清算

对于所有已发出的非实时贷记业务报文，收到轧差节点返回的“已轧差”通知，表示该笔业务处理完成。

2. 接收贷记业务

（1）收款清算行接收辖属收款行的贷记业务，会计分录为：

借：小额支付系统来账待清算

　贷：辖内款项存放（或其他有关科目）

通过商业银行行内电子汇划系统发至收款行，收款行的会计分录为：

借：辖内上存款项（或其他有关科目）

　贷：吸收存款——收款人户

（2）收款清算行受理自身为收款行的贷记业务时，会计分录为：

借：小额支付系统来账待清算

　贷：吸收存款——收款人户

（二）借记业务的核算

1. 收款行发出借记业务

收款行柜员受理客户提交的有关借记凭证，审核无误后，打印借记业务凭证，交复核柜员对报文进行复核，并将借记业务凭证专夹保管，待接收到回执后处理。无论收款行是否为清算账户行，发出借记业务阶段均无须进行账务处理。收款清算行发出借记业务时，也不产生账务，对于所有已发出的借记业务报文，收到接收行（付款行）的“成功”或“拒付”回执，并进行账务处理后，该笔业务才算处理完成。

2. 付款行接收借记业务

付款行在接收来账报文时，使用来账业务借方专用凭证进行批量打印。对于接收到符合自动处理条件的借记业务报文，系统自动进行处理；对于接收到的不符合自动入账条件的借记业务报文，由柜员进行人工处理。

付款行对于符合扣账条件的借记业务报文，在记账同时产生“成功”回执报文。付款行为非清算账户行时，会计分录为：

借：吸收存款——付款人户

　贷：辖内上存款项（或其他有关科目）

付款行为清算账户行时，会计分录为：

借：吸收存款——付款人户

　贷：小额支付系统往账待清算

付款清算行受理辖属付款行的借记业务，在借记商业银行行内电子汇划科目的同时，贷记“小额支付系统往账待清算”科目。

对不符合扣账条件的借记业务报文，产生“拒付”回执报文，无须进行账务处理。

3.收款行接收借记业务回执

收款行接收借记业务回执并进行下列账务处理后，其所发出的借记业务才能完成。相应的账务处理应区别两种情况进行。

（1）收款行为非清算账户行时，其收款清算行的会计分录为：

借：小额支付系统来账待清算

　贷：辖内款项存放（或其他有关科目）

通过行内电子汇划系统发至收款行时，收款行的会计分录为：

借：辖内上存款项（或其他有关科目）

　贷：吸收存款——收款人户

（2）收款行本身即为清算账户行时，会计分录为：

借：小额支付系统来账待清算

　贷：吸收存款——收款人户

（三）日终轧差和清算资金

1.清算账户行的处理

清算账户行业务系统接收人民银行前置机传送来的“小额业务汇总核对报文”，按照该报文，系统自动对轧差日期、场次、节点相同的往来业务进行轧差。当往账金额大于来账金额时，会计分录为：

借：小额支付系统往账待清算

　贷：小额支付系统来账待清算

　　　存放中央银行款项

当来账金额大于往账金额时，会计分录为：

借：小额支付系统往账待清算

　　存放中央银行款项

　贷：小额支付系统来账待清算

小额支付系统的资金清算既包括清算账户行与人民银行（城市处理中心）的清算，也包括清算账户行与非清算账户行（收款行和付款行）的清算。在法定工作日，清算账户行与人民银行按清算场次对当日的往账和来账分别进行清算；清算账户行与非清算账户行之间则通过行内电子汇划系统进行清算。

2.城市处理中心轧差

（1）同城业务。城市处理中心在日常受理小额支付业务时，对同城业务检查、核押无误并轧差后，将业务包转发相应的清算账户行。轧差公式为：

某清算行提交清算的贷方净额(+)(或借方净额(－)) = 同城贷记来账金额 + 他行返回同城借记回执成功交易金额 － 同城贷记往账金额 － 发出同城借记回执成功交易金额

（2）异地业务。对异地往账业务检查、核押无误，加编全国押后转发国家处理中心；对异地来账业务核验全国押无误后，加编地方押转相应的接收清算行。

城市处理中心在规定提交时点对每场轧差净额进行试算平衡检验，检验无误后自动提交清算。

3.国家处理中心轧差

国家处理中心对按付款清算行和收款清算行双边实时轧差，轧差公式为：

某清算行提交清算的贷方净额(+)(或借方净额(－)) = 异地贷记来账金额 + 他行返回异地借记回执成功交易金额 － 异地贷记往账金额 － 发出异地借记回执成功交易金额

国家处理中心在规定提交时点对每场轧差净额进行试算平衡检验，检验无误后自动提交清算。

国家处理中心收到同城和异地轧差净额清算报文，试算平衡检查无误后，自动完成相关账务处理。对于各清算行的轧差净额，分两种情况核算。

（1）属于清算行贷方差额的，会计分录为：

借：小额支付往来——人民银行××行（库）户

　贷：××银行准备金存款——××行户

（2）属于清算行借方差额的，会计分录为：

借：××银行准备金存款——××行户

　贷：小额支付往来——人民银行××行（库）户

（四）国家处理中心年终账务结转

1.小额支付往来科目的结转。年度最后一个工作日，国家处理中心完成日终试算平衡，将“小额支付往来”科目余额以“人民银行××行（库）”为单位，一并转入“支付清算资金往来”科目。若“小额支付往来”科目为借方余额，则会计分录为：

借：支付清算资金往来

　贷：小额支付往来——人民银行××行（库）户

若为贷方余额，则会计分录相反。

2.汇总平衡科目的结转、清算账户的结转以及支付清算资金往来科目余额的核对与大额支付系统的处理方式相同。

小额支付系统结算收费的核算也与大额支付系统相同，在此不再赘述。

第四节　网上支付跨行清算系统的核算

中国人民银行网上支付跨行清算系统是中国现代化支付系统的重要应用系统，主要支持网上跨行零售支付业务的处理，采取业务指令逐笔发出、实时轧差、定时清算的基本做法。

商业银行使用人民银行网上支付跨行清算系统，可采用“一点接入、一点清算”方式与人民银行网上支付跨行清算系统连接，实现企业客户、个人客户及信用卡客户的实时跨行交易。网上支付跨行清算系统的结构如图6-9所示。

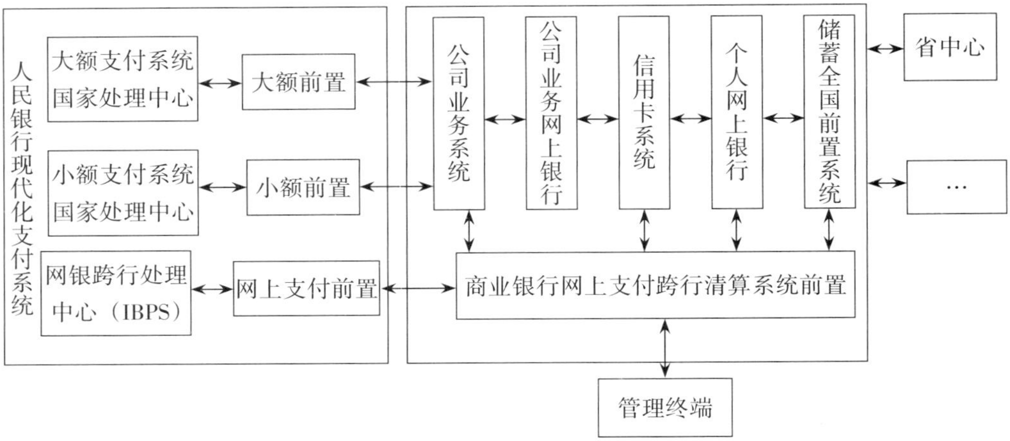

图6-9　网上支付跨行清算系统

商业银行使用人民银行网上支付跨行清算系统，参与者包括全国中心、省中心和市县中心，分别由总行、分行和相应的支行履行职责。

一、业务内容及概念

网上支付跨行清算系统处理的业务内容主要包括支付类业务、信息类业务、对账、差错处理和查询打印。本节重点介绍支付类业务，包括银行业金融机构（商业银行）处理的贷记往账、贷记来账、借记往账、借记来账和第三方贷记来账等业务。

从某一商业银行角度出发：贷记往账业务是指客户通过本行发起，经网上支付跨行清算系统向他行开户的收款人主动汇出款项的支付类业务；贷记来账业务是指客户通过他行发起，经网上支付跨行清算系统向在本行开户的收款人主动汇款的支付类业务；借记往账业务是指收款人经本行发起的、根据授权支付协议经网上支付跨行清算系统借记在他行开户的付款人账户的支付类业务；借记来账业务是指收款人经他行发起的、根据授权支付协议经网上支付跨行清算系统借记在本行开户的付款人账户的支付类业务；第三方贷记来账业务的第三方，是指提供第三方支付服务的商业银行或非金融支付组织，它们接受付款人委托，通过网上支付跨行清算系统向收款人主动汇款，本行可能是收款人开户行，也可能是付款人开户行。

二、公司业务网上支付的跨行清算

（一）贷记业务的核算

1. 发出贷记往账业务

（1）发出交易时，县市中心的会计分录为：

借：吸收存款——付款人户

　贷：辖内上存款项（或其他有关科目）

（2）省中心接收往账信息时，会计分录为：

借：辖内款项存放（或其他有关科目）

　贷：系统内上存款项（或其他有关科目）

（3）全国中心接收往账信息时，会计分录为：

借：系统内款项存放（或其他有关科目）

　贷：跨行清算资金往来——人行网上跨行支付

收到人民银行清算报文，向人民银行付款时，会计分录为：

借：跨行清算资金往来——人行网上跨行支付

　贷：存放中央银行款项

2. 接收贷记来账业务

与发出贷记往账业务相衔接，接收贷记来账业务的起点在全国中心。

（1）全国中心收到人民银行轧差报文时，会计分录为：

借：跨行清算资金往来——人行网上跨行支付

　贷：系统内款项存放（或其他有关科目）

（2）省中心接收贷记来账时，会计分录为：

借：系统内上存款项（或其他有关科目）

　贷：辖内款项存放（或其他有关科目）

（3）市县中心接收贷记来账，为客户收账时，会计分录为：

借：辖内上存款项（或其他有关科目）

　贷：吸收存款——收款人户

（4）全国中心收到人民银行网上跨行清算通知后，会计分录为：

借：存放中央银行款项

　贷：跨行清算资金往来——人行网上跨行支付

（二）借记业务的核算

发出借记往账和接收借记来账业务的核算步骤与贷记业务的相应步骤相同，会计分录方向相反。

储蓄类业务及信用卡业务的借记与贷记业务处理手续可参照公司业务的核算流程，但需要核算个人跨行汇款的手续费收入。

人民银行对储蓄业务与公司业务的跨行清算均收取手续费，由商业银行总行通过“存放中央银行款项——准备金”科目支付，并向各级分行分摊，最终列入“手续费及佣金支出”科目。人民银行获得的手续费收入也要向各商业银行分润，最终计入结算业务收入或信用卡业务收入。

第五节　同城票据交换的核算

同城票据交换是指本行与他行通过人民银行的同城票据交换系统进行票据交换的过程。同城票据交换包括交换提出借方凭证、交换提出贷方凭证、交换提入借方凭证和交换提入贷方凭证。

从支付清算发起行（提出票据行）的角度出发，结算业务使用的凭证分为借方凭证和贷方凭证。典型的借方凭证包括银行汇票、银行本票和借记支票等；典型的贷方凭证包括托收承付凭证、委托收款凭证、汇兑凭证和贷记支票等。

一、票据交换的要求和内容

同城票据交换由人民银行开设交换所组织交换。票据交换的直接参与者是清算行，交换行可以委托清算行代理交换，清算行本身的票据也可直接交换。

银行业金融机构参加人民银行组织的票据交换，需要作如下准备：

1. 向人民银行申请核定的交换号码。交换号码是参加票据交换的营业机构代码。在参加交换的各类票据上加印交换号，才能进行清分识别。清算行应向所在地人民银行申请交换号，由人民银行审查同意后核发。

2. 配备专职交换人员。票据交换应指定专人负责，严格遵守交换所规则。同时，负责票据交换的人员不得兼职负责系统内资金汇划清算，不得兼管央行备付金账户和同业往来账户，也不得兼管内部往来业务等。

3. 按照人民银行统一的交换场次和时间参加交换。

4. 开立清算账户。清算行应在人民银行开立清算账户，以便在每次交换结束时将交换差额在清算账户直接清算。

同城票据交换分为直接提出提入票据和委托代理行代理提出提入票据两种情况。直接提出提入票据是指该机构（清算行）作为票据交换行直接与人民银行票据交换系统发生票据交换业务；委托代理行代理提出提入票据是指交换行受托为在票据交换所无交换行号的机构办理提出提入票据的行为。

为便于理解和掌握，本书其他章节对同城票据清算的明细科目进行了简化处理。本节为专门介绍同城票据交换的来龙去脉，将展示明细核算的细节。

二、提出票据核算

（一）交换提出借方凭证

1. 直接提出借方凭证

（1）票据提出行直接提出借方凭证时，会计分录为：

借：跨行清算资金往来——同城票据清算（清算机构）

　　贷：其他应付款——同城票据款项——同城票据清算

　　　　　　　　——提出（交易机构一级支行）

（2）未发生退票时，会计分录为：

借：其他应付款——同城票据款项——同城票据清算

　　　　　　——提出（交易机构一级支行）

　　贷：吸收存款——××持票人户（开户机构）

（3）退票的处理

①发生电话退票时，不进行账务处理。

②发生直接退票时，会计分录为：

借：其他应付款——同城票据款项——同城票据清算

　　　　　　——提出（交易机构一级支行）

贷：其他应付款——同城票据款项——同城票据清算
——退票（交易机构一级支行）

同时，

借：其他应付款——同城票据款项——同城票据清算
——退票（交易机构一级支行）
贷：跨行清算资金往来——同城票据清算（清算机构）

③发生退票后再次提出借方凭证时，会计分录为：

借：其他应付款——同城票据款项——同城票据清算
——提出（交易机构一级支行）
贷：其他应付款——同城票据款项——同城票据清算
——退票（交易机构一级支行）

借：其他应付款——同城票据款项——同城票据清算
——退票（交易机构一级支行）
贷：跨行清算资金往来——同城票据清算（清算机构）

同时，

借：跨行清算资金往来——同城票据清算（清算机构）
贷：其他应付款——同城票据款项——同城票据清算
——退票（交易机构一级支行）

2. 委托代理行代理提出借方凭证

委托代理行代理提出借方凭证时，委托行不进行账务处理，由受托行代其进行相应的账务处理。若未发生退票，则由受托行直接联动记入委托行的客户分户账账户。若发生退票，则由受托行进行入账处理，视同受托行自己的票据，不需要联动委托行进行入账处理。

（二）交换提出贷方凭证

1. 直接提出贷方凭证

（1）提出贷方凭证时，会计分录为：

借：吸收存款——××付款人户（交易机构）
贷：跨行清算资金往来——同城票据清算（清算机构）

（2）退票的处理

①提出贷方凭证发生退票再次提出时，会计分录为：

借：跨行清算资金往来——同城票据清算（清算机构）
贷：其他应付款——同城票据款项——同城票据清算
——退票（交易机构一级支行）

借：其他应付款——同城票据款项——同城票据清算

——退票（交易机构一级支行）

贷：跨行清算资金往来——同城票据清算（清算机构）

②发生退票的贷方凭证返还付款申请人时，会计分录为：

借：跨行清算资金往来——同城票据清算（清算机构）

贷：其他应付款——同城票据款项——同城票据清算

——退票（交易机构一级支行）

借：其他应付款——同城票据款项——同城票据清算

——退票（交易机构一级支行）

贷：吸收存款——××付款户（开户机构）

2.委托代理行代理提出贷方凭证

委托代理行代理提出贷方凭证时，由受托行进行账务处理（同受托行直接提出时的账务处理），联动扣减委托行的客户账户。委托行提出的贷方凭证发生退票退回客户账户时，受托行处理时视同受托行的票据进行处理，联动委托行的客户账户入账。如果退票重新提出，则由受托行直接办理重新提出，委托行不需要进行账务处理，受托行视同自己的票据进行处理。

三、提入票据的核算

（一）交换提入借方凭证

直接交换提入借方凭证与委托代理行代理提入借方凭证的账务处理相同，因此不再分开介绍。

1.若提入的借方凭证是正确的，则会计分录为：

借：吸收存款——××付款人户（开户机构）

贷：跨行清算资金往来——同城票据清算（清算机构）

2.若提入的借方凭证是错误的，则会计分录为：

借：其他应收款——同城票据款项——同城票据清算

——退票（交易机构一级支行）

贷：跨行清算资金往来——同城票据清算（清算机构）

借：跨行清算资金往来——同城票据清算（清算机构）

贷：其他应收款——同城票据款项——同城票据清算

——退票（交易机构一级支行）

（二）交换提入贷方凭证

直接交换提入贷方凭证与委托代理行代理提入贷方凭证的账务处理相同，因此不再分开介绍。

1.提入的贷方凭证不需要退票时，会计分录为：

借：跨行清算资金往来——同城票据清算（清算机构）

　贷：吸收存款——××收款人户（开户机构）

2.提入的贷方凭证需要退票时，会计分录为：

借：跨行清算资金往来——同城票据清算（清算机构）

　贷：其他应付款——同城票据款项——同城票据清算

　　　　　　——退票（交易机构一级支行）

借：其他应付款——同城票据款项——同城票据清算

　　　　　　——退票（交易机构一级支行）

　贷：跨行清算资金往来——同城票据清算（清算机构）

四、同城票据交换轧差

票据交换行与清算行可能为同一机构，也可能为不同机构。交换结束，清算行与人民银行进行轧差，轧计应收差额或应付差额，账式如下：

跨行清算资金往来——同城票据清算

提入贷方凭证 提出借方凭证	提入借方凭证 提出贷方凭证
借方＞贷方=应收差额	贷方＞借方=应付差额

清算行“跨行清算资金往来——同城票据清算”账户的应收（或应付）差额应与人民银行交换所的清算差额相符。

若本行同城票据交换轧差金额与人民银行轧差金额不符，则先在交换行进行挂账处理，待查清原因后再进行后续处理。

（一）清算行与交换行轧差不符挂账的处理

1.若轧差不符，挂账后为应付差额款项，则会计分录为：

借：跨行清算资金往来——同城票据清算（清算机构）

　贷：其他应付款——同城票据款项

　　　　　　——待转同城票据清算（交易机构一级支行）

2.若轧差不符，挂账后为应收差额款项，则会计分录为：

借：其他应收款——同城票据款项

　　　　　　——待转同城票据清算（交易机构一级支行）

　贷：跨行清算资金往来——同城票据清算（清算机构）

（二）挂账后查明原因的处理

1.查明原因后将应付客户资金支付给客户时，会计分录为：

借：其他应付款——同城票据款项

——待转同城票据清算（交易机构—级支行）

贷：吸收存款——××单位户（开户机构）

2.查明原因后需向客户收取款项时，会计分录为：

借：吸收存款——××单位户（开户机构）

贷：其他应收款——同城票据款项

——待转同城票据清算（交易机构—级支行）

3.如果是因操作失误等原因造成的挂账，则正确处理后重新轧差，负数挂账。挂账后为应付款项时，会计分录同挂应付款项，负金额记账。挂账后为应收款项时，会计分录同挂应收款项，负金额记账。

（三）清算行与人民银行清算资金的处理

1.与人民银行轧差时，如为应收差额（应收人行款），则会计分录为：

借：存放中央银行款项——准备金（开户机构）

贷：跨行清算资金往来——同城票据清算（清算机构）

2.与人民银行轧差时，如为应付差额（应付人行款），则会计分录为：

借：跨行清算资金往来——同城票据清算（清算机构）

贷：存放中央银行款项——准备金（开户机构）

第六节　银行业金融机构行内支付系统的核算

商业银行的行内支付系统由来已久，传统上被称为联行往来，是指商业银行系统内的资金账务往来。它是由同一商业银行不同行处之间办理资金调拨，货币结算，相互间代收、代付款项而引起的。目前，各商业银行分别有各自的行内支付系统和制度，并普遍采用了电子汇划系统，以提高社会资金周转效率。

银行业金融机构行内支付系统是银行业金融机构综合业务处理系统的主要组成部分，是其内部资金往来与资金清算的渠道，是其拓展支付服务市场、提升市场竞争能力的重要设施，在整个支付系统中居于基础地位。

一、系统内电子汇划与资金清算的基本做法

尽管银行业金融机构都有各自独立的行内电子汇划系统，但商业银行行内电子汇划与资金清算的基本做法通常采取“实存资金、同步清算、头寸控制、集中监督”的方式。

实存资金是指以清算行为单位在总行清算中心开立备付金存款账户，用于汇划款项时资金的清算。

同步清算是指发报经办行通过其清算行经总行清算中心将款项划至收报经办行的同时，总行清算中心办理清算行之间的资金清算。

头寸控制是指各清算行在总行清算中心开立的备付金存款账户应保留足够余额，不得透支，便于总行清算中心对各行汇划款项实行集中清算。如清算行备付金存款余额不足，则应及时调入。

集中监督是指总行清算中心对汇划往来数据发送、资金清算、备付金存款账户资信情况和行际查询查复事宜进行管理和监督。

在电子汇划中，通过计算机网络系统，采取“汇划数据实时发送、各清算行控制进出、总行清算中心即时处理和汇划资金按时到达”的办法。

汇划数据实时发送是指发报经办行录入电子汇划数据后，全部即时发送到发报清算行。

各清算行控制进出是指清算行辖属所有经办行的资金汇划、查询查复等全部通过清算行进出，清算行控制辖属经办行内资金清算。

总行清算中心即时处理是指总行清算中心将发报清算行传输来的电子汇划数据即时传输到收报经办行。实时业务由收报清算行即时传输到收报经办行，批量业务由收报清算行次日传输到收报经办行。总行清算中心当日更新各清算行备付金存款。

汇划资金按时到达是指实时业务即时到达，批量业务次日到达收报经办行。为了区分轻重缓急，实时业务实时处理，对紧急款项和查询查复事项即时处理，即时到达收报经办行；批量业务批量处理，可次日到达收报经办行。

二、电子汇划业务范围和参与机构

电子汇划业务包括同一商业银行系统内行间异地贷记、借记支付业务。其中，贷记支付业务包括汇兑、异地委托收款、托收承付、异地商业汇票款划回和系统内资金划拨等；借记支付业务包括解付本系统银行汇票、系统内按规定扣划款项、贷款账户转移、按规定允许扣收的款项和特定的直接借记业务。

银行业金融机构电子汇划业务的参与机构包括发报经办行、发报清算分中心、总行清算中心、收报清算分中心和收报经办行。凡具体办理款项汇划业务的对外营业机构均为经办行。汇划款项业务的发出行为发报经办行，汇划款项业务的接收行为收报经办行。在总行清算中心开立账户的清算分中心一般设在省及直辖市分行、总行直属分行及二级分行。总行清算中心负责办理系统内各经办行之间的资金汇划、各清算分中心之间的资金清算以及资金拆借、账务核算管理、资金清算等业务。系统内异地电子汇划业务的一般程序如图6-10所示。

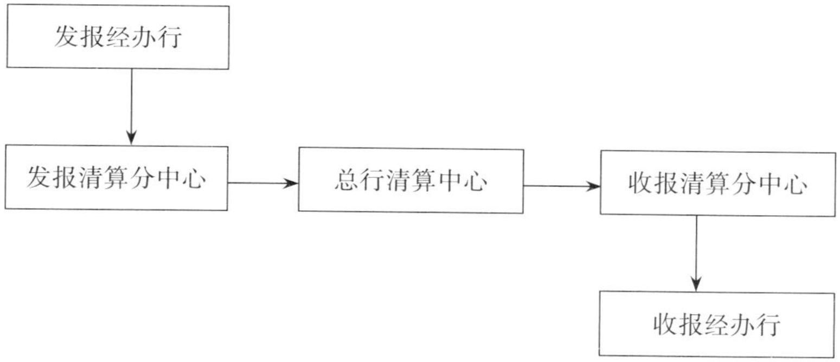

图6-10　系统内异地电子汇划业务的一般程序

三、电子汇划业务的会计科目

由于各银行业金融机构行内支付系统是各自独立设计的，所以虽然基本做法类似，但使用的备付金存款会计科目不尽相同。有些商业银行系统使用往来类科目，如将“清算资金往来”或“电子汇划往来”等资产负债共同类科目，作为清算备付金之前的过渡科目。

（一）“系统内上存款项”科目

该科目为省区分行、直辖市分行、总行直属分行和二级分行所使用，用于核算和反映各清算分中心存放在上级管辖行的清算（调拨）备付金，属于资产类科目。

（二）“系统内款项存放”科目

该科目为总行、各省区分行所使用，用于核算和反映下级行存放的清算（调拨）备付金存款，属于负债类科目。

（三）“辖内上存款项”科目

该科目由辖内各支行或网点用于核算存放在上级行的备付金存款，属于资产类科目。

（四）“辖内款项存放”科目

该科目由各分行、支行用于核算下级行或网点上存的备付金存款，属于负债类科目。

四、电子汇划业务的账务处理

（一）发报经办行

发报经办行受理客户汇兑、托收承付和委托收款划款业务，属于发出贷记业务。发报经办行对发出贷记业务的有关凭证审核无误后，办理转账手续，向发报清算行（分中心）传输信息。会计分录为：

借：吸收存款——付款人户（或其他有关科目）

　贷：辖内上存款项（或其他有关科目）

发报经办行受理客户银行汇票代理兑付等业务，属于发出借记业务，会计分录与发出贷记业务相反。

发报经办行对客户提交的支付凭证进行账务处理后，分别作为电子汇划借方或贷方报单的附件。

（二）发报清算分中心

发报清算分中心的主要任务是将各发报经办行传输来的全国汇划业务实时上传至总行清算中心。对于辖属经办行传输来的辖内汇划款项业务，应及时转发给收报经办行。

1.系统内异地汇划业务

对于异地汇划业务，发报清算分中心的计算机自动进行账务处理，更新在总行开立的备付金存款账户余额，并将汇划信息传输至总行清算中心，转发给收报清算分中心。

收到发报经办行贷记支付业务时，会计分录为：

借：辖内款项存放——发报经办行户

　贷：系统内上存款项——上存总行备付金户

借记支付业务的会计分录相反。

2.系统内辖属经办行之间的资金汇划业务

此时，发报清算分中心又承担着收报清算分中心的责任，应将汇划款项转发辖属的收报经办行。对于贷记支付业务，会计分录为：

借：辖内款项存放——发报经办行户

　贷：辖内款项存放——收报经办行户

借记支付业务的会计分录相反。

（三）总行清算中心

总行清算中心收到各发报清算分中心传来的汇划业务数据，计算机系统自动登记后，将款项传送至各收报清算分中心。每日营业终了，总行清算中心更新各清算分中心在总行开立的备付金存款账户余额。对于贷记支付业务，会计分录为：

借：系统内款项存放——发报清算分中心户

　贷：系统内款项存放——收报清算分中心户

对于借记支付业务，做反向会计分录。

日终处理结束后，计算机生成总行清算中心的“电子汇划往来汇总报单”、电子汇划日报表和相应的对账信息，被下发至分中心及经办行，用以对账。

（四）收报清算分中心

收报清算分中心收到总行清算中心传来的汇划业务数据，计算机系统自动检测收报经办行是否为辖属行处，核押无误后自动进行账务处理。接收电子汇划贷记支付业务信息，会计分录为：

借：系统内上存款项——上存总行备付金户

　贷：辖内款项存放——收报经办行户

接收借记支付业务信息时，会计分录相反。

日终处理结束后，由计算机生成各清算分中心的汇总报单、日报表及各类对账单，经打印核对无误后，当日汇划业务即完成。

收报清算分中心对于实时业务即时处理并传至收报经办行，批量业务处理后次日传至收报经办行。其处理方式有集中式和分散式两种。

在集中式处理方式下，清算分中心作为业务处理中心，负责辖内汇划收报的集中处理及汇出汇款、应解汇款（及临时存款）等内部账务的集中管理。清算分中心收到总行清算中心传来实时的汇划电子数据后，即时代辖属经办行记账；收到总行清算中心传来的批量电子汇划数据后，日终进行挂账处理，次日待经办行确认后记账。

在分散式处理方式下，收报清算分中心收到总行清算中心传来的电子汇划数据后，均传至收报经办行处理。实时的电子汇划数据要即时传至收报经办行记账。批量电子汇划数据由收报清算分中心挂账，次日待收报经办行确认后传至收报经办行记账。

（五）收报经办行

收报经办行接收到收报清算分中心传来的批量、实时汇划业务信息后，打印报单，并自动进行账务处理。对于贷记支付业务，会计分录为：

借：辖内上存款项

　贷：吸收存款——收款人户（或其他有关科目）

借记支付业务的会计分录相反。

五、电子汇划清算账户的核算

各清算分中心在总行清算中心开立备付金账户，在“系统内上存款项”科目核算。通过人民银行将款项汇入总行清算中心，具体手续为：根据资金营运部门的资金调拨单，填制人民银行电（信）汇凭证，通过人民银行汇入总行清算中心。会计分录为：

借：其他应收款——待处理汇划款项户

贷：存放中央银行款项——准备金存款户

待总行清算中心收到后，由系统自动进行账务处理。会计分录为：

借：系统内上存款项——上存总行备付金存款户

贷：其他应收款——待处理汇划款项户

总行清算中心收到各清算行和省区分行上存的备付金后，应该当日通知有关清算行，并进行账务处理，通过“系统内款项存放”科目核算。会计分录为：

借：存放中央银行款项——准备金存款户

贷：系统内款项存放——××分行备付金存款户

二级分行在管辖省区分行开立备付金账户，也是通过人民银行汇入省区分行，处理手续同上。

支行在管辖省区分行开立备付金存款账户，通过“辖内上存款项”和“辖内款项存放”科目核算，其具体处理手续同上。通过人民银行汇入省区分行时，支行的会计分录为：

借：其他应收款——待处理汇划款项户

贷：存放中央银行款项——准备金存款户

待省区分行收到后，由系统自动进行账务处理。会计分录为：

借：辖内上存款项——上存分行备付金存款户

贷：其他应收款——待处理汇划款项户

省区分行收到各支行上存的备付金后，当日通知有关支行，并进行账务处理。会计分录为：

借：存放中央银行款项——准备金存款户

贷：辖内款项存放——××支行备付金存款户

各行在上级行出现头寸不足时，应通过人民银行及时补足备付金存款。

本章小结

1.由银行客户资金转移引起的银行之间的资金存欠关系的结清称为资金清算，资金清算是支付结算的延伸。

2.目前，我国已初步建成以中国人民银行大、小额支付系统为核心，银行业金融机构行内支付系统为基础，票据交换系统、银行卡支付系统、外币支付系统为重要组成部分的支付清算网络体系。

3.本章重点介绍了中国人民银行支付系统和银行业金融机构行内支付系统的运行和会计核算。

关键概念

资金清算　大额支付系统　小额支付系统　同城票据交换　银行业金融机构行内支付系统

思考与应用

（一）复习思考

1.什么是支付清算体系？资金清算与支付结算关系如何？

2.当前我国的支付清算体系是怎样构成的？

3.简述中国人民银行支付系统的参与者和组成机构。

4.简述大额支付系统与小额支付系统的联系与区别。

5.如何计算同城票据交换业务的清算差额？如何与人民银行清算资金？

6.商业银行系统内电子汇划清算的基本做法是什么？

（二）操作练习

北京某工商银行支行发生下列电子汇划清算业务，请分别编制联行业务的发报经办行、发报清算行、总行清算中心、收报清算行和收报经办行的会计分录。

1.开户单位蓝天贸易公司提交信汇凭证，向在上海工商银行支行开户的服装公司汇出汇款60 000元，经审核无误，办理转账（实时汇划，收报清算行集中处理）。

2.开户单位新兴百货公司提交中国工商银行长春某支行签发的银行汇票，金额为30 000元，要求全额兑付，经审核无误，办理转账（批量汇划，收报清算行集中处理）。

3.收到工商银行大连某支行寄来的委托收款凭证，金额为15 000元，为在本行开户的市百货公司向大连东胜商贸公司支付的货款，承付期已到，办理转账（实时汇划，收报经办行分散处理）。

4.收到工商银行沈阳分行发来的信汇凭证，为本行的开户单位塑料厂收妥的货款20 000元（批量汇划，收报经办行分散处理）。

第七章 中间业务的核算

学习目标

1.熟悉中间业务的概念、特征及种类

2.掌握代理业务的核算

3.掌握担保类业务的核算

4.了解承诺类业务的核算

第一节 中间业务概述

一、中间业务的概念

中间业务的概念有广义和狭义之分。

广义的中间业务是指商业银行无须向外借入资金且不必动用自己的资财，仅利用自己的人力资源、市场信息和现代化电信技术与设备，替广大客户办理各项资金收付、进行担保和其他委托事项、提供各项金融服务，并收取手续费的中介业务。

中间业务是指不构成商业银行表内资产、表内负债，形成银行非利息收入的业务。这一定义属于狭义的中间业务概念，也是传统的中间业务。

国际上，还有一个“表外业务”的定义。表外业务包括所有不在资产负债表中反映的业务。《巴塞尔协议》将广义的表外业务分为两类：一类是或有项目的表外业务，如贷款承诺、各种担保业务、金融衍生交易等；另一类是金融服务表外业务，即我国银行传统的中间业务，包括支付结算业务、代理与咨询业务、信托业务、租赁业务及与贷款相关的组织和审批等服务。

广义的中间业务与表外业务没有根本区别，只是我国将这类业务称为中间业务。狭义的表外业务在定义上与狭义的中间业务存在区别。当时的中国银监会在2022年发布的《中国银保监会关于印发商业银行表外业务风险管理办法的通知》中，将表外业务定义为：商业银行从事的，按照现行的会计准则不计入资产负债表内，不形成现实资产负债，但有可能引起损益变动的业务，包括担保承诺类、代理投融资服务类、中介服务类、其他类等业务。

二、中间业务的特征

从定义中可以看出，中间业务与传统的商业银行资产、负债业务有所不同。

其一，中间业务以收取手续费为主要目的，一般并不需要动用银行资金，也不直接占用客户资金。

传统的资产、负债业务需要银行在组织存款、取得资金后，再通过信贷投放或购买证券等投资活动来获取利息收入、利差或其他收入，风险较大。与此不同的是，中间业务一般无须动用资金，通过代替客户承办收付及各种委托事项，以收取手续费的方式获取收益，成本低、效益高、风险小。此外，中间业务收入是银行非利息收入的重要组成部分，在国外银行，中间业务收入所占比重一般在60%以上。

其二，中间业务产品是一种固化了商业信誉的金融产品，而不仅仅是单纯的金融品种。

中间业务的开展是以银行的信誉为基础的，而金融服务产品的开发又反过来进一步提高了银行的信誉。另外，在研制中间业务品种时，还应考虑能否被市场接受，只有得到社会广泛认可的中间业务才具有强大的生命力。

其三，中间业务的服务方式和效率与传统存贷业务相比，要求具有更灵活、迅捷、便利的服务手段，现代化程度更高，更能促进现代化科学技术与现代化管理手段的尽快推广和运用。

三、中间业务的分类

根据我国商业银行的经营实践，其中间业务主要包括以下类型：

（一）支付结算类中间业务

支付结算类中间业务是指由商业银行为客户办理的因债权债务关系引起的与货币支付、资金划拨有关的收费业务。这部分内容在本书第四章已经详细介绍过，本章不再重述。

（二）银行卡业务

银行卡是由商业银行向社会发行的具有消费信用、转账结算、存取库存现金等全部或部分功能的信用支付工具。依据清偿方式的不同，银行卡业务可分为贷记卡业务、准贷记卡业务和借记卡业务，而借记卡可进一步分为转账卡、专用卡和储值卡。依据结算的币种不同，银行卡业务可分为人民币和外币卡业务。依据流通范围的不同，银行卡还可分为国际卡和地区卡。

（三）代理类中间业务

代理类中间业务是指商业银行接受政府、企业单位、其他银行或金融机构以及居民个人的委托，以代理人的身份代表委托人办理一些经双方议定的经济事务、提供金融服务并收取一定费用的业务。其主要内容如下：

1. 代理政策性银行业务。它是指商业银行接受政策性银行的委托，代为办理政策性银行因服务功能和网点设置等方面的限制而无法办理的业务，包括代理贷款项目管理等。

2. 代理中国人民银行业务。它是指根据政策、法规应由中央银行承担，但由于机构设置、专业优势等方面的原因，由中央银行指定或委托商业银行承担的业务，主要包括财政性存款代理业务、国库代理业务、发行库代理业务、金银代理业务等。

3. 代理商业银行业务。它是指商业银行之间相互代理的业务，如为委托行办理支票托收等业务。

4. 代收代付业务。它是指商业银行利用自身的结算便利，接受客户的委托代为办理指定款项的收付事宜的业务，如代理各项公用事业收费、代理行政事业性收费和财政性收费、代发工资、代扣住房按揭消费贷款还款等。

5. 代理证券业务。它是指银行接受委托办理的代理发行、兑付、买卖各类有价证券的业务，还包括接受委托代办的债券还本付息、代发股票红利、代理证券资金清算等业务。这些有价证券包括国债、公司债券、金融债券、股票等。

6. 代理保险业务。它是指商业银行接受保险公司的委托代其办理的保险业务。商业银行代理保险业务，既可以受托代个人或法人办理投保各险种的保险事宜，也可以作为保险公司的代表，与保险公司签订代理协议，代保险公司承接有关保险业务。代理保险业务一般包括代售保单业务和代付保险金业务。

7. 代理保管业务。它是指商业银行以自身所拥有的保管箱、保管库等设备条件，接受单位或个人的委托，代为保管各种贵重金属、契约文件、设计图纸、文物古玩、珠宝首饰以及股票、债券等有价证券。代理保管的方式主要有出租保管箱、密封保管、露封保管等。银行按保管物品的不同，按年一次性收取手续费。

8. 其他代理业务。它包括代理财政委托业务、代理其他银行卡收单业务等。

（四）担保类中间业务

担保类中间业务指商业银行为客户的债务清偿能力提供担保，承担客户违约风险的业务。其主要内容如下：

1.银行承兑汇票（定义见第四章）。

2.备用信用证。它指开证行应借款人的要求，以放款人作为信用证的受益人而开具的一种特殊信用证，以保证在借款人破产或不能及时履行义务的情况下，由开证行向受益人及时支付本利。

3.各类保函。其包括投标保函、承包保函、还款担保保函、借款保函等。

（五）承诺类中间业务

承诺类中间业务是指商业银行在未来某一日期按照事前约定的条件向客户提供约定信用的业务，主要指贷款承诺，包括可撤销承诺和不可撤销承诺两种（定义见本章第三节）。

（六）交易类中间业务

交易类中间业务指商业银行为满足客户保值或自身风险管理等方面的需要，利用各种金融工具开展的资金交易活动，主要指金融衍生业务，具体包括金融远期合约、金融期货合约、互换合约和期权合约等（定义见本章第四节）。

（七）基金托管业务

基金托管业务是指具有托管资格的商业银行接受基金管理公司的委托，安全保管所托管基金的全部资产，为所托管的基金办理资金清算、款项划拨、会计核算、基金估值，监督管理人的投资运作。其包括封闭式证券投资基金托管业务、开放式证券投资基金托管业务和其他基金的托管业务。

（八）信息咨询类业务

信息咨询类业务是商业银行以转让、出售信息和提供智力服务为主要内容的中间业务。商业银行运用自身所累积的大量信息资源，以专门的知识、技能和经验为客户提供所需信息和多项智力服务，就是商业银行的信息咨询业务。

由于一些中间业务的会计核算只有收取手续费和表外科目记账的处理，如咨询类、保管类业务等，所以本章仅就几个具有代表性的中间业务品种的核算进行介绍。其中，支付结算类中间业务和银行卡业务在本书的前面章节已经进行了详细说明，本章不再重述。另外，本章一些特殊业务使用的会计科目在《企业会计准则——应用指南》（2006）中未予列出，商业银行可根据需要增设这些科目，期末编制报表时，将这些账户的余额并入准则规定的报表项目即可。另外，由于科目的专属性较强，各类业务使用的科目将分别介绍，不再统一列表。

第二节 担保类业务的核算

一、担保类业务的概念和种类

担保类业务是指商业银行根据申请人的申请，以出具保函的形式向申请人的债权人（保函受益人）承诺，当申请人不履行其债务时，由银行按照约定履行债务或承担责任的行为。

商业银行开展保函业务的类型按业务品种划分，包括投标保证、承包保证、履约保证、预收（付）款退款保证、工程维修保证、延期付款保证、来料加工保证及来件装配保证、关税保付保证、保证金保证、付款保证、延期付款保证、分期付款保证、借款保证、租赁保证、补偿贸易保证、账户透支保证等。按类别保函还可划分为付款类保函、履约类保函和债务类保函。

二、担保类业务的核算

（一）反担保的处理

1.申请人采取缴存保证金方式提供反担保

经办行业务部门与申请人、反担保人正式签订“出具保函协议书”和相应的反担保合同后，申请人缴存保证金的，应提交有关支付票据及进账单一式三联。经办人审核无误后，以支付票据作借方记账凭证，进账单第一联加盖“转讫章”退给申请人作回单，第二联作贷方记账凭证，第三联加盖“业务用公章”交业务部门。会计分录为：

借：吸收存款——××申请人户

　贷：保证金存款——××申请人户

2.申请人采取质押、抵押、第三方保证方式提供反担保

采取此种方式的，经办行按照贷款业务核算的有关手续办理。

（二）收取手续费的核算

“出具保函协议书”生效后，经办行应根据业务部门的通知按照“出具保函协议书”的约定及时向被保证人收取手续费；同时，填制业务收费凭证并办理转账。会计分录为：

借：吸收存款——××被保证人户

　贷：中间业务收入（或手续费及佣金收入）——担保业务收入户

　　应交税费——应交增值税（销项税额）

营业柜台收到业务部门出具的保函的同时填制表外科目收入凭证，登记表外科

目明细账：

收：开出保函——××申请人户

（三）担保垫款的核算

1.垫付款项的处理

被保证人在合理时间内未能筹足偿债资金而使经办行垫付款项时，应向被保证人和反担保人主张追索权及反担保债权。

（1）申请人采取缴存保证金方式提供反担保的，应首先全额扣划保证金，不足部分列入“逾期贷款——担保垫款”科目（也在“贷款”科目下设置该明细科目），营业柜台应根据有关原始凭证填制特种转账借、贷方凭证并办理转账。会计分录为：

借：吸收存款——××被保证人户

　　保证金存款——××申请人户

　　逾期贷款——担保垫款——××被保证人户

　贷：吸收存款——××保函受益人户

同时，填制表外科目付出凭证，登记表外科目明细账：

付：开出保函——××申请人户

（2）申请人采取质押、抵押、第三方保证方式提供反担保的，经办行按贷款业务核算的有关垫款规定处理。同时，填制表外科目付出凭证，登记表外科目明细账：

付：开出保函——××申请人户

2.结计担保垫款利息收入的处理

银行在结计担保垫款利息收入时，按规定计算利息并填制“利息清单”一式三联。第一联、第二联分别作借方、贷方记账凭证，第三联退给客户。会计分录如下：

借：应收利息——应收担保垫款利息——××被保证人户

　贷：利息收入——担保垫款利息收入户

　　　应交税费——应交增值税（销项税额）

3.收回垫付款项的处理

收回担保垫款时，客户填制支付凭证偿还垫款，支付凭证第一联加盖“转讫章”后退给客户。会计分录如下：

借：吸收存款——××被保证人户

　贷：逾期贷款——担保垫款——××被保证人户

　　　应收利息——应收××垫款利息——××被保证人户

（四）保函到期或担保的终止

保证期满，商业银行未承担保证责任的，或保证金存款用于保证项下的支付仍有余额的，商业银行应在收回保函后，根据被保证人的请求将款项从相关账户转出。退还时，申请人应提交有关支付票据及进账单一式三联，营业柜台审核无误后，以有关支款凭证作借方记账凭证，进账单第一联加盖“转讫”章退给申请人作回单，第二联作贷方记账凭证，第三联加盖“转讫”章交被担保人。会计分录如下：

借：保证金存款——××申请人户

　贷：吸收存款——××被保证人户

同时，填制表外科目付出凭证，登记表外科目明细账：

付：开出保函——××申请人户

第三节　代理类业务的核算

代理（代销）类业务有很多种，本节重点介绍商业银行常见的代理保险、代理开放式基金、代理国债及代理理财业务的会计核算。

一、代理保险业务的核算

代理保险业务是商业银行各级机构（含代理网点）接受保险公司的委托，向客户提供销售保险产品、代收保险费、代付保险金、代办保全等保险服务，并获取收益的一种经营行为。

代理保险业务保费核算主要包括新契约承保（含个人客户卡折投保、企业客户投保）、批量代扣保险金、批量代付保险金三类业务。

（一）卡折投保业务的核算

本业务包括“新契约承保”和“续期缴费”。核算内容包括个人客户卡折投保/当日撤单、与保险公司结算保费。

1. 个人客户卡折投保及当日撤单业务。

（1）日间个人客户办理新契约投保及续期缴费业务，会计分录为：

借：吸收存款——个人活期存款——××户

　贷：代理业务负债——代理保险——保费资金（××保险公司户）

（2）日间个人客户办理新契约投保取消业务，会计分录为：

借：代理业务负债——代理保险——保费资金（××保险公司户）

　贷：吸收存款——个人活期存款——××户

2. 与保险公司结算保费。日终，商业银行机构将结算归集的保费资金结算至各家保险公司在银行开立的结算账户，会计分录为：

借：代理业务负债——代理保险——保费资金（××保险公司户）

　贷：吸收存款——××保险公司户

（二）企业客户投保业务的核算

企业客户投保业务核算的内容包括企业客户投保、与保险公司结算保费、未投保资金退还给客户三部分。

1.企业客户投保

单位客户将资金转入投保交易机构“代理业务负债——代理保险——客户资金”科目下的内部账户，会计分录分为两种情况：

（1）单位客户在本行开户，会计分录为：

借：吸收存款——单位活期存款——××户

　贷：代理业务负债——代理保险——客户资金（投保交易机构）

（2）单位客户未在本行开户，需从他行将资金转入，会计分录为：

借：跨行清算资金往来——大额支付/小额支付/同城票据清算

　贷：代理业务负债——代理保险——客户资金

2.与保险公司结算保费

日终，将实际投保资金由交易机构“代理业务负债——代理保险——客户资金”科目下的内部账户结算至保费结算行“代理业务负债——代理保险——保费资金”科目下的内部账户，会计分录为：

借：代理业务负债——代理保险——客户资金

　贷：代理业务负债——代理保险——保费资金（××保险公司户）

3.未投保资金的退还

单位客户存入的投保资金，如有多余未用的，需要将未投保资金退还给单位客户。会计分录与投保时相反。

与保险公司结算保费的核算，与卡折投保业务的核算相同。

（三）批量代扣保险金业务的核算

此业务是指批量代扣个人客户的续期保险金等。该业务的会计核算包括批量代扣保险金和与保险公司结算保费两部分。

保险公司系统向代理保险银行发送批扣文件，银行在日终或实时启动批量交易进程，根据文件中的客户账户、扣款金额等信息从个人结算账户批扣资金，会计分录为：

借：吸收存款——个人活期存款——××户

　贷：代理业务负债——代理保险——保费资金（××保险公司户）

与保险公司结算保费的核算同卡折投保部分相同。

（四）批量代付保险金业务的核算

此业务是指向个人结算账户批量存入到期保险金等资金的业务。在保险公司与银行签约自动扣款的情况下，需由保险公司系统向代理保险的银行发送批存文件，银行按照批存资金总额向公司业务系统发起扣款，将批存资金从保险公司开立的结算账户扣划转至“代理业务负债——代理保险——批存资金”科目下的内部账户，会计分录为：

借：吸收存款——保险公司户

贷：代理业务负债——代理保险——批存资金

银行收到扣账成功的信息反馈后，在日终或实时启动批量交易进程，根据文件中的客户账户、存款金额等信息将批存资金分别结算至个人结算账户，会计分录为：

借：代理业务负债——代理保险——批存资金

贷：吸收存款——个人活期存款——××户

（五）手续费收入的核算

银行代理保险业务，需收取手续费。在按期计提手续费时，借记“应收手续费及佣金”科目，贷记“手续费及佣金收入”科目；从保险公司扣收时，借记“吸收存款——保险公司户”科目，贷记“应收手续费及佣金”和“应交税费——应交增值税（销项税额）”科目。

二、代理开放式基金业务的核算

代理开放式基金业务是指商业银行接受基金管理公司的委托，按照委托代理协议办理开放式基金的认购、申购和赎回等业务的经营行为。

（一）基金本金的核算

1.个人客户购买基金的核算

个人客户购买基金时，实时从客户结算账户扣款，并汇总到商业银行总行，会计分录为：

借：吸收存款——个人活期存款——××户

贷：代理业务负债——代理开放式基金——代理开放式基金资金募集户（总行）

个人购买基金撤单或者基金公司确认失败的分录为反向。

2.单位客户购买基金的核算

单位客户购买基金时，也是实时从客户结算账户扣款，并汇总到商业银行总行，会计分录为：

借：吸收存款——单位活期存款——××户

　贷：代理业务负债——代理开放式基金

　　　　　　　　——代理开放式基金资金募集户（总行）

交易失败或者认购失败时，将资金存至客户结算账户，会计分录为反向。

单位购买基金撤单或者基金公司确认失败的分录为反向。

3.总行与基金发行公司结算发行款的核算

在资金交收日，总行将基金发行款通过大额支付系统划到基金公司指定的账户中，会计分录为：

借：代理业务负债——代理开放式基金

　　　　　　　——代理开放式基金资金募集户（总行）

　贷：跨行清算资金往来——大额支付（总行）

（二）代理基金分红或赎回的核算

商业银行代理基金分红和基金赎回，资金流程是相同的。

1.总行收到基金分红或者赎回款，会计分录为：

借：跨行清算资金往来——大额支付（总行）

　贷：代理业务负债——代理开放式基金——代理开放式基金户（总行）

2.个人客户资金于交收日从总行基金分红或者赎回资金中划付到个人结算账户，会计分录为：

借：代理业务负债——代理开放式基金——代理开放式基金户（总行）

　贷：吸收存款——个人活期存款——××户

3.单位客户资金于交收日从总行基金分红或者赎回资金中划付到单位客户结算账户，会计分录为：

借：代理业务负债——代理开放式基金——代理开放式基金户（总行）

　贷：吸收存款——单位活期存款——××户

（三）手续费的核算

1.收取手续费的核算

收取基金手续费，主要有以下两种方式：

（1）基金申购手续费轧差计算。在拨付基金公司申购款时，从客户基金申购款中将手续费剔除，余额直接拨付给基金公司，手续费款项则直接转入待分配手续费分户中，会计分录为：

借：代理业务负债——代理开放式基金

　　　　　　　——代理开放式基金资金募集户（总行）

贷：其他应付款——待分配手续费——中间业务待分配手续费
——开放式基金——开放式基金待分配手续费户（总行）

（2）基金公司划来款项，银行将代理基金各项手续费划到会计处理平台分户中，会计分录为：

借：跨行清算资金往来——大额支付（总行）
贷：其他应付款——待分配手续费——中间业务待分配手续费
——开放式基金——开放式基金待分配手续费户（总行）

2.确认手续费收入

商业银行基金手续费收入的确认，可采取两种模式：总行全部确认收入模式和各机构各自确认模式。

（1）总行全部确认收入，分为两个步骤：

①总行全部确认手续费收入，会计分录为：

借：其他应付款——待分配手续费——中间业务待分配手续费
——开放式基金——开放式基金待分配手续费户（总行）
贷：代理基金买卖业务收入——代理开放式基金买卖业务收入
——代理开放式基金买卖业务收入户（总行）
应交税费——应交增值税（销项税额）

②总行划付二次分配收入。总行扣缴相应税金后，将手续费划拨到各参与分配机构的手续费账户，会计分录为：

借：内部转移支出——开放式基金——开放式基金户（总行）
贷：内部转移收入——开放式基金——开放式基金户（收入确认机构）

（2）各银行机构各自确认手续费收入，会计分录为：

借：其他应付款——待分配手续费——中间业务待分配手续费
——开放式基金——开放式基金待分配手续费户（总行）
贷：代理基金买卖业务收入——代理开放式基金买卖业务收入
——代理开放式基金买卖业务收入户（收入确认机构）
应交税费——应交增值税（销项税额）

三、代理国债业务的核算

代理国债业务是指商业银行为投资者提供的国债认购、付息、兑付等服务。国债是指财政部在中华人民共和国境内发行，通过取得国债承销资格的商业银行面向投资者销售的以电子、凭证方式记录债权的不可流通的人民币债券，包括储蓄国债

（电子式）、凭证式国债两种。

代理国债业务包括代理凭证式国债和代理储蓄国债两部分（因核算流程相近，本节只介绍代理凭证式国债业务），会计核算内容包括发行、提前兑取、到期兑付及手续费收入核算等内容。

（一）代理国债发行的核算

1.客户购买凭证式国债

单位或个人购买凭证式国债，开户银行实时从客户结算账户扣款，会计分录为：

借：吸收存款——单位（个人）活期存款——××户（开户机构）

　贷：代理承销证券款——代理承销凭证式国债款

　　　　　　　　　　——代理承销凭证式国债款户（总行）

2.总行向财政部交付发行款

在缴款日，商业银行总行的会计结算部门将国债发行款从清算业务系统划到财政部指定的账户中，会计分录为：

借：代理承销证券款——代理承销凭证式国债款

　　　　　　　　　——代理承销凭证式国债款户（总行）

　贷：跨行清算资金往来——大额支付（总行）

（二）提前兑取的核算

单位或个人提前兑取国债，商业银行营业网点将兑取资金（本金+利息-手续费）实时转入客户的活期结算账户，会计分录为：

借：代理兑付证券款——代理兑付凭证式国债款

　　　　　　　　　——代理兑付凭证式国债款户（总行）

　贷：吸收存款——单位（个人）活期存款——××户（开户机构）

（三）国债到期兑付的核算

1.总行收到国债到期兑付款

商业银行总行收到财政部划来的到期国债兑付款，会计分录为：

借：跨行清算资金往来——大额支付（总行）

　贷：代理兑付证券款——代理兑付凭证式国债款

　　　　　　　　　　——代理兑付凭证式国债款户（总行）

2.与客户结算国债兑付款

单位或个人客户国债到期兑付款资金从总行直接划付到客户的结算账户中，会计分录为：

借：代理兑付证券款——代理兑付凭证式国债款

　　　　　　　　　——代理兑付凭证式国债款户（总行）

贷：吸收存款——单位活期存款——××活期存款（开户机构）

（四）手续费收入的核算

凭证式国债手续费收入包括：提前兑取手续费、承销手续费和特殊交易手续费。

1.提前兑取手续费

兑取日日终，商业银行总行将个人、单位客户的提前兑取手续费清算至各市县，由各市县分别确认收入，摘要“付代理凭证式国债提前兑取手续费”，会计分录为：

借：代理兑付证券款——代理兑付凭证式国债款
——代理兑付凭证式国债款户（总行）
贷：代理证券买卖业务收入——代理凭证式国债业务收入
——代理凭证式国债业务收入户（收入确认机构）
应交税费——应交增值税（销项税额）

2.承销手续费

（1）财政部划付代理凭证式国债各项手续费，会计分录为：

借：跨行清算资金往来——大额支付（总行）
贷：其他应付款——待分配手续费——中间业务待分配手续费
——凭证式国债——凭证式国债待分配手续费户（总行）

（2）凭证式国债手续费分配支持两种模式，由总行业务部门根据需要选择。

①总行全部确认收入模式：

- 业务系统发起，总行全部确认手续费收入，会计分录为：

借：其他应付款——待分配手续费——中间业务待分配手续费
——凭证式国债——凭证式国债待分配手续费户（总行）
贷：代理证券买卖业务收入——代理凭证式国债业务收入
——代理凭证式国债业务收入户（总行）
应交税费——应交增值税（销项税额）

- 随后，总行对凭证式国债手续费（扣除税金及附加）进行二次分配。

借：内部转移支出——凭证式国债——凭证式国债户（总行）
贷：内部转移收入——凭证式国债——凭证式国债户（收入确认机构）

②总行、一级分行、一级支行各自确认收入模式：

确认收入时，会计分录为：

借：其他应付款——待分配手续费——中间业务待分配手续费
——凭证式国债——凭证式国债待分配手续费户（总行）

贷：代理证券买卖业务收入——代理凭证式国债业务收入

——代理凭证式国债业务收入户（收入确认机构）

应交税费——应交增值税（销项税额）

3.特殊交易手续费

单位或个人客户发生特殊交易手续费（如挂失手续费）的，营业网点从客户账户中实时扣除，由交易机构确认收入，会计分录为：

借：吸收存款——单位（个人）活期存款——××户（开户机构）

贷：其他手续费收入——代理业务特殊手续费收入（交易机构）

应交税费——应交增值税（销项税额）

四、代理人民币理财业务的核算

代理人民币理财业务是指商业银行接受金融同业的委托，代销其理财产品的业务。

（一）本金的核算

1.代理理财产品发行的核算。单位或个人客户购买人民币理财产品，商业银行营业机构实时从客户结算账户扣款，会计分录为：

借：吸收存款——单位（个人）活期存款——××户（开户机构）

贷：代理业务负债——代理人民币理财——代理人民币理财户（总行）

2.总行向人民币理财产品公司交付发行款。缴款日，商业银行总行将人民币理财产品发行款划到人民币理财合同签约机构指定的账户中，会计分录为：

借：代理业务负债——代理人民币理财——代理人民币理财户（总行）

贷：跨行清算资金往来——大额支付（总行）

3.商业银行总行资金运作部门可以自主使用资金运作理财产品（即非代售其他公司的理财产品）。理财产品起息日，总行会计部门根据理财产品销售部门（代理托管部）提供的资金划转凭证进行资金划转，会计分录为：

借：代理业务负债——代理人民币理财——代理人民币理财户（总行）

贷：其他应付款——理财（总行）

4.总行资金运作部门按照合约进行理财投资。商业银行总行资金运作人员应严格将自有资金投资和理财投资区分标记，提供理财投资划款凭证，交由总行会计部门进行资金划转，会计分录为：

借：其他应付款——理财（总行）

贷：跨行清算往来——大额支付（总行）

另外，还应由托管系统计算相应的理财产品运作投资本金及投资收益明细。

（二）分红、提前赎回和到期赎回的核算

1.总行收到人民币理财公司划来的产品分红、提前赎回或者到期赎回款，会计分录为：

借：跨行清算资金往来——大额支付（总行）

贷：代理业务负债——代理人民币理财——代理人民币理财户（总行）

2.对于商业银行自主理财投资收息或者到期等业务，收到款项时，资金运作部门提供相应的单据给清算人员，确保资金划入理财户中，会计分录为：

借：跨行清算往来——大额支付（总行）

贷：其他应付款——理财（总行）

3.在理财产品终止投资日（赎回）、分红日，对于商业银行自主运作的理财产品，总行资金运作部门提供划转凭证给总行清算人员，用于总行资金的划转或者系统自动划拨相应的本金及待分配手续费，会计分录为：

借：其他应付款——理财（总行）

贷：代理业务负债——代理人民币理财——代理人民币理财户（总行）

（或）其他应付款——待分配手续费——中间业务待分配手续费

——人民币理财（总行）

（或）其他应付款——待分配手续费——中间业务待分配手续费

——托管业务（总行）

4.单位或个人客户的资金于交收日从总行人民币理财产品赎回资金中划付，存入客户结算账户，会计分录为：

借：代理业务负债——代理人民币理财——代理人民币理财户（总行）

贷：吸收存款——单位（个人）活期存款——××户（开户机构）

（三）手续费收入的核算

人民币理财产品手续费的核算内容，包括总行收取理财手续费和手续费分配。

1.人民币理财产品公司划付代理人民币理财产品各项手续费，总行收到手续费资金，或者扣取客户认购与申购理财产品手续费，会计分录为：

借：跨行清算资金往来——大额支付（总行）

（或）代理业务负债——代理人民币理财——代理人民币理财户（总行）

贷：其他应付款——待分配手续费——中间业务待分配手续费

——人民币理财——人民币理财待分配手续费户（总行）

2.人民币理财产品手续费分配可使用两种模式，由总行业务部门确定。

（1）总行全部确认收入模式

①总行确认手续费收入时，会计分录为：

借：其他应付款——待分配手续费——中间业务待分配手续费

——人民币理财——人民币理财待分配手续费户（总行）

贷：代理理财买卖业务收入——代理人民币理财买卖业务收入

——代理人民币理财买卖业务收入户（总行）

应交税费——应交增值税（销项税额）

②总行对人民币理财产品收入进行二次分配，向总行资金运作中心以及各一级分行、二级分行、一级支行划付二次分配收入时，会计分录为：

借：内部转移支出——人民币理财——人民币理财户（总行）

贷：内部转移收入——人民币理财——人民币理财户（转入机构）

（2）总行、一级分行、二级分行、一级支行各自确认模式

各级机构确认收入时，会计分录为：

借：其他应付款——待分配手续费——中间业务待分配手续费

——人民币理财——人民币理财待分配手续费户（总行）

贷：代理理财买卖业务收入——代理人民币理财买卖业务收入

——代理人民币理财买卖业务收入户（收入确认机构）

应交税费——应交增值税（销项税额）

五、托管业务的核算

托管业务的核算包括资金托管和资产托管交易的核算。资金托管分为交易资金托管和专项资金托管。其中，交易资金托管业务包括大宗商品电子交易市场客户保证金托管、非金融机构支付企业客户备付金存管、存量房交易资金托管等。各种托管业务的会计核算基本类似，现以存量房交易资金托管业务为例进行核算。

存量房交易资金托管业务需要开办分行以二级分行的名义在公司系统开立资金托管专户（实体户），用于资金的归集、统计、控制。

（一）资金存入的核算

1.按照合约，相应扣取个人客户款项，会计分录为：

借：吸收存款——个人活期存款——××户（开户机构）

贷：代理业务负债——托管业务款——资金托管业务（总行）

发送结算文件，会计分录为：

借：代理业务负债——托管业务款——资金托管业务（总行）

贷：吸收存款——单位活期存款

——××户（开户机构）托管业务专户或者住建委账户

贷：托管业务收入——交易资金托管业务收入（交易行）

应交税费——应交增值税（销项税额）

2.按照合约划转公司客户款项。如果没有手续费，公司客户可以直接归入托管专户或者直接归入住建委在银行开立的公司账户，会计分录为：

借：吸收存款——单位活期存款——××户（开户机构）

贷：吸收存款——单位活期存款

——××户（开户机构）托管专户或者住建委账户

如果交易过程有手续费，则需要通过“总行代理业务负债——托管业务款”科目进行过渡，通过“网点柜面本地行内企事业单位人民币对公入账汇款转账”，之后进行结算，相应归入托管专户或者住建委账户，同时确认托管业务收入，会计分录同1。

（二）资金支付的核算

按照合约将款项付给第三方时，需要预先垫付款项，会计分录为：

借：代理业务负债——托管业务款——资金托管业务（总行）

贷：吸收存款——单位（个人）活期存款——××户（开户机构）

日终，从托管专户中将扣款资金补齐，会计分录为：

借：吸收存款——单位活期存款

——××户（开户机构）托管专户或者住建委账户

贷：代理业务负债——托管业务款——资金托管业务（总行）

（三）资金退回的核算

资金存入后，由于某些原因需要将其退还给原客户时，会计分录同资金支付交易。

此外，资金托管专户在存续期间产生的活期利息，由总行开立的资金托管业务户预先支付。季末结息时，由托管业务系统发起，从各分行托管专户将利息划回总行托管业务户，以补足预先支付的利息。

第四节 承诺类业务的核算

承诺类业务是指商业银行在未来某一日期按照事前约定的条件向客户提供约定信用的业务，主要包括贷款承诺、信贷证明、贷款意向书、意向性信贷额度、贷款回购协议、票据发行便利等业务。下面将简要介绍贷款承诺和信贷证明业务。

一、贷款承诺

（一）贷款承诺概述

1.贷款承诺的种类

贷款承诺分为可撤销承诺和不可撤销承诺。

（1）可撤销承诺。这种承诺附有客户在取得贷款前必须履行的特定条款。如果在银行承诺期间及实际贷款期间发生客户信用等级降低的情况，或客户没有履行特定条款，则银行可撤销该项承诺。可撤销承诺包括透支和信用额度。

（2）不可撤销承诺。它是指银行未经客户允许不得随意取消的贷款承诺。不可撤销承诺包括商业票据备用信用额度、循环信用额度、回购协议、票据发行便利等。

2.贷款承诺书的出具

（1）贷款承诺书的出具必须是在贷款项目批准之后，未经省分行贷款审批会议正式审批决策的项目不得对外出具承诺书。

（2）贷款承诺书一般由省级分行统一对外出具，同时抄送本行信贷部门和项目所在二级分行；属于高风险范围的，应抄送本行信贷风险管理部门，超过省级分行信贷授权的报总行审批。二级分行及其下属机构不得以任何名义对外出具贷款承诺书。

（3）贷款承诺书是严肃的法律文件，会带来相应的民事法律后果，要谨慎办理，不得为争办项目而违反规定，盲目对外出具贷款承诺书。

3.贷款承诺的变更

贷款项目终审后，由审批行下达信贷审批结论通知，同意出具贷款承诺书的，由有权签发的部门签发贷款承诺书。在贷款承诺有效期内，如发现借款人或建设项目情况发生较大变化，影响到贷款的安全，银行有权终止贷款承诺。

（二）贷款承诺的业务核算

贷款承诺业务核算的内容主要是贷款承诺书的出具和承诺费的收取。

1.出具贷款承诺书的核算

在银行出具贷款承诺书后，银行就承担了承诺的义务，在承诺期内要按照协议发放贷款。对于此承诺后果，银行应设置“贷款承诺”账户进行表外核算。“贷款承诺”账户核算银行因为与客户签订协议或意向而在一定时期内可能发放的贷款。本科目可以按照客户单位进行明细核算。

银行与客户签订贷款承诺书或增加贷款额度时，按契约金额记录：

收：贷款承诺——××户

履行承诺、减少额度或因故撤销贷款承诺时，按照减少金额记录：

付：贷款承诺——××户

2.收取承诺费的核算

银行按照承诺贷款的一定比例收取手续费时，按收费金额入账，会计分录为：

借：吸收存款——××户

贷：中间业务收入（或手续费及佣金收入）——贷款承诺手续费
　　应交税费——应交增值税（销项税额）

二、信贷证明

（一）信贷证明业务概述

银行信贷证明系指根据授信申请企业的要求，在其参与工程等项目建设的资格预审、投标、履约时，向银行提出申请，经银行评审同意后，由银行出具的一种融资证明，旨在证明申请人在承包工程中有能力从银行获得必要的信贷支持。信贷证明往往被要求与投标或履约保函一并出具。

信贷证明业务应纳入银行综合授信管理范围，实行综合授信额度管理。每笔信贷证明的金额一般为项目总金额的10%，最高不超过项目总金额的30%。信贷证明的期限最长不得超过3年。信贷证明的币种为人民币或开具证明行国际结算可受理的外币币种，信贷证明的收费标准为年费率0.1%～0.45%，各行可自行决定按季、半年或一次性收取，第一笔收费时间应在信贷证明开具之前。项目开标后，如申请人未中标，已收取的费用不再退回。

（二）信贷证明的核算

信贷证明的核算主要是信贷证明的出具和信贷证明的终止或撤销。

1.信贷证明的出具

客户向银行提出申请，提交“银行信贷证明业务申请书”和银行规定的材料。银行按授信审查要求对其进行调查，并将调查情况和初审意见及有关业务资料送授信管理部门审核，复审同意后出具信贷证明，会计分录为：

收：信贷证明

同时，按照协议收取手续费，会计分录为：

借：吸收存款——申请单位户

贷：中间业务收入（或手续费及佣金收入）——信贷证明手续费
　　应交税费——应交增值税（销项税额）

在信贷证明有效期内，如发生信贷证明项下的贷款需求，银行应在履行义务前30天按流动资金贷款要求重新评估项目的风险和还款来源，审查并落实贷款担保，按贷款审批权限和审批程序报批准后办理。

2.信贷证明的终止

信贷证明提前解除后应及时向客户收回信贷证明正本。信贷证明到期或银行履行完信贷证明项下的有关义务后一周内，无论信贷证明正本是否收回，经办人都应填写“信贷证明核销凭证”，办妥信贷证明核销手续，会计分录为：

付：信贷证明

本章小结

1.商业银行中间业务包括支付结算类业务、银行卡业务、代理类业务、担保类业务、承诺类业务、交易类业务、基金托管业务、信息咨询类业务和其他类中间业务。

2.商业银行中间业务一般不占用银行资金，通过收取手续费的方式获取收益，形成非利息收入。

3.本章重点介绍了代理类业务、担保类业务和承诺类业务等传统中间业务的会计核算。

关键概念

中间业务　表外业务　担保业务　代理业务　承诺业务

思考与应用

1.简述中间业务的含义和特点。

2.商业银行中间业务的组成如何？哪些属于传统中间业务？

3.简述代理类业务的组成和会计核算的特点。

第八章 证券公司会计

学习目标

1.了解证券公司的主要业务

2.掌握自营证券业务的种类和财务核算

3.掌握代理买卖证券、代理兑付证券等证券经纪业务的会计核算

4.掌握以全额承购包销、余额承购包销和代销方式承购证券业务的会计核算

第一节 证券公司业务概述

一、证券的定义和证券市场

证券是指各类记载并代表一定权利的法律凭证，用以证明持有人有权依其所持凭证记载的内容取得应有的权益。有价证券是指标明票面金额、证明持有人有权按期取得一定收入并可自由转让和买卖的所有权或债权凭证。

证券市场是股票、债券、投资基金等有价证券发行和交易的场所。从广义上讲，证券市场是指一切以证券为对象的交易关系的总和，是通过自由竞争的方式，根据供求关系决定有价证券价格的一种交易机制。证券市场是为解决资本的供求矛盾而产生的，是经济发展到一定阶段的产物。它解决了投资需求和筹资需求的对接问题，从而有效地化解了资本的供求矛盾。

二、证券公司及其主要业务

证券公司是指依照《公司法》和《证券法》的规定设立并经国务院证券监督管理机构审查批准而成立的专门经营证券业务的有限责任公司或者股份有限公司。证券公司不仅是证券市场上最重要的中介机构，也是证券市场的主要参与者。它承担

着代理证券发行、代理证券买卖、资产管理以及证券咨询等重要职能。

证券公司应该根据经批准从事的业务范围，按照《企业会计准则》的有关规定，进行相关业务的会计核算。根据我国《证券法》的规定，证券公司经国务院证券监督管理机构核准，取得经营证券业务许可证，可以经营下列部分或者全部证券业务：证券经纪；证券投资咨询；与证券交易、证券投资活动有关的财务顾问、证券承销与保荐；证券融资融券；证券做市交易；证券自营；其他证券业务等。

其中，证券公司经营证券资产管理业务的，应当符合《中华人民共和国证券投资基金法》等法律、行政法规的规定。《证券法》也规定，除证券公司外，任何单位和个人不得从事证券承销、证券保荐、证券经纪和证券融资融券业务。证券公司从事证券融资融券业务，应当采取措施，严格防范和控制风险，不得违反规定向客户出借资金或者证券。

下面具体介绍其中证券自营、证券经纪和证券承销业务的核算。

第二节 自营证券业务的核算

一、自营证券业务概述

自营证券业务是证券公司为本公司买卖证券、赚取差价并承担相应风险的行为。自营证券业务包括买入证券和卖出证券。

公司自营买入的证券，应按取得时的公允价值计价。公允价值发生变动的，应于会计期末按公允价值调整账面价值。公司自营卖出的证券，应在与证券交易所清算时，按成交价扣除相关税费后的净额确认收入。

二、主要会计科目及核算内容

自营证券业务会计科目及其核算内容见表8-1。

三、自营证券买入的核算

证券公司买入证券后，应根据《企业会计准则第22号——金融工具确认和计量》的规定，按持有意图对其进行分类。

证券公司的买入证券可以划分为以公允价值计量且其变动计入当期损益的金融资产和以公允价值计量且其变动计入其他综合收益的金融资产。以公允价值计量且其变动计入当期损益的金融资产包括交易性金融资产和指定为以公允价值计量且其变动计入当期损益的金融资产。

表8-1 **自营证券业务会计科目及其核算内容**

名称		主要核算内容
资产类	结算备付金	核算证券公司为证券交易的资金清算与交收而存入指定清算代理机构的款项。本科目下设置“自有”和“客户”两个明细科目。“自有”明细科目核算公司为自营证券交易等业务的资金清算与交收而存入指定清算代理机构的款项
	交易性金融资产	核算证券公司为交易目的持有的债券投资、股票投资、基金投资、权证投资等交易性金融资产的公允价值。证券公司持有的直接指定为以公允价值计量且其变动计入当期损益的金融资产，也在该科目核算
	其他债权投资	核算证券公司持有的以公允价值计量且其变动计入其他综合收益的债权类金融资产的公允价值增减变动及结余
	其他权益工具投资	核算证券公司持有的以公允价值计量且其变动计入其他综合收益的非交易性权益工具投资的公允价值增减变动及结余
损益类	投资收益	核算证券公司自营证券业务确认的投资收益或投资损失。债券投资期间取得的利息收入，可在“利息收入”科目核算
	资产减值损失	核算证券公司根据资产减值等准则计提各项资产减值准备所形成的损失

（一）买入时划为交易性金融资产的核算

金融资产满足下列条件之一的，应当划为交易性金融资产：

第一，取得该金融资产的目的主要是近期内出售或回购。

第二，属于进行集中管理的可辨认金融工具组合的一部分，且有客观证据表明企业近期采用短期获利的方式对该组合进行管理。

第三，属于衍生工具，但是，被指定为有效套期工具的衍生工具、属于财务担保合同的衍生工具、与在活跃市场中没有报价且其公允价值不能可靠计量的权益工具投资挂钩并需通过交付该权益工具结算的衍生工具除外。

1.向清算代理机构存入资金。进行自营证券的买卖，需要通过清算代理机构进行结算。证券公司将自有资金存入清算代理机构时，按实际存入金额入账，会计分录为：

借：结算备付金——自有

　贷：银行存款

从清算代理机构收回资金时，做相反的会计分录。

2.初始确认。证券公司取得交易性金融资产，在初始确认时，按照公允价值入账，发生的相关交易费用直接计入当期损益。支付的价款中如果有已宣告但尚未发放的现金股利或已到付息期但尚未领取的利息，作为应收股利或应收利息反映，按照实际支付的金额，减少结算备付金的余额。会计分录为：

借：交易性金融资产——成本

　　投资收益

　　应收股利（或应收利息）

　贷：结算备付金——自有

3.收到属于取得交易性金融资产支付价款中包含的已宣告发放的现金股利或债券利息时，会计分录为：

借：结算备付金——自有

　贷：应收股利（或应收利息）

4.交易性金融资产持有期间被投资单位宣告发放的现金股利或在资产负债表日按分期付息、一次还本债券投资的票面利率计算的利息，被确认为投资收益，会计分录为：

借：应收股利（或应收利息）

　贷：投资收益

5.实际收到现金股利或应收利息时，会计分录为：

借：银行存款

　贷：应收股利（或应收利息）

6.在资产负债表日，交易性金融资产公允价值变动形成的利得或损失，计入当期损益。

（1）交易性金融资产的公允价值高于其账面余额的，按其差额借记“交易性金融资产——公允价值变动”科目，会计分录为：

借：交易性金融资产——公允价值变动

　贷：公允价值变动损益

（2）低于其账面余额的，按其差额做相反的会计分录。

（二）买入时划为以公允价值计量且其变动计入其他综合收益的金融资产的核算

1.初始确认。

（1）其他权益工具投资。证券公司取得其他权益工具投资时，将其公允价值与交易费用之和作为初始入账金额；支付的价款中包含的已宣告但尚未发放的现金股利，应单独确认为应收项目，按照实际支付的金额，减少结算备付金的金额。会计分录为：

借：其他权益工具投资——成本

应收股利

贷：结算备付金——自有

（2）其他债权投资。由于债券票面利率和实际利率的差异，债券的公允价值与其面值可能不相等。因此，在会计处理上，一方面应在“其他债权投资——面值”科目中反映债券的面值，另一方面应用“其他债权投资——利息调整”科目将面值调整为公允价值。对支付的价款中包含的已到付息期但尚未领取的债券利息，应确认为应收利息，按照实际支付的金额，减少结算备付金的金额。在初始确认时，会计分录为：

借：其他债权投资——成本

应收利息

借或贷：其他债权投资——利息调整

贷：结算备付金——自有

2.证券公司收到属于取得其他债权投资支付价款中包含的已宣告发放的现金股利或债券利息时，会计分录为：

借：结算备付金——自有

贷：应收股利（或应收利息）

3.证券公司取得的可供出售权益工具，在持有期间被投资单位宣告发放现金股利时，证券公司按应享有的份额确认收益。会计分录为：

借：应收股利

贷：投资收益

4.证券公司取得的其他债权投资，在持有期间计提的利息，应当确认为投资收益。证券公司应当按照摊余成本和实际利率计算确定投资收益。

（1）资产负债表日，其他债权投资为分期付息、一次还本债券投资的，按票面利率计算确定的应收未收利息，借记“应收利息”科目；按其他债权投资的摊余成本和实际利率计算确定的利息收入，贷记“投资收益”科目；按其差额，借记或贷记“其他债权投资——利息调整”科目。会计分录为：

借：应收利息

借或贷：其他债权投资——利息调整

贷：投资收益

（2）其他债权投资为一次还本付息债券投资的，应于资产负债表日按票面利率计算确定的应收未收利息，借记“其他债权投资——应计利息”科目；按其他债权投资的摊余成本和实际利率计算确定的利息收入，贷记“投资收益”科目；按其差额，借记或贷记“其他债权投资——利息调整”科目。会计分录为：

借：其他债权投资——应计利息

借或贷：其他债权投资——利息调整

　贷：投资收益

5.实际收到现金股利或应收利息时，会计分录为：

借：银行存款

　贷：应收股利（或应收利息）

6.资产负债表日，其他债权投资应当以公允价值计量，且其公允价值变动计入其他综合收益。

资产负债表日，其他债权投资的公允价值高于其账面余额的，按其差额做会计分录：

借：其他债权投资——公允价值变动

　贷：其他综合收益

低于其账面余额的，按其差额做相反的会计分录。

四、自营证券卖出的核算

（一）出售交易性金融资产的核算

处置交易性金融资产时，其公允价值与账面余额之间的差额应确认为投资收益；同时，将原计入该交易性金融资产的公允价值变动转出，计入投资损益。会计分录为：

借：结算备付金——自有

借或贷：投资收益

　贷：交易性金融资产

同时，

借或贷：公允价值变动损益

　贷或借：投资收益

　贷：应交税费——应交增值税（销项税额）

（二）出售以公允价值计量且变动计入其他综合收益的金融资产的核算

以公允价值计量且其变动计入其他综合收益的金融资产投资出售时，依据不同种类的金融资产，其会计处理分别为：

1.出售其他债权投资时，应转销其他债权投资的账面价值，其公允价值与账面价值之间的差额应确认为投资收益，同时将之前计入其他综合收益的累积利得或损失转出，计入当期损益（投资收益）。

2.出售其他权益工具投资时，应转销其他权益工具投资的账面价值，其公允价值与账面价值之间的差额应确认为留存收益，同时将之前计入其他综合收益的累积利得或损失转出，计入留存收益（盈余公积和未分配利润）。

【例8-1】在某证券公司的自营证券中，W股票被作为交易性金融资产进行核算和管理，年初结存的数量为60万股，成本账户余额6 500 000元，公允价值变动账户余额20 000元；本月6日购进20万股，支付价款2 200 000元；本月15日购进20万股，支付价款2 300 000元；本月28日售出70万股，获取价款8 300 000元。

出售证券时，自营证券成本结转的会计分录为：

借：结算备付金——自有　　8 300 000

　贷：交易性金融资产——成本（6 500 000+2 200 000×10÷20）　　7 600 000

　　　　　　　　——公允价值变动　　20 000

　　投资收益　　680 000

借：公允价值变动损益　　20 000

　贷：投资收益　　20 000

【例8-2】在上例中，本月28日售出证券100万股，获取价款12 000 000元，其他资料不变。会计分录为：

借：结算备付金——自有　　12 000 000

　贷：交易性金融资产——成本（6 500 000+2 200 000+2 300 000）

　　　　　　　　11 000 000

　　　　　　　　——公允价值变动　　20 000

　　投资收益　　924 528.30

　　应交税费——应交增值税（销项税额）　　55 471.70

借：公允价值变动损益　　20 000

　贷：投资收益　　20 000

第三节　证券经纪业务的核算

证券经纪业务又称代理买卖证券业务，是指证券公司接受客户的委托，代客买卖有价证券的行为。证券经纪业务是证券公司最基本的一项业务。证券公司作为中介人，只是根据委托人对证券品种、价格和交易数量的委托办理证券交易事宜。

证券经纪业务主要有代理买卖证券、代理兑付证券、代为保管证券等。证券公司从事经纪业务收取的手续费，是证券公司营业收入的主要部分。

一、主要会计科目及核算内容

证券经纪业务会计科目及其核算内容见表8-2。

表8-2　　证券经纪业务会计科目及其核算内容

名称		主要核算内容
资产类	结算备付金	核算内容见表8-2。设置"客户"明细科目，核算证券公司代理客户进行证券交易等业务的资金清算与交收而为客户存入指定清算代理机构的款项
	代理兑付证券	核算证券公司接受委托代理兑付到期的证券
	证券清算款	因证券交易与清算代理机构办理资金清算的款项等，可以单独设置"证券清算款"科目
负债类	代理买卖证券款	核算代理客户买卖股票、债券和基金等有价证券而收到的款项，核算代理客户认购新股的款项、代理客户领取的现金股利和债券利息、代理客户向证券交易所支付的配股款等
	代理兑付证券款	核算证券公司受托代理兑付证券收到的兑付资金

二、证券经纪业务的核算内容

（一）资金专户的核算

证券公司代理客户进行证券买卖，客户将款项交存证券公司，证券公司应设立资金专户，将代理买卖证券款与证券公司自有资金严格区分使用，不得随意挪用和占用客户资金。

1.客户开设资金专户并交来款项时，会计分录为：

借：银行存款

　贷：代理买卖证券款

2.客户日常存款的会计分录与上述交来款项的会计分录相同，取款的会计分录则相反。

3.客户结息销户时，先要结清利息，会计分录为：

借：应付款项——应付客户资金利息

　贷：银行存款

提款销户时，会计分录为：

借：代理买卖证券款

　贷：银行存款

4.按季计提客户存款利息时，会计分录为：

借：利息支出

贷：应付款项——应付客户资金利息

客户资金专户统一结息时，会计分录为：

借：应付款项——应付客户资金利息（已提利息部分）

利息支出（未提利息部分）

贷：代理买卖证券款

5. 证券公司为客户在证券交易所开设清算资金专户时，会计分录为：

借：结算备付金——客户

贷：银行存款

（二）代理买卖证券的核算

代理买卖证券是证券公司代理客户进行证券买卖的业务。证券公司代理客户买卖证券收到的代理买卖证券款，必须全额存入指定的在商业银行开设的资金专户，不能与证券公司的存款混淆。证券公司在收到代理客户买卖证券款项的同时，还应当确认一项负债，与客户进行相关的结算。

1. 证券公司接受客户的委托，通过证券交易所代理买卖证券，与客户清算时，如果买入证券的成本总额大于卖出证券的成交总额，会计分录为：

借：代理买卖证券款（买卖证券成交价的差额，加代扣代收的交易税费和应向客户收取的佣金等手续费）

手续费及佣金支出——代买卖证券手续费支出（公司应负担的交易费用）

贷：结算备付金（买卖证券成交价的差额，加代扣代缴的印花税费和公司应负担的交易费）

手续费及佣金收入——代买卖证券手续费收入（向客户收取的佣金等手续费）

应交税费——应交增值税（销项税额）

2. 证券公司接受客户的委托，通过证券交易所代理买卖证券，与客户清算时，如果卖出证券的成本总额大于买入证券的成交总额，会计分录为：

借：结算备付金（买卖证券成交价的差额，减代扣代缴的印花税费和公司应负担的交易费用）

手续费及佣金支出——代买卖证券手续费支出（公司应负担的交易费用）

应交税费——应交增值税（销项税额）

贷：代理买卖证券款（买卖证券成交价的差额，减代扣代缴的交易税费和应向客户收取的佣金等手续费）

手续费及佣金收入——代买卖证券手续费收入（向客户收取的佣金等手续费）

应交税费——应交增值税（销项税额）

（三）代理认购新股的核算

1.代客户认购新股，收到客户认购款时，会计分录为：

借：银行存款——客户

贷：代理买卖证券款

2.将款项划付给清算代理机构时，会计分录为：

借：结算备付金——客户

贷：银行存款——客户

3.客户办理申购手续，在证券公司与证券交易所清算时，会计分录为：

借：代理买卖证券款

贷：结算备付金——客户

4.证券交易所完成中签认定工作，将未中签的资金退给客户时，会计分录为：

借：结算备付金——客户

贷：代理买卖证券款

5.证券公司将未中签的款项划回时，会计分录为：

借：银行存款——客户

贷：结算备付金——客户

6.证券公司将未中签的款项退给客户时，会计分录为：

借：代理买卖证券款

贷：银行存款——客户

（四）代理配股派息的核算

1.代理配股派息分当日配股和定期配股。

（1）当日向证券交易所解缴配股款的，客户提出配股要求时，证券公司的会计分录为：

借：代理买卖证券款

贷：结算备付金——客户

（2）定期向证券交易所解交配股款的，客户提出配股要求时，证券公司的会计分录为：

借：代理买卖证券款

贷：其他应付款——应付客户配股款

与证券交易所清算配股款时，按配股金额，证券公司作如下分录：

借：其他应付款——应付客户配股款

贷：结算备付金——证券公司

2.代理客户领取现金股利和利息时，会计分录为：

借：结算备付金——客户
　贷：代理买卖证券款
3.证券公司按规定向客户统一结息时，会计分录为：
借：利息支出
　贷：代理买卖证券款
（五）代理兑付证券的核算
1.接受委托代国家或企业兑付到期的无记名债券。
（1）收到委托单位的兑付资金时，会计分录为：
借：银行存款
　贷：代理兑付证券款
（2）收到客户交来的实物债券时，会计分录为：
借：代理兑付证券
　贷：银行存款
（3）向委托单位交回已兑付的实物债券时，会计分录为：
借：代理兑付证券款
　贷：代理兑付证券
（4）如果委托单位尚未拨付兑付资金，并由证券公司垫付，收到兑付债券时，会计分录为：
借：代理兑付证券
　贷：银行存款
（5）向委托单位交回已兑付的证券并收回垫付的资金时，会计分录为：
借：银行存款
　贷：代理兑付证券
（6）收到代兑付手续费收入时，会计分录为：
借：银行存款
　贷：手续费及佣金收入——代理兑付证券手续费收入
　　　应交税费——应交增值税（销项税额）
2.接受委托代国家或企业兑付到期的记名债券。
（1）收到委托单位的兑付资金时，会计分录为：
借：银行存款
　贷：代理兑付证券款
（2）兑付债券本息时，会计分录为：
借：代理兑付证券款

贷：银行存款

3.证券公司收取的代兑付手续费收入。

（1）如果向委托单位单独收取，核算应收或已收的手续费时，会计分录为：

借：应收款项

　　银行存款

　贷：手续费及佣金收入——代理兑付证券手续费收入

　　　应交税费——应交增值税（销项税额）

（2）如果手续费与兑付款一并汇入，会计分录为：

借：结算备付金

　贷：代理兑付证券款

　　　其他应付款——预收代理兑付证券手续费

（3）兑付债券业务完成后，确认手续费收入时，会计分录为：

借：其他应付款——预收代理兑付证券手续费

　贷：手续费及佣金收入——代理兑付证券手续费收入

　　　应交税费——应交增值税（销项税额）

第四节　证券承销业务的核算

证券承销业务是指证券公司在一级市场接受发行单位的委托，代为办理发售各类证券的业务，如代国家发售国库券、国家重点建设债券，代企业发行集资债券和股票、基金等。

一、主要会计科目及核算内容

证券承销业务会计科目及其核算内容见表8-3。

表8-3　证券承销业务会计科目及其核算内容

名称		主要核算内容
资产类	交易性金融资产	证券公司接受委托采用全额承购包销方式承销的证券，以及采用余额承购包销方式承销的证券、承购的证券，应在收到证券时，对其进行分类。如划分为以公允价值计量且其变动计入当期损益的金融资产，应在“交易性金融资产”科目核算；如划为以公允价值计量且其变动计入其他综合收益的金融资产，应在“债权投资”或“其他权益工具投资”科目核算。科目核算内容见表 8-2
	其他债权投资	
	其他权益工具投资	
负债类	代理承销证券款	核算证券公司接受委托，采用余额承购包销方式或代销方式承销证券所形成的、应付给证券发行人的承销资金

二、证券承销业务类型和核算

证券公司的证券承销业务主要有全额承购包销、余额承购包销和代销三种。

(一) 全额承购包销

全额承购包销是指证券公司与证券发行单位签订合同或协议，由证券公司按合同或协议确定的价格将证券从发行单位购进，并随即向发行单位支付全部款项，然后按一定价格在证券一级市场发售的一种代理发行方式。证券公司主要是从中赚取证券发售价格与证券承购价格的差价。

证券公司在按承购价格购入待发售的证券时，确认为一项金融资产；将证券转售给投资者时，按发行价格进行价款结算，按已发行证券的承购价格结转代发行证券的成本并确认投资收益。发行期结束后，如有未售出的证券，应按自营证券进行核算与管理。

1. 认购证券。证券公司根据合同或协议按承购价认购全部证券，并向委托发行单位支付全部证券款项时，会计分录为：

借：交易性金融资产（或其他相关科目）

　贷：银行存款

2. 发售证券。证券公司将证券向市场发售或转售给投资者，按发行价核算；同时，按照承购价结转售出证券的账面价值，其差额确认为投资收益。会计分录为：

借：银行存款

　贷：交易性金融资产（或其他相关科目）

　　投资收益

　　应交税费——应交增值税（销项税额）

3. 未售证券转自营。发行期结束后，未售出的证券按自营证券进行管理，按照自营证券的有关规定进行会计核算。

(二) 余额承购包销

余额承购包销是指发行人委托承销机构在约定期限内发行证券，到销售截止日期，未售出的余额由承销商按协议价格认购。

证券公司收到代发行单位发售的证券时，在备查簿中进行登记。在证券承销期内，按承销价格销售证券。承销期结束后，与发行单位结算承销证券款项和手续费，如果有未发售完的证券，按规定由企业认购。

代发行证券收取的手续费，应于发行期结束后，与发行单位结算发行价款时确认为手续费及佣金收入。

1.承销无记名证券的核算。

（1）收到委托发行的证券。证券公司收到委托单位委托发行的证券时，应作为重要凭证保管，并在备查簿中进行登记。

（2）承销期内发售证券。在约定的期限内售出证券时，按承销价格记账，会计分录为：

借：银行存款（或库存现金）

　贷：代理承销证券款

（3）承销期结束后，认购未售证券。承销期结束后，对未售出的证券，应按承销价格认购，会计分录为：

借：交易性金融资产（或其他相关科目）

　贷：代理承销证券款

（4）承销期结束后划转销售款项。承销期结束后，将募集资金交付给委托单位并收取手续费。按承销价格，借记“代理承销证券款”科目；按实际支付给委托单位的金额，贷记“银行存款”科目；按应收取的手续费，贷记“手续费及佣金收入”科目；同时，冲销备查簿中登记的承销证券。会计分录为：

借：代理承销证券款

　贷：银行存款

　　手续费及佣金收入——代承销证券手续费收入

　　应交税费——应交增值税（销项税额）

2.承销记名证券的核算。

（1）上网发行证券。证券公司通过证券交易所上网发行证券的，在证券上网发行日，根据承销合同或协议确认的证券发行总额，按承销价格，在备查簿中记录承销证券的情况。

（2）交割清算。与证券交易所交割清算时，按实际收到的金额，借记“结算备付金”等科目，贷记“代理承销证券款”科目。

（3）承销期结束后划转销售款项。承销期结束后，将承销证券款项交付给委托单位并收取承销手续费时，按承销价款，借记“代理承销证券款”科目；按应收取的承销手续费，贷记“手续费及佣金收入”科目；按实际支付给委托单位的金额，贷记“银行存款”等科目。

（4）承销期结束后，认购未售证券。承销期结束后，未售出的证券由证券公司认购，按承销价款，借记“交易性金融资产”等科目，贷记“代理承销证券款”科目。

（三）代销

以代销方式承销证券是指证券公司接受发行单位的委托，按照规定的条件，在约定的期限内，代为向投资者销售证券。发行期结束后，如证券未按原定发行额售出，未售部分退回发行单位，代销证券的证券公司向委托人收取手续费，不承担任何发行风险。

证券公司收到代发行单位发售的证券时，在备查簿中进行登记。证券承销期内，按承销价格销售证券。承销期结束后，与发行单位结算承销证券款项和手续费，如果有未发售完的证券，应退还发行单位。

代发行证券收取的手续费，于发行期结束后，与发行单位结算发行价款时确认为手续费及佣金收入。

证券公司收到代销证券、承销期内发售证券、承销期结束后划转销售款项及收取手续费的账务处理与采用余额包销方式承销证券相同，只是在承销期结束后，如有未售出的证券，应退还委托单位，并冲销备查簿中登记的承销证券。

第五节　其他证券业务的核算

其他证券业务是指证券公司经批准在国家许可范围内开展的除经纪、自营和承销业务以外的其他与证券有关的业务，如买入返售证券业务、卖出回购证券业务、受托资产管理业务等。

一、主要会计科目及核算内容

其他证券业务会计科目及其核算内容见表8-4。

表8-4　**其他证券业务会计科目及其核算内容**

名称		主要核算内容
资产类	买入返售金融资产	核算证券公司按返售协议约定先买入再按固定价格返售给卖方的证券等金融资产所融出的资金
	代理业务资产	核算证券公司不承担风险的代理业务形成的资产，如受托理财业务进行的证券投资和受托贷款等。证券公司的代理买卖证券、代理承销证券、代理兑付证券不在该科目核算
负债类	卖出回购金融资产	核算证券公司按回购协议先卖出再按固定价格买入的证券等金融资产所融入的资金
	代理业务负债	核算证券公司不承担风险的代理业务收到的款项，如受托投资资金、受托贷款资金等。证券公司的代理买卖证券款、代理承销证券款、代理兑付证券款不在该科目核算

二、买入返售证券的核算

买入返售证券业务，是指证券公司与其他企业以合同或协议的方式，按一定价格买入证券，到期日再按合同或协议规定的价格将该批证券返售给对方，以获取买入价与卖出价的差价收入。

证券公司应于买入某种证券时，按实际发生的成本确认为一项资产；证券到期返售时，按返售价格与账面价值的差额，确认为当期收入。

（一）买入返售证券

证券公司根据返售合同或协议购入返售证券时，按实际支付的款项和交易费用之和确定买入返售证券的初始确认金额，会计分录为：

借：买入返售金融资产

　贷：银行存款（结算备付金）

（二）期末计息或分红

在资产负债表日，计提买入返售证券的利息收入时，按计算确定的买入返售证券的利息收入记账，会计分录为：

借：应收利息

　贷：利息收入

　　　应交税费——应交增值税（销项税额）

收到支付的买入返售证券的利息时，会计分录为：

借：银行存款（结算备付金）

　贷：应收利息

返售证券宣布发放现金股利时，按照返售证券的持有量计算返售证券应收的现金股利，会计分录为：

借：应收股利

　贷：投资收益

收到支付的买入返售证券的现金股利时，会计分录为：

借：银行存款（结算备付金）

　贷：应收股利

（三）返售证券

按照合同或协议，返售到期日按规定价格将该批证券返售给对方，会计分录为：

借：银行存款（结算备付金）（实际收到的金额）

　贷：买入返售金融资产（账面余额）

贷：利息收入（投资收益）（借贷方差额）

应交税费——应交增值税（销项税额）

三、卖出回购证券的核算

卖出回购证券业务，是指证券公司与其他企业以合同或协议的方式，按一定价格卖出证券，到期日再按合同或协议规定的价格买回该批证券，以获得一定时期内资金的使用权。

证券公司应于卖出证券时，按实际收到的款项确认为一项负债；证券到期回购时，按实际支付的款项与卖出证券时实际收到的款项的差额，确认为当期费用。

（一）出售回购证券

证券公司根据合同或协议出售回购证券时，应按实际收到的金额入账，会计分录为：

借：银行存款（结算备付金）

贷：卖出回购金融资产款

（二）期末计息

资产负债表日，计提卖出回购证券的利息费用时，应按计算确定的卖出回购证券的利息费用记账，会计分录为：

借：利息支出

贷：应付利息

（三）回购证券

按照合同或协议，回购到期日按规定价格将该批证券从对方购回时，会计分录为：

借：卖出回购金融资产款（账面余额）

应付利息（账面余额）

利息支出（借贷方差额）

贷：银行存款（结算备付金）（实际支付的金额）

四、受托资产管理的核算

受托资产管理业务，是指证券公司接受委托负责经营管理受托资产的业务。

证券公司受托经营管理资产，应按实际受托资产的款项，同时确认为一项资产和一项负债；合同到期，与委托单位结算收益或损失时，按合同规定比例计算的应由证券公司享有的收益或承担的损失，确认为当期的收益或损失。

（一）收到代理业务款项

证券公司收到代理业务款项时，按实际收到的款项记账，会计分录为：

借：银行存款（结算备付金等）

　贷：代理业务负债

（二）用代理业务资金购买证券等

证券公司用代理业务资金购买证券等时，按实际支付的款项记账，会计分录为：

借：代理业务资产——成本

　贷：结算备付金——客户

（三）将购买的证券卖出

证券公司将购买的证券卖出时，会计分录为：

借：结算备付金——客户（实际收到的金额）

借或贷：代理业务资产——已实现未结算损益（差额）

　贷：代理业务资产——成本（卖出证券应结转的成本）

（四）定期或在委托合同到期与委托客户进行结算

定期或在委托合同到期与委托客户进行结算时，按合同约定比例计算其代理业务资产收益中属于委托客户的收益和属于证券公司的收益，并结转已实现未结算的损益，会计分录为：

借：代理业务资产——已实现未结算损益

　贷：代理业务负债（委托客户的收益）

　　手续费及佣金收入（本公司的收益）

　　应交税费——应交增值税（销项税额）

代理业务资产发生亏损时，按合同约定比例计算其代理业务资产损失中属于委托客户的损失和属于证券公司的损失，并结转已实现未结算的损益，会计分录为：

借：代理业务负债

　手续费及佣金支出

　应交税费——应交增值税（销项税额）

　贷：代理业务资产——已实现未结算损益

（五）按规定划转、核销或退还代理业务资金

按规定划转、核销或退还代理业务资金时，应按实际结算金额记账，会计分录为：

借：代理业务负债

　贷：银行存款（或其他科目）

本章小结

1.证券公司是指依照我国《公司法》的规定，经国务院证券监督管理机构审查批准设立的从事证券经营业务的有限责任公司或者股份有限公司。

2.综合类证券公司的证券业务分为证券经纪业务、证券自营业务、证券承销业务和经国务院证券监督管理机构核定的其他证券业务。本章主要介绍了前三类证券业务的核算。

3.在证券承销、证券经纪和其他证券业务中，有些与商业银行中间业务核算类似，学习中应注意彼此之间的区别。

关键概念

证券公司　证券自营　证券承销　买入返售证券　卖出回购证券

思考与应用

（一）复习思考

1.综合类证券公司的主要业务有哪些？

2.什么是证券经纪业务？它主要有哪几种业务类型？

3.在证券承销业务中，全额承购包销、余额承购包销和代销各有什么特点？如何核算？

4.简述买入返售证券和卖出回购证券的基本原理及核算特点。

（二）操作练习

1.M证券公司接受A客户的委托，通过证券交易所代理买卖证券。业务开始时，M证券公司收到A客户转来的代理买卖证券资金100万元，M证券公司于5月13日将资金全部存入证券交易所。5月15日，M证券公司代理A客户买卖证券业务的买入成交总额大于卖出成交总额25万元，代扣代缴的交易费合计5 000元，应向A客户收取的手续费共计2 000元，M证券公司付给证券交易所交易费3 000元。请据此编制5月13日和5月15日的会计分录。

2.M证券公司5月5日从二级市场购入W公司股票100万股，每股市价6元，共支付手续费30 000元；作为自营证券，初始确认为其他权益投资。5月30日，M证券公司仍持有该股票，当日市价为每股10元。6月20日，M证券公司出售该股票，售价为每股11元，另支付交易费用20 000元。请据此编制5月5日购入股票、5月30日市价变动及6月20日出售股票时的会计分录。

3.M证券公司与N公司签订合同，以代销方式承销N公司上市股票4 000万股，发行价格为每股6元，另按售出股票金额的4‰收取手续费。发行期结束时，尚有160万股未售出，按合同规定退还N公司。请编制下列会计分录：

（1）收到N公司转来的待发行股票，按约定价格入账。

（2）在约定期限内销售给投资者。

（3）发行期结束，将未售出的股票退还N公司，并与N公司结算款项，将手续费收入入账。

4.M证券公司与K公司签订合同，在上交所按每百元面值110元卖出面值为1 000万元的债券，约定3个月后由K公司按每百元面值115元购回该债券。请编制卖出债券和回购债券的会计分录。

第九章 信托投资公司会计

学习目标

1.了解信托的概念、信托业务的种类以及信托业务的特点

2.掌握信托存款与委托存款、信托贷款与委托贷款的会计核算

3.掌握信托投资与委托投资的会计核算

第一节 信托业务概述

一、信托的概念

信托是指委托人基于对受托人的信任，将其财产委托给受托人，由受托人按委托人的意愿，以自己的名义，为受益人的利益或者特定目的进行管理或者处分的行为。信托是以资产为核心、以信任为基础、以委托为方式的财产管理制度。

信托是多边信用关系，必须具备委托人、受托人、受益人三方当事人。委托人是信托财产的所有者，提出信托要求，是信托行为的起点；受托人是有经营能力的信托机构，通过自身经营的信托业务满足委托人的要求，使受益人获利，是信托行为的桥梁；受益人是信托关系中得到实际利益的一方，可以是委托人自身，也可以是委托人指定的第三者或不确定的多数人，还可同时为委托人和第三者，是信托行为的终点。

信托有广义和狭义之分。广义的信托包括商品信托和金融信托，狭义的信托就是金融信托。金融信托是一种具有融资和融物以及融资与财产管理相结合的金融性质的信托业务，是金融业的一个重要组成部分，标的物主要是委托人的资金或财产等。本章主要介绍金融信托。

二、信托业务的种类

按不同的标准，信托业务可分为不同的种类。

（一）私益信托和公益信托

按受益对象的不同，信托业务可以分为私益信托和公益信托。

私益信托，是委托人为了自己和其他特定人的利益而设立的信托。私益信托的目的是实现私人利益，是实现委托人或其他某个或某些特定人的利益。

公益信托，在英美法系中也称为慈善信托，是指委托人为了社会公共利益而设立的信托。公益信托的目的是使整个社会或其中的部分公众获益。

（二）个人信托和法人信托

按服务对象的不同，信托业务可以分为个人信托和法人信托。

个人信托，即以个人身份委托受托人办理信托业务。个人信托又分为生前信托和身后信托。生前信托是个人在世时就以委托人的身份与受托人建立了信托关系，其信托契约限于委托人在世时有效；身后信托则根据个人遗嘱办理身后的有关信托事项，如执行遗嘱、管理财产、为保寿险者在身后代领赔款等，仅限于委托人去世后生效。

法人信托，又称公司信托，即委托人不是某个人，而是单位或公司等具备资格的法人委托受托人办理信托业务。

（三）资金信托、实物信托、债权信托和经济事务信托

按信托财产种类的不同，信托业务可以分为资金信托、实物信托、债权信托和经济事务信托。

资金信托，又称金钱信托，是一种以货币资金为标的物的信托业务，如单位资金信托、公益资金信托、劳保基金信托、个人特约信托等。

实物信托，是一种以动产或不动产为标的物的信托业务。动产指原材料、设备、物资、交通工具，不动产指厂房、仓库和土地等。

债权信托，是以债权凭证为标的物的信托业务，如代为清理和代为收付款项、代收人寿保险公司赔款等。

经济事务信托，是以委托代办各种经济事务为内容、以委托凭证为标的物的信托业务，如委托设计、专利转让、委托审查、委托代理会计事务等。

（四）国内信托和国际信托

按是否跨国，信托业务可以分为国内信托和国际信托。

国内信托，即信托关系人及信托行为在国内，其业务主要有信托、委托、代理、租赁、咨询等。

国际信托，即信托关系人及信托行为跨国，其业务主要有国际信托投资、国际租赁、代理发行外币有价证券、对外担保见证及国际咨询等。

三、信托资产的核算方式

信托投资公司因接受信托而取得的财产，以及因信托资产的管理、处分或者其他情形而取得的财产叫信托资产。

信托资产不属于信托投资公司的自有财产，也不属于信托投资公司受益人的负债。信托投资公司终止时，信托资产不属于其清算资产。

信托投资公司的自有资产与信托资产应分开管理，分别核算。信托投资公司开展不同类型的信托业务时，应按项目分别设置信托业务明细账进行核算管理。

对于不同的信托资产，信托投资公司要按来源和运用设置相应的会计科目进行核算。

来源类科目应按其类别、委托人等设置明细账，具体分为短期信托资产来源、长期信托资产来源。短期信托资产来源是指不超过一年的信托资产来源，包括短期信托存款、代扣代缴税金、待分配信托收益、应付受托人收益及应付其他受益人款项等；长期信托资产来源是指一年以上的信托资产来源，包括长期信托存款、委托存款、财产信托、公益信托、投资基金信托、有价证券信托等。

运用类科目应按其类别、使用人和委托人等设置明细账，具体分为短期信托资产运用、长期信托资产运用。短期信托资产运用是指不超过一年的信托资产运用，包括信托货币资金、拆出信托资金、短期信托贷款、短期信托投资、信托财产等；长期信托资产运用是指一年以上的资金运用，包括长期信托贷款、委托贷款、长期信托投资、信托租赁财产等。

第二节　信托存款与委托存款业务的核算

一、信托存款与委托存款

信托存款的资金来源基本限于非直接经营单位可自行支配的专项资金。根据《金融信托投资机构资金管理暂行规定》，信托机构可吸收以下五种一年期以上的信托存款：财政部门委托投资或贷款的信托资金，企事业主管部门委托投资或贷款的信托资金，劳动保险机构的劳保基金，科研单位的科研基金，及各种学会、基金会的基金。信托存款每笔资金都要单独管理、独立核算。信托机构对信托存款的运用效益决定信托存款的收益，并且其收益由信托机构按合同规定支付给委托人本人或委托人指定的第三人。

信托存款的委托人对信托资金不指定运用范围，信托资金由信托机构负责管理、运用及保本付息；委托人除保本之外，收取固定收益；信托机构的收益则来自支付委托利息外的资金营运的多余收入，而不是收取的手续费。

委托存款是指委托人将定额资金委托给信托机构，由其在约定期限内按规定的用途进行营运，营运收益扣除一定信托报酬后全部归委托人所有的信托业务。

二、信托存款的核算

客户提出申请，填写“存款委托书”后，信托机构应审查其资金来源。审查资金来源合乎规定后，与客户签订“信托存款协议书”，写明信托存款金额、期限、信托收益支付方法、指定受益人、手续费率等。信托机构为委托人开立账户，委托人将信托存款划转到信托机构开立的银行账户中，信托机构相应地签发存款凭证给委托人。

（一）主要会计科目及其核算内容

信托机构为了全面反映和监督信托存款的吸收、归还、付息及结余情况，应设置“代理业务负债——信托存款”“应付利息”“利息支出——信托存款利息支出”等科目，各科目核算内容见表9-1。

表9-1 **信托存款业务会计科目及其核算内容**

名称		主要核算内容
负债类	代理业务负债	核算金融企业不承担风险的代理业务收到的款项，包括受托投资资金和受托贷款资金等。本科目应按存款类别和客户设置明细科目
	应付利息	核算金融企业按权责发生制计提的应付未付利息。贷方反映应计提的存款利息，借方反映实际支付的存款利息，期末贷方余额反映应付未付利息。本科目应按存款客户设置明细科目
损益类	利息支出	核算金融企业存款利息支出。借方反映预提的应付利息或实际支付的各项利息，会计期末应将本科目借方发生额从贷方转入“本年利润”科目借方，期末无余额

（二）账务处理

1.信托存款开户。

信托投资公司接受客户的委托，为客户开立信托存款账户时，会计分录为：

借：银行存款（或存放中央银行款项，或吸收存款）

　　贷：代理业务负债——××单位信托存款户

2.信托存款计息。

信托存款是定期存款，原则上在期满后利随本清，但在存款期内根据权责发生制原则定期计算应付利息。会计分录为：

借：利息支出——××信托存款利息支出户

　贷：应付利息——××单位户

3.信托存款到期支取。

存款单位在信托存款期满后，凭信托存款单向信托机构提取存款，并结清利息。存款单位因各种客观原因与信托机构协商后，可提前支取，但利率按银行同期活期存款利率计算。支取时，会计分录为：

借：代理业务负债——××单位信托存款户

　　应付利息——××单位户

　　利息支出——××信托存款利息支出户

　贷：银行存款

三、委托存款的核算

客户与信托机构商定办理委托业务后，双方应签订“委托存款协议书”，标明存款的资金来源、金额、期限及双方的责任等。信托机构根据协议书为客户开立委托存款账户，由客户将委托存款资金存入信托机构开立的银行账户里，信托机构则向客户开出“委托存款单”。

（一）委托存款业务会计科目的设置

信托机构为了全面反映和监督委托存款业务情况，应设置“代理业务负债——委托存款”“应付利息”“利息支出——委托存款利息支出”等科目（核算的内容参见表9-1）。

（二）委托存款业务的账务处理

1.委托存款开户。

借：银行存款

　贷：代理业务负债——××单位委托存款户

2.委托存款计息。

信托机构按银行同期活期存款利率，按季给委托存款计息。计息的基数是委托存款与委托贷款余额的轧差数。会计分录为：

借：利息支出——××委托存款利息支出户

　贷：应付利息——××单位委托存款户

3.委托存款支取。

委托人可随时支取委托存款，但只能限制在委托存款余额与委托贷款余额的轧差数之内。信托机构收到委托人支取委托存款的通知后，将款项划入委托人的银行账户，会计分录为：

借：代理业务负债——××单位委托存款户

贷：银行存款

第三节　信托贷款与委托贷款业务的核算

一、信托贷款与委托贷款

信托贷款，是指信托机构运用自有资金、信托存款或筹集的其他资金，向自行审定的企业和项目自主发放贷款的业务。贷款的对象、用途、期限和利率等都由信托机构根据国家政策自行确定，贷款的风险、责任也由信托机构承担。它的性质和用途与银行贷款相似，但更灵活、方便、及时。信托贷款的用途主要是解决企业某些正当、合理而银行限于制度规定又无法支持的资金需求。

委托贷款，是指信托机构接受委托人的委托，在委托人存入的委托存款额度内，按委托人指定的对象、用途、期限、利率及金额发放贷款，监督使用并到期收回本息的业务。由于信托资金的运用对象、运用范围等均由委托人事先指定，因此信托机构对委托贷款能否达到预期收益以及到期能否收回不负任何经济责任。

二、信托贷款的核算

借款单位向信托机构提出申请后，由信托机构进行审查。审查后决定贷款时，由借款单位出具借据，并按要求出具贷款担保，然后与信托机构签订“信托借款合同”。合同内写明贷款的金额、期限、利率等。贷款到期时，信托机构收回本息。如果借款单位确有困难不能还款，则应在到期前提出申请，有担保的还需原担保单位承诺担保，然后经信托机构审查同意办理一次续展，续展期最长不超过半年。

（一）主要会计科目及其核算内容

信托贷款业务会计科目及其核算内容见表9-2。

（二）账务处理

1. 贷款发放。

开户时，会计分录为：

借：贷款——短期（或中长期）贷款——××单位信托贷款户

贷：银行存款（或吸收存款）

2. 贷款计息。

表9-2 **信托贷款业务会计科目及其核算内容**

名称		主要核算内容
资产类	贷款——信托贷款	核算信托项目管理、运用、处分信托财产而持有的各项贷款。借方登记信托机构发放的信托贷款本金，贷方登记收回的信托贷款本金，期末借方余额表示发放的信托贷款的余额，具体分为期限不超过一年的短期信托贷款和一年期以上的长期信托贷款。本科目应按贷款客户进行明细核算
	应收利息	核算金融企业信托项目应收取的利息，包括债权投资、拆出资金、贷款、买入返售证券、买入返售信贷资产计提的利息等。借方登记信托机构应向借款单位收取的利息，贷方登记实际收回或预收的利息，期末借方余额表示应收未收的利息。本科目应按往来客户设置明细账
损益类	利息收入	核算金融企业的贷款利息收入。贷方登记发生的各项贷款利息收入，期末贷方余额结转至“本年利润”贷方，结转之后无余额

信托机构按季根据每个借款单位的借款积数分别计算利息，会计分录为：

借：应收利息

　贷：利息收入——××贷款利息收入户

　　　应交税费——应交增值税（销项税额）

3.贷款收回。

信托贷款到期后，信托机构要及时收回信托贷款本金，会计分录为：

借：银行存款

　贷：贷款——短期（或中长期）贷款——××单位信托贷款户

　　　应收利息——××贷款利息收入户

三、委托贷款的核算

由委托人向信托机构提出办理委托贷款的申请，信托机构审查同意后与委托人签订委托贷款合同。委托人按合同规定向信托机构交存委托基金，信托机构为其开立委托存款户，专项存储。信托机构按委托人指定的对象或项目、金额、期限及利率等发放贷款，并督促借款单位按期归还贷款。委托期满，信托机构将已收回的委托贷款和尚未发放的委托存款退还委托人，并收取规定的手续费。手续费按委托金额和期限征收，手续费率每月最高不超过3‰，付款方式、时间由双方商定。

需要注意的是，如有到期未收回的委托贷款，信托机构应保留相应的委托存款资金，待委托贷款全部收回后再予以全部归还。

（一）主要会计科目及其核算内容

委托贷款业务会计科目及其核算内容见表9-3。

表9-3 委托贷款业务会计科目及其核算内容

名称		主要核算内容
负债类	代理业务资产——委托贷款	核算信托机构接受客户委托代理发放的贷款。借方反映委托贷款的发放，贷方反映委托贷款的收回，期末借方余额反映委托贷款的实有额。本科目应按委托客户设置明细账
负债类	应付账款	核算信托机构委托贷款应付给委托方的贷款利息。贷方反映受贷方交来的应付给委托方的贷款利息（不含受托方按合同规定收取的手续费），借方反映交付给委托方的委托贷款利息，期末贷方余额反映已收回但尚未交给委托方的委托贷款利息，是信托机构的一项短期债务。本科目应按委托单位设置明细账
损益类	手续费及佣金收入	核算信托机构取得的手续费，贷方反映各项手续费收入，期末将贷方余额结转“本年利润”科目贷方，结转之后应无余额

（二）账务处理

1.发放贷款。

发放委托贷款，事先要由委托人通过书面形式通知信托机构，通知内容包括借款单位名称、贷款用途、贷款金额、贷款时间、贷款利率等。借款单位按规定要向信托机构报送有关资料，并填写借据，签订借款合同。然后，信托机构将贷款款项划到借款单位的银行账户里。会计分录为：

借：代理业务资产——××单位委托贷款户

　　贷：银行存款

2.收取手续费。

信托机构向委托人收取手续费，作为委托贷款业务的劳务收入。手续费计算基数以委托贷款额为准，按双方商定的比率收取，会计分录为：

借：银行存款

　　贷：手续费及佣金收入——委托贷款手续费收入

　　　　应交税费——应交增值税（销项税额）

如果按存贷利差收取手续费，则在按季计算贷款利息时一并收取，会计分录为：

借：银行存款

　　贷：应付账款——委托人户

贷：手续费及佣金收入——委托贷款手续费收入

应交税费——应交增值税（销项税额）

3.结息。

信托机构负责按季收取利息，在委托贷款到期时付给委托单位。收息时，会计分录为：

借：银行存款

贷：应付账款——委托人户

到期付给委托单位时，会计分录为：

借：应付账款——委托人户

贷：银行存款

4.到期收回。

委托贷款到期时，由信托机构负责收回，会计分录为：

借：银行存款

贷：代理业务资产——××单位委托贷款户

5.终止委托。

如果协议规定贷款收回后终止委托，则将款项划转到委托方的存款账户，会计分录为：

借：代理业务负债——××委托单位户

贷：银行存款

第四节　信托投资与委托投资业务的核算

一、信托投资与委托投资

信托投资，是指信托机构以投资者的身份，直接参与企业的投资及经营成果的分配，并承担相应的经济责任的业务。其资金主要来源于信托机构的自有资金及各种信托存款，而非委托投资用于明确的投资对象的专项资金。

信托投资是信托机构以自有资金或未指定使用对象和范围的信托存款进行投资，信托机构对现有项目进行审查初选，对初选项目进行评估，然后对可否投资提出结论性意见。决定投资后，信托机构与被投资单位签订投资合同，合同一般应写明投资项目的内容、规模、方式、投资金额、参与投资的方式和具体条件及投资各方收益的分配方式等。信托机构将认定的投资资金按期足额划入合资企业账户，并定期或不定期地对资金的使用进行检查，促使投资项目按时施工、按时投产、按时竣工，尽快产生效益。信托投资的收益全部归信托机构，风险亦由其承担。

信托投资包括短期信托投资和长期信托投资。短期信托投资是指能够随时变现并且持有时间不准备超过一年的信托投资，包括股票、债务、基金等；长期信托投资是指短期信托投资以外的信托投资，包括股权投资、债权投资等。

委托投资，是指委托人将资金事先存入信托机构作为委托投资基金，委托信托机构按其指定的对象、方式进行投资，并对资金的使用情况、被投资企业的经营管理和利润分配等进行管理和监督的业务。信托机构要对受托资金进行单独管理、单独核算，按期结清损益，在扣除规定的费用后，损益归委托人所有。委托投资既可以直接投资于企业，也可用于购买股票、债券等有价证券。

二、信托投资的核算

（一）主要会计科目及其核算内容

信托投资业务会计科目及其核算内容见表9-4。

表9-4 信托投资业务会计科目及其核算内容

名称		主要核算内容
资产类	交易性金融资产	核算信托机构为交易目的持有的债券投资、股票投资、基金投资等交易性金融资产的公允价值。本科目按交易性金融资产的类别和品种，分“成本”“公允价值变动”等进行明细核算
	其他债权投资	核算信托机构持有的其他债权投资的公允价值。本科目按可投资的类别和品种，分“面值”“利息调整”“应计利息”“公允价值变动”等进行明细核算
	其他权益工具投资	核算信托机构持有的其他权益工具投资的公允价值。本科目按可投资的类别和品种，分“成本”和“公允价值变动”进行明细核算
损益类	投资收益	核算信托机构确认的投资收益或投资损失。信托机构其他债权投资期间取得的利息收入，可在“利息收入”科目核算

（二）账务处理

1.交易性金融资产的核算。

（1）取得交易性金融资产。信托投资公司对外投资取得交易性金融资产的，按其公允价值入账，会计分录为：

借：交易性金融资产——成本

投资收益——交易费用

应收利息（已到付息期但尚未领取的利息）或应收股利（已宣告但尚未发放的现金股利）

贷：银行存款（或存放中央银行款项，或结算备付金）

（2）资产持有期间获得的收益。交易性金融资产持有期间被投资单位宣告发放现金股利，或在资产负债表日按分期付息、一次还本债券投资的票面利率计算利息时，会计分录为：

借：应收股利（或应收利息）

贷：投资收益（或利息收入）

（3）资产负债表日的计量。资产负债表日，交易性金融资产的公允价值高于其账面价值差额的，会计分录为：

借：交易性金融资产——公允价值变动

贷：公允价值变动损益

若公允价值低于其账面价值的差额，做相反的会计分录。

（4）出售交易性金融资产。信托投资公司出售交易性金融资产时，会计分录为：

借：银行存款（或存放中央银行款项，或结算备付金）（实际收到的金额）

贷：交易性金融资产（账面价值）

按借贷方的差额，借记或贷记“投资收益”科目，核算销项增值税，同时将原计入该金融资产的公允价值变动转出，贷记或借记“公允价值变动损益”科目，贷记或借记“投资收益”科目。

2.以公允价值计量且其变动计入其他综合收益的金融资产投资的核算。

（1）取得此类投资。

信托机构取得以公允价值计量且其变动计入其他综合收益的投资时，会计分录为：

借：其他债权投资（或其他权益工具投资）

贷：银行存款（或存放中央银行款项，或结算备付金）

【例9-1】20×4年6月10日，F公司支付价款151.5万元（其中交易费用1.5万元）购入甲公司发行的股票30万股，占甲公司有表决权股份的1.5%。F公司将其指定为非交易性权益工具投资。

6月10日，F公司购入股票的会计处理为：

借：其他权益工具投资——甲公司股票（成本）　　1 515 000

贷：银行存款（或存放中央银行款项，或结算备付金）　　1 515 000

（2）资产负债表日的计量。

以公允价值计量且其变动计入其他综合收益的金融资产投资后续计量的会计处理，依据不同种类的金融资产，会计处理分别为：

①对于以公允价值计量且其变动计入其他综合收益的其他债权投资，其公允价值变动形成的利得或损失，除减值损失（或利得）和汇兑损益外，均应当计入其他综合收益，直至其退出企业为止。但是，按实际利率法计算的利息应计入当期损益。

②对于指定为以公允价值计量且其变动计入其他综合收益的其他权益工具投资，除获得的股利计入当期损益外，其他相关的利得和损失（包括汇兑损益）均应计入其他综合收益，且后续不得转入当期损益。

【例9-2】续用【例9-1】资料，20×4年6月30日收盘时，F公司持有的30万股甲公司股票市值为每股6元。

假设不考虑其他因素，F公司应于6月30日确认持有甲公司股票公允价值的变动，调整其他权益工具投资的账面价值，会计分录为：

借：其他权益工具投资——甲公司股票（公允价值变动）　　285 000

　贷：其他综合收益——其他权益工具投资公允价值变动　　285 000

（3）以公允价值计量且其变动计入其他综合收益的金融资产出售。

以公允价值计量且其变动计入其他综合收益的金融资产投资出售时，依据不同种类的金融资产，会计处理分别为：

①出售其他债权投资时，应转销其他债权投资的账面价值，其公允价值与账面价值之间的差额应确认为投资收益，同时将之前计入其他综合收益的累积利得或损失转出，计入当期损益（投资收益）。

②出售其他权益工具投资时，应转销其他权益工具投资的账面价值，其公允价值与账面价值之间的差额应确认为留存收益，同时将之前计入其他综合收益的累积利得或损失转出，计入留存收益（盈余公积和未分配利润）。

【例9-3】续用例【例9-1】、【例9-2】资料，F公司因急需流动资金，在20×4年7月15日以每股5元的价格将持有的甲公司股票30万股全部售出（F公司盈余公积按10%提取）。

出售其他权益工具投资，在增加货币资产的同时，应将其他权益工具各有关明细账金额全部转出，会计分录为：

借：银行存款（或存放中央银行款项，或结算备付金）　　1 500 000

　　盈余公积——法定盈余公积　　30 000

　　利润分配——未分配利润　　270 000

　贷：其他权益工具投资——甲公司股票（成本）　　1 515 000

　　　　　　　　　　　——甲公司股票（公允价值变动）　　285 000

同时，将原已计入其他综合收益的公允价值变动金额转入留存收益，会计分

录为：

借：其他综合收益——其他权益工具投资（公允价值变动）　　285 000

　贷：盈余公积——法定盈余公积　　28 500

　　利润分配——未分配利润　　256 500

三、委托投资的核算

委托投资是信托机构接受企业的委托资金，按其指定的对象、范围和用途进行投资，信托机构受托监督投资资金的使用、被投资企业的经营状况及利润分配等。委托投资的收益全部归委托人所有，信托机构一般只收取一定比例的手续费，投资的风险也由委托人承担。

（一）主要会计科目及其核算内容

委托投资业务会计科目及其核算内容见表9-5。

表9-5　**委托投资业务会计科目及其核算内容**

名称		主要核算内容
资产类	代理业务资产——委托投资	核算信托机构接受客户委托代理客户进行的投资，本科目按委托单位和投资种类设置明细账
损益类	手续费及佣金收入——委托投资手续费收入	核算内容参见表 9-3

（二）账务处理

1. 收到委托资金对外投资。

信托投资公司接受委托收到委托资金对外投资时，会计分录为：

借：银行存款

　贷：代理业务负债——××单位委托存款户

借：代理业务资产——委托投资——××投资单位户

　贷：银行存款

2. 分红。

委托投资分得的红利划到信托投资公司的银行账户并转入委托人的委托存款账户时，会计分录为：

借：银行存款

　贷：代理业务负债——××单位委托存款户

3. 收取手续费。

信托投资公司开办委托投资业务收取手续费的核算与经办委托贷款业务收取手续费的核算相同，会计分录为：

借：银行存款

　贷：手续费及佣金收入——委托投资手续费收入

　　应交税费——应交增值税（销项税额）

第五节　其他信托业务的核算

信托业务除了以上几节介绍的之外，还包括财产信托、投资基金信托、公益信托、拆出信托资金、代理、担保等业务。

一、财产信托

财产信托是委托人将自己的动产、房产以及知识产权等财产、财产权，委托信托投资公司按照约定的条件和目的进行管理和处置。财产信托应按委托人、财产种类进行明细核算。具体的账务处理如下：

1.接受信托资产时的会计分录：

借：固定资产

　贷：代理业务负债

2.终止财产信托时的会计分录：

借：代理业务负债

　贷：固定资产

3.信托财产租赁时的会计分录：

借：经营（或融资）租出固定资产

　贷：固定资产

4.计提租金收入时的会计分录：

借：应收经营（或融资）租赁款

　贷：租赁收入

　　应交税费——应交增值税（销项税额）

5.计提受托人报酬时的会计分录：

借：业务及管理费

　贷：应付账款

6.支付报酬时的会计分录：

借：应付账款

　贷：银行存款

二、投资基金信托

投资基金信托是指信托投资公司受托经办国家有关法律法规允许从事的投资基金业务。具体的账务处理如下：

1.批准办理时的会计分录：

借：银行存款

　贷：投资基金信托

2.终止时的会计分录：

借：投资基金信托

　　应付账款

　贷：银行存款

三、公益信托

公益信托是信托投资公司为公益目的而设立的信托。公益项目包括救济贫困，扶助残障人士，发展教育、科技、体育、文化、艺术事业，发展医疗卫生事业，保护生态环境，发展其他有利于社会的公共事业。

当信托投资公司办理公益信托业务时，按实际收到的金额或财产价值做会计分录：

借：银行存款

　贷：公益信托

公益信托应按信托类别、委托人进行明细分类核算。

四、拆出信托资金

1.信托投资公司拆出信托资金时的会计分录：

借：拆出资金——××单位户

　贷：银行存款

2.信托投资公司收到拆出信托资金利息时的会计分录：

借：银行存款

　贷：利息收入——拆出资金利息收入

　　　应交税费——应交增值税（销项税额）

3.信托投资公司收回拆出信托资金时的会计分录：

借：银行存款

　贷：拆出资金——××单位户

本章小结

1.信托是指委托人基于对受托人的信任，将其财产委托给受托人，由受托人按委托人的意愿，以自己的名义为受益人的利益或者特定目的进行管理或者处分的行为。

2.本章主要介绍金融信托业务的核算，包括信托存款、委托存款、信托贷款、委托贷款、信托投资与委托投资业务的核算。

3.由于部分其他信托业务与商业银行的中间业务类似，本章未予以详述。

关键概念

金融信托　信托存款　信托贷款　委托存款　委托贷款　委托投资

思考与应用

（一）复习思考

1.简述金融信托业务的含义和类型。

2.信托业务与委托业务有哪些相同点和不同点？

（二）操作练习

1.A信托投资公司接受甲企业的委托，存入委托存款800万元，并将其贷给甲企业指定的丙公司，贷款期限为2年，年利率为7%。A信托投资公司按贷款金额的1.5%收取手续费，贷款到期时，由A信托投资公司代为收回贷款本息，并按协议将资金划回甲企业。请编制A信托投资公司接受委托存款、发放委托贷款并收取手续费、收回贷款本息及将资金划回甲企业的会计分录。

2.A信托投资公司接受W公司的委托，由W公司存入资金400万元投资P公司，协议约定A信托投资公司按投资额的3%收取手续费。请编制A信托投资公司收到投资资金、对P公司投资及收取手续费的会计分录。

3.A信托投资公司7月15日从二级市场购入B公司股票30万股，每股市价5元，手续费20 000元，将其确认为其他权益工具投资。7月31日，A信托投资公司持有的B公司股票市价为每股4元，以后各月价格未发生变化。同年11月20日，A信托投资公司出售该股票，售价为每股6元，另支付交易费用22 000元。请编制A信托投资公司购入股票、月末进行后续计量以及出售股票的会计分录。

第十章 租赁公司会计

学习目标

1.了解租赁的特点和分类

2.了解经营租赁、融资租赁和其他租赁形式的会计核算原则

3.掌握出租人和承租人开展经营租赁和融资租赁的账务处理方法

4.了解其他租赁形式的会计核算内容

第一节 租赁业务概述

一、租赁的概念和识别

（一）租赁的概念

“租赁”一词通常是指物件的所有者和使用者之间一种有偿的借贷关系。《企业会计准则第21号——租赁》将租赁定义为：在一定期间内，出租人将资产的使用权让与承租人以获取对价的合同。如果合同中一方让渡了在一定期间内控制一项或多项已识别资产使用的权利以换取对价，则该合同为租赁或者包含租赁。

（二）租赁的识别

在合同开始日，企业应当评估合同是否为租赁或者包含租赁。合同被评估为租赁，需要满足以下要素：①存在一定期间；②存在已识别资产；③资产供应方向客户转移对已识别资产使用权的控制。其中，“一定期间”可以表示为已识别资产的使用量。已识别资产的定义和已识别资产使用权的判断标准解释如下：

1.已识别资产。

（1）对资产的指定。已识别资产通常由合同明确指定，也可以在资产可供客户使用时隐性指定。

（2）物理可区分。如果资产的部分产能在物理上可区分（如建筑物的一层），则该部分产能属于已识别资产。

（3）实质性替换权。即使合同已对资产进行指定，但如果资产供应方在整个使用期间拥有对该资产的实质替换权，则该资产不属于已识别资产。同时符合下列条件时，表明资产供应方拥有资产的实质替换权：①资产供应方拥有在整个使用期间替换资产的实际能力；②资产供应方通过行使替换资产的权利获得经济利益。

2. 客户是否控制已识别资产使用权的判断。

为确定合同是否让渡了在一定期间内控制已识别资产使用的权利，企业应当评估合同中的客户是否有权获得在使用期间内使用已识别资产所产生的几乎全部经济利益，并有权在该使用期间主导已识别资产的使用。

（1）客户是否有权获得因使用已识别资产所产生的全部经济利益。全部经济利益包括使用、持有或转租资产的直接和间接经济利益。

（2）客户是否有权主导资产的使用。①客户有权在整个使用期间主导已识别资产的使用目的和使用方式；②已识别资产的使用目的和使用方式在使用期间已预先确定，并且客户有权在整个使用期间自行或主导他人按照其确定的方式运营该资产，或者客户设计了已识别资产（或资产的特定方面）并在设计时已预先确定了该资产在整个使用期间的使用目的和使用方式。

（三）租赁期

租赁期是指承租人有权使用租赁资产且不可撤销的期间。承租人有续租选择权，即有权选择续租该资产，且合理确定将行使该选择权的，租赁期还应当包含续租选择权涵盖的期间；承租人有终止租赁选择权，即有权选择终止该租赁资产，但合理确定将不会行使该选择权的，租赁期应当包含终止租赁选择权涵盖的期间。

1. 租赁期开始日。

租赁期开始日，是指出租人提供租赁资产，使其可供承租人使用的起始日期。租赁期自租赁期开始日起计算。

2. 不可撤销期间。

在确定租赁期和评估不可撤销租赁期间时，企业应根据租赁条款的约定确定可强制执行合同的期间。

3. 续租选择权和终止租赁选择权。

在租赁开始日，企业应当评估承租人是否合理确定将行使续租或购买标的资产的选择权，或者将不行使终止租赁选择权。

4. 对租赁期和购买选择权的重新评估。

发生承租人可控范围内的重大事件或变化，且影响承租人是否合理确定将行使相应选择权的，承租人应当对其是否合理确定将行使续租选择权、购买选择权或不行使终止租赁选择权进行重新评估，并根据评估结果修改租赁期。

二、租赁业务的种类

（一）融资租赁和经营租赁

按租赁的性质分类，可以将租赁划分为融资租赁和经营租赁。这是以与租赁资产所有权有关的风险和报酬是否转移为依据来划分的。

融资租赁是指实质上已转移了与租赁资产所有权有关的全部风险和报酬的租赁。所谓的风险，是指由于资产闲置或技术陈旧而产生的损失，以及由于经营情况变化致使有关收益发生的变动。所谓的报酬，是指在资产有效使用年限内直接使用它而获得的收益、资产本身的增值，以及处置资产所实现的收益。一项租赁只有实质上转移了与租赁资产所有权有关的全部风险和报酬，才能被认定为融资租赁。关于融资租赁的判断标准见本章第三节。

经营租赁是指融资租赁以外的租赁，即承租方为生产经营中的短期需要或季节性需要向出租人短期租赁某类资产的租赁。采用经营租赁形式，承租人的目的只是获得资产的短期使用权，而不想取得资产的所有权。一般来说，在租赁期满后，承租人会将租赁资产退还出租人。

（二）直接租赁、转租赁和售后回租

直接租赁，是由出租人在资本市场上筹资并向资产的制造商支付货款后取得该项资产，然后直接出租给承租人的一种租赁方式。采用直接租赁方式时，租赁双方应签订租赁合同。出租人根据承租人的订货要求，与制造商签订资产的买卖合同。

转租赁，是由出租人从另外一家租赁公司或直接从制造商那里租入资产后，再转租给承租人的一种租赁方式。采取这种租赁方式时，通常签订两份合同：一份是租赁公司之间签订的租赁合同，另一份是租赁公司与承租人之间签订的转租赁合同。

售后回租，是承租人先将自己取得的资产卖给租赁公司，然后再以租赁的形式将资产租回使用的一种租赁方式。采用这种租赁方式，通常是承租人的资金比较紧张，而租赁资产又是企业正在使用的资产，其出售只是一种形式，承租人通过分期支付租金的形式继续使用原来的资产。

（三）短期租赁和低价值资产租赁

短期租赁，是指从租赁期开始日，租赁期不超过12个月的租赁。包含购买权的租赁不属于短期租赁。

低价值资产租赁，是指单项租赁资产为全新资产时价值较低的租赁。承租人在判断租赁是否为低价值资产租赁时，应基于租赁资产全新状态下的价值进行评估，不应考虑资产已被使用的年限。

（四）厂商租赁、委托租赁、风险租赁、联合租赁

厂商租赁，是指设备生产厂商作为出租人为客户办理的、以自身生产的设备为租赁标的物的租赁交易。

委托租赁，是指出租人接受委托人的资金或租赁标的物，根据委托人的书面委托，向委托人指定的承租人办理融资租赁业务。在租赁期内，租赁标的物的所有权归委托人，出租人只收取手续费，不承担风险。

风险租赁，是以风险企业为承租对象的租赁形式。风险租赁的出租人不仅可以获得租金和设备残值收入，而且可以获得认购承租人股份的优先权。

联合租赁，类似银团贷款，即由两家以上租赁公司共同对一个项目进行联合融资，提供租赁服务。其联合的方式可以是紧密型的，也可以是松散型的；联合的主体可以是融资租赁公司，也可以是非融资租赁公司或其他战略投资人。

（五）杠杆租赁

杠杆租赁业务的开展通常需要相关政策的支持，出租人一般只需提供全部设备金额20%～40%的投资，就可以获得设备的所有权，享受全额税收优惠。杠杆租赁多数是由一家租赁公司牵头作为主干公司，超大型项目融资时经常采用这一方式。具体操作时，首先成立一个脱离租赁公司主体的操作机构——专为本项目成立的资金管理公司，承担项目总金额20%以上的资金，其余资金来源主要是吸收银行和社会闲散游资。由于采用杠杆租赁融资可以享受税收优惠的好处，操作规范、综合效益好、租金回收安全、费用低，因此一般用于飞机、轮船、通信设备和大型成套设备的融资租赁。

第二节　承租人的核算

一、承租人的会计处理模式

承租人的会计处理应采用单一会计处理模式，不再区分经营租赁和融资租赁。除采用简化处理的短期租赁和低价值资产租赁外，对所有租赁均需确认使用权资产和租赁负债，并对使用权资产计提折旧，采用固定的周期性利率确认每期利息费用。在介绍承租人的会计处理之前，应先明确使用权资产、租赁负债和初始直接费用的概念。

使用权资产是指承租人可在租赁期内使用租赁资产的权利。由于承租人对租赁

物的使用权将带来预期的经济利益，且该使用权成本能够可靠计量，因此符合资产的定义。在确认使用权资产的同时，承租人承担对出租人的现时支付义务，构成了租赁负债。

初始直接费用，是指为达成租赁所发生的增量成本。增量成本是指若企业不取得该租赁，则不会发生的成本。

二、承租人的会计核算

（一）承租人使用的相关会计科目

承租人核算租赁业务会计科目及其核算内容见表10-1。

表10-1　承租人核算租赁业务会计科目及其核算内容

名称		主要核算内容
资产类	使用权资产	核算承租人持有的使用权资产的原价。在租赁期开始日，使用权资产成本记入本科目借方；租赁负债重新计量发生变化时，借记或贷记本科目；使用权资产转出时，成本从贷方转出。借方期末余额反映承租人使用权资产的原价。本科目可按租赁资产的类别和项目进行明细核算
	使用权资产累计折旧	核算使用权资产的累计折旧。承租人自租赁期开始日按月计提使用权资产折旧时，贷记本科目；使用权资产终止确认时，借记本科目。期末贷方余额反映使用权资产的累计折旧。本科目可按租赁资产类别和项目进行明细核算
	使用权资产减值准备	核算使用权资产的减值准备。使用权资产发生减值的，减记金额记入本科目贷方；终止确认使用权资产时，借记相应减值准备金额。期末贷方余额反映使用权资产的累积减值准备金额。本科目可按租赁资产类别和项目进行明细核算
负债类	租赁负债	核算承租人尚未支付的租赁付款额的现值。本科目可分别设置“租赁付款额”和“未确认融资费用”进行明细核算。“租赁付款额”的贷方核算尚未支付的租赁付款额和租赁付款额现值的增加；借方核算承租人支付的租赁付款额，以及租赁付款额现值的减少。“未确认融资费用”核算租赁付款额与使用权资产现值差额的变动情况。期末贷方余额反映承租人尚未支付的租赁付款额现值

（二）日常核算

1.租赁期开始日。

在租赁期开始日，承租人应当对租赁确认使用权资产和租赁负债（应用短期租赁和低价值资产租赁简化处理的除外），并进行初始计量。

在租赁期开始日，承租人应当按照成本对使用权资产进行初始计量。该成本包括：①租赁负债的初始计量金额；②在租赁期开始日或之前支付的租赁付款额；③承租人发生的初始直接费用；④承租人为拆除及移除租赁资产、复原租赁资产所在场地或将租赁资产恢复至租赁条款约定状态预计将发生的成本。

租赁负债应按租赁期开始日尚未支付的租赁付款额的现值进行初始计量，会计分录为：

借：使用权资产（成本）
　　租赁负债——未确认融资费用（差额）
　贷：租赁负债——租赁付款额（尚未支付的租赁付款额）
　　　预付账款（租赁预付款额）
　　　银行存款（支付的初始直接费用）

2.计息。

租赁期内确认各个期间的利息时，会计分录为：

借：财务费用——利息费用（或在建工程）
　贷：租赁负债——未确认融资费用

3.支付租赁付款额。

按期支付租赁付款额时，会计分录为：

借：租赁负债——租赁付款额
　贷：银行存款

4.使用权资产折旧。

承租人应参照《企业会计准则》关于折旧的规定，自租赁期开始日起，按月计提使用权资产折旧，会计分录为：

借：营业成本（或制造费用、销售费用、管理费用、研发支出等）
　贷：使用权资产累计折旧

5.使用权资产的减值。

在租赁期开始日后，承租人按《企业会计准则》的有关规定，确定使用权资产是否发生减值。若使用权资产发生减值，应按减值的金额做会计分录：

借：资产减值损失
　贷：使用权资产

使用权资产减值准备一旦计提，不得转回。

（三）租赁负债和使用权资产的重新计量

1.计量规则。

租赁期开始日后，当发生下列情况时，承租人应当按照变动后的租赁付款额的现值重新计算租赁负债，并相应调整使用权资产的账面价值：

（1）实质固定付款额发生变动；

（2）担保余值预计的应付金额发生变动；

（3）用于确定租赁付款额的指数或比率发生变动；

（4）购买选择权、续租选择权或终止租赁选择权的评估结果或实际行使情况发生变化。

2. 会计核算。

租赁期开始日后，承租人按变动后的租赁付款额的现值重新计量租赁负债的，当租赁负债增加时，会计分录为：

借：使用权资产（租赁付款额现值的增加额）
　　租赁负债——未确认融资费用（差额）
　贷：租赁负债——租赁付款额（租赁付款额的增加额）

当租赁负债减少时，会计分录相反。

若使用权资产的账面价值已调减至零，会计分录为：

借：租赁负债——租赁付款额（仍需进一步调减的租赁付款额）
　贷：营业成本（或制造费用、销售费用、管理费用、研发支出等）
　　　　　（仍需进一步调减的租赁付款额现值）
　　租赁负债——未确认融资费用（差额）

第三节　出租人的核算

一、出租人对租赁的分类

（一）融资租赁与经营租赁

出租人应当在租赁开始日将租赁分为融资租赁和经营租赁。在租赁开始日后，出租人无须对租赁的分类进行重新评估，除非发生租赁变更。

租赁资产预计使用寿命、预计余值等会计估计变更或发生承租人违约等情况变化的，出租人无须对租赁的分类进行重新评估。

租赁开始日是指租赁合同签署日与租赁各方就主要租赁条款作出承诺日中的较早者。租赁开始日可能早于租赁期开始日，也可能与租赁期开始日重合。

融资租赁是指实质上转移了与租赁资产所有权有关的几乎全部风险和报酬的租赁。其所有权最终可能转移，也可能不转移。

经营租赁是指融资租赁以外的其他租赁。

（二）转租分类

转租出租人应当基于原租赁资产的使用权资产，而不是原租赁的标的资产，对转租赁进行分类。但是，原租赁为短期租赁，且转租出租人应用简化处理的，转租出租人应当将该转租赁分类为经营租赁。

二、出租人适用的相关会计科目

出租人租赁业务会计科目及其核算内容见表10-2。

表10-2　出租人租赁业务会计科目及其核算内容

名称		主要核算内容
资产类	融资租赁资产	核算租赁企业作为出租人，为开展融资租赁业务取得资产的成本。借方核算融资租赁资产成本的增加数，贷方核算按融资租赁方式租出资产的账面价值。期末借方余额反映租赁企业融资租赁资产的成本
资产类	应收融资租赁款	核算出租人融资租赁产生的租赁投资净额。本科目可分别设置“租赁收益款额”“未实现融资收益”“未担保余值”等进行明细核算。期末借方余额反映未担保余值和尚未收到的租赁款项现值之和
资产类	应收融资租赁款减值准备	核算应收融资租赁款的预期信用损失。计提的应收融资租赁款减值准备，记入本科目贷方；转回已计提的减值准备，记入本科目借方。期末贷方余额反映应收融资租赁款的累积减值准备金额
损益类	租赁收入（金融企业可使用利息收入）	核算租赁企业作为出租人确认的融资租赁和经营租赁的租赁收入。期末余额转入“本年利润”科目，结转后本科目无余额

三、融资租赁业务的核算

现代租赁业务以融资租赁为主，并在范围和方式上有了重大发展。融资租赁实质上是一个融贸易、金融、租借于一体的综合性金融产品。出租人提供的是金融服务，而不是单纯的租借服务。承租人通过租入资产，使自己在没有资金的情况下取得资产的使用权，扩大了生产。融资租赁所租赁的资产由承租人确定，出租人根据承租人的要求购入资产并拥有租赁资产的所有权，承租人根据租赁合同支付租金并取得资产的使用权。在租赁期间，承租人应承担租赁资产的保险费、维修费及折旧，租赁资产本身及其产生的损益和风险均由承租人承担。

融资租赁业务通常涉及出租人、承租人和供应商三方。租赁资产价值高、租赁期长，租赁的程序也较为复杂。

（一）相关概念

1.租赁收款额。

它是指出租人因让渡在租赁期内使用租赁资产的权利而应向承租人收取的款项，包括：

（1）承租人需支付的固定付款额及实质固定付款额。

（2）取决于指数或比率的可变租赁付款额。该款项在初始计量时根据租赁期开始日的指数或比率确定。

（3）购买选择权的行权价格，前提是合理确定承租人将行使该选择权。

（4）承租人行使终止租赁选择权需支付的款项，前提是租赁期反映出承租人将行使终止租赁选择权。

（5）由承租人、与承租人有关的一方以及有经济能力履行担保义务的独立第三方向出租人提供的担保余值。

2.租赁内含报酬率。

它是指使出租人的租赁收款额的现值与未担保余值的现值之和（即租赁投资净额）等于租赁资产公允价值与出租人的初始直接费用之和的利率。

3.租赁投资净额。

它是指未担保余值和租赁期开始日尚未收到的租赁收款额按照租赁内含报酬率折现的现值之和。

4.担保余值。

它是指与出租人无关的一方向出租人提供担保，保证在租赁结束时租赁资产的价值至少为指定的金额。

5.未担保余值。

它是指租赁资产余值，出租人无法保证能够实现或仅由与出租人有关的一方予以担保的部分。

6.未实现融资收益。

它是指租赁收款额与未担保余值的总和减去租赁投资净额之差。计算公式为：

$$\begin{matrix}\text{未实现}\\\text{融资收益}\end{matrix}=\left(\begin{matrix}\text{最低租赁}\\\text{收款额}\end{matrix}+\begin{matrix}\text{未担保}\\\text{余值}\end{matrix}\right)-\left(\begin{matrix}\text{最低租赁}\\\text{收款额的现值}\end{matrix}+\begin{matrix}\text{未担保余值}\\\text{的现值}\end{matrix}\right)$$

（二）判断标准

一项租赁属于融资租赁还是经营租赁，取决于交易的实质而不是合同的形式。如果一项租赁实质上转移了与租赁所有权有关的几乎全部风险和报酬，出租人应当将该租赁归类为融资租赁。

1. 一项租赁存在下列一种或多种情形的，通常归类为融资租赁：

（1）在租赁期满时，租赁资产的所有权转移给承租人，即如果在租赁协议中已经约定，或者根据其他条件，在租赁开始日就可以合理地判断，租赁期届满时出租人会将资产的所有权转移给承租人。

（2）承租人有购买租赁资产的选择权，所订立的购买价款预计将远低于行使选择权时租赁资产的公允价值，因而在租赁开始日就可以合理确定承租人将行使该选择权。

（3）资产的所有权虽然不转移，但租赁期占租赁资产使用寿命的大部分时间（一般指75%以上）。

（4）在租赁开始日租赁收款额的现值几乎相当于租赁资产的公允价值（通常在90%以上）。

（5）租赁资产性质特殊，如果不做较大改动，只有承租人才能使用。

2. 一项租赁存在下列一项或多项情形的，也可归类为融资租赁：

（1）若承租人撤销租赁，撤销租赁对出租人造成的损失由承租人承担。

（2）资产余值的公允价值波动所产生的利得或损失归属于承租人。

（3）承租人有能力以远低于市场水平的租金继续租赁至下一期间。

（三）日常核算

1. 租赁企业作为出租人取得租赁资产时，会计分录为：

借：融资租赁资产（或固定资产）

　　贷：银行存款（或其他有关科目）

2. 租赁期开始日租赁债权的确认。

按照规定，在租赁期开始日，出租人应对融资租赁确认应收融资租赁款，并终止确认融资租赁资产。出租人对应收融资租赁款进行初始计量时，应当以租赁投资净额作为应收投资租赁款的入账价值，会计分录为：

借：应收融资租赁款——租赁收款额（尚未收到的租赁收款额）

　　　　　　　　　——未担保余值（预计租赁期结束时的未担保余值）

　　银行存款（已经收取的租赁款）

　　贷：融资租赁资产（或固定资产）（租出资产的账面价值）

　　　（或借）：资产处置损益（租出资产公允价值与账面价值的差额）

　　　银行存款（初始直接费用）

　　　应收融资租赁款——未实现融资收益（差额）

租赁企业认为有必要对初始直接费用进行单独核算的，也可做如下会计分录：

借：应收融资租赁款——初始直接费用

　贷：银行存款

借：应收融资租赁款——未实现融资收益

　贷：应收融资租赁款——初始直接费用

在资产负债表中，“应收融资租赁款”的期末余额在“长期应收款”项目中填列。其中，自资产负债表日起一年内（含一年）到期的，在“一年内到期的非流动资产”中填列。出租业务较多的出租人，可以在“长期应收款”项目下单独列示为“其中：应收融资租赁款”。

3.利息收入确认。

出租人在确认租赁期内各个期间的利息收入时，会计分录为：

借：应收融资租赁款——未实现融资收益

　贷：租赁收入——利息收入（或利息收入）

　　　应交税费——应交增值税（销项税额）

对租赁公司来讲，租赁收入可以作为营业收入列报。

4.收到租赁收款额。

出租人收到租赁收款额时，会计分录为：

借：银行存款

　贷：应收融资租赁款——租赁收款额

5.应收融资租赁款减值的核算。

应收融资租赁款发生预期信用损失时，会计分录为：

借：信用减值损失（应减计的金额）

　贷：应收融资租赁款减值准备

转回已计提的减值准备时，做相反的会计分录。

【例10-1】20×0年年初，RENTWE租赁公司购入设备一台，该设备账面价值为700 000元，以融资租赁方式出租给DAX公司，租期为6年，承租人担保余值为100元，无未担保余值。每年年末等额支付租金150 000元，租赁内含报酬率为7.7%（暂不考虑增值税）。

该融资租赁的有关指标计算如下：

最低租赁收款额=150 000×6+100=900 100（元）

未实现融资收益=900 100−700 000=200 100（元）

出租人每期收到的租金中包含利息收入和租金本金两部分，据此编制应收租赁款的摊销及利息收入计算表，见表10-3。

表10-3　　应收租赁款的摊销及利息收入计算表　　单位：元

日期 （a）	租金 （b）	确认的融资收入 （c=上期 e×7.7%）	租赁投资净额减少额 （d=b−c）	租赁投资净额余额 （e=上期 e−d）
20×0.01.01				700 000.00
20×0.12.31	150 000	53 900.00	96 100.00	603 900.00
20×1.12.31	150 000	46 500.30	103 499.70	500 400.30
20×2.12.31	150 000	38 530.82	111 469.18	388 931.12
20×3.12.31	150 000	29 947.70	120 052.30	268 878.82
20×4.12.31	150 000	20 703.67	129 296.33	139 582.49
20×5.12.31	150 000	10 517.51	139 482.49	100.00
合计	900 000	200 100.00		

RENTWE 租赁公司的账务处理如下：

①20×0 年 1 月 1 日，确认租赁资产的价值及应收融资租赁款，会计分录如下：

借：应收融资租赁款——租赁收款额　　900 100

　贷：融资租赁资产　　700 000

　　应收融资租赁款——未实现融资收益　　200 100

②第一年年末，20×0 年 12 月 31 日收到租金时，会计分录如下：

借：银行存款　　150 000

　贷：应收融资租赁款——租赁收款额　　150 000

确认利息收入时，会计分录如下：

借：应收融资租赁款——未实现融资收益（700 000×7.7%）　　53 900

　贷：租赁收入——利息收入　　53 900

③第二年年末，20×1 年 12 月 31 日收到租金时，会计分录如下：

借：银行存款　　150 000

　贷：应收融资租赁款——租赁收款额　　150 000

确认利息收入时，会计分录为：

借：应收融资租赁款——未实现融资收益（603 900×7.7%）46 500.30

　贷：租赁收入——利息收入　　46 500.30

④第三年、第四年的会计分录比照上述处理。

⑤租赁期满后，DAX 公司行使优惠购买权，RENTWE 租赁公司收取价款 100

元时，会计分录如下：

借：银行存款　　100

　贷：应收融资租赁款——租赁收款额　　100

四、经营租赁业务的核算

1.租金的处理。

在租赁的各个期间，出租人应采用直线法或者其他系统、合理的方法将经营租赁的租赁收款确认为租金收入。如果其他系统、合理的方法能够更好地反映因使用租赁资产所产生经济利益的消耗模式，则出租人应采用该方法。

2.出租人对经营租赁提供激励措施。

出租人提供免租期的，出租人应将租金总额在不扣除免租期的整个租赁期内，按直线法或其他合理的方法进行分配，免租期内应当确认租金收入。出租人承担了承租人某些费用的，出租人应将该费用自租金总额中扣除，按扣除后的租金收入余额在租赁期内进行分配。

3.初始直接费用。

出租人发生的与经营租赁有关的初始直接费用应当资本化至租赁标的资产的成本，在租赁期内按照与租金收入相同的确认基础分期计入当期损益。

4.折旧和减值。

对于经营租赁资产中的固定资产，出租人应当采用类似资产的折旧政策计提折旧；对于其他经营租赁资产，应当根据该资产适用的会计准则，采用系统、合理的方法进行摊销。出租人应当按照《企业会计准则第8号——资产减值》的规定，确定经营租赁资产是否发生减值，并对已识别的减值损失进行会计处理。

第四节　其他租赁形式的会计处理

一、转租赁

在转租赁情况下，原租赁合同和转租赁合同通常都是单独协商的，交易对手也是不同的企业，会计准则要求转租出租人对原租赁合同和转租赁合同分别根据承租人和出租人会计处理要求，进行会计处理。

承租人在对转租赁进行分类时，转租出租人应基于原租赁中产生的使用权资产，而不是租赁资产（作为租赁对象的不动产或设备）进行分类。原租赁资产不归转租出租人所有，原租赁资产也未计入其资产负债表，因此，转租出租人应基于其控制的资产（即使用权资产）进行会计处理。

原租赁为短期租赁，且转租出租人作为承租人已按会计准则进行简化会计处理的，应将转租赁归类为经营租赁。

二、生产商或经销商出租人的融资租赁

生产商或经销商通常为客户提供购买或租赁其产品或商品的选择。如果生产商或经销商出租其产品或商品构成融资租赁，则该交易产生的损益应相当于按照考虑适用的交易量或商业折扣后的正常售价直接销售标的资产所产生的损益。构成融资租赁的，生产商或经销商出租人在租赁期开始日应当按照租赁资产公允价值与租赁收款额按市场利率折现的现值两者孰低确认收入，并按照租赁资产账面价值扣除未担保余值的现值后的余额结转销售成本，收入和销售成本的差额作为销售损益。

由于取得融资租赁所发生的成本主要与生产商或经销商赚取的销售利得相关，因此生产商或经销商出租人应当在租赁期开始日将其计入损益，即与其他融资租赁出租人不同，生产商或经销商出租人取得融资租赁所发生的成本不属于初始直接费用，不计入租赁投资净额。

三、售后回租交易

若企业（卖方兼承租人）将资产转让给其他企业（买方兼出租人），并从买方兼出租人租回该项资产，则卖方兼承租人和买方兼出租人均应按照售后回租交易的规定进行会计处理。企业应当按照《企业会计准则第14号——收入》的规定，评估确定售后回租交易中的资产转让是否属于销售，并区别进行会计处理。

（一）售后回租交易中的资产转让属于销售

卖方兼承租人应当按原资产账面价值中与租回获得的使用权有关的部分，计量售后回租所形成的使用权资产，并仅就转让至买方兼出租人的权利确认相关利得或损失。买方兼出租人根据其他适用会计准则对资产购买进行会计处理，并根据租赁准则对资产出租进行会计处理。

如果销售对价的公允价值与资产的公允价值不同，或者出租人未按市场价格收取租金，企业应当进行以下调整：

（1）销售对价低于市场价格的款项作为预付租金进行会计处理；

（2）销售对价高于市场价格的款项作为买方兼出租人向卖方兼承租人提供的额外融资进行会计处理。

同时，承租人按照公允价值调整相关销售利得或损失，出租人按市场价格调整租金收入。

在进行上述调整时，企业应当选择以下两者中较易确定者进行：

（1）销售对价的公允价值与资产的公允价值的差异；

（2）合同付款额的现值与按市场租金计算的付款额的现值的差异。

（二）售后回租交易中的资产转让不属于销售

卖方兼承租人不终止确认所转让的资产，而应当将收到的现金作为金融负债，并按照《企业会计准则22号——金融工具确认和计量》进行会计处理；买方兼出租人不确认被转让资产，而应当将支付的现金作为金融资产，并按照《企业会计准则22号——金融工具确认和计量》进行会计处理。

本章小结

1.所谓租赁，是在约定的期间内出租人将资产使用权让与承租人以获取租金的协议。

2.租赁按性质不同可以划分为融资租赁和经营租赁。

3.本章主要介绍承租人与出租人的会计核算。

关键概念

租赁　融资租赁　经营租赁

扩展链接

财政部发布租赁准则应用案例

思考与应用

（一）复习思考

1.租赁有哪些类型？

2.融资租赁和经营租赁的区别是什么？

3.在融资租赁中，承租人和出租人在会计科目的设置上有什么不同？

4.何为租赁开始日？何为租赁期开始日？二者有何区别？

5.售后回租交易中，如何判断资产转让是否属于销售？

（二）操作练习

1.20×1年年末，M租赁公司向某保险公司融资出租一台设备，租赁合同有关内容摘录如下：

（1）租赁开始日该项设备为全新，原值28 000 000元。

（2）租赁期为20×1年12月31日至20×4年12月31日，预计可使用年限为5年。

（3）每年年末支付的租金为7 200 000元。

（4）承租人担保资产余值为4 000 000元。

（5）租赁合同规定的利率为6%。

（6）租赁期满时，租赁公司收回该固定资产。

要求：

编制M租赁公司应收融资租赁款的摊销及利息收入计算表，编制相关的会计分录。

2.S证券公司从M租赁公司以经营租赁方式租入设备一台，租期为4年。该设备价值为6 000 000元，预计使用年限为10年，无残值。合同规定，租赁开始日M租赁公司向S证券公司一次性收取租金250 000元，第一年与第二年年末各收取租金150 000元，第三年、第四年年末收取租金80 000元。期末M租赁公司收回设备。在租赁合同签订之前，该证券公司支付了5 000元谈判费。

要求：

编制M租赁公司相关会计分录。

第十一章 期货经纪公司会计

学习目标

1.了解期货经纪公司会计核算的主要特点与内容

2.掌握商品期货的会计核算

3.了解金融期货和期权的主要内容及会计核算

第一节 期货经纪公司业务概述

一、期货经纪公司的业务内容

期货经纪公司是代理客户从事期货交易的企业法人或由企业法人设立的分支机构。期货经纪公司接受期货投资者的委托，按照客户下达的指令，以自己的名义为期货投资者的利益进行期货交易并收取佣金。按我国目前的规定，期货经纪公司只能代理客户进行期货交易，不得开展自营业务。符合条件的期货经纪公司经批准也可以下设营业部。

根据期货交易的相关规定，只有期货交易所会员才能进入期货交易所进行期货交易，且只有全权会员才能接受非会员的委托，代理其进行期货交易。所以，想参与期货交易而自身又不是期货交易所会员的公司，只能委托期货经纪公司代理进行期货交易。

期货经纪公司作为代理客户在期货交易所进行交易的中介机构，其主要职能是：接受客户的委托，按照客户下达的指令代客户买卖期货合约，办理各种交易手续，按客户的要求提供期货服务；向客户收取保证金，向期货交易所保证客户的履约责任，并随时向客户报告合约的交易情况和保证金的变化情况；为客户提供市场行情信息，充当客户的交易顾问，为客户提供咨询服务或培训等；代理客户进行实物交割。

二、期货经纪公司的结算制度

期货经纪公司的介入使得期货交易分两步走：一是期货经纪公司与客户之间的委托买卖关系，期货经纪公司接受客户的买卖指令，然后将指令传送到期货交易所的交易场内，由其场内出市代表利用期货交易所提供的设施和服务进行交易。相应地，期货经纪人和客户之间发生一系列有关保证金、佣金、手续费的收取和支付业务。二是期货交易所与期货经纪公司之间发生的与期货交易有关的保证金和手续费的收取与支付业务。

作为期货交易所与客户的中介，期货经纪公司在期货交易中负有双重责任，在期货交易中面临的风险不容忽视。为此，期货经纪公司都建有较完善的结算制度，这些制度包括以下两类：

（一）与期货交易所对应的法规和制度

1.登记结算制度。

每份期货合约都必须经过期货交易所登记、担保、结算，才能成为核算的期货合约。

2.保证金制度。

保证金是确保买卖双方履约的一种财力担保。不过，虽然期货交易所会计和期货经纪机构会计都有内容相同的保证金制度，它们却有不同的性质，在会计核算上有重要的区别。对期货经纪机构来说，保证金分为以下两种：

（1）基础保证金。期货经纪公司要预先向期货交易所交纳一笔巨额的基础保证金。一般情况下，这笔保证金不得用作交易保证金或结算款项。在期货经纪公司退出期货交易所时，这笔基础保证金也随之归还。

（2）交易保证金。作为期货交易的代理者，期货经纪公司要向期货交易所交纳持仓合约占用的保证金，包括初始保证金、维持保证金和追加保证金。初始保证金是在新开仓时，期货经纪公司将一笔款项存入期货交易所，用以担保初始买卖的期货合约，其数额由期货交易所规定。维持保证金是期货交易所规定交易者必须维持的最低保证金水平。一旦持仓合约价值变化，存入结算账户的资金余额低于维持保证金水平，期货经纪公司必须补交保证金以达到期货交易所的初始保证金水平。追加保证金是期货经纪公司补交的保证金。

3.每日结算无负债制度。

每日收市时，期货交易所对每位会员进行交易结算，计算出各结算会员当日的盈亏。若期货经纪公司代理的业务发生亏损，则必须补缴差额资金；反之，若为盈余，则期货交易所将超过规定保证金水平的款项在第二天自动支付给各期货经纪公司。

4.违约处理制度。

若期货经纪公司破产或不能履约，期货交易所将根据违约处理制度来控制风险、保证履约，一般用交易保证金和结算准备金抵债；若仍不能完全弥补，则用期货经纪公司的基础保证金补足差额。

（二）与客户对应的法规和制度

1.账户分立制度。

期货经纪公司应将所有客户交存的保证金在银行开立一个客户专用基金账户，然后再为每一个客户分别开立分账户。客户专用基金与期货经纪公司自有资金不得相互混淆，各客户的资金也不能相互挪用。

2.保证金制度。

期货经纪公司要求客户为每一笔交易交纳保证金，以保证合约履行。与期货经纪公司交给期货交易所的保证金相对应，客户交给期货经纪公司的交易保证金也分为三种：初始保证金、维持保证金和追加保证金。

3.每日结算制度。

期货经纪公司对客户的未平仓合约及财务状况应逐日盯市，每日计算。对于发生亏损的、保证金数额低于维持保证金水平的客户，期货经纪公司要在下一个交易日开市前书面通知其结算状况，要求其限期交纳追加保证金。

4.强制平仓制度。

若客户在规定的时间内没有交纳追加保证金，期货经纪公司有权对客户的未平仓合约进行强制平仓，直到账户中的保证金余额能够维持剩余头寸为止。

5.手续费制度。

无论交易者是卖还是买，都必须交付一笔手续费，金额由期货交易所规定。期货经纪公司向客户收取的手续费构成了期货经纪公司的主要业务收入来源。

期货交易是保证金交易，就参与期货交易的资金来讲，都是先以货币资金的形态存在，然后因被持仓而转化为合约占用形态，通过买进或卖出合约平仓了结交易，合约占用形态的资金又转化为货币资金形态，按照这种顺序周而复始地运转，并在周转过程中增值或减值。与保证金的循环周转相联系，期货经纪公司与期货交易所、客户之间存在手续费的支出和收入过程。期货市场资金这种正常有序的运转构成了期货经纪公司的会计核算对象。

三、期货经纪公司会计核算的内容

期货经纪公司的会计核算内容包括以下几部分：

（一）与期货交易所有关的业务核算

1. 与会员席位有关的业务核算。

其主要包括期货经纪公司为取得会员资格交纳的会员资格费、会员资格进行转让时取得的损益、需要交纳的基本席位以外的席位占用费及退还席位时收回的席位占用费、期货经纪公司每年向期货交易所交纳的年会费等的核算。

2. 与期货交易所日常交易有关的业务核算。

其主要包括期货经纪公司将期货保证金存入期货交易所、保证金的划回及提取、客户平仓后代扣的手续费；当不能用货币资金补充保证金时，提交质押物进行融资的业务；代理客户对未平仓的合约进行实物交割，交易盈亏结转。

（二）对客户业务的核算

对客户业务的核算包括吸收客户期货保证金的核算、客户保证金清退的核算、平仓后从保证金中收取代理手续费的核算、对客户不能用货币资金追加保证金时接受保证金质押业务的核算、代理客户进行实物交割业务的核算、客户平仓盈亏的核算。

（三）其他业务的核算

其他业务的核算包括期货经纪公司按规定提取风险准备金及其支用的核算、由于各种原因形成的错单交易的核算、对期货经纪公司存在的结算差异的核算、客户违约处罚的核算等。

第二节 商品期货业务的核算

一、主要会计科目及其核算内容

根据《期货公司会计科目设置及核算指引》，期货经纪公司在开展期货业务时，除设置会计准则规定的科目外，还应专门设置一些会计科目，这些会计科目及其核算内容见表11-1。

二、账务处理

（一）会员资格费的核算

期货经纪公司开办期货代理业务，首先要取得会员资格。会员资格的取得方式为向期货交易所认缴会员资格费。根据《企业会计准则》对长期投资的有关规定，考虑到期货交易中会员资格费的特殊性，在进行账务处理时，把会员资格费支出作为长期投资处理，设置“期货会员资格投资”科目。

表11-1　**期货公司会计科目及其核算内容**

名称		主要核算内容
资产类	期货保证金存款	核算期货公司收到客户或分级结算制度下全面结算会员收到非结算会员缴存的货币保证金以及期货公司存入期货保证金账户的款项
	应收货币保证金	核算期货公司向期货结算机构（指期货交易所或分级结算制度下的特别结算会员和全面结算会员，下同）划出的货币保证金，以及期货业务盈利形成的货币保证金
	应收质押保证金	核算期货公司代客户向期货交易所办理有价证券充抵保证金业务形成的可用于期货交易的保证金
	应收结算担保金	核算分级结算制度下结算会员（包括全面结算会员和交易结算会员，下同）按照规定向期货交易所交纳的结算担保金
	应收风险损失款	核算期货公司为客户垫付尚未收回的风险损失款
	应收佣金	核算期货公司应收取的与其经营活动相关的佣金
	期货会员资格投资	核算期货公司为取得会员制期货交易所会员资格，以交纳会员资格费形式对期货交易所的投资
负债类	应付货币保证金	核算期货公司收到客户或分级结算制度下全面结算会员收到非结算会员缴存的货币保证金，以及期货业务盈利形成的货币保证金
	应付质押保证金	核算期货公司代客户向期货交易所办理有价证券充抵保证金业务形成的可用于期货交易的保证金
	应付手续费	核算期货公司为期货结算机构代收尚未支付的手续费
	应付佣金	核算期货公司应支付的与其经营活动相关的佣金
	期货风险准备金	核算期货公司按规定以手续费收入的一定比例提取的期货风险准备金
	应付投资者保障基金	核算期货公司按规定提取的期货投资者保障基金
所有者权益类	一般风险准备	核算期货公司按规定以本年实现净利润的一定比例提取的一般风险准备
损益类	手续费收入	核算期货公司向客户收取的交易手续费、代理结算手续费、交割手续费和有价证券充抵保证金业务手续费收入，以及期货公司收到期货交易所返还、减收的手续费收入
	佣金收入	核算期货公司确认的佣金收入
	佣金支出	核算期货公司发生的与其经营活动相关的佣金支出
	提取期货风险准备金	核算期货公司按规定以手续费收入的一定比例提取的期货风险准备金
	业务及管理费	核算期货公司监管费、年会费、席位使用费、客户服务费、提取期货投资者保障基金等

1.交纳会员资格费。

期货经纪公司为取得期货交易所会员资格而交纳会员资格费时，应按实际支付的款项入账，会计分录为：

借：期货会员资格投资

　贷：银行存款

2.转让会员资格。

若期货市场较为兴旺，期货经纪公司可能以比原购入资格费更高的价款让渡会员资格。期货经纪公司转让或被取消会员资格，会收到转让收入或期货交易所实际退还的会员资格费。这些收入高于（或低于）其会员资格投资账面价值的部分，应确认为投资收益，会计分录为：

借：银行存款

　贷：期货会员资格投资

　贷或借：投资收益

　贷：应交税费——应交增值税（销项税额）

（二）席位占用费的核算

企业在期货交易所认购会员资格后，成为期货交易所的一名会员，并取得一个基本交易席位。若一个席位不能满足期货经纪公司的交易需要，还想取得更多的席位，则必须申请，并交纳席位占用费。当期货经纪公司因经营的需要认为不必占用太多的交易席位时，可以向期货交易所退还申请增加的交易席位，此时期货交易所应全额退还原来收取的席位占用费。企业取得的基本席位之外的席位不可转让。

期货经纪公司向期货交易所交纳席位占用费时，会计分录为：

借：业务及管理费——席位使用费

　贷：银行存款

（三）交纳会费的核算

期货经纪公司应按期货交易所的规定，定期（一般是每年）向期货交易所交纳年会费，以维持期货交易所为会员服务所必需的费用开支。年会费按占用席位和期货交易所理事会审议通过的标准向期货交易所交纳。期货经纪公司向期货交易所交纳年会费时，会计分录为：

借：业务及管理费——年会费

　贷：银行存款

（四）开仓、持仓与保证金的核算

1.期货经纪公司与期货交易所的保证金核算。

期货交易所对会员实行严格的保证金制度，要求每一个会员单位必须在期货交易所结算部门存入资金，为期货合约的买卖提供财力保证。期货经纪公司向期货交易所交纳的保证金按是否被合约占用可分为两类：结算准备金和交易准备金。

（1）结算准备金。

结算准备金是期货经纪公司在期货交易所存入的，为交易结算预先准备的款项。它是尚未被合约占用的保证金。从资金管理的角度，还可进一步分为基础保证金和可用保证金。期货交易所一般要求期货经纪公司将基础保证金一次性存入保证金账户。会员单位在正常交易过程中一般不动用基础保证金，也不允许期货交易所动用。可用保证金大部分是期货经纪公司在下单买卖合约前存入期货交易所的款项，其他来源还包括尚未提取的平仓盈利款及期货经纪公司为将来交易需要增加存入的款项，期货经纪公司对这部分保证金拥有支配权，可以随时划回。不过，期货经纪公司划回保证金必须经期货交易所结算部门批准。

期货经纪公司也可以将基础保证金同用于结算准备的保证金一起作为结算准备金，设一个账户进行管理。在这种情况下，期货交易所只是在结算准备金账户中确定一个基本金额，在正常的交易中不允许使用，只有在会员单位其他保证金不足时方可动用。期货交易所对会员单位可开仓头寸的控制是按结算准备金账户中的金额扣除基础保证金部分后的差额来确定的。

【例11-1】甲期货经纪公司在期货交易所下单买卖合约前，将80万元存入A期货交易所的保证金账户，会计分录为：

借：应收货币保证金——A期货交易所　　800 000

　贷：期货保证金存款　　800 000

若该期货经纪公司在A期货交易所做多，买入合约后价格一路下跌，在某一结算日形成的浮动亏损为20万元。按期货交易所列明的亏损金额编制会计分录如下：

借：应收货币保证金——A期货交易所　　200 000

　贷：应付货币保证金——客户　　200 000

（2）交易保证金。

交易保证金是被合约占用的保证金，它随着交易量及结算价的变动而变动。交易保证金的增加一般是由于期货经纪公司开新仓或持仓合约发生异常变化（如接近交割期，期货交易所为了保证合约的履行，一般要求提高保证金的水平）。交易保证金的减少是通过对冲平仓或实物交割了结期货交易，合约占用的保证金被释放退回结算准备金账户中来实现的。

交易保证金还可进一步划分为初始保证金、维持保证金和追加保证金。在新开仓时从结算准备金账户划转出的部分保证金称为初始保证金。随着交易的进行，在每日收盘后，期货交易所结算部门根据当日的盈亏情况调整会员单位的保证金账户，盈利增加保证金金额，亏损减少保证金金额。若会员单位可用保证金账户出现亏损或因持有未平仓合约数量过多而使其保证金数额低于维持保证金水平，就必须在规定的时间内再存入一笔款项，增加交易保证金，使其达到初始保证金水平。这种补交的保证金通常称为追加保证金。

客户向期货经纪公司下达开仓指令后，若开仓合约成交，则期货交易所结算部门会根据成交合约的市价，按一定的比例将结算准备金账户中的可动用保证金划转到交易保证金中去。对于这部分被划转的保证金，期货经纪公司失去了对它的使用权，不能再将其用于开新仓或弥补交易亏损。开新仓的经济业务本身并不涉及期货经纪公司的账务处理，期货交易所结算部门进行的结算准备金向交易准备金账户的划转并不涉及期货交易所与期货经纪公司之间的资金运动，期货经纪公司无须作出会计处理，只通过期货交易所结算部门的每日结算反映在结算单据上。

期货经纪公司按客户的指令开仓买入或卖出合约后，对冲平仓前的状态称为持仓。在持仓过程中，合约市价处于不断变化中，形成浮动盈亏。浮动亏损达到一定程度，可能导致可动用的保证金低于结算准备金的最低水平，这时期货交易所就会发出追加保证金通知，期货经纪公司须追加保证金。期货交易所每天在交易结束后，计算每个会员的当日结算准备金金额，当会员的结算准备金金额低于最低准备金金额时，该结果即被视为期货交易所向会员发出的追加保证金通知，期货交易所通过结算银行从会员的专用资金账户中划扣。期货经纪公司支付追加保证金时，会计分录为：

借：应收货币保证金

　贷：期货保证金存款

【例11-2】甲期货经纪公司在A期货交易所进行期货交易，12月13日持有的期货合约全线下跌，发生浮动亏损80万元，当日未发生保证金存取及开仓和平仓业务，上一交易日的结算准备金余额为120万元，A期货交易所要求的结算准备金的最低余额为50万元。

甲期货经纪公司当日的结算准备金余额为40万元（120-80），应追加的保证金为10万元（50-40），A期货交易所从甲期货经纪公司专用账户划拨资金。甲期货经纪公司的账务处理为：

借：应收货币保证金——A期货交易所	100 000	
贷：期货保证金存款		100 000

2.期货经纪公司与客户的保证金核算。

客户向期货经纪公司交纳的保证金是其履约的财力担保。与期货交易所对会员单位的保证金制度不同，目前我国期货经纪公司一般不要求客户交纳基础保证金，只要求其交纳交易保证金。因此，期货经纪公司收到的客户开户金，实际上就是客户最初存入期货经纪公司准备用于下单买卖合约的保证金。期货经纪公司对客户的开户金额一般规定一个下限，客户可以根据自己将来要进行交易的数量向期货经纪公司预存一定数额的保证金。期货经纪公司必须按每一个客户开设的保证金账户进行明细分类核算。

期货经纪公司对收到的客户保证金，通过“应付货币保证金”科目核算。收到客户划入的保证金时，应按实际划入的款项做如下会计分录：

借：期货保证金存款

　贷：应付货币保证金

对客户划出的保证金，做相反的会计分录。

【例11-3】某期货经纪公司收到甲客户的开户保证金100万元，将其设专户存入银行，并做会计分录如下：

借：期货保证金存款　　1 000 000

　贷：应付货币保证金——甲客户　　1 000 000

如果甲客户在进行一段时间的交易后，因需要资金向期货经纪公司申请，将未被合约占用的保证金划出10万元，则该期货经纪公司应做如下会计分录：

借：应付货币保证金——甲客户　　100 000

　贷：期货保证金存款　　100 000

期货经纪公司代客户下单成交以后，将成交合约应占用的保证金从客户交存的保证金账户中划出，形成交易保证金。交易保证金的划转仅仅是为了满足结算需要，以确定是否追加保证金，此时并没有真实的资金运动，因此不涉及账务处理。

随着交易的进行，在每日收盘后，期货经纪公司根据客户当日的盈亏情况调整其保证金账户，盈利增加保证金金额，亏损减少保证金金额。会员的交易保证金账户必须维持其最低的保证金额度，若客户保证金账户划转交易保证金后出现亏损，或因持有未平仓合约数量过多或合约价格向不利于客户的方向变动而出现浮动亏损，使保证金数额低于维持保证金水平，客户就必须在规定的时间内再存入一笔款项，使保证金数额达到应有的水平，即追加保证金。

【例11-4】甲期货经纪公司代理乙客户在大连商品交易所做大豆期货。5月20日，甲期货经纪公司收取乙客户保证金12万元。5月28日，接受乙客户的指令，以2 300元/吨的价格开新仓卖出9月份期货合约100手，每手10吨，共计1 000吨。甲期货经纪公司按5%的比例收取保证金。5月28日的结算价与成交价相同，5月29日的结算价为2 270元/吨。不考虑手续费，甲期货经纪公司的账务处理如下：

（1）5月20日客户存入保证金。

借：期货保证金存款　　120 000

　贷：应付货币保证金——乙客户　　120 000

（2）5月28日开新仓，按成交价计算开新仓合约应占用的保证金为115 000元（2 300×100×10×5%），当日收盘价与成交价相同，当日可用的保证金大于合同占用的保证金，故无须追加保证金，也不需要进行账务处理。

（3）5月29日发生浮动亏损。

期货价格下跌发生的浮动亏损=（2 270−2 300）×100×10=−30 000（元）

当日保证金余额=120 000−115 000−30 000=−25 000（元）

由于浮动亏损，乙客户在甲期货经纪公司的保证金可运用部分已成负数，甲期货经纪公司要求乙客户在5月30日开盘前补交发生的浮动亏损30 000元。收到结算单据列明的亏损金额时，会计分录为：

借：应付货币保证金　　30 000

　贷：应收货币保证金——乙客户　　30 000

3.结算准备金存款利息的核算。

期货经纪公司存入期货交易所的结算准备金是尚未被期货合约占用的保证金，对期货经纪公司来讲，这种结算准备金相当于在期货交易所的一种存款，因此期货交易所应支付相应的存款利息。一般情况下，期货交易所是按同期银行活期存款利率向期货经纪公司支付结算准备金存款利息的。

期货交易所向期货经纪公司支付的结算准备金存款利息，是通过会员的保证金账户直接划转的。期货经纪公司收到期货交易所划转的保证金存款利息时，借记“应收货币保证金”科目，贷记“利息收入”科目。

【例11-5】在第二季度末，甲期货经纪公司在A期货交易所存入的结算准备金余额为80万元，其中基础保证金60万元、可用保证金20万元。甲期货经纪公司收到A期货交易所支付的第二季度利息2 000元（按年利率1%支付）。

借：应收货币保证金——A期货交易所　　2 000

　贷：利息收入　　1 886.79

　　　应交税费——应交增值税（销项税额）　　113.21

当甲期货经纪公司将该笔存款利息从保证金账户划出时，会计分录为：

借：期货保证金存款　　2 000

　贷：应收货币保证金——A交易所　　2 000

（五）平仓盈亏的核算

通过买入或卖出而建仓的合约，以对冲平仓的形式予以了结，是期货交易中最普通的业务。持仓合约通过对冲了结可能出现三种情况：一是平仓价等于开仓价，整个交易过程不盈不亏；二是多头的平仓价高于开仓价或空头的平仓价低于开仓价，实现平仓盈利；三是多头的平仓价低于开仓价或空头的平仓价高于开仓价，实现平仓亏损。期货交易所对会员单位合约所实现的平仓盈亏，通过结算准备金账户进行保证金的划转，期货经纪公司对上述三种情况的处理也各不相同。

1.不盈不亏。

平仓价等于开仓价时，整个交易过程不盈不亏，此时期货交易所对期货经纪公司的结算业务只是将原合约占用的交易保证金划转为不被合约占用的结算准备金。因此，期货经纪公司不需要对这类业务进行账务处理，只需要将结算单据作为资料备查即可。

2.平仓盈利。

在平仓盈利的情况下，期货交易所对期货经纪公司的结算包括两部分：一是将平仓会员实现的盈利用于增加其结算准备金；二是将原合约占用的交易保证金划转为不被合约占用的结算准备金，这部分无须进行账务处理。

期货经纪公司对平仓实现的盈利通过“应收货币保证金”和“应付货币保证金”科目核算，按期货交易所结算单据载明的平仓盈利金额，借记“应收货币保证金”科目，贷记“应付货币保证金”科目。

【例11-6】甲期货经纪公司代理乙客户在郑州商品交易所做大豆期货交易。3月5日，按客户的指令买入5月份到期的大豆合约40手，共200吨，成交价为2 400元/吨。持仓到5月15日，乙客户下达了平仓指令，甲期货经纪公司将大豆合约全部平仓了结。大豆合约的平仓价为2 500元/吨。不考虑手续费，甲期货经纪公司有关账务处理如下：

平仓盈利=（2 500-2 400）×200=20 000（元）

会计分录为：

借：应收货币保证金——郑州商品交易所　　20 000

　贷：应付货币保证金——乙客户　　20 000

3.平仓亏损。

在平仓亏损的情况下，期货交易所对期货经纪公司的结算包括两部分：一是按平仓会员的亏损减少其结算准备金；二是将原合约占用的交易保证金划转为不被合约占用的结算准备金，这部分无须进行账务处理。

期货经纪公司对平仓的亏损通过“应收保证金”和“应付保证金”科目核算，按期货交易所结算单据载明的平仓亏损金额，借记“应付货币保证金”科目，贷记“应收货币保证金”科目。

【例11-7】乙期货经纪公司代理甲客户在上海期货交易所从事铜期货交易。3月5日，按客户的指令卖出8月份到期的铜期货20手，共100吨，成交价为17 000元/吨。3月15日，8月份铜期货因受国际市场的影响价格上扬，甲客户为减少风险决定先平掉10手，平仓价为18 000元/吨。不考虑手续费，乙期货经纪公司有关账务处理如下：

平仓亏损=（17 000–18 000）×50=–50 000（元）

会计分录为：

借：应付货币保证金——甲客户　　50 000

　贷：应收货币保证金——上海期货交易所　　50 000

（六）手续费的核算

在期货交易中，手续费是由提供期货交易服务的一方向接受服务的一方收取的服务报酬。期货交易所按成交情况向其会员单位收取手续费，期货经纪公司也按成交情况向客户收取手续费。在我国的期货交易中，手续费是单边收取的，不管交易者是买入还是卖出，是开新仓还是对冲平仓，只要合约成交，都必须按一定的标准交纳手续费。

期货经纪公司向客户收取的手续费，除去上交给期货交易所的部分，构成期货经纪公司的营业收入。

1.收取手续费。

期货经纪公司向客户收取交易手续费、交割手续费时，会计分录为：

借：应付货币保证金

　贷：手续费收入（实际划转的款项中属于期货经纪公司收入的部分）

　　　应交税费——应交增值税（销项税额）

　　　应付手续费（为期货交易所代收代付的部分）

2.向期货交易所支付手续费。

向期货交易所支付手续费时，应按结算单据列明的金额记账，会计分录为：

借：应付手续费

　贷：应收货币保证金

【例11-8】甲期货经纪公司代理乙客户在大连商品交易所进行大豆期货交易，12月13日一次性成交100手，共计1 000吨，买入成交价为2 500元/吨。大连商品交易所收取大豆合约的交易手续费为4元/手，甲期货经纪公司向乙客户收取的手续费为10元/手。甲期货经纪公司的账务处理如下：

（1）甲期货经纪公司从乙客户保证金账户划转手续费时，会计分录为：

借：应付货币保证金——乙客户　　1 000

贷：应付手续费——大连商品交易所 400

手续费收入 566.04

应交税费——应交增值税（销项税额） 33.96

（2）大连商品交易所从甲期货经纪公司的结算准备金账户划转手续费时，甲期货经纪公司的会计分录为：

借：应付手续费——大连商品交易所 400

贷：应收货币保证金——大连商品交易所 400

（3）12月31日结转营业收入，会计分录为：

借：手续费收入 566.04

贷：本年利润 566.04

（七）实物交割的核算

实物交割具体是指期货合约到期时，交易双方通过该期货合约所载商品所有权的转移，了结未平仓合约的过程。当然，大部分期货交易是通过对冲平仓了结合约的，实物交割只占全部期货交易的2%～3%。

实物交割是期货交易和现货交易的交叉点，完整的实物交割程序可分为两步：第一步，实物交割双方先按最后交易日的交割结算价将合约对冲平仓，完成期货交易过程；第二步，实物交割双方按最后交易日的实物结算价进行实物商品的现货交易。

实物交割过程可分三个时间段，即第一通知日、最后交易日和最后交割日。

第一通知日是进入交割月份的第一个营业日，期货经纪公司收到期货交易所发出的准备交割通知单。在第一通知日，卖方可能已开始准备进行实物交割，并向期货交易所提交交货通知单。期货交易所考虑买方合约持仓时间长短、交割量大小、交割地点等因素，由计算机按优化和节约的原则自动撮合配对。第一通知日后，期货交易所一般会将保证金水平逐步提高，以保证合约的正常履行，降低交割风险。

最后交易日是交割月份的某一天，是未平仓合约可以对冲平仓的最后一个交易日，在最后交易日后仍未平仓的合约必须进行实物交割。

最后交割日是交割期的最后一个工作日，实物交割必须在最后交割日前完成。第一通知日后的第一个工作日到最后交割日前的一段时间为交割期，这期间在任何一个工作日都可进行实物交割。

由于市场的逐日盯市制度，结算价变动引起的盈亏在每日的期货交易账户中已经反映出来，所以在最后交易日结束后买卖双方发生实物交割时，均以最后交易日的结算价作为双方应收或应付的货款。对于以实物交割了结的合约，应以交割结算价先做对冲平仓处理。

1.期货经纪公司代理买方客户进行实物交割。

期货经纪公司应向客户收取期货交易所计算的实物交割货款金额，收到期货交易所转来的由买方提供的实物仓单及增值税专用发票后，应及时转交给买方客户。

期货经纪公司代理买方客户进行实物交割的，应依据期货交易所提供的交割单据，按实际划转支付的交割货款金额（含增值税税额，下同），借记“应付货币保证金”科目，贷记“应收货币保证金”科目。

2.期货经纪公司代理卖方客户进行实物交割。

期货经纪公司依据期货交易所提供的交割单据，按实际划转收到的交割货款，借记“应收货币保证金”科目，贷记“应付货币保证金”科目。

3.违约罚款。

在实物交割中，有时会出现某一方违约的情况，即交割违约。例如，卖方客户不能按时向期货交易所提交货物仓单、提供的提货凭单因手续不全提不到货、所交的实物质量不符合规定等都属于交割违约；买方客户不能及时足额地将货款汇入期货交易所账户、不按提货日规定的期限提货等也属于交割违约。对于交割违约行为，期货交易所往往对违约方处以交易金额一定比例的违约金和罚款。

期货经纪公司在代理客户向期货交易所交纳实物交割违约罚款支出时，会计分录为：

借：应收风险损失款——客户罚款

　贷：应付货币保证金

实际从客户保证金中划转违约罚款支出时，会计分录为：

借：应付货币保证金

　贷：应收风险损失款——客户罚款

（八）提取和使用期货风险准备金的核算

由于期货行业的高风险性，国家允许期货经纪公司提取风险准备金，以应对随时可能出现的风险。根据中国证监会2022年12月颁布的《证券期货经营机构私募资产管理业务管理办法》，证券期货经营机构应当每月从资产管理计划管理费中计提风险准备金，或者按照法律、行政法规以及中国证监会的规定计算风险资本准备。

风险准备金主要用于弥补因证券期货经营机构违法违规、违反资产管理合同约定、操作错误或者技术故障等给资产管理计划资产或者投资者造成的损失。风险准备金计提比例不得低于管理费收入的10%，风险准备金余额达到上季度末资产管理计划资产净值的1%时可以不再提取。

1.计提手续费。

期货经纪公司按规定以手续费收入的一定比例提取风险准备金时，会计分录为：

借：提取期货风险准备金

　贷：期货风险准备金

2.发生错单平仓亏损。

期货经纪公司代理客户进行期货交易，发生错单是不可避免的。例如，下单员向计算机输入客户指令时输错了方向，将买单下成了卖单；输错数量、价格等。按现行财务制度的规定，错单合约平仓产生的亏损，按结算单据列明的金额记账，会计分录为：

借：期货风险准备金

　贷：应付货币保证金

对错单平仓实现的盈利，做相反的会计分录。

3.分清风险事故责任。

（1）因期货经纪公司自身原因造成的风险损失，应按照有关规定追究有关当事人的责任，会计分录为：

借：其他应收款（由当事人负担的金额）

　　期货风险准备金（由期货经纪公司负担的金额）

　贷：应收货币保证金（或应付货币保证金）（实际向期货交易所或客户划转的金额）

（2）因客户责任造成的风险损失分不同情况处理。

①需要期货经纪公司代客户垫付时，会计分录为：

借：应收风险损失款——客户垫付（实际向期货交易所划转的金额）

　贷：应收货币保证金

②向客户收回垫付的风险损失款时，会计分录为：

借：应付货币保证金

　贷：应收风险损失款——客户垫付

③按规定对难以收回的风险损失垫付款予以核销时，会计分录为：

借：期货风险准备金

　贷：应收风险损失款——客户垫付

④因客户有违约、违规等行为对其实施处罚，在客户支付罚款前，会计分录为：

借：应收风险损失款——客户罚款

　贷：营业外收入

实际收到客户支付的罚款时，会计分录为：

借：应付货币保证金（或银行存款）

贷：应收风险损失款——客户罚款

【例11-9】某期货经纪公司10月份代理期货业务得到的手续费净收入为80万元，按5%的比例提取风险准备金，会计分录如下：

借：提取期货风险准备金　　40 000

　贷：期货风险准备金　　40 000

【例11-10】甲客户向某期货经纪公司下达交易指令，买入大连商品交易所的10月大豆期货100手，共计1 000吨，指定价位为2 200元/吨，但下单员错输成了2 300元/吨，这笔错单在当天收市后被发现。按该期货经纪公司的规定，在第二天开市后尽快进行对冲平仓，平仓成交价为2 250元/吨。错单交易造成的损失经批准后由下单员承担50%，其余50%用风险准备金弥补。账务处理如下：

（1）错单合约平仓产生亏损50 000元（（2 250−2 300）×1 000），会计分录为：

借：应付货币保证金　　50 000

　贷：应收货币保证金——大连商品交易所　　50 000

（2）对经批准后的弥补方式，做如下会计处理：

借：其他应收款　　25 000

　　期货风险准备金　　25 000

　贷：应付货币保证金　　50 000

【例11-11】某期货经纪公司代理客户在上海期货交易所进行铝期货交易，因客户对市场变化判断失误，损失了60万元，由某期货经纪公司先为客户垫付。

（1）为客户垫付交易损失款时，会计分录为：

借：应收风险损失款——客户垫付　　600 000

　贷：应收货币保证金——上海期货交易所　　600 000

（2）为客户垫付的款项经确认无法收回予以核销时，会计分录为：

借：期货风险准备金　　600 000

　贷：应收风险损失款——客户垫付　　600 000

（九）质押保证金的处理

期货交易所与期货经纪公司之间的资金往来一般采用货币资金进行结算。根据期货交易所的规定，会员单位也可采用质押的形式取得保证金。质押是指会员单位提出申请并经期货交易所批准，将持有的权利凭证移交给期货交易所，作为会员履行保证金的担保。质押只可用于会员保证金的担保，会员发生的交易亏损、费用、税金等，只能用货币资金结算。

可用于质押的权利凭证仅限于国债和在期货交易所注册的标准仓单。质押价的确定方法为：以国债质押的，以同日（或验券交存日前一交易日）该品种上海证券交易所和深圳证券交易所收盘价中的较低价格作为基准价；以标准仓单质押的，以该品种最近已交割合约最后交易日的结算价（或交割结算价）作为基准价；质押价不得高于基准价的80%。

用作质押的可上市流通的国债或标准仓单存入期货交易所后，其所有权并未发生转移，仍归期货经纪公司或客户所有。一旦有了足够的货币资金作为保证金，期货经纪公司就可以赎回质押品。对质押品的核算，可以不单独设置一级科目，而是作为报表补充资料予以披露；对于质押品完整的业务过程，可以通过质押品备查登记簿作出全面、完整的反映；对于获取的质押品额度，可以通过结算部门来掌握，不进行单独的会计核算。

与期货经纪公司向期货交易所质押的保证金相同，客户也可以向期货经纪公司质押保证金。对于可用于质押的资产的要求及政策，期货经纪公司向期货交易所质押和客户向期货经纪公司质押相同。①可上市流通的国债，按不低于10%的折价比例提供保证金；②套期保值的标准仓单，参照期货交易所的规定，以一定的质押率提供保证金。对客户质押业务的处理，一般只做报表附注披露，不再单独进行核算。期货经纪公司应当对质押业务作出详尽的备查登记和完整记录，以反映客户的质押情况。

金融期货和其他期货的核算，请参阅本书第七章中间业务核算的有关内容。

本章小结

1.期货经纪公司是代理客户从事期货交易的企业法人或由企业法人设立的分支机构，是期货交易发展一个不可或缺的组成部分。

2.期货经纪公司的主要职责是接受客户的委托买卖期货合约，并作为期货交易所与客户的中介，确保期货交易的正常进行。

3.期货经纪公司的会计核算包括与期货交易所有关的业务核算、对客户业务的核算及其他业务的核算。

4.本章重点介绍了商品期货经纪业务的会计核算。

关键概念

期货经纪公司　期货交易　商品期货

思考与应用

（一）复习思考

1.如何理解期货经纪公司会计业务的主要特征？

2.期货经纪公司主要通过哪些科目进行会计核算？

3.期货经纪公司与客户的结算制度主要涉及哪些内容？

（二）操作练习

M期货经纪公司发生下列业务，请根据这些业务编制有关的会计分录：

1.M期货经纪公司于20×4年1月5日取得上海期货交易所会员资格，同时交纳了会员资格费50万元；1月10日在上海期货交易所存入1 000万元，作为期货交易保证金，并交纳本年度会费2万元。

2.M期货经纪公司于6月12日收到某客户保证金120万元。

3.M期货经纪公司7月3日收到上海期货交易所划转的保证金存款利息2 849元。

4.20×4年5月27日，M期货经纪公司在上海期货交易所结转账单上的盈利为235万元，而该公司提供的内部交易汇总结算账单上显示的盈利为195万元。

5.20×4年6月15日，M期货经纪公司收取客户交易手续费33万元，其中期货交易所代收手续费为11万元。

6.M期货经纪公司提取6月份风险准备金5 500元。

7.由于报单员的失误，造成10 000元的损失，M期货经纪公司承担70%的损失，报单员承担30%的损失。

第十二章 证券投资基金会计

学习目标

1.掌握投资基金的概念、类别

2.掌握投资基金发行及增减变动的会计核算

3.掌握投资基金进行投资业务的会计核算

4.掌握投资基金收入、费用的会计核算

第一节 证券投资基金概述

通俗地讲，证券投资基金就是集中众多投资者的资金，交由专业的证券投资机构对股票、债券等进行分散投资，以谋求投资风险的最小化和投资收益的最大化。由此，证券投资基金可定义为一种利益共享、风险共担的集合证券投资方法，即通过发行基金单位，集中投资者的资金，由基金托管人托管，基金管理人管理和运用资金，从事股票、债券等金融工具投资。

一、证券投资基金的分类

证券投资基金种类繁多，根据研究角度不同，有以下几种分类方法：

（1）按照基金单位是否可以增加或赎回，证券投资基金可以分为开放式基金和封闭式基金。

（2）按照组织形式的不同，证券投资基金可以分为公司型基金和契约型基金。

（3）按照经营目标的不同，证券投资基金可以分为积极成长型基金、成长型基金、成长及收入型基金、平衡型基金、收入型基金等。

（4）按照投资对象的不同，证券投资基金可以分为股票基金、债券基金、货币市场基金、期货基金和期权基金。

二、证券投资基金的当事人

尽管从不同角度可以把证券投资基金细分为多种类别，但总的来说，证券投资基金都有以下四方当事人：基金发起人、基金持有人、基金管理人和基金托管人。

（一）基金发起人

基金发起人是以基金的设立和组建为目的，采取必要的措施和步骤来设立和组建基金的法人。

（二）基金持有人

基金持有人是基金单位的持有者，他们是基金投资人，是基金资产的最终拥有人，享有基金资产的一切权益，并对此资产负有限责任。

（三）基金管理人

基金管理人是根据法律、法规及基金章程或基金契约的规定，运用基金资产，凭借专业知识与经验，进行科学投资组合决策，以使所管理的基金资产不断增值，使基金持有人获得尽可能多收益的机构。在我国，基金设立后，一般由基金管理公司进行管理。

基金管理公司是适应契约型基金的操作而产生的基金经营机构。基金管理公司的主要发起人应当是依法设立的证券公司或信托投资公司，其他市场信誉较好、运作规范的机构也可以作为发起人参与基金管理公司的设立。基金管理公司可以采取有限责任公司的组织形式，也可以采取股份有限公司的组织形式。

（四）基金托管人

经批准设立的基金，应当委托商业银行作为基金托管人托管基金资产。基金管理公司只负责基金的日常管理和操作，为投资者提供基金买卖和咨询服务，下达投资决策指令。基金托管人必须将其托管的基金与托管人的自有资产严格分开，对不同基金分别设置账户，实行分账管理，根据基金管理公司的指令对基金资产进行处理。

三、基金净值和基金单位资产净值的计算

基金净值是指在某一基金估值时点上，对全部基金资产进行估值的总市值扣除总负债以后的余额，即基金单位持有人的权益。基金单位资产净值是每一基金单位所代表的基金资产的净值。基金单位资产净值的计算公式为：

$$基金单位资产净值=\frac{总资产-总负债}{基金单位总数}$$

总资产是指基金所持有的所有资产，包括银行存款、清算备付金、交易保证

金，各种股票、债券及其他有价证券等；总负债是指基金在运作过程中所形成的各种应付款项、短期借款等。总资产按照当日的公允价值计算。基金单位总数是指开放日发行在外的基金单位的余额数量。

四、证券投资基金增值税

我国证券投资基金业协会于2024年5月颁布了《证券投资基金会计核算操作实务手册》，旨在帮助基金行业更好地落实新金融工具准则和《资产管理产品相关会计处理规定》的相关要求，为从业人员在面对不同业务场景时的具体账务处理提供参考与建议。

根据现行规定，证券投资基金的增值税应税行为包括贷款业务和金融商品转让。其中，"应交税费——应交增值税——贷款服务"科目核算当前纳税期内债券及资产支持证券的增值税应税贷款服务收入产生的应纳税额。债券/资产支持证券投资违约后利息增值税的处理应考虑税法的相关要求。在权证投资、期货投资、期权投资、远期投资、信用衍生品投资等业务所取得的收入应税的情况下，证券投资基金应按日计提增值税，并通过"应交税费——应交增值税——金融商品转让"科目核算。

五、主要会计科目及其核算内容

根据我国《证券投资基金会计核算操作实务手册》，证券投资基金的主要报表项目及其反映的主要内容见表12-1。

表12-1　**证券投资基金报表项目及其主要内容**

名称		主要核算内容
资产类	货币资金	反映期末存在商业银行及其他金融机构的各种款项和基于实际利率法计提的尚未到期的利息并扣减减值准备后的账面价值
	结算备付金	反映期末存在证券登记结算机构的款项、存放在保证金账户中未被期货合约占用的保证金和基于实际利率法计提的尚未到期的利息并扣减减值准备后的账面价值
	存出保证金	反映交存的存出保证金期末数和基于实际利率法计提的尚未到期的利息并扣减减值准备后的账面价值
	交易性金融资产	反映期末基金持有的以公允价值计量且其变动计入当期损益的金融资产的公允价值
	债权投资	反映期末基金持有的以摊余成本计量的金融资产扣减减值准备后的账面价值

续表

名称		主要核算内容
资产类	其他债权投资	反映期末基金持有的以公允价值计量且其变动计入其他综合收益的债务工具金融资产的公允价值
	其他权益工具投资	反映期末基金持有的以公允价值计量且其变动计入其他综合收益的权益工具金融资产的公允价值
	长期股权投资	反映期末基金持有的长期股权投资的账面价值
	衍生金融资产	反映期末基金持有的权证投资、期货投资、远期投资、期权投资、信用风险缓释工具投资、互换投资、其他衍生工具、套期工具和被套期项目等属于衍生金融资产的公允价值
	买入返售金融资产	反映已经买入但尚未到期返售证券所融出的资金和基于实际利率法计提的尚未到期的利息并扣减减值准备后的账面价值
	应收清算款	反映期末尚未收回的证券清算款并扣减减值准备后的账面价值
	应收利息	反映相关金融资产已到期可收取但于资产负债表日尚未收到的利息扣减减值准备后的账面价值
	应收申购款	反映期末应收取的有效申购款和转换转入款扣减减值准备后的账面价值
	递延所得税资产项目	反映确认的可抵扣暂时性差异产生的递延所得税资产和确认的应纳税暂时性差异产生的递延所得税负债之间的差额
	其他资产	反映期末除上述资产以外的其他资产扣减减值准备后的账面价值，包括其他应收款、待摊费用和应收现金替代款等项目的总额
负债类	短期借款	反映期末尚未归还的短期借入资金的本金和基于实际利率法计提的尚未到期的利息
	交易性金融负债	反映期末尚未到期的交易性金融负债
	衍生金融负债	反映远期投资、期货投资、期权投资、互换投资、其他衍生工具、套期项目、被套期项目等属于衍生金融负债的金额
	卖出回购金融资产款	反映已经卖出但尚未到期回购的证券款和基于实际利率法计提的尚未到期的利息
	应付清算款	反映期末应付未付的证券款
	应付赎回款	反映期末尚未支付的基金赎回款和转换转出款
	应付管理人报酬	反映期末尚未支付给基金管理人的报酬（含业绩报酬）
	应付托管费	反映期末尚未付给基金托管人的托管费
	应付销售服务费	反映期末尚未支付的销售服务费

续表

名称		主要核算内容
负债类	应付投资顾问费	反映期末尚未支付的投资顾问费用
	应付利息	反映相关金融负债已到期应支付但于资产负债表日尚未支付的利息
	应付利润	反映期末尚未支付给基金份额持有人的利润
	递延所得税负债	反映确认的应纳税暂时性差异产生的递延所得税负债和确认的可抵扣暂时性差异产生的递延所得税资产之间的差额
	其他负债	反映除上述负债以外的其他负债，包括应付赎回费、应付交易费用、其他应付款、预提费用、应退现金替代款等项目的总额
所有者权益类	实收基金	反映期末对外发行基金份额所募集的总金额在扣除平准金分摊部分后的余额
	其他综合收益	反映期末未在当期损益中确认的各项利得和损失余额
	未分配利润	反映期末尚未分配的基金净利润
损益类	利息收入	反映本期基金持有的分类为以摊余成本计量的金融资产按照实际利率法计算的利息收入
	投资收益	反映本期基金实现的扣除交易费用后的证券投资收益、衍生工具收益、股利收益、以公允价值计量且其变动计入当期损益的固定收益类投资的利息收入和其他投资收益等
	净敞口套期收益	反映本期基金开展的净敞口套期下被套期项目累计公允价值变动转入当期损益的金额或现金流量套期储备转入当期损益的金额
	公允价值变动收益	反映本期产生的公允价值变动损益
	汇兑损益	反映本期外币交易因汇率变动而产生的损益以及外汇衍生金融工具产生的损益
	其他收入	反映除上述收入以外的其他各项收入
	管理人报酬、托管费、销售服务费、投资顾问费	分别反映按照基金合同和招募说明书的规定计提的基金管理人报酬（含业绩报酬）、托管费、销售服务费和投资顾问费
	利息支出	反映基金运作过程中发生的各项利息支出
	信用减值损失	反映本期计提金融工具信用损失准备所确认的信用损失
	税金及附加	反映本期计提的附加税等相关税费
	其他费用	反映在基金运作过程中发生的除上述费用支出之外的其他各项费用
	所得税费用	反映在基金运作过程中发生的所得税费用
	利润总额	反映本期基金利润总额

第二节 证券投资基金发行及增减变动的核算

证券投资基金发起人要设立或扩募基金必须向中国证监会提交必要的文件，在其设立或扩募基金的申请被中国证监会批准后，就要向投资者推销基金单位、募集资金，这称为基金发行。

基金在设立申请被批准后开始向社会募集资金，称为基金的募集期。封闭式基金自批准之日起3个月内募集的资金超过该基金批准规模80%的，该基金方可成立。开放式基金自批准之日起3个月内净销售额超过2亿元的，该基金方可成立。如果基金未能成立，基金发起人必须承担基金募集费用，已募集的资金加计银行活期存款利息必须在30天内退还给基金认购人。

基金管理公司对所管理的基金以基金作为会计核算主体，独立建账、独立核算，不同基金之间在名册登记、账户设置、资金划拨、账簿记录等方面都是相互独立的。

一、基金合同生效日的核算

基金募集结束后，在基金合同生效日按投资者投入的金额记账，会计分录为：

借：银行存款

　　贷：实收基金

【例12-1】20×4年3月1日，某开放式基金XYZ基金募集期满，基金规模为5亿元人民币。基金管理公司编制会计分录如下：

借：银行存款	500 000 000	
贷：实收基金		500 000 000

封闭式基金实际收到的金额中包括额定募集费用与实际发生募集费用的差额。

交易型开放式指数基金（Exchange Traded Funds，ETF）是一种在交易所上市交易、基金份额可变的开放式基金。

如本基金为ETF，基金合同生效日的会计分录为：

借：股票投资——成本（与投资者协议的认购股票的价款）

　　银行存款（投资者交纳的现金认购款）

　　贷：实收基金

二、基金申购、转入确认日的核算

基金申购、转入确认日的会计分录为：

借：应收申购款（基金申购款或转换转入款）

贷：实收基金（实收基金的余额占基金净值的比例，确认有效的申购款或转换转入款中含有的实收基金）

损益平准金——未实现（“利润分配——未分配利润”未实现部分的余额占基金净值的比例）

损益平准金——已实现（差额）

开放式基金投资者的申购金额中包含申购费用和净申购金额。每一笔申购金额可以买到的基金单位的计算方法如下：

申购费用=申购金额×申购费率

净申购金额=申购金额-申购费用

申购份数=净申购金额÷申购当日基金单位资产净值

如本基金为ETF，投资者申购本基金时申购确认日的会计分录为：

借：股票投资——成本（股票的公允价值）

证券清算款（投资者应交纳的现金替代及现金差额款）

贷：实收基金（实收基金的余额占基金净值的比例，确认有效的申购款中含有的实收基金）

损益平准金（基金申购款与实收基金的差额）

【例12-2】20×4年3月2日，开放式基金XYZ的基金单位资产净值为1.0029元，3月2日投资者申购开放式基金XYZ 100万元，申购费率为1%。相关指标计算如下：

申购费用=申购金额×申购费率

=1 000 000×1%=10 000（元）

净申购金额=申购金额-申购费用

=1 000 000-10 000=990 000（元）

申购份数=净申购金额÷申购当日基金单位资产净值

=990 000÷1.0029=987 137.30

（1）3月2日的会计分录为：

借：应收申购款	990 000	
损益平准金——已实现	16.72	
贷：实收基金		987 137.30
损益平准金——未实现		2 879.42

（2）交易日第二天（t+1日）款项交割，基金公司的会计分录为：

借：银行存款	990 000	
贷：应收申购款		990 000

三、基金赎回、转出确认日的核算

开放式基金可以根据基金管理运作的实际需要收取赎回费，赎回时投资者得到的金额为赎回总金额扣除赎回费剩余的部分。有关计算如下：

赎回总额=赎回份数×赎回当日基金份额净值

赎回费用=赎回总额×赎回费率

赎回金额=赎回总额-赎回费用

基金赎回、转出确认日的会计分录为：

借：实收基金（基金赎回款或转换转出款中含有的实收基金）

　　损益平准金——未实现（“利润分配——未分配利润”未实现部分的余额占基金净值的比例）

　贷：应付赎回款（应付投资者赎回款或转换转出款）

　　　应付赎回费（赎回费或转换转出费中基本手续费部分）

　　　其他收入（赎回费或转换转出费扣除基本手续费后的余额部分）

　　　损益平准金——已实现（差额）

如本基金为ETF，在投资者赎回本基金时，会计分录为：

借：实收基金（实收基金的余额占基金净值的比例，确认有效的赎回款中含有的实收基金）

　　损益平准金（基金赎回款或转换转出款与实收基金的差额）

　　股票投资——估值增值（结转股票投资估值增值或减值）

　贷：股票投资——成本（结转股票投资成本）

　　　证券清算款（应支付给投资者的现金替代或现金差额款）

　　　投资收益——股票投资收益（差额）

同时，将原计入相关股票的公允价值变动损益转出，会计分录为：

借：公允价值变动损益

　贷：投资收益——股票投资收益

【例12-3】承上例，20×4年3月某日，投资者申请赎回开放式基金XYZ 50万份，假定当日基金单位资产净值仍为1.0029元，赎回费率为0.5%，应付代办赎回业务的Y银行300元。相关指标计算如下：

赎回总额=赎回份数×赎回当日基金份额净值

　　　　=500 000×1.0029=501 450（元）

赎回费用=赎回总额×赎回费率

　　　　=501 450×0.5%=2 507.25（元）

赎回金额=赎回总额-赎回费用

=501 450-2 507.25=498 942.75（元）

会计分录为：

借：实收基金　500 000

　　损益平准金——未实现　1 454.25

　贷：应付赎回款　498 942.75

　　　其他收入　2 507.25

　　　损益平准金——已实现　4.25

次日交割款项，会计分录为：

借：应付赎回款　498 942.75

　贷：银行存款　498 942.75

四、基金红利再投资确认日的核算

基金红利再投资金额记入“应付利润”科目，会计分录为：

借：应付利润（基金红利再投资金额）

　贷：实收基金（实收基金的余额占基金净值的比例，对基金红利再投资金额中含有的实收基金）

　贷：损益平准金——未实现（“利润分配——未分配利润”未实现部分的余额占基金净值的比例）

　　　　　　　——已实现（差额）

第三节　证券投资基金投资业务的核算

证券投资基金成立以后，各类投资基金通常选择其认为最能取得投资效益的资产组合和经营运作方式。60%以上的基金资产投资于股票的，为股票基金；80%以上的基金资产投资于债券的，为债券基金；仅投资于货币市场工具的，为货币市场基金；投资于股票、债券和货币市场工具，并且股票投资和债券投资的比例不符合规定的，为混合基金；基金名称显示投资方向的，应当有80%以上的非现金基金资产属于投资方向确定的内容。①

一、股票投资的核算

证券投资基金要在证券登记结算机构进行证券买卖交易，必须先在证券登记结

① 参照中国证券监督管理委员会发布的《证券投资基金运作管理办法》的现行规定。

算机构存入一定数额的款项，以备进行证券交易时资金交割与交收。为证券交易资金交割与交收而存入证券登记结算机构的款项通过“结算备付金”科目核算。

将款项存入证券登记结算机构时，会计分录为：

借：结算备付金

　贷：银行存款

从证券登记结算机构收回资金时，做相反的会计分录。

“结算备付金”科目按不同证券登记结算机构，如“上海证券中央登记结算公司”“深圳证券登记结算有限公司”等设置明细账，进行明细核算。期末，“结算备付金”科目借方余额反映存入证券登记结算机构尚未使用的款项。

（一）买入股票的核算

1.买入股票的交易日，会计分录为：

借：股票投资——成本（股票的公允价值）

　　交易费用（应付的相关费用）

　贷：证券清算款（应支付的证券清算款）

　　　应付交易费用（应付的交易费用）

其中，一级费用、过户费、证管费、经手费、印花税在交易当天结算，需计入证券清算款中；二级费用、佣金计入应付交易费用。

2.资金交收日，按实际交收的证券清算款记账，会计分录为：

借：证券清算款

　贷：结算备付金（或银行存款）

（二）申购新股的核算

申购新股时，应按新股的不同发行方式、不同资金结算方式分别进行账务处理。

1.通过证券交易所网上申购。

（1）申购当日的会计分录为：

借：证券清算款——新股申购

　贷：证券清算款

（2）交收日，按实际交收的申购款记账，会计分录为：

借：证券清算款

　贷：结算备付金（或银行存款）

（3）申购新股中签时，按确认的中签金额记账，会计分录为：

借：股票投资——成本

　　交易费用

贷：证券清算款

应付交易费用

（4）收到退回余款（未中签部分）时，会计分录为：

借：结算备付金

贷：证券清算款

2.网下申购。

（1）预交申购款时，按实际预交金额记账，会计分录为：

借：证券清算款

贷：银行存款

（2）申购新股确认日，按实际确认的申购新股金额记账，会计分录为：

借：股票投资——成本

交易费用

贷：证券清算款

应付交易费用

（3）实际确认的申购新股金额小于已经预交的申购款的，在收到退回余款时，会计分录为：

借：银行存款

贷：证券清算款

（4）实际确认的申购新股金额大于已经预交的申购款的，在补付申购款时，按支付的金额记账，会计分录为：

借：证券清算款

贷：银行存款

3.通过市值配售。

通过市值配售的新股在确认日按确认的中签金额记账，会计分录为：

借：股票投资——成本

贷：证券清算款

【例12-4】20×4年3月1日，XYZ基金在上海证券中央登记结算公司购入150万股A股票，购入价格为10元/股，应付佣金12 750元，其他各项一级费用3 000元，印花税税率为2‰。会计分录为：

借：股票投资——成本	15 000 000	
交易费用	45 750	
贷：证券清算款		15 033 000
应付交易费用		12 750

次日为资金交收日，会计分录为：

借：证券清算款——上海证券中央登记结算公司　　　　15 033 000

　贷：结算备付金——上海证券中央登记结算公司　　　　15 033 000

（三）本基金申购、赎回ETF时的核算

本基金申购、赎回ETF时，涉及对本科目的账务处理，比照“基金投资”科目的相关规定进行，会计分录为：

借：股票投资——成本

　　证券清算款

　　交易费用

　　基金投资——估值增值

　贷：基金投资——成本

　　　应付交易费用

　　　投资收益——基金投资收益

借：公允价值变动损益

　贷：投资收益——基金投资收益

如本基金为ETF，在投资者申购、赎回本基金时涉及对股票投资的账务处理，比照“实收基金”科目的相关规定进行。

（四）股票持有期间获得股票股利的核算

股票持有期间获得股票股利（包括送红股和公积金转增股本）时，应于除权除息日，按股权登记日持有的股数及送股或转增比例，计算确定增加的股票数量，在本账户“数量”栏进行记录。

因持有股票而享有的配股权，配股除权日在配股缴款截止日之后的，在除权日按所配的股数确认未流通部分的股票投资，与已流通部分分别核算。配股除权日在配股缴款截止日之前的，按照权证的有关原则进行核算。

（五）基金持有股票期间上市公司宣告发放现金股利的核算

基金持有股票期间上市公司宣告发放现金股利的，应于除权除息日记账，会计分录为：

借：应收股利

　贷：投资收益——股利收益

（六）估值日对持有的股票进行估值的核算

估值日对持有的股票进行估值时，如为估值增值，则按当日与上一日估值增值的差额记账，会计分录为：

借：股票投资——估值增值

贷：公允价值变动损益

如为估值减值，则做相反的会计分录。

（七）卖出股票的核算

1.交易日的会计分录：

借：证券清算款（收取的证券清算款）
　　交易费用（应付的相关费用）
　　股票投资——估值增值（结转股票投资估值增值或减值）
　贷：股票投资——成本（结转股票投资成本）
　　　应付交易费用（应付的交易费用）
　　　投资收益——股票投资收益（差额）

同时，将原计入该卖出股票的公允价值变动损益转入投资收益，会计分录略。

2.资金交收日，按实际交收的证券清算款记账，会计分录为：

借：结算备付金
　贷：证券清算款

卖出股票的成本按移动加权平均法逐日结转。

【例12-5】承前例，20×4年3月2日，XYZ基金以12元/股的价格卖出A股票50万股，应支付的佣金为5 100元，其他一级费用1 150元，印花税税率为2‰。

应收取的证券清算款=12×500 000−1 150−5 100−6 000 000×2‰
=5 981 750（元）

会计分录为：

借：证券清算款	5 981 750	
交易费用	18 250	
贷：股票投资——成本		5 000 000
应付交易费用		5 100
投资收益——股票投资收益		994 900

次日为资金交收日，会计分录为：

借：结算备付金	5 981 750	
贷：证券清算款		5 981 750

二、债券投资的核算

（一）非货币市场基金债券投资的主要账务处理

1.买入债券。

（1）交易日的会计分录为：

借：债券投资——成本（债券的公允价值）

　　应收利息（支付价款中所包含的应收利息）

　　交易费用（应付的相关费用）

　贷：证券清算款（应付的金额）

　　　应付交易费用（应付的交易费用）

　　　银行存款（当日实际支付的金额）

（2）资金交收日，按实际交收的金额记账，会计分录为：

借：证券清算款

　贷：银行存款

【例12-6】20×4年3月1日，XYZ基金在上海证券交易所购入B债券10万张，含息价110元/张，每张含息5元，支付各种手续费1 100元。会计分录为：

借：债券投资——成本	10 500 000	
应收利息	500 000	
交易费用	1 100	
贷：证券清算款		11 000 000
银行存款		1 100

3月2日，资金交收时，会计分录为：

借：证券清算款——上海证券交易所	11 000 000	
贷：结算备付金——上海证券交易所		11 000 000

2.持有债券期间计息。

（1）每日按债券投资的票面利率计算确认利息收入时，会计分录为：

借：应收利息

　贷：利息收入——债券利息收入

（2）债券派息日，按应收利息记账，会计分录为：

借：证券清算款

　贷：应收利息

资金交收日，按收到的金额记账，会计分录为：

借：银行存款

　贷：证券清算款

3.估值日对持有债券的估值。

如为估值增值，按当日（不含应收利息）与上一日估值增值的差额记账，会计分录为：

借：债券投资——估值增值

贷：公允价值变动损益

如为估值减值，做相反的会计分录。

4.卖出债券。

（1）交易日的会计分录为：

借：证券清算款（应收或实收的金额）

　　交易费用（应付的相关费用）

　　债券投资——估值增值（结转债券估值增值或减值）

　贷：债券投资——成本（结转债券投资成本）

　　　应收利息（应收或实收价款中包含的应收利息）

　　　应付交易费用（应支的交易费用）

　　　投资收益——债券投资收益（差额）

同时，将原计入该卖出债券的公允价值变动损益转入投资收益，会计分录略。

卖出债券的成本按移动加权平均法逐日结转。

（2）资金交收日，按实际交收的证券清算款记账，会计分录为：

借：结算备付金（或银行存款）

　贷：证券清算款

【例12-7】承前例，20×4年3月2日，XYZ基金以含息价112元/张的价格卖出B债券5万张，支付手续费560元。会计分录为：

借：证券清算款	5 599 440	
交易费用	560	
贷：债券投资——成本		5 250 000
应收利息——应收B债券利息		250 000
投资收益——债券投资收益		100 000

5.债券到期。

收回债券本金和利息时，会计分录为：

借：证券清算款（实际收到或应收的金额）

　　债券投资——估值增值（债券估值增值或减值）

　贷：债券投资——成本（债券投资成本）

　　　应收利息（应收回的债券利息）

　　　投资收益——债券投资收益（差额）

同时，将原计入该到期收回债券的公允价值变动损益转入投资收益，会计分录略。

6.可转换债券转股票。

（1）转股时，会计分录为：

借：股票投资——成本（可转换股票的公允价值）

　　证券清算款（应收取的现金余额返还）

　　交易费用（支付的相关费用）

　　债券投资——估值增值（结转债券投资估值增值或减值）

　贷：债券投资——成本（结转债券投资成本）

　　　应收利息（已计利息部分）

　　　应付交易费用（应支付的交易费用）

　　　投资收益——债券投资收益（差额）

同时，将原计入该可转换债券的公允价值变动损益转入投资收益，会计分录略。

（2）资金交收日，按实际收到的现金余额返还，会计分录为：

借：结算备付金（或银行存款）

　贷：证券清算款

转股债券按移动加权平均法结转成本时，应考虑当日新买入的可转换债券（若有）。可转换债券转股当天卖出转股股票的，卖出的股票按转股前该股票的移动加权平均成本进行结转。

（二）货币市场基金债券投资的主要账务处理

1.买入债券。

（1）交易日，会计分录为：

借：债券投资——面值（债券的面值）

　　应收利息（支付价款中包含的应收利息）

　　债券投资——折溢价（差额）

　贷：证券清算款（应支付的金额）

　　　应付交易费用（应支付的交易费用）

　　　银行存款（实际支付的金额）

支付的交易费用计入债券投资账面价值。

（2）资金交收日，按实际交收的金额记账，会计分录为：

借：证券清算款

　贷：结算备付金（或银行存款）

2.持有债券期间。

持有债券期间，每日确认利息收入。

（1）对贴现债以外的其他债券，会计分录为：

借：应收利息（按票面利率计算确定的应收利息）
　贷：利息收入——债券利息收入（按摊余成本和实际利率计算确定的利息收入）
　　债券投资——折溢价（差额）
（2）对贴现债券，按摊余成本和实际利率计算确定的利息收入记账，会计分录为：
借：债券投资——折溢价
　贷：利息收入——债券利息收入
（3）债券派息日，按应收利息记账，会计分录为：
借：证券清算款
　贷：应收利息
资金交收日，按收到的金额记账，会计分录为：
借：结算备付金（或银行存款）
　贷：证券清算款
3.卖出债券。
（1）交易日，会计分录为：
借：证券清算款（或银行存款）（应收或实收的金额）
　贷：债券投资——面值、折溢价（结转债券投资面值和折溢价）
　　应收利息（应收或实收价款中包含的应收利息）
　　应付交易费用（应支付的交易费用）
　　投资收益——债券投资收益（差额）
借：应付交易费用
　贷：交易费用
同时，将原已计入债券的公允价值变动损益转入投资收益，会计分录略。
（2）资金交收日，按实际交收的证券清算款记账，会计分录为：
借：结算备付金（或银行存款）
　贷：证券清算款
4.货币市场基金存续期间。
货币市场基金存续期间，基金管理人应定期计算货币市场基金投资组合的摊余成本与其他可参考公允价值指标之间的偏离程度，并定期测试其他可参考公允价值指标确定方法的有效性。
投资组合的摊余成本与其他可参考公允价值指标产生重大偏离的，应按其他公允价值指标对投资组合的账面价值进行调整，调整差额确认为“公允价值变动损益”，并按其他公允价值指标进行后续计量。如基金份额净值恢复至1元，可恢复使用摊余成本法估算公允价值。

5.到期收回。

到期收回债券本金和利息时，会计分录为：

借：银行存款（或证券清算款）（按实际收到或应收的金额）

　贷：债券投资——面值、折溢价（债券账面余额）

　　　应收利息（应收回的债券利息）

三、资产支持证券投资的核算

基金取得资产支持证券支付的款项时，应当区分属于资产支持证券投资本金部分和证券投资收益部分。

对非货币市场基金，将收到的本金部分冲减“资产支持投资——成本”科目；对货币市场基金，将收到的本金部分冲减“资产支持投资——面值”科目，并相应结转“资产支持投资——折溢价”科目。将收到的收益部分冲减应计利息（若有）后的差额，计入资产支持证券利息收入。会计分录为：

借：资产支持证券投资——成本

　　　　　　　　　　——折溢价

　　交易费用

　贷：证券清算款

借：资产支持证券投资——面值

　　　　　　　　　　——折溢价

　　交易费用

　贷：银行存款

借：应收利息

　贷：资产支持证券利息收入

借：资产支持证券利息收入

　贷：资产支持证券投资——折溢价

对资产支持证券的付息延期，在确定其付息的可能性仍很大的情况下，可不调整已确认的利息收入。其他与资产支持证券投资相关业务的账务处理比照债券投资。

四、基金投资的核算

（一）买入非上市交易的开放式基金

1.申购日，按申购金额记账，会计分录为：

借：证券清算款

　贷：银行存款

2.交易日（非上市交易的开放式基金的交易日为申购成功的确认日），会计分录为：

借：基金投资——成本（基金的公允价值）

　　交易费用（应付的相关费用）

　贷：证券清算款（应支付或实际支付的金额）

　　　应付交易费用（应付的交易费用）

（二）本基金申购ETF

1.申购确认日，会计分录为：

借：基金投资——成本（基金的公允价值）

　　交易费用（应付的相关费用）

　　股票投资——估值增值（结转股票或债券投资估值增值或减值）

　贷：股票投资——成本（结转股票或债券投资成本）

　　　证券清算款（应支付的金额）

　　　应付交易费用（应付交易费用）

　　　投资收益——股票投资收益（差额）

同时，将原计入该股票或债券的公允价值变动损益转入投资收益，会计分录略。

2.资金交收日，按实际交收的证券清算款记账，会计分录为：

借：证券清算款

　贷：结算备付金

3.基金转换转入时参照买入基金处理，会计分录为：

借：基金投资——成本

　贷：证券清算款

（三）持有基金期间分派的红利

1.除息日。

按照基金管理人宣告的分红派息比例或每万份收益确认红利收益，会计分录为：

借：应收股利

　贷：投资收益——股利投资收益

2.实际收到现金红利时，会计分录为：

借：结算备付金（或银行存款）

贷：应收股利

3.选择红利再投资。

选择红利再投资，应在份额确认日根据注册登记机构确认的金额，参照买入基金的账务处理，会计分录为：

借：基金投资——成本

贷：应收股利

（四）估值日

对持有的基金进行估值时，如为估值增值，按当日与上一日估值增值的差额记账，会计分录为：

借：基金投资——估值增值

贷：公允价值变动损益

如为估值减值，做相反的会计分录。

（五）卖出基金

1.交易日（非上市交易的开放式基金的交易日为赎回成功的确认日），会计分录为：

借：证券清算款（应收或实际收到的金额）

交易费用（应付的相关费用）

基金投资——估值增值（结转基金投资估值增值或减值）

贷：基金投资——成本（结转基金投资成本）

投资收益——基金投资收益（差额）

应付交易费用（应付的交易费用）

同时，将原计入该卖出基金的公允价值变动损益转入投资收益，会计分录略。

2.本基金赎回ETF时，在赎回确认日，会计分录为：

借：股票投资——成本（股票或债券的公允价值）

证券清算款（应收的金额）

交易费用（应付的相关费用）

基金投资——估值增值（结转基金投资估值增值或减值）

贷：基金投资——成本（结转的基金投资成本）

应付交易费用（应付的交易费用）

投资收益——基金投资收益（差额）

同时，将原计入该基金的公允价值变动损益转入投资收益，会计分录略。

3.资金交收日，按实际交收的证券清算款记账，会计分录为：

借：结算备付金（或银行存款）

贷：证券清算款

卖出基金的成本按移动加权平均法逐日结转。

4.基金转换转出时，参照卖出基金的处理，会计分录为：

借：证券清算款

贷：基金投资——成本

基金管理公司买入返售金融资产和卖出回购金融资产的核算可参阅商业银行中间业务核算部分的相关内容。

五、权证投资的核算

（一）买入权证

1.交易日，会计分录为：

借：权证投资——成本（权证的公允价值）

交易费用（应付的相关费用）

贷：证券清算款（应付的证券清算款）

应付交易费用（应付的交易费用）

2.资金交收日，按实际交收的证券清算款记账，会计分录为：

借：证券清算款

贷：结算备付金（或银行存款）

（二）交纳保证金

交纳保证金时，按证券登记机构确定的金额记账，会计分录为：

借：存出保证金——权证保证金

贷：结算备付金（或银行存款）

（三）估值日

对持有的权证进行估值时，如为估值增值，按当日与上一日估值增值的差额记账，会计分录为：

借：权证投资——估值增值

贷：公允价值变动损益

如为估值减值，做相反的会计分录。

（四）卖出权证

1.交易日，会计分录为：

借：证券清算款（应收金额）

交易费用（应付的相关费用）

借：权证投资——估值增值（结转权证投资估值增值或减值）

贷：权证投资——成本（结转权证投资成本）

应付交易费用（应付的交易费用）

投资收益——权证投资收益（差额）

同时，将原计入该卖出权证的公允价值变动损益转入投资收益，会计分录略。

2.资金交收日，按实际交收的证券清算款记账，会计分录为：

借：银行存款（或结算备付金）

贷：证券清算款

（五）权证行权

1.认购权证时，会计分录为：

借：股票投资（股票的公允价值）

交易费用（应付的相关费用）

权证投资——估值增值（结转权证投资估值增值或减值）

贷：权证投资——成本（结转权证投资成本）

证券清算款（行权价款及相关费用合计）

应付交易费用（应支付的交易费用）

投资收益——权证投资收益（差额）

同时，将原计入该权证的公允价值变动损益转入投资收益，会计分录略。

2.认沽权证以证券结算方式行权时，会计分录为：

借：证券清算款（行权价款及费用的差额）

交易费用（应付的相关费用）

股票投资——估值增值（结转股票投资估值增值或减值）

权证投资——估值增值（结转权证投资估值增值或减值）

贷：股票投资——成本（结转股票投资成本）

权证投资——成本（结转权证投资成本）

应付交易费用（应支付的交易费用）

投资收益——权证投资收益（差额）

——股票投资收益（差额）

同时，将原计入卖出股票和原计入权证的公允价值变动损益转入投资收益，会计分录略。

3.权证以现金结算方式行权时，会计分录为：

借：证券清算款（确定的金额扣减交易费用）

借：交易费用（应付的相关费用）

　　权证投资——估值增值（结转权证投资估值增值或减值）

　贷：权证投资——成本（结转权证投资成本）

　　　应付交易费用（应付的交易费用）

　　　投资收益——权证投资收益（差额）

同时，将原计入该权证的公允价值变动损益转入投资收益，会计分录略。

（六）放弃行权

放弃行权确定日，会计分录为：

借：权证投资——估值增值（结转权证投资估值增值或减值）

　贷：权证投资——成本（结转权证投资成本）

　　　投资收益——权证投资收益（差额）

同时，将原计入该权证的公允价值变动损益转入投资收益，会计分录略。

六、远期投资的核算

（一）签订远期买入卖出证券合约

签订远期买入证券合约时，应在备查簿中登记约定到期应收到的证券净价、利息及数量；签订远期卖出证券合约时，应在备查簿中登记约定到期应付出的证券净价、利息及数量。

（二）估值日对远期合约估值

1.对远期买入证券的远期合约估值。

如为估值增值，按当日与上一日估值增值的差额记账，会计分录为：

借：远期投资——估值增值

　贷：公允价值变动损益

如为估值减值，做相反的会计分录。

2.对远期卖出证券的远期合约估值。

如为估值增值，按当日与上一日估值增值的差额记账，会计分录为：

借：公允价值变动损益

　贷：远期投资——估值增值

如为估值减值，做相反的会计分录。

（三）远期合约到期结算

远期合约到期结算时，在备查簿中予以注销，并将远期合约的公允价值变动损益转出。

第四节 证券投资基金损益的核算

一、基金收益的核算

（一）利息收入的核算

基金管理公司因债券投资、资产支持证券投资、银行存款、结算备付金、存出保证金、按买入返售协议融出资金等而实现的利息收入，在“利息收入”科目核算。

按中国证券监督管理委员会的相关规定，对存于相关账户（如以基金管理人名义开立的账户）的申购款，在登记注册业务规则规定的份额确认日（含）至划入托管账户日（不含）期间发生的利息，归入基金资产。对以上利息收入，应按已确认的相关资金乘以在正常情况及流程下停留于相关账户的天数，再乘以适用利率（账户间存在不同利率的，适用利率从低，并按该原则于每个付息周期确认实收利息）逐日计算。

利息收入的账务处理，在债券投资、资产支持证券投资、银行存款、结算备付金和买入返售金融资产等相关业务的核算中均有体现。一般来说，按权责发生制计提利息时，会计分录为：

借：应收利息

　贷：利息收入

（二）公允价值变动损益的核算

对于基金管理公司持有的以公允价值计量的股票投资、债券投资、资产支持证券投资、基金投资、权证投资、远期投资和其他衍生工具投资，以及交易性金融负债等公允价值变动形成的损益，设置“公允价值变动损益”科目进行核算，作为直接计入当期损益的利得或损失。

公允价值变动损益的账务处理，参照各类基金投资估值增值或减值时的核算方式进行，这里不再赘述。

（三）投资收益的核算

证券投资基金的投资收益包括以下内容：

（1）买卖股票、债券、资产支持证券、基金等实现的差价收益。

（2）股票、基金投资等获得的股利收益。

（3）卖出或放弃权证、权证行权等实现的损益。

（4）其他衍生工具投资产生的相关损益。

核算时，使用“投资收益”科目。“投资收益”可按股票投资收益、债券投资收益、资产支持证券投资收益、基金投资收益、权证投资收益、远期投资收益、其他衍生工具收益、股利收益等进行明细核算。

投资收益的账务处理，参照各类基金投资获得买卖差价收益或股利收益等时的会计核算方式进行。

（四）其他收入的核算

对于证券投资基金确认的除上述收入以外的其他各项收入，包括赎回费扣除基本手续费后的余额、手续费返还、ETF替代损益，以及基金管理人等机构为弥补基金财产损失而支付给基金的赔偿款项等，设置“其他收入”科目进行核算。本科目可按其他收入的种类进行明细核算。

其他收入的主要账务处理如下：

1.发生其他收入时，借记有关科目，贷记本科目。

2.ETF买进替代证券或强制退款时，以“证券清算款——可退替代款”科目核算替代价格与该替代证券市价之差乘以替代数量确定的金额，以“证券清算款——应退替代款”核算替代价格与实际买入成本或强制退款成本之差乘以替代数量计算的金额，差额记入“其他收入——ETF替代损益”。会计分录为：

借：证券清算款——可退替代款

　贷：证券清算款——应退替代款

　　其他收入——ETF替代损益

3.基金管理人支付给基金的相关赔偿款（如定期存款提前支取利息损失的赔偿款），会计分录为：

借：银行存款

　贷：其他收入

期末，应将“其他收入”科目的余额全部转入“本期利润”科目，结转后本科目应无余额。

二、基金费用的核算

（一）管理人报酬的核算

证券投资基金经营、管理基金每年要从基金资产中提取一定的管理费，用于证券投资基金该年度的各项必要开支。基金管理费按照基金净值的一定比例提取，基金管理费的提取比例为基金净值的0.25%～2.5%，一般是逐日累计、按月支付。提取基金管理费时，按照前一日基金净值乘以按当年实际天数折算的日费率计算。计算方法如下：

管理人报酬=前一日基金净值×年管理费率÷当年天数

按基金契约和招募说明书的规定计提的基金管理人报酬，包括管理费和业绩报酬，在“管理人报酬”科目核算。管理人报酬应按照基金契约和招募说明书规定的方法和标准计提，并按计提的金额入账。

计提基金管理费和业绩报酬时，会计分录为：

借：管理人报酬

　贷：应付管理人报酬

支付基金管理人报酬时，会计分录为：

借：应付管理人报酬

　贷：银行存款

（二）托管费的核算

基金托管人保管并处理基金资产也要收取一定费用，即托管费。托管费的年费用标准一般为基金净值的0.2%，计提方式也是逐日累计、按月支付。其计算方法如下：

基金托管费=前一日基金净值×年托管费率÷当年天数

按基金契约和招募说明书的规定计提的基金托管费通过“托管费”科目核算。基金托管费应按照基金契约和招募说明书规定的方法和标准计提，并按计提的金额入账。

计提托管费时，会计分录为：

借：托管费

　贷：应付托管费

支付托管费时，会计分录为：

借：应付托管费

　贷：银行存款

（三）销售服务费的核算

基金销售服务费是指基金管理人根据基金合同的约定及相关法律的规定，从开放式基金财产中计提的一定比例的费用，用于支付销售机构的佣金、基金的营销费以及基金份额持有人服务费等。证券投资基金设置“销售服务费”科目进行核算。

计提销售服务费时，会计分录为：

借：销售服务费

　贷：应付销售服务费

支付销售服务费时，会计分录为：

借：应付销售服务费

　贷：银行存款

（四）交易费用的核算

交易费用是指可直接归属于取得或处置某项基金资产或承担某项基金负债的新增外部成本，包括支付给交易代理机构的规费、佣金、代征的税金及其他必要的可以正确估算的支出。回购的交易费用和货币市场基金采用摊余成本法核算的投资交易所发生的交易费用应作为取得成本，计入相关基金资产或基金负债的价值。

证券投资基金设置“交易费用”科目，核算进行股票、债券、资产支持证券、基金、权证等交易过程中发生的交易费用，具体会计分录略。

（五）利息支出的核算

证券投资基金对基金运作过程中发生的银行借款利息支出、交易性金融负债利息支出、卖出回购金融资产支出等，设置“利息支出”科目进行核算。本科目可按利息支出的种类进行明细核算。

在借款期内逐日计提利息支出时，按借款本金与适用的利率计提的金额记账，会计分录为：

借：利息支出

　贷：应付利息

（六）其他费用的核算

基金运作过程中发生的除上述费用支出以外的其他各项费用，如注册登记费、上市年费、信息披露费用、持有人大会费用、审计费用、律师费用等通过“其他费用”科目核算。

1.发生的其他费用如不影响估值日基金份额净值小数点后第四位，发生时直接计入基金损益，会计分录为：

借：其他费用

　贷：银行存款

2.发生的其他费用如果影响基金份额净值小数点后第四位，应采用待摊或预提的方法，待摊或预提计入基金损益，会计分录为：

借：其他费用

　贷：待摊费用

3.已经发生的其他费用如果影响估值日基金份额净值小数点后第四位，应采用待摊方法，会计分录为：

借：待摊费用

　贷：银行存款

摊销时，会计分录为：

借：其他费用

　贷：待摊费用

4.采用预提方法的，预提时会计分录为：

借：其他费用

　贷：预提费用

实际支付费用时，会计分录为：

借：预提费用

　贷：银行存款

三、基金收益与分配的核算

（一）基金净收益

基金净收益是指基金收益扣除按照有关规定应扣除的费用后的余额。本期实现的基金净收益（或基金净亏损）通过“本期利润”科目核算。

期末结转基金收益时，会计分录为：

借：利息收入

　　投资收益

　　其他收入

　　公允价值变动损益（贷方余额）

　贷：本期利润

借：本期利润

　贷：管理人报酬

　　　托管费

　　　销售服务费

　　　交易费用

　　　利息支出

　　　其他费用

本期收入和支出相抵后即结出本期实现的净损益。期末，应将本期实现的净利润进行结转，会计分录为：

借：本期利润

　贷：利润分配（未分配利润）

如为净损失，做相反的会计分录。

（二）收益分配

基金净收益再扣除应纳税额就是基金可分配的收益。由于我国目前对基金免征所得税，而股票交易印花税在股票交易的同时已经缴纳，因此目前基金可分配的收益就是基金净收益。《证券投资基金运作管理办法》规定，基金收益分配应当采用现金方式。封闭式基金的收益分配，每年不得少于一次，年度收益分配比例不得低于基金年度已实现收益的90%。开放式基金的基金合同应当约定每年基金收益分配的最多次数和基金收益分配的最低比例。开放式基金的基金份额持有人可以事先选择将所获分配的现金收益，按照基金合同有关基金份额申购的约定转为基金份额；基金份额持有人事先未作出选择的，基金管理人应当支付现金。

（1）除权日，根据基金利润分配方案记账，会计分录为：

借：利润分配——应付利润

　贷：应付利润

（2）将“利润分配——应付利润”明细科目的余额转入“利润分配——未分配利润”明细科目，会计分录为：

借：利润分配——应付利润

　贷：利润分配——未分配利润

结转后，除“未分配利润”明细科目外，本科目的其他明细科目应无余额。“利润分配”科目期末余额，反映累计未分配利润（或未弥补亏损）。

本章小结

1.证券投资基金是一种利益共享、风险共担的集合证券投资方法，即通过发行基金单位集中投资者的资金，由基金托管人托管，基金管理人管理和运用资金，从事股票、债券等金融工具投资。

2.证券投资基金有多种分类方式，并具有四方当事人：基金发起人、基金持有人、基金管理人和基金托管人。

3.证券投资基金核算内容包括证券投资基金发行及增减变动的核算、证券投资基金投资业务的核算及证券投资基金损益的核算。

关键概念

证券投资基金　基金发起人　基金托管人　基金管理人

思考与应用

1.证券投资基金有哪些种类？各类基金的特点如何？

2.证券投资基金有哪些具体的当事人？他们各有什么职责？

3.证券投资基金发行业务的核算要点是什么?

4.证券投资基金投资业务的核算要点是什么?

5.简述证券投资基金损益的构成及基本核算思路。

第十三章 损益和所有者权益核算

学习目标

1.掌握金融企业收入的内容及会计核算

2.掌握金融企业费用的内容及会计核算

3.掌握金融企业利润的组成及会计核算

4.掌握金融企业所有者权益的组成及会计核算

第一节　收入的核算

一、收入的定义和特征

依据《企业会计准则第14号——收入》，收入是指企业在日常活动中形成的、会导致所有者权益增加的、与所有者投入资本无关的经济利益的总流入。

收入的基本特征包括以下几个：

（1）收入是企业在日常活动中形成的，而不是在偶发交易中形成的。

（2）收入最终能够引起所有者权益的增加。经济利益流入企业并被确认为收入，既可能表现为金融企业资产的增加，也可能表现为负债的减少，或者两者兼而有之，但无论如何最终都会使企业的所有者权益增加。

（3）收入不包括所有者向企业投入资本导致的经济利益流入，也不包括为第三方或客户代收的款项。

（4）收入必须能够以货币计量。金融企业财务收入包括两大类：第一类是营业收入，包括利息收入、手续费及佣金收入、租赁收入、其他营业收入、汇兑损益、公允价值变动损益、投资收益等。第二类是营业外收入，即与金融企业业务经营无直接关系的各项收入，如罚款收入、处置非流动资产利得等。其中，营业收入是构成金融企业收益的主要来源。

二、收入的确认

（一）收入确认的条件

收入的确认是会计核算的起点。按照《企业会计准则》，企业应当在履行合同中的履约义务，即客户取得相关商品（或服务）控制权时确认收入。收入的确认包括以下五个步骤：

（1）识别与客户订立的合同；

（2）识别合同中单独的履约义务；

（3）确定交易价格；

（4）将交易价格分摊至单独的履约义务；

（5）在履行每一项履约义务时确认收入。

（二）金融企业各类收入的确认

金融企业收入确认的具体方式可归纳为如下两点：

1. 利息收入。

金融企业发放的贷款，应按期计提利息并确认为收入。发放贷款到期（含展期）90天后尚未收回的，其应计利息停止计入当期利息收入，纳入表外核算；已计提的贷款应收利息，在贷款到期90天后仍未收回的，冲减原已计入损益的利息收入，转作表外核算。

利息收入的金额应按让渡资金使用权的时间和适用利率计算确定。

2. 手续费及佣金收入。

手续费及佣金收入应当在向客户提供相关服务时确认。

三、主要会计科目及其核算内容

为全面反映和监督金融企业营业收入的实现，核算收入的增减变动情况，金融企业应根据其业务经营范围设置“利息收入”“手续费及佣金收入”“租赁收入”“其他业务收入”“汇兑损益”“公允价值变动损益”“投资收益”“资产处置损益”“其他收益”等科目。这类收入性质的科目，贷方记录发生的各项收入，会计期末通过这些科目的借方转入“本年利润”科目的贷方，因此，会计期末结转后，此类科目没有余额。

由于上述大部分科目的核算内容已陆续在之前的章节中做过介绍，因此本章不再列表说明。

四、销项增值税的核算

按照我国增值税的相关法规，金融企业的金融服务划分为贷款服务、直接收费的金融服务、金融产品转让服务和保险服务四大类。这些收入均须纳入增值税的征收范围。除部分减免和零税率项目外，金融企业一般纳税人提供的所有金融服务均按6%的增值税税率征收；对于小规模纳税人，则按3%的征收率征收。金融企业一般纳税人在确认上述收入时计提的增值税销项税额，在“应交税费——应交增值税（销项税额）”科目的贷方核算。

五、营业收入的核算

（一）利息收入的核算

利息收入是金融企业发放各类贷款（包括银团贷款、贸易融资、贴现和转贴现融出资金、协议透支、信用卡透支和垫款等）、与其他金融机构（包括中央银行、同业等）之间发生资金往来业务、买入返售金融资产等取得的利息收入的增减变动情况。利息收入在金融企业的整个营业收入中占有很大比重，是金融企业财务损益的重要内容之一。

利息收入以贷款利息收入为主，并按国家规定的利率计算。

会计核算使用的总账科目为“利息收入”，该科目可设置下列明细科目：存放同业利息收入、存放中央银行利息收入、发放贷款及垫款利息收入、买入返售金融资产利息收入、其他利息收入等。具体的相关账务处理如下：

1.确认并计提当期利息时，会计分录为：

借：应收利息（或买入返售金融资产）（按合同利率计算）

借或贷：贷款——利息调整

　贷：利息收入（按实际利率计算）

　　　应交税费——应交增值税（销项税额）

2.实际收到利息时，会计分录为：

借：银行存款（或吸收存款）——××借款人户（或其他有关科目）

　贷：应收利息

3.逾期仍未收到利息时的账务处理。

逾期仍未收到利息时，应按规定在表外科目反映如下：

收：未收贷款利息

4.期末结转利润时，会计分录为：

借：利息收入

贷：本年利润

（二）手续费及佣金收入的核算

手续费及佣金也是金融企业财务收入的主要来源。金融企业的手续费及佣金收入包括办理结算业务、咨询业务、担保业务、代保管等代理业务及办理受托贷款及投资等业务收取的手续费，代理买卖证券、代理承销证券、代理兑付证券、代理保管证券、代理保险业务等代理业务以及其他相关服务实现的手续费及佣金收入。

会计核算使用的总账科目为“手续费及佣金收入”，该科目可设置下列明细科目：结算手续费收入、佣金收入、业务代办手续费收入、基金托管收入、咨询服务收入、担保收入、受托贷款手续费收入、代保管收入等。

商业银行办理业务，发生手续费收入时，会计分录为：

借：吸收存款（或银行存款，或库存现金、代理承销证券款等科目）

——××借款人户

贷：手续费及佣金收入

应交税费——应交增值税（销项税额）

（三）租赁收入的核算

租赁公司设置“主营业务收入——融资收入（或租金收入）”科目，专门核算租赁公司根据租赁准则确认的租赁收入的增减变动情况（非专业租赁公司的租赁收入使用“其他业务收入”核算）。

1.确认租赁收入时，会计分录为：

借：未实现融资收益（或应收经营租赁款）

贷：主营业务收入（或其他业务收入）——融资收入（或租金收入）

应交税费——应交增值税（销项税额）

2.期末结转利润时，会计分录为：

借：主营业务收入（或其他业务收入）——融资收入（或租金收入）

贷：本年利润

（四）其他业务收入的核算

其他业务收入是指金融企业除主营业务以外的其他经营活动取得的收入，包括出租固定资产、出租无形资产等实现的收入。

会计核算使用的总账科目为“其他业务收入”，该科目可设置“出租固定资产收入”和“出租无形资产收入”明细科目。

1.发生其他业务收入时，会计分录为：

借：应收项目（或货币资金类科目）

贷：其他业务收入——××收入户

贷：应交税费——应交增值税（销项税额）

2.期末结转利润时，会计分录为：

借：其他业务收入——××收入户

贷：本年利润

（五）汇兑损益的核算

汇兑损益是金融企业发生的外币交易因汇率变动而产生的损益。采用统账制的金融企业，期末应将各外币货币性项目的外币期末余额按期末汇率折算为记账本位币，其与原账面记账本位币的差额，就是当期汇兑损益；采用分账制的金融企业，期末应将所有以外币表示的“货币兑换”科目余额按期末汇率折算为记账本位币金额，其与“货币兑换——记账本位币”科目余额之间的差额，就是当期汇兑损益。会计核算使用的总账科目为“汇兑损益”。

（六）公允价值变动损益的核算

金融企业的公允价值变动损益是指金融企业指定以公允价值计量且其变动计入当期损益的金融资产或金融负债，以及采用公允价值模式计量的投资性房地产、衍生工具、套期保值业务等公允价值变动形成的应计入当期损益的利得或损失。

按照《企业会计准则》，金融资产由“四分类”变为“三分类”：（1）以摊余成本计量的金融资产（债权投资和应收账款）；（2）以公允价值计量且其变动计入当期损益的金融资产（交易性金融资产）；（3）以公允价值计量且其变动计入其他综合收益的金融资产（其他债权投资和其他权益工具投资）。同时，银行等金融企业的金融资产减值会计应采用“预期损失法”计提减值准备。

会计核算使用的总账科目为“公允价值变动损益”，该科目可按交易性金融资产、交易性金融负债、投资性房地产等进行明细核算。

（七）投资收益的核算

投资收益是指金融企业根据相关准则确认的投资收益或投资损失。金融企业的投资收益包括：

（1）处置以公允价值计量且其变动计入当期损益的金融资产和金融负债实现的损益。

（2）金融企业的债权投资和买入返售金融资产在持有期间取得的投资收益和处置损益。

（3）证券公司自营证券所取得的买卖价差收入等。

会计核算使用的总账科目为“投资收益”（债券利息收入也可在“利息收入”科目核算），该科目可按照投资项目进行明细核算。

（八）资产处置损益

资产处置损益是指企业出售划分为“持有待售的非流动资产”（金融资产、长期股权投资和投资性房地产除外）时确认的处置利得（或损失），以及处置未划分为持有待售的固定资产、在建工程、生产性生物资产及无形资产而产生的处置利得（或损失），还包括债务重组中因处置非流动资产产生的利得（或损失）以及非货币性资产交换产生的利得（或损失）。

会计核算使用的总账科目为“资产处置损益”。在利润表的列示项目为“资产处置收益”，若为损失，以“-”号表示。

（九）其他收益

其他收益反映计入其他收益的政府补助等。

六、营业外收入的核算

营业外收入是指金融企业发生的营业利润以外的收益，主要包括债务重组利得、盘盈利得、罚没利得、捐赠利得等。这些收入的形成并不是金融企业经营某项业务而产生的，因此归为营业外收入。

会计核算使用的总账科目为“营业外收入”，该科目按照营业外收入项目进行明细核算。

1.发生各项营业外收入时，会计分录为：

借：银行存款（或库存现金，或待处理财产损溢、固定资产清理等科目）

　贷：营业外收入——××收入

2.期末结转利润时，会计分录为：

借：营业外收入——××收入

　贷：本年利润

第二节　费用的核算

一、费用的概念、特征及内容

（一）费用的概念和特征

《企业会计准则——基本准则》的表述是：费用是指企业在日常活动中发生的、会导致所有者权益减少的、与向所有者分配利润无关的经济利益的总流出。

费用作为会计要素和会计报表要素的构成内容之一，是与收入相对应而存在的。费用具有以下几个特征：

（1）费用从企业的日常活动中产生，而不是从偶发的交易或事项中产生的。

（2）费用既可能表现为企业资产的减少，也可能表现为负债的增加，或者两者兼而有之。

（3）费用不包括为第三方或客户垫付的款项。

（4）费用是因经营活动引起的所有者权益的减少。

（二）金融企业成本费用的组成

金融企业的营业成本是指在业务经营过程中发生的与业务经营有关的支出，包括利息支出、手续费及佣金支出、其他业务成本等。

金融企业财务支出与费用收入相对应，可分为三大类：第一类是营业支出，即金融企业在经营业务过程中所发生的各项支出，包括利息支出、手续费及佣金支出、其他业务成本等；第二类是税金及附加；第三类是营业外支出，即与业务经营无直接关系的各项支出。

二、费用的确认

金融企业在经营过程中发生的各项费用，应按权责发生制会计基础对收入、费用进行配比，按实际发生数确认计量。

根据收入与费用的相关程度，确认的费用可以分为以下三类：

（1）直接费用，指直接为取得营业收入而发生的费用，即与当期的营业收入有直接联系（或称因果关系）的费用。

（2）期间费用，指那些仅仅有助于当期营业收入的实现，或者数额不大、不便于在各期分配的费用，或者不能提供明确的未来经济利益，即便分摊了也没有意义的费用。

（3）跨期费用，指受益期限在一个会计期间以上的费用，即其经济效益有望在若干个会计期间发生，并且只能大致和间接地确定其与收益的关系。该项费用应当按照配比原则，按规定方法在受益期间计入各期费用，并从各期收入中得到补偿，如固定资产折旧和无形资产摊销等。

三、主要会计科目及其核算内容

为了反映和监督金融企业营业成本费用的发生情况，应设置“利息支出”“手续费及佣金支出”“业务及管理费”“其他业务成本”等损益类科目。此类科目借方反映成本费用的实际发生数，会计期末，借方余额全部转入“本年利润”科目的借方，结转后此类科目应无余额。

由于上述大部分科目的核算内容已陆续在之前的章节中做过介绍，因此，本章不再列表说明。

四、进项增值税的核算

按照我国增值税的相关法规，发生贷款服务与直接收费的金融服务业务时，对境内外支付的相关佣金及手续费，在取得增值税扣税凭证后，可将增值税扣税凭证注明的增值税税款列入可抵扣的进项税额。核算时，记入“应交税费——应交增值税（进项税额）”科目借方。

五、费用的核算

（一）营业支出的核算

1.利息支出的核算。

利息支出是金融企业吸收的各种存款、与其他金融机构之间发生资金往来业务、卖出回购金融资产等产生的利息支出，以及按期分摊的未确认融资费用。

会计核算使用的总账科目为“利息支出”，该科目可设置下列明细科目：同业拆借利息支出、向中央银行借款利息支出、吸收存款利息支出、卖出回购金融资产利息支出、发行债券利息支出、其他利息支出等。

（1）发生利息支出时，会计分录为：

借：利息支出——××利息支出户

　贷：应付利息——应付××利息户

（2）实际支付已预提的应付利息时，会计分录为：

借：应付利息

　贷：银行存款（或吸收存款）——××户（或其他有关科目）

（3）期末结转利润时，会计分录为：

借：本年利润

　贷：利息支出——××利息支出户

2.手续费及佣金支出的核算。

手续费及佣金支出是金融企业发生的以现金支付或转账支付的各项手续费及佣金。

会计核算设置的总账科目为“手续费及佣金支出”，该科目可设置手续费支出、佣金支出、证券经纪业务支出、其他支出等明细科目。

（1）发生手续费及佣金支出时，会计分录为：

借：手续费及佣金支出——××支出户

　　应交税费——应交增值税（进项税额）

　贷：存放中央银行款项（或银行存款，或吸收存款——代办单位存款户）

（2）期末结转利润时，会计分录为：

借：本年利润

　贷：手续费及佣金支出——××手续费支出户

3.业务及管理费的核算。

金融企业的业务及管理费是指金融企业在业务经营及管理工作中发生的各项费用，包括固定资产折旧、业务宣传费、业务招待费、电子设备运转费、安全防卫费、企业财产保险费、邮电费、劳动保护费、外事费、印刷费、公杂费、低值易耗品摊销、职工工资、差旅费、水电费、租赁费（不包括融资租赁费）、修理费、职工福利费、职工教育经费、工会经费、会议费、诉讼费、公证费、咨询费、无形资产摊销、长期待摊费用摊销、失业保险费、劳动保险费、取暖费、审计费、技术转让费、研究开发费、绿化费、董事会费、上交管理费、广告费、银行结算费等。

会计核算使用的总账科目为“业务及管理费”，该科目可按费用种类设置业务宣传费、业务招待费、业务管理费等明细科目。

（1）发生直接支付或计提费用时，会计分录为：

借：业务及管理费——××费用户

　贷：银行存款（或库存现金，或其他应付款）

（2）发生转账摊销的费用时，会计分录为：

借：业务及管理费——××费用户

　贷：应付职工薪酬

　　　累计折旧

　　　累计摊销等

（3）期末结转利润时，会计分录为：

借：本年利润

　贷：业务及管理费

4.其他业务成本。

其他业务成本是指金融企业除主营业务活动以外的其他经营活动所发生的支出，包括出租固定资产的累计折旧、出租无形资产的累计摊销等。

会计核算使用的总账科目为“其他业务成本”，该科目可按业务类别设置明细科目。

（1）发生其他业务成本时，会计分录为：

借：其他业务成本——××户

　贷：累计折旧（或累计摊销等科目）

（2）期末结转利润时，会计分录为：

借：本年利润

　贷：其他业务成本——××户

（二）税金及附加的核算

税金及附加是指金融企业经营活动中发生的除增值税和所得税以外的相关税费。金融企业必须根据国家税法的规定，按适用税率或费率缴纳各种税收或附加费。

会计核算使用的总账科目为“税金及附加”，该科目可按税费类别设置房产税、城镇土地使用税、车船税、城市维护建设税、教育费附加等明细科目。

1.期末计提应纳各项税金及附加时，会计分录为：

借：税金及附加

　贷：应交税费

2.实际缴纳各项税金及附加时，会计分录为：

借：应交税费

　贷：存放中央银行款项（或银行存款）

3.期末结转利润时，会计分录为：

借：本年利润

　贷：税金及附加

（三）营业外支出的核算

营业外支出是指金融企业发生的营业利润以外的支出，金融企业的营业外支出包括债务重组损失、公益性捐赠支出、非流动资产毁损报废损失、罚款支出、捐赠支出、非常损失等。

会计核算使用的总账科目为“营业外支出”，该科目可按支出和损失种类进行明细核算。

1.发生各项营业外支出时，会计分录为：

借：营业外支出——××户

　贷：银行存款（或库存现金，或待处理财产损溢、固定资产清理等科目）

2.期末结转利润时，会计分录为：

借：本年利润

　贷：营业外支出——××户

（四）资产减值损失的核算

资产减值损失是金融企业按规定提取的各项准备金，包括贷款损失准备、坏账准备、长期股权投资减值准备、固定资产减值准备、在建工程减值准备、无形资产减值准备、抵债资产减值准备等。

会计核算使用的总账科目为“资产减值损失”，该科目可按减值资产的类别设置明细科目核算。

1.提取资产损失准备时，会计分录为：

借：资产减值损失

　贷：贷款损失准备（或其他有关科目）

2.期末结转利润时，会计分录为：

借：本年利润

　贷：资产减值损失

第三节　利润的核算

一、金融企业利润及其组成

利润是指金融企业在一定会计期间的经营成果，包括收入减去费用后的净额、直接计入当期损益的利得和损失等。它是金融企业经营成果的综合反映，是衡量金融企业在一定会计期间的经营业绩和获利能力的重要指标。

根据《企业会计准则》，利润由营业利润、利润总额和净利润组成。

（一）营业利润

营业利润是金融企业主要的利润来源，它是金融企业日常经营活动所产生的利润。金融企业的营业利润用公式表示为：

营业利润=营业收入-营业成本-业务及管理费-税金及附加-资产减值损失+公允价值变动净收益+投资净收益+汇兑净收益+资产处置净收益+其他收益

（二）利润总额

利润总额是指营业利润加上营业外收入再减去营业外支出后的金额，用公式可以表示为：

利润总额=营业利润+营业外收入-营业外支出

营业外收入和营业外支出属于直接计入当期损益的利得和损失，是金融企业发生的与经营业务活动无直接关系的各项收入和支出，是日常经营活动以外偶然发生的，而且各项收入和支出之间彼此独立，没有相互对应关系。营业外收支是金融企业利润的组成部分，对金融企业的利润总额和净利润都有一定影响。

（三）净利润

净利润是指利润总额减去所得税费用后的余额，其公式表示如下：

净利润=利润总额-所得税费用

(四) 综合收益

综合收益包括其他综合收益和综合收益总额。其中，其他综合收益反映企业根据《企业会计准则》的规定未在损益中确认的各项利得和损失扣除所得税影响后的净额，综合收益总额是企业净利润与其他综合收益的合计金额。

综合收益总额=净利润+其他综合收益

二、主要会计科目及其核算内容

利润及利润分配业务核算涉及的主要会计科目及其核算内容见表13-1。

表13-1 利润及利润分配业务的会计科目及其核算内容

名称		主要核算内容
所有者权益类	本年利润	核算金融企业当期实现的净利润（或发生的净亏损）。年度终了，应将本年收入和支出相抵后结出本年实现的净利润（或净亏损），转入“利润分配——未分配利润”科目，结转后本科目无余额
	利润分配	核算金融企业利润的分配（或亏损的弥补）和历年分配（或弥补）后的余额。本科目应分别“提取法定盈余公积”“提取任意盈余公积”“应付现金股利或利润”“转作股本的股利”“盈余公积补亏”和“未分配利润”等进行明细核算

三、金融企业利润的核算

金融企业一般应按月计算利润，也可根据需要按季或者按年计算利润。与此同时，金融企业还应计算每一会计期间的所得税费用，并按照国家的有关规定，计算缴纳所得税。

金融企业结转“本年利润”科目期末（月末、季末、年末）余额的方法有两种：账结法、表结法。按照规定，金融企业应按季计算盈亏，年终结转损益。

(一) 账结法

账结法是指通过设置“本年利润”科目，核算金融企业当年实现的利润或亏损总额，本期利润将直接在“本年利润”科目中结转并反映出来。

金融企业应于月末（季末）将各损益类科目的余额转入“本年利润”科目，结转后，各损益类账户余额为零。金融企业应结算出“本年利润”科目借、贷方发生额的差额。如果是贷方差额，即为本期的利润额，以及本年累计利润总额；如果为借方差额，则为本期的亏损额，以及本年累计亏损总额。

金融企业结转损益类各科目时，会计分录为：

借：利息收入
　　手续费及佣金收入
　　租赁收入
　　其他业务收入
　　汇兑收益
　　公允价值变动损益
　　投资收益
　　资产处置损益
　　其他收益
　　营业外收入等
　贷：本年利润

借：本年利润
　贷：利息支出
　　　手续费及佣金支出
　　　其他业务成本
　　　业务及管理费
　　　税金及附加
　　　营业外支出
　　　资产减值损失
　　　所得税费用等

年终通过“本年利润”科目结出的利润（或亏损）总额应全数转入“利润分配”科目下设立的“未分配利润”账户。

账结法的优点是各月均可通过“本年利润”科目提供其当期利润额，记账业务程序完整，但从实用角度来讲，采用账结法增加了编制结转损益分录的工作量。

（二）表结法

表结法是指金融企业在月末、季末计算利润（或亏损）时，不通过“本年利润”科目，而是通过编制利润表直接计算出来，反映本期现实的利润或亏损。表结法用于月末和季末对利润的反映。

如果采用表结法，每月结账时，损益类各科目的余额不需要结转到“本年利润”科目，只是在年度终了进行年度决算时，才用账结法结出损益类各科目的全年累计余额及其构成情况。每月结账时，只要结出各损益类科目的累计余额，就可以直接根据这些余额，逐项填入利润表，通过利润表计算出从年初到本月末为止的本年累计利润，然后，减去上月末本表中的本年累计利润数，就是本月的利润或亏损总额。

金融企业在采用表结法的情况下，每月、每季编制资产负债表时，如果平时不进行利润分配，表内“未分配利润”项目应填列利润表中的利润总额与“未分配利润”科目余额的合计数；如果平时进行利润分配，应根据利润表中的“利润总额”与“利润分配”的差额来填列资产负债表中的“未分配利润”项目。

表结法平时直接在利润表结转，省去了转账环节并可以从科目余额得出本年累计指标，同时并不影响利润表的编制及有关损益指标的利用。

（三）年终结转

综上所述，若采用表结法计算利润，则“本年利润”科目平时不用，年终使用；若采用账结法计算利润，则每月使用“本年利润”科目。无论采用哪种方法，年度终了时，都必须将“本年利润”科目结平，转入“利润分配——未分配利润”科目。

年末转账，如为盈利，会计分录为：

借：本年利润

　贷：利润分配——未分配利润

如为亏损，会计分录为：

借：利润分配——未分配利润

　贷：本年利润

结转后，“本年利润”科目应无余额。

第四节　所有者权益的核算

一、所有者权益的概念及组成

所有者权益也称股东权益，是指所有者在企业资产中享有的经济利益，其金额为资产减去负债后的余额。它是企业所有者对净资产的要求权，反映了企业的产权关系。

金融企业所有者权益是指金融企业所有者对企业资产享有的经济利益，反映了所有者对金融企业资产的索取权，是金融企业全部资产扣除债权人权益后由所有者享有的部分。

所有者权益按其主要来源，分为投资者投入的实收资本（股本）、资本公积、其他综合收益、盈余公积、一般风险准备和未分配利润。盈余公积、未分配利润和一般风险准备统称为留存收益。

（一）实收资本

金融企业的实收资本是指投资者按照企业章程或合同、协议的规定，实际投入金融企业的资本。它是所有者初始投资的财产，具体包括国家投资、其他单位投资、社会个人投资和外商投资等。在股份制金融企业，实收资本表现为金融企业实际发行的股票面值，所以称为股本；在非股份制金融企业，投资者投入的资本称为实收资本。

（二）资本公积

资本公积是所有者共有的、非收益转化所形成的资本。资本公积包括资本（或股本）溢价和其他资本公积。资本（或股本）溢价是指所有者投入金融企业的资本超过注册资本或者股本部分的金额。其他资本公积包括以权益结算的股份支付所形成的资本公积、长期股权投资“权益法”下享有被投资企业损益之外的所有者权益变动份额、关联方交易时交易价格显失公允的差额等。

（三）其他综合收益

其他综合收益是指金融企业根据会计准则的规定未在当期损益中确认的各项利得和损失。其他综合收益的发生不影响金融企业的当期利润，但会引起所有者权益的增减变化。例如，其他债权投资和其他权益工具投资公允价值的变动，是由资本市场上证券价格波动造成的，但在不发生交易的情况下，其损益仅为账面浮盈或浮亏；若此时将其计入当期损益，会造成当期损益不实。因此，会计准则要求将这类利得和损失引起的所有者权益变动计入其他综合收益。“其他综合收益”在资产负债表上属于所有者权益项目，但在利润表上也应予以列示。

（四）盈余公积

盈余公积是指金融企业按照规定比例从净利润中提取的、有特定用途的积累资金，包括法定盈余公积和任意盈余公积。金融企业提取的盈余公积经批准可以用于弥补亏损、转增资本和分配股利。

（五）一般风险准备

一般风险准备是指金融企业按一定比例从净利润中提取的、用于弥补尚未识别的可能性损失的准备。由于金融企业经营风险高于普通企业，为防范风险、合理进行会计核算，国家规定金融企业必须针对其经营业务的特点及高风险性，按规定计提风险准备。风险准备同盈余公积和未分配利润一样都是从净利润中提取的，是企业所得净收益的积累。金融企业按规定计提的一般风险准备可用于弥补亏损，不得用于分红和转增资本。

（六）未分配利润

未分配利润是指金融企业当年实现的利润在缴纳所得税、按规定进行利润分配之后形成的，留待以后年度分派的待分配利润，是净利润中尚未确定用途、归所有者所有的资金。

二、主要会计科目及其核算内容

核算所有者权益涉及的主要会计科目及其核算内容见表13-2（利润和利润分配科目见表13-1）。

表13-2　　所有者权益涉及的主要会计科目及其核算内容

名称		主要核算内容
所有者权益类	实收资本（股本）	核算金融企业接受投资人投入的实收资本。本科目可按投资者进行明细核算
	资本公积	核算金融企业收到投资者出资额超过其在注册资本或股本中所占份额的部分。本科目应分别“资本（股本）溢价”和“其他资本公积”进行明细核算
	其他综合收益	核算金融企业发生的直接计入所有者权益的利得和损失
	盈余公积	核算金融企业从净利润中提取的盈余公积。本科目应当分别“法定盈余公积”和“任意盈余公积”进行明细核算
	一般风险准备	核算金融企业按规定从净利润中提取的一般风险准备

三、实收资本的核算

（一）对实收资本数额的要求

为了保证金融企业稳健运行，防范金融风险，中国人民银行规定了设立金融企业的最低资本金要求。目前对中资银行的最低资本金要求是：设有分支机构的全国性银行的最低实收资本金为20亿元人民币，不设立分支机构的全国性银行的最低实收资本金为10亿元人民币，区域性银行的最低实收资本金为8亿元人民币，合作银行的最低实收资本金为5亿元人民币。

在经济特区设立外资银行总行或中外合资银行的最低实收资本金为8 000万元

人民币的等值外汇，其中实收资本不得低于50%；在经济特区设立的外资银行分行必须持有其总行拨给的不低于4 000万元人民币的等值外币。

我国目前实行的是注册资本制度，要求银行的实收资本与注册资本保持一致，当银行的实收资本比原来的资本增减超过20%时，应持资金使用证明或验资证明向原登记机关申请变更登记，不得擅自改变注册资本规模或抽逃资金。

（二）实收资本的会计核算

1.接受现金资产投资。

投资者以现金投入的资本，应当以实际收到或者存入企业开户银行的金额作为实收资本入账。实际收到或者存入企业开户银行的金额超过其在该企业注册资本中所占份额的部分，计入资本公积，会计分录为：

借：存放中央银行款项（或××存款）

　贷：实收资本（或股本）

　　　资本公积——资本（或股本）溢价

以外币投资时，除记录外币账簿外，资产账户还应按当日国家外汇牌价折合成人民币记账。

2.接受非现金资产投资。

金融企业收到投资人投入的固定资产或无形资产投资时，需按照评估确认的价值或合同、协议约定的价值和在注册资本中享有的份额记账，会计分录为：

借：固定资产（或无形资产）

　贷：实收资本（或股本）

3.实收资本（股本）增加。

一般来说，企业增加资本有三条途径：接受投资者追加投资、资本公积和盈余公积转增资本。

（1）资本公积转增资本，会计分录为：

借：资本公积——资本（或股东）溢价

　贷：实收资本（或股本）

（2）盈余公积转增资本，会计分录为：

借：盈余公积

　贷：实收资本（或股本）

（3）股份制金融企业发放股票股利时，按照股东大会批准的利润分配方案中应当分配的股票股利办理增资手续后，应按其折股方式进行处理。

如按股票面值折股，不涉及股票溢价问题，会计分录为：

借：利润分配——转作股本的股利

贷：股本

如按照股票的现行市场价格折股，股东大会正式批准的分配股票股利的数额与折股的股票面值总额将发生差额，该差额作为资本公积处理，会计分录为：

借：利润分配——转作股本的股利

贷：股本

资本公积——股本溢价

4.实收资本（或股本）减少。

非股份制金融企业按法定程序报经批准减少注册资本的，于实际发生时登记入账，会计分录为：

借：实收资本

贷：存放中央银行款项（或银行存款）

当股份制金融企业采用收购本企业股票方式减资时，按股票面值和注销股数计算的股票面值总额冲减股本，按注销库存股的账面余额与所冲减股本的差额冲减股本溢价，股本溢价不足冲减的，再冲减盈余公积直至未分配利润。如果回购股票支付的价款低于面值总额，所注销库存股的账面余额与所冲减股本的差额作为增加股本的溢价处理。当股份制金融企业回购本企业股票时，购回股票支付的价款大于面值总额，会计分录为：

借：库存股

贷：存放中央银行款项（或银行存款）

同时，注销本企业股票，会计分录为：

借：股本

资本公积——股本溢价

盈余公积

未分配利润

贷：库存股

当股份制金融企业回购本企业股票时，购回股票支付的价款小于面值总额，会计分录为：

借：库存股

贷：存放中央银行款项（或银行存款）

同时，注销本企业股票，会计分录为：

借：股本

贷：库存股

资本公积——股本溢价

四、金融企业其他所有者权益的核算

（一）资本公积的核算

1.资本（股本）溢价。

资本（股本）溢价是指金融企业投资者投入的资金超过其在注册资本（股本）中所占份额的部分。根据有关规定，按投资者所缴付的全部资金，借记有关资产科目；按其认缴的资本金，贷记“实收资本”科目。股份有限公司在溢价发行股票的情况下，发行股票取得的收入，相当于股票面值的部分记入“股本”科目；超过股票面值的溢价部分，在扣除发行手续费、佣金等发行费用后，记入“资本公积——股本溢价”科目。

2.其他资本公积。

（1）以权益结算的股份支付。

①在等待期的每个资产负债表日，应按确定的金额做如下会计分录：

借：管理费用等

　贷：资本公积——其他资本公积

②在行权日，应按实际行权的权益工具数量计算确定的金额做如下会计分录：

借：银行存款（按行权价收取的金额）

　　资本公积——其他资本公积（等待期累计确定的金额）

　贷：股本（增加股份的面值）

　　　资本公积——股本溢价（差额）

（2）采用权益法核算的长期股权投资。

①被投资单位除净损益、其他综合收益和利润分配以外的所有者权益的其他变动，投资方按持股比例计算应享有的份额，计入其他资本公积。

所有者权益增加时，会计分录为：

借：长期股权投资——其他权益变动

　贷：资本公积——其他资本公积

所有者权益减少时，会计分录相反。

②处置采用权益法核算的长期股权投资时，会计分录为：

借：资本公积——其他资本公积

　贷：投资收益

发生损失时，会计分录相反。

3.资本公积用于转增资本。

金融企业按规定的程序增资时，应按资本公积转增资本的数额记账，会计分

录为：

借：资本公积

贷：实收资本

（二）其他综合收益的核算

其他综合收益是指企业根据会计准则的规定未在当期损益中确认的各项利得和损失，包括以下两种：

1. 以后会计期间不能重分类归入损益的其他综合收益项目。

该项目主要包括重新计量设定受益计划净负债或净资产导致的变动，以及按照权益法核算因被投资单位重新计量设定受益计划净负债或净资产变动导致的权益变动，投资企业按持股比例计算确认的该部分其他综合收益项目。

2. 以后会计期间满足规定条件时将重分类归入损益的其他综合收益项目。

该项目包括以下几种情况：

（1）以公允价值计量且其变动计入其他综合收益的金融资产公允价值的变动。

以公允价值计量且其变动计入其他综合收益的金融资产公允价值变动形成的利得或损失（不包括减值损失和外币货币性金融资产形成的汇兑差额），确认利得时，会计分录为：

借：其他债权投资（或其他权益工具投资）——公允价值变动

贷：其他综合收益

确认损失时，做相反的会计分录。

（2）非交易性外币非货币性项目的汇兑差额。

确认汇兑损失时，会计分录为：

借：其他综合收益

贷：其他债权投资（或其他权益工具投资）

确认汇兑收益时，做相反的会计分录。

（3）金融资产的重分类。

①将以公允价值计量且其变动计入其他综合收益的金融资产重分类为采用成本或摊余成本计量的金融资产。在重分类日，以该项金融资产的公允价值或账面价值作为成本或摊余成本。该项金融资产没有固定到期日的，与该金融资产相关、原直接计入所有者权益的利得或损失，仍应记入“其他综合收益”科目，在该金融资产被处置时转入当期损益。

②将债权投资重分类为以公允价值计量且其变动计入其他综合收益的金融资产，并以公允价值进行后续计量时，会计分录为：

借：其他债权投资（金融资产的公允价值）

借：债权投资减值准备

　贷：债权投资

（贷或借）：其他综合收益（差额）

此时产生的“其他综合收益”在该其他债权投资发生减值或终止确认时转入当期损益。

③按规定应当以公允价值计量，但以前公允价值不能可靠计量的其他债权投资和权益工具投资，在其公允价值能够可靠计量时改按公允价值计量，将相关账面价值与公允价值之间的差额记入“其他综合收益”科目，在该其他债权投资或权益工具投资发生减值或终止确认时转入当期损益。

（4）采用权益法核算的长期股权投资。

①被投资单位其他综合收益变动时，投资方按以持股比例计算出的应享有的份额确认其他综合收益，会计分录为：

借：长期股权投资——其他综合收益

　贷：其他综合收益

被投资单位其他综合收益减少时，做相反的会计分录。

②处置采用权益法核算的长期股权投资时，将其他综合收益计入当期损益，会计分录为：

借：其他综合收益

　贷：投资收益

其他综合收益为借方余额时，做相反的会计分录。

（5）存货或自用房地产转换为投资性房地产。

①企业将作为存货的房地产转为采用公允价值模式计量的投资性房地产，其公允价值大于账面价值时，会计分录为：

借：投资性房地产——成本（转换日的公允价值）

　贷：开发产品等

　　其他综合收益（差额）

企业将自用房地产转为采用公允价值模式计量的投资性房地产，其公允价值大于账面价值时，会计分录为：

借：投资性房地产——成本（转换日的公允价值）

　累计折旧

　固定资产减值准备

　贷：固定资产

　　其他综合收益（差额）

②处置该项投资性房地产时，因转换计入其他综合收益的金额，应转入当期其他业务成本，会计分录为：

借：其他综合收益

贷：其他业务成本

（6）现金流量套期工具。

对于现金流量套期工具产生的利得或损失中属于有效套期的部分，可直接确认为其他综合收益。

（7）外币财务报表折算差额。

按照外币折算的要求，企业在处置境外经营的当期，将已列入合并财务报表所有者权益的外币报表折算差额中与该境外经营相关的部分，自其他综合收益项目转入处置期的当期损益。如果是部分处置境外经营，应当按处置的比例计算处置部分的外币报表折算差额，转入处置期的当期损益。

（三）盈余公积的核算

金融企业的盈余公积分为法定盈余公积和任意盈余公积。

法定盈余公积，是指金融企业按照规定的比例从净利润中提取的盈余公积。法定盈余公积按照税后利润的10%提取，累计提取达到注册资本的50%时，可不再提取。

任意盈余公积，是金融企业经股东大会或类似机构批准，按规定比例从净利润中提取的盈余公积。

1.盈余公积的用途。

金融企业提取的盈余公积主要用于以下几个方面：

（1）弥补亏损。金融企业发生亏损时，应自行弥补。弥补亏损的渠道主要有三条：

①用以后年度税前利润弥补。按照规定，企业发生亏损时，可以用以后5年内实现的税前利润弥补，即税前利润弥补亏损的期间为5年。

②用以后年度税后利润弥补。企业发生的亏损经过5年期间未弥补足额的，尚未弥补的亏损应用所得税后的利润弥补。

③以盈余公积弥补亏损。企业以提取的盈余公积弥补亏损时，应当由公司董事会提议，并经股东大会批准。

（2）转增资本。经股东大会决议批准，可以将盈余公积转增资本。在转增资本前要办理增资手续，在实际将盈余公积转增资本时，要按照转增前实收资本的结构比例，相应地增加各投资者对企业的资本投资份额。法定盈余公积转增资本后，留存的法定盈余公积的数额不得少于注册资本的25%。

（3）分配股利。经股东大会特别决议，也可动用盈余公积分配股利，但是，企业如果有未弥补亏损，必须先用盈余公积补亏，补亏后盈余公积的数额仍符合分配股利条件的，方可进行分配。

2.盈余公积的会计核算。

（1）提取盈余公积。金融企业按照规定的比例，从净利润中提取盈余公积时，会计分录为：

借：利润分配——提取法定盈余公积

　　　　　　——提取任意盈余公积

　贷：盈余公积——法定盈余公积

　　　　　　——任意盈余公积

外资银行提取储备基金、企业发展基金时，会计分录为：

借：利润分配——提取储备基金

　　　　　　——提取企业发展基金

　贷：盈余公积——储备基金

　　　　　　——企业发展基金

（2）盈余公积分配股票股利或转增资本。用盈余公积分配股票股利或转增资本，应当于实际分配股票股利或转增资本时做会计分录如下：

借：盈余公积

　贷：实收资本（或股本）

（3）盈余公积弥补亏损。金融企业经股东大会或类似机构决议，用盈余公积弥补亏损时，会计分录为：

借：盈余公积

　贷：利润分配——盈余公积补亏

（四）一般风险准备的核算

从事存贷款业务的金融企业，为了实现稳健经营，避免因贷款损失准备不足对金融企业资本产生过度侵蚀，设立了一般风险准备，作为利润分配处理，构成所有者权益的组成部分。

1.计提范围。

金融企业提取的一般风险准备所针对的风险资产具体包括贷款（含抵押、质押、担保等贷款）、银行卡透支、贴现、信用垫款（含银行承兑汇票垫款、信用证垫款、担保垫款等）、进出口押汇、股权投资和债权投资（不含采用成本与市价孰低法或公允价值法确定期末价值的证券投资和购买的国债本息部分的投资）、拆借（拆出）、存放同业款项、应收利息（不含贷款、拆放同业应收利息）、应收股利、应收租赁款、其他应收款等。

2.计提比例。

金融企业应当于每年年度终了，根据承担风险和损失的资产余额的一定比例提取一般风险准备。一般风险准备的计提比例由金融企业综合考虑其所面临的风险状况等因素确定，原则上一般风险准备余额不低于风险资产期末余额的1%。

一般风险准备由金融企业总行（总公司）统一计提和管理，即一般风险准备由金融企业总行集中提取，分行不用计提。总行如有利润，要提取一般风险准备。

3.一般风险准备的会计核算。

（1）提取一般风险准备时，会计分录为：

借：利润分配——提取一般风险准备

　贷：一般风险准备

（2）按规定使用一般风险准备弥补亏损时，会计分录为：

借：一般风险准备

　贷：利润分配——一般风险准备补亏

（五）利润分配的核算

金融企业股东大会或类似权力机构决定当期利润分配方案。董事会或者类似权力机构向股东大会或类似权力机构提出利润分配方案后，由股东大会或类似权力机构批准通过后实施。

1.利润分配的顺序和原则。

金融企业本年实现的净利润（减弥补亏损，下同）应当按照提取法定盈余公积、提取一般（风险）准备、向投资者分配利润的顺序进行分配。

以前年度未分配的利润，并入本年实现净利润向投资者分配。资本充足率、偿付能力充足率、净资本负债率未达到有关法律、行政法规规定标准的，不得向投资者分配利润。向投资者分配利润的顺序如下：

（1）支付优先股股利；

（2）提取任意盈余公积；

（3）支付普通股股利；

（4）转作资本（股本）。

2.未分配利润。

金融企业的未分配利润有两层含义：第一，是留待以后年度处理的利润；第二，是未指定特定用途的利润。从数量上讲，未分配利润是期初未分配利润，加上本期实现的净利润，减去提取的各种盈余公积和分出利润后的余额。

在按规定做了各种分配后，将“利润分配”科目下其他明细科目余额转入“未分配利润”明细科目。结转后，“未分配利润”明细科目的贷方余额是未分配利润，留待以后年度进行利润分配；如出现借方余额，则表示未弥补亏损。

3.利润分配的会计核算。

（1）利润结转。年度终了，金融企业将各财务收入、财务支出科目的余额通过“本年利润”科目结转出当年的净利润，再将“本年利润”科目余额转入“利润分配——未分配利润”，会计分录为：

借：本年利润

　贷：利润分配——未分配利润

如为亏损，做相反的会计分录。

（2）提取法定盈余公积，会计分录为：

借：利润分配——提取法定盈余公积

　贷：盈余公积——法定盈余公积

（3）提取一般风险准备，会计分录为：

借：利润分配——提取一般风险准备

　贷：一般风险准备

（4）提取任意盈余公积，会计分录为：

借：利润分配——提取任意盈余公积

　贷：盈余公积——任意盈余公积

（5）向投资者分配的利润若是现金股利，会计分录为：

借：利润分配——应付股利（或应付利润）

　贷：应付股利（或应付利润）

若是股票股利，会计分录为：

借：利润分配——转作股本的股利

　贷：股本

（6）最后，将当期“利润分配”科目下各明细科目余额转入“未分配利润”科目，会计分录为：

借：利润分配——未分配利润

　贷：利润分配——提取法定盈余公积

　　　　　　——提取任意盈余公积

　　　　　　——提取一般风险准备

　　　　　　——应付利润（或应付股利）

结转后，除“未分配利润”明细科目外，“利润分配”科目的其他明细科目应无余额。“未分配利润”明细科目贷方余额为历年来积累的未分配利润，留待以后年度进行利润分配；借方余额为历年未弥补的亏损。

本章小结

1.金融企业的营业收入主要是让渡资产使用权收入和提供劳务收入，包括利息收入、手续费及佣金收入、租赁收入等。

2.与营业收入相对应的费用包括利息支出、手续费及佣金支出、税金及附加、业务及管理费等。

3.收入与费用的核算以权责发生制会计为基础，形成的利润包括营业利润、利润总额和净利润。

4.金融企业的所有者权益包括实收资本、资本公积、其他综合收益、盈余公积和未分配利润，还包括金融企业特有的一般风险准备。

关键概念

营业收入　营业利润　一般风险准备　其他综合收益

思考与应用

1.简述金融企业收入的主要构成及各类收入的确认方式。

2.简述金融企业成本费用的组成。

3.金融企业结转“本年利润”科目期末余额的方法有哪两种？二者的区别何在？

4.何为一般风险准备？金融企业计提一般风险准备的目的和用途是什么？计提范围和比例应如何确定？

5.简要说明中国人民银行对设立各类银行业金融机构的最低资本金要求。

6.何为其他综合收益？

7.金融企业利润分配的顺序是什么？

第十四章 财务报告

学习目标

1.了解财务报告的组成和种类

2.掌握商业银行资产负债表主要项目的列报方式

3.掌握商业银行利润表主要项目的列报方式

4.掌握商业银行现金流量的基本内容

5.了解财务报表附注的作用和内容

第一节　企业财务报告概述

一、财务报告的组成

财务报告（又称财务会计报告）是指企业对外提供的反映企业某一特定日期的财务状况和某一会计期间的经营成果、现金流量等会计信息的文件。财务报告的作用是向财务报告使用者提供与企业财务状况、经营成果和现金流量有关的会计信息，反映企业管理层受托责任履行情况，有助于财务报告使用者作出经济决策。财务报告的使用者包括投资者、债权人、政府和有关部门及社会公众。

财务报告包括财务报表及附注和其他应当在财务报告中披露的相关信息和资料。

财务报表是对企业财务状况、经营成果和现金流量的结构性表述。财务报表至少应当包括资产负债表、利润表、现金流量表、所有者权益（或股东权益）变动表、附注。

财务报表的信息是会计确认、计量和报告的直接结果，其编制受到会计准则或会计制度的严格制约，金融企业应当按照《企业会计准则》的有关规定编制并对外提供真实、完整的财务报告。

二、财务报告的种类

财务报表是财务报告的核心，是将财务信息传递给企业外部财务报告使用者的主要手段。财务报告比财务报表提供的信息范围要大得多，除了财务报表，还包括很多在财务报表中无法直接列示的信息，如财务指标分析信息、财务预测信息、经济环境对企业经营成果和财务状况的影响、企业管理者对企业业绩的说明及评价等。财务报告可以根据需要，按照不同的标准进行分类。

（1）按经济内容不同，可以把财务报告分为会计报表、会计报表附注。

（2）按编报时间不同，可以分为中期报告和年度报告。

（3）按所反映资金运动形态不同，可以分为静态会计报表和动态会计报表。

（4）按报送对象不同，可以分为对外财务报告和对内财务报告。

（5）按编报范围不同，可以分为个别财务报告和合并财务报告。

三、财务报告编制的基本要求

为了真实、正确地反映金融企业的财务状况和经营活动成果，保证所提供的信息能够满足使用者的需要，财务报告必须按照一定的程序、方法和统一的要求进行编制。企业在编制财务报告的过程中，应该做到以下几点：

1. 以持续经营为基础。

企业应当以持续经营为基础，根据实际发生的交易和事项，按照《企业会计准则》的规定进行确认和计量，在此基础上编制财务报表。

2. 一致性。

财务报表项目的列报应当在各个会计期间保持一致，不得随意变更，但下列情况除外：

（1）会计准则要求改变财务报表项目的列报。

（2）企业经营业务的性质发生重大变化后，变更财务报表项目的列报能够提供更可靠、更相关的会计信息。

3. 重要性。

财务报表中某项目的省略或者错报会影响使用者据此作出经济决策，那么，该项目便具有重要性。

在财务报表所列报的项目中，性质或功能不同的项目应当在财务报表中单独列报；性质或功能类似的项目，其所属类别具有重要性的，应当按其类别单独列报。

重要性应当根据企业所处环境，从项目的性质和金额大小两方面予以判断。

4.完整性。

（1）财务报表中的资产项目和负债项目的金额、收入项目和费用项目的金额不得相互抵消，但满足抵消条件的除外。

（2）当期财务报表的列报，至少应当提供所有列报项目上一可比会计期间的比较数据；报表项目的列报发生变更的，需要在附注中说明。

（3）财务报表中必须披露的内容包括编报企业的名称、财务报表日期或涵盖的会计期间、人民币金额单位、编报的范围等。

（4）企业至少应当按年编制财务报表。年度财务报表涵盖时间短于一年的，在披露时应说明原因。

第二节　商业银行财务报告

一、资产负债表

（一）报表内容与格式

资产负债表是反映企业在某一特定日期财务状况的报表。它反映企业在某一特定日期所拥有或控制的经济资源、所承担的现时义务和所有者对净资产的要求权。在我国，商业银行的资产负债表采用账户式结构，即报表的基本结构分为左右两方。左方列示资产各个项目，反映全部资产的分布及存在形态；右方列示负债和所有者权益各个项目，反映全部负债和所有者权益的内容及构成情况。资产负债表左右双方平衡，即资产总计等于负债和所有者权益总计。

商业银行的各项资产或负债按照流动性列示能够提供可靠且更相关信息的，可以按照其流动性顺序列示。商业银行资产负债表的格式见表14-1。

表14-1　商业银行资产负债表

编制单位：　　　　年　月　日　　　　单位：

资产	期末余额	上年年末余额	负债和所有者权益（或股东权益）	期末余额	上年年末余额
资产：			负债：		
现金及存放中央银行款项			向中央银行借款		
存放同业款项			同业及其他金融机构存放款项		
贵金属			拆入资金		
拆出资金			交易性金融负债		

续表

资产	期末余额	上年年末余额	负债和所有者权益（或股东权益）	期末余额	上年年末余额
衍生金融资产			衍生金融负债		
应收款项			卖出回购金融资产款		
合同资产			吸收存款		
买入返售金融资产			应付职工薪酬		
持有待售资产			应交税费		
发放贷款和垫款			应付款项		
金融投资：			合同负债		
交易性金融资产			持有待售负债		
债权投资			预计负债		
其他债权投资			应付债券		
其他权益工具投资			其中：优先股		
长期股权投资			永续债		
投资性房地产			递延所得税负债		
固定资产			其他负债		
在建工程			负债合计		
无形资产			所有者权益（或股东权益）：		
递延所得税资产			实收资本（或股本）		
其他资产			其他权益工具		
			其中：优先股		
			永续债		
			资本公积		
			减：库存股		
			其他综合收益		
			盈余公积		
			一般风险准备		
			未分配利润		
			所有者权益（或股东权益）合计		
资产总计			负债和所有者权益（或股东权益）总计		

（二）报表编制

1.栏目设置及“上年年末余额”的填列方法

资产负债表的编制是以日常会计核算记录的数据为基础进行归类、整理和汇总，加工成报表项目的过程。资产负债表各项目都列有“期末余额”和“上年年末余额”两个栏目，是一种比较资产负债表。

表中“上年年末余额”栏内各项目数字，应根据上年年末资产负债表“期末余额”栏内所列数字填列。如果本年度资产负债表规定的各个项目的名称和内容同上年度不一致，应对上年年末资产负债表各项目的名称和数字按照本年度的规定进行调整，把调整后的数字填入本表“上年年末余额”栏内。

2.主要项目“期末余额”的填列方法

（1）“现金及存放中央银行款项”项目，反映商业银行业务库存现金和存放中央银行的准备金存款。本项目应根据“库存现金”和“存放中央银行款项”两个总账科目的期末余额合计数填列。

（2）“存放同业款项”项目，反映商业银行与同业进行资金往来而发生的存放于同业的款项。本项目应根据“存放同业款项”科目的期末余额填列。

（3）“贵金属”项目，反映商业银行在国家允许范围内买入的黄金等贵重金属数量。本项目应根据“贵金属”科目的期末余额填列。

（4）“拆出资金”项目，反映商业银行与其他金融企业之间的资金拆借业务。本项目应根据“拆出资金”科目的期末余额填列。

（5）“衍生金融资产”项目，反映商业银行持有的衍生金融资产价值。根据“衍生工具”科目期末借方余额、“套期工具”科目期末借方余额、“被套期项目”科目期末借方余额的合计数填列。

（6）“应收款项”项目，反映资产负债表日商业银行因销售商品和提供服务等经营活动形成的收取款项的合同权利以及收到的商业汇票（包括银行承兑汇票和商业承兑汇票）的期末账面价值。

（7）“合同资产”项目，反映商业银行按照《企业会计准则第14号——收入》（2017年修订）的相关规定根据企业履行履约义务与客户付款之间的关系，在资产负债表中列示的合同资产。同一合同下的合同资产和合同负债应当以净额列示，其中净额为借方余额的，应当扣除损失准备后在“合同资产”项目中填列。

（8）“买入返售金融资产”项目，反映商业银行按返售协议约定先买入再按固定价格返售给卖方的票据、证券、贷款等金融资产所融出的资金。本项目应根据“买入返售金融资产”科目期末余额填列。

（9）“持有待售资产”项目，反映资产负债表日商业银行分类为持有待售类别的非流动资产及分类为持有待售类别的处置组中的流动资产和非流动资产的期末账面价值（扣除减值准备）。

（10）“发放贷款和垫款”项目，反映银行发放贷款和垫款业务形成的金融资产的期末账面价值，包括以摊余成本计量的发放贷款和垫款、分类为以公允价值计量且其变动计入其他综合收益的贷款和垫款以及以公允价值计量且其变动计入当期损益的贷款和垫款。银行应根据《企业会计准则第37号——金融工具列报》（2017年修订）第三十九条的规定在附注中披露各明细项的账面价值。

（11）“金融投资：交易性金融资产”项目，即符合《企业会计准则第22号——金融工具确认和计量》（2017年修订）第十六条（三）规定的金融资产分类的金融投资，包括资产负债表日商业银行列示在“金融投资”项下的下列资产的期末账面价值：为交易目的持有的金融资产，商业银行持有的指定为以公允价值计量且其变动计入当期损益的金融资产，以及因不符合分类为摊余成本计量的金融资产或以公允价值计量且其变动计入其他综合收益的金融资产的条件而分类为以公允价值计量且其变动计入当期损益的金融资产。商业银行同时应当在附注中分别单独反映《企业会计准则第37号——金融工具列报》（2017年修订）第三十九条（四）所要求披露的以公允价值计量且其变动计入当期损益的金融资产的各明细项。

（12）“金融投资：债权投资”项目，即符合《企业会计准则第22号——金融工具确认和计量》（2017年修订）第十六条（一）规定的金融资产分类的金融投资，反映资产负债表日商业银行列示在“金融投资”项下的以摊余成本计量的金融资产的期末账面价值（扣除损失准备）。该项目金额与其他以摊余成本计量的金融资产（例如“发放贷款和垫款”项目中的以摊余成本计量的金融资产）金额的合计，为《企业会计准则第37号——金融工具列报》（2017年修订）第三十九条（一）所要求列报的“以摊余成本计量的金融资产”的金额。

（13）“金融投资：其他债权投资”项目，即符合《企业会计准则第22号——金融工具确认和计量》（2017年修订）第十六条（二）规定的金融资产分类的金融投资，反映资产负债表日商业银行列示在“金融投资”项下的按照《企业会计准则第22号——金融工具确认和计量》（2017年修订）第十八条分类为以公允价值计量且其变动计入其他综合收益的金融资产的期末账面价值。该项目金额与其他分类为以公允价值计量且其变动计入其他综合收益的金融资产（例如“发放贷款和垫款”项目中的分类为以公允价值计量且其变动计入其他综合收益的金融资产）金额的合计，为《企业会计准则第37号——金融工具列报》（2017年修订）第三十九条（三）所要求列报的“以公允价值计量且其变动计入其他综合收益的金融资产”的金额。

（14）“金融投资：其他权益工具投资”项目，即银行按照《企业会计准则第22号——金融工具确认和计量》（2017年修订）第十九条第二款指定计量的金融投资，反映资产负债表日商业银行指定为以公允价值计量且其变动计入其他综合收益的非交易性权益工具投资的期末账面价值。此处“权益工具投资”中的权益工具，是指从该工具发行方角度满足《企业会计准则第37号——金融工具列报》（2017年修订）中权益工具定义的工具。

（15）“长期股权投资”项目，反映商业银行持有的采用成本法和权益法核算的长期股权投资。本项目应根据“长期股权投资”科目的期末余额抵减“长期股权投资减值准备”科目余额后的净值填列。

（16）“投资性房地产”项目，反映商业银行投资性房地产的价值，包括采用成本模式计量的投资性房地产和采用公允价值模式计量的投资性房地产。本项目应根据“投资性房地产”科目的期末余额抵减“投资性房地产减值准备”科目余额后的净值填列。

（17）“固定资产”项目，反映商业银行持有固定资产的价值。本项目应根据“固定资产”科目的期末余额减去“累计折旧”“固定资产减值准备”备抵科目余额后的净值填列。

（18）“在建工程”项目，反映商业银行资产的新建、改建、扩建，或技术改造、设备更新和大修理工程等尚未完工的工程支出。本项目应根据“在建工程”科目的期末余额填列。

（19）“无形资产”项目，反映商业银行持有无形资产的价值。本项目应根据“无形资产”科目的期末余额减去“累计摊销”“无形资产减值准备”备抵科目余额后的净值填列。

（20）“递延所得税资产”项目，反映商业银行根据所得税准则确认的可抵扣暂时性差异产生的所得税资产。本项目应根据“递延所得税资产”科目的期末余额填列。

（21）“其他资产”项目，反映商业银行除上述以外的各项资产，如长期待摊费用、存出保证金、应收股利、抵债资产等。本项目应根据所发生的其他资产科目期末余额合计数分析填列。商业银行按照《企业会计准则第14号——收入》（2017年修订）相关规定确认为资产的合同取得成本、合同履约成本与应收退货成本，应当扣除相关减值准备后在“其他资产”项目中填列。

（22）“向中央银行借款”项目，反映商业银行从中央银行借入的款项。本科目应根据“向中央银行借款”科目的期末余额填列。

（23）“同业及其他金融机构存放款项”项目，反映商业银行与同业进行资金往来而发生的同业存放于本银行的款项以及吸收的境内、境外金融机构的存款。期末本项目应根据“同业存放款项”科目所属明细科目的期末余额填列。

（24）“拆入资金”项目，反映商业银行从境内、境外金融机构拆入的款项。本项目应根据“拆入资金”科目的期末余额填列。

（25）“交易性金融负债”项目，即银行按照《企业会计准则第22号——金融工具确认和计量》（2017年修订）第二十一条规定分类的金融负债，反映资产负债表日商业银行承担的分类为以公允价值计量且其变动计入当期损益的金融负债（含商业银行指定为以公允价值计量且其变动计入当期损益的金融负债）的期末账面价值。

（26）“衍生金融负债”项目，应根据“衍生工具”“套期工具”“被套期项目”等科目的期末贷方余额合计数填列。

（27）“卖出回购金融资产款”项目，反映商业银行按回购协议卖出票据、证券、贷款等金融资产所融入的资金。本项目应根据“卖出回购金融资产款”科目的期末余额填列。

（28）“吸收存款”项目，反映商业银行吸收的除同业存放款项以外的其他各种存款，包括单位（企业、事业单位、机关、社会团体等）存款、个人存款、信用卡存款、特种存款、转贷款资金和财政性存款等。本项目应根据“吸收存款”科目所属的“本金”“利息调整”等明细科目的期末余额计算填列。

（29）“应付职工薪酬”项目，反映商业银行根据有关规定应付给职工的各种薪酬。本项目应根据“应付职工薪酬”科目期末余额填列。

（30）“应交税费”项目，反映商业银行按照税法规定计算应缴纳的各种税费。本项目应根据“应交税费”科目的期末余额填列。

（31）“应付款项”项目，反映资产负债表日以摊余成本计量的、商业银行因购买商品和接受服务等经营活动形成的支付款项的合同义务以及开出、承兑的商业汇票（包括银行承兑汇票和商业承兑汇票）的账面价值（即摊余成本）。

（32）“合同负债”项目，反映商业银行按照《企业会计准则第14号——收入》（2017年修订）的相关规定根据履行履约义务与客户付款之间的关系，在资产负债表中列示的合同资产或合同负债。同一合同下的合同资产和合同负债应当以净额列示，其中为贷方余额的，应当在“合同负债”项目中填列。

（33）“持有待售负债”项目，反映资产负债表日商业银行分类为持有待售类别的非流动资产及分类为持有待售类别的处置组中的流动资产和非流动资产的期末账面价值（扣除减值准备）。

（34）“预计负债”项目，反映商业银行根据或有事项等相关准则确认的各项预计负债，包括对外提供担保、未决诉讼、产品质量保证、重组义务、亏损性合同以及固定资产和矿区权益弃置义务等产生的预计负债。本项目应根据“预计负债”科目的期末余额填列。其中，银行按照《企业会计准则第14号——收入》（2017年修订）相关规定确认为预计负债的应付退货款，应当在“预计负债”项目中填列。银行按照《企业会计准则第22号——金融工具确认和计量》（2017年修订）相关规定对贷款承诺、财务担保合同等项目计提的损失准备，应当在“预计负债”项目中填列。

（35）“应付债券”项目，反映商业银行为筹集（长期）资金而发行的债券本金和利息。本项目应根据“应付债券”科目的明细科目期末余额分析填列。银行应根据实际情况在“应付债券”项目下增设“优先股”和“永续债”两个项目，分别反映资产负债表日商业银行发行在外的分类为金融负债的优先股和永续工具的期末账面价值。

（36）“递延所得税负债”项目，反映商业银行根据所得税准则确认的应纳税暂时性差异产生的所得税负债。本项目应根据“递延所得税负债”科目的期末余额填列。

（37）“其他负债”项目，反映商业银行除上述以外的各项负债，如“长期应付款”“存入保证金”“应付股利”“其他应付款”等。本项目应根据所发生的其他负债科目期末余额的合计数分析填列。另外，根据“长期应付款”减去“未确认融资费用”科目期末余额后的净值填列。

（38）“实收资本”或“股本”项目，反映商业银行实际收到的资本总额。本项目应根据“实收资本”科目的期末余额填列。

（39）“其他权益工具”项目，反映资产负债表日商业银行发行在外的除普通股以外分类为权益工具的金融工具的账面价值。银行应根据实际情况在“其他权益工具”项目下设“优先股”和“永续债”两个项目，分别反映资产负债表日发行在外的分类为权益工具的优先股和永续工具的账面价值。

（40）“资本公积”项目，反映商业银行收到投资者出资超出其在注册资本或股本中所占的份额以及直接计入所有者权益的利得和损失等。本项目应根据“资本公积”科目期末余额减去“库存股”科目期末借方余额后的净值填列。

（41）“其他综合收益”项目，反映商业银行根据企业会计准则规定应在其他综合收益中确认的各项税后净利得和净损失的累计余额等。

（42）“盈余公积”项目，反映商业银行盈余公积的期末余额。本项目应根据“盈余公积”科目的期末余额填列。

（43）“一般风险准备”项目，反映商业银行按规定从净利润中提取的一般风险准备。本项目应根据“一般风险准备”科目的期末余额填列。

（44）“未分配利润”项目，反映商业银行盈利中尚未分配的部分。本项目应根据“本年利润”和“利润分配”科目的余额计算填列。未弥补的亏损应在本项目内用“-”号表示。

需要说明的是，商业银行应当按照《企业会计准则第22号——金融工具确认和计量》（2017年修订）的相关规定确认利息收入和利息费用。基于实际利率法计提的金融工具的利息应包含在相应金融工具的账面余额中，并反映在相关“拆出资金”“金融投资：债权投资”“金融投资：其他债权投资”“发放贷款和垫款”“应付债券”“长期借款”等项目中，而不应单独列示“应收利息”项目或“应付利息”项目。“应收利息”科目和“应付利息”科目应仅反映相关金融工具已到期可收取或应支付但于资产负债表日尚未收到或尚未支付的利息，通常由于金额相对较小，应在“其他资产”或“其他负债”项目中列示。

二、利润表

（一）报表内容与格式

利润表是反映企业在一定会计期间经营成果的会计报表。编制利润表可以如实反映商业银行实现的收入、发生的费用，以及应当计入当期利润的利得和损失的金额及其构成等情况，可以帮助财务报表的使用者全面了解企业的经营成果，并用以考核利润计划的完成情况，对企业未来的经营情况及获利能力进行科学预测。

利润表的结构分为单步式和多步式两种。商业银行利润表采用多步式结构，构成利润的主要内容为营业收入、营业支出、营业利润、税前利润、净利润、其他综合收益税后净额、综合收益总额、每股收益等。商业银行利润表将营业利润放在首位，突出营业收入的重要性，便于报表使用者进行相关分析。商业银行利润表的格式（已简化）见表14-2。

表14-2　　商业银行利润表

编制单位：　　　　年　　月　　　　单位：

项目	本期金额	上期金额
一、营业总收入		
利息净收入		
加：利息收入		
减：利息支出		

续表

项目	本期金额	上期金额
手续费及佣金净收入		
加：手续费及佣金收入		
减：手续费及佣金支出		
投资收益（损失以“-”号填列）		
其中：对联营企业和合营企业的投资收益		
以摊余成本计量的金融资产终止确认产生的收益（损失以“-”号填列）		
净敞口套期收益（损失以“-”号填列）		
其他收益		
公允价值变动收益（损失以“-”号填列）		
汇兑收益（损失以“-”号填列）		
其他业务收入		
资产处置收益（损失以“-”号填列）		
二、营业总支出		
税金及附加		
业务及管理费		
信用减值损失		
其他资产减值损失		
其他业务成本		
三、营业利润（亏损以“-”号填列）		
加：营业外收入		
减：营业外支出		
四、利润总额（亏损总额以“-”号填列）		
减：所得税费用		
五、净利润（净亏损以“-”号填列）		
（一）持续经营净利润（净亏损以“-”号填列）		

续表

项目	本期金额	上期金额
（二）终止经营净利润（净亏损以“-”号填列）		
六、其他综合收益的税后净额		
（一）不能重分类进损益的其他综合收益		
1.重新计量设定受益计划变动额		
2.权益法下不能转损益的其他综合收益		
3.其他权益工具投资公允价值变动		
4.企业自身信用风险公允价值变动		
……		
（二）将重分类进损益的其他综合收益		
1.权益法下可转损益的其他综合收益		
2.其他债权投资公允价值变动		
3.金融资产重分类计入其他综合收益的金额		
4.其他债权投资信用损失准备		
5.现金流量套期储备		
6.外币财务报表折算差额		
……		
七、综合收益总额		
八、每股收益：		
（一）基本每股收益		
（二）稀释每股收益		

（二）报表编制

1.栏目设置

编制利润表时，应根据审查无误的会计账簿中的有关资料进行编制。本表各项目均需填列“本期金额”和“上期金额”两栏。其中，“上期金额”栏内各项数字应根据上年度利润表的“本期金额”栏内所列数字填列。如果上年度利润表中的项目名称和内容与本年度利润表不一致，则应对上年度利润表项目的名称和数字按本年度的规定进行调整。“本期金额”栏内各期数字，除“基本每股收益”和“稀释每股收益”项目外，应当按照各损益类科目的发生额分析填列。

2.利润表内各项目内容和填列方法

（1）“利息净收入”项目，商业银行可在营业总收入下列示“利息净收入”项目，并在“利息净收入”项目下分列“利息收入”项目与“利息支出”项目。其中，“利息收入”项目反映商业银行按照《企业会计准则第22号——金融工具确认和计量》（2017年修订）相关规定对分类为以摊余成本计量的金融资产和分类为以公允价值计量且其变动计入其他综合收益的金融资产按照实际利率法计算的利息收入。其他项目的利息收入不得计入本项目；应计入本项目的利息收入金额也不得计入“投资收益”等其他项目。

（2）“手续费及佣金净收入”项目，反映商业银行确认的手续费及佣金净收入。银行在“手续费及佣金净收入”项目下分列“手续费及佣金收入”项目和“手续费及佣金支出”项目。本项目应根据“手续费及佣金收入”科目和“手续费及佣金支出”所属明细科目的期末发生额合计数填列。

（3）“投资收益”项目，反映商业银行确认的投资收益和投资损失。本项目应根据“投资收益”科目的发生额分析填列。其中“以摊余成本计量的金融资产终止确认产生的收益”项目，反映因转让等情形导致终止确认以摊余成本计量的金融资产而产生的损益。如为损失，以“—”号填列。

（4）“净敞口套期收益”项目，反映银行开展的净敞口套期下被套期项目累计公允价值变动转入当期损益的金额或现金流量套期储备转入当期损益的金额。如为损失，以“—”号填列。

（5）“其他收益”项目，反映商业银行计入其他收益的政府补助等。

（6）“公允价值变动收益”项目，反映商业银行进行交易性金融资产、交易性金融负债，以及采用公允价值模式计量的投资性房地产、衍生工具、套期保值业务中公允价值变动形成的应计入当期损益的利得或损失。本项目应根据“公允价值变动收益”所属明细科目的期末发生额合计数分析填列。

（7）“汇兑收益”项目，主要包括外币交易因汇率变动而产生的损益以及外汇衍生金融工具产生的损益。如为损失，以“—”号填列。

（8）“其他业务收入”项目，反映商业银行确认的除主营业务以外的其他经营活动实现的收入，包括开办如咨询服务等业务收取的其他业务收入等。本项目应根据“其他业务收入”所属明细科目的期末发生额合计数填列。

（9）“资产处置收益”项目，反映商业银行出售分类为持有待售的非流动资产（金融工具、长期股权投资和投资性房地产除外）或处置组（子公司和业务除外）时确认的处置利得或损失，以及处置未划分为持有待售的固定资产、在建工程、生产性生物资产及无形资产而产生的处置利得或损失。非货币性资产交换中换出非流动资产产生的利得或损失在本项目中反映。商业银行处置抵押、质押资产的利得或损失，依据被处置资产的类别在本项目或“投资收益”等相关项目中反映。如为处置损失，以“—”号填列。

（10）“税金及附加”项目，反映商业银行按规定缴纳应由经营收入负担的各种税金及附加费。本项目应根据“税金及附加”科目的期末发生额填列。

（11）“业务及管理费”项目，反映商业银行在业务经营和管理过程中所发生的各项费用。本项目应根据“业务及管理费”科目的期末发生额分析填列。

（12）“信用减值损失”项目，反映商业银行按照《企业会计准则第22号——金融工具确认和计量》（2017年修订）相关规定计提金融工具信用损失准备所确认的信用损失。

（13）“其他资产减值损失”项目，反映除“信用减值损失”外，商业银行按照相关企业会计准则的规定计提其他资产的减值准备所确认的减值损失。

（14）“其他业务成本”项目，反映商业银行除主营业务活动以外的其他经营活动所发生的支出、采用成本模式计量的投资性房地产的累计折旧或累计摊销等。本项目应根据“其他业务成本”科目的期末发生额填列。

（15）“营业利润”项目，反映商业银行当期的经营利润，发生经营亏损也在本项目反映，发生的亏损用“—”号表示。本项目按营业收入减营业支出后的差额填列。

（16）“营业外收入”项目，反映商业银行发生的除营业利润以外的收益，主要包括与日常活动无关的政府补助、盘盈利得、捐赠利得（接受股东或股东的子公司直接或间接的捐赠，经济实质属于股东对银行的资本性投入的除外）等。

（17）“营业外支出”项目，反映商业银行发生的除营业利润以外的支出，主要包括公益性捐赠支出、非常损失、盘亏损失、非流动资产毁损报废损失等。

（18）“利润总额”项目，反映商业银行当期实现的全部税前利润（或亏损）总额，如为亏损，则以“—”号表示。本项目按营业利润与营业外收入之和再减去营业外支出后的差额填列。

（19）“所得税费用”项目，反映商业银行根据所得税准则确认的应从当期利润总额中扣除的所得税费用。本项目应根据“所得税费用”科目期末发生额填列。

（20）“净利润”项目，反映商业银行的利润总额减去所得税费用后的金额。“净利润”项目下的“（一）持续经营净利润”和“（二）终止经营净利润”项目，分别反映净利润中与持续经营相关的净利润和与终止经营相关的净利润；如为净亏损，以“—”号填列。该两个项目应按照《企业会计准则第42号——持有待售的非流动资产、处置组和终止经营》（2017年修订）的相关规定分别列报。

（21）“其他综合收益的税后净额”项目，反映商业银行其他综合收益项目总额减去所得税费用后的金额。

（22）“综合收益总额”项目，反映商业银行当期实现的全部综合收益。本项目按“净利润”和“其他综合收益的税后净额”项目之和填列。

（23）“每股收益”项目，反映普通股或潜在普通股已公开交易的商业银行，以及正处于公开发行普通股或潜在普通股过程中的商业银行，应当在利润表中列示每股收益信息。其中，“基本每股收益”“稀释每股收益”按规定公式计算填列。

三、现金流量表

（一）报表内容

现金流量表是反映企业在一定会计期间现金和现金等价物流入、流出情况的报表。其报表结构包括主表和附注两个部分。主表是按不同业务活动对企业现金流量影响的不同，分别列示各类业务活动的现金流入量、现金流出量和现金净流量，通过现金收入和现金支出的主要类别反映来自业务活动的现金流量。附注是对主表信息的补充说明和验证，便于报表编制者对现金流量表编制过程的验算以及报表使用者对现金流量表信息的分析和理解。

商业银行的现金流量主要由经营活动产生的现金流量、投资活动产生的现金流量以及筹资活动产生的现金流量组成。

1.经营活动产生的现金流量

经营活动是指商业银行除投资活动和筹资活动以外的所有交易或事项，包括对外发放贷款和收回贷款、吸收存款和支付存款本金、同业存款及存放同业款项、向其他金融企业拆借资金、利息收入和利息支出、收回已于前期核销的贷款等。

经营活动产生的现金流量是商业银行通过运用所拥有的资产创造的现金流量，主要是与企业净利润有关的现金流量。通过现金流量表中反映的经营活动产生的现金流入和流出，说明企业经营活动对现金流入和流出净额的影响程度。

2.投资活动产生的现金流量

投资活动是指商业银行长期资本以及不包括在现金等价物范围内的投资的购建和处置，包括取得或收回权益性证券的投资、购买或收回债券投资，购建和处置固定资产、无形资产和其他长期资产等。

投资活动产生的现金流量不包括作为现金等价物的投资。作为现金等价物的投资属于现金自身的增减变化，如购买还有一个月到期的债券等，属于现金内部各项目转换，不会影响现金流量净额的变动。通过现金流量表中反映的投资活动产生的现金流量，可以分析企业通过投资获取现金流量对企业现金流量净额的影响程度。

3.筹资活动产生的现金流量

筹资活动是指导致商业银行资本及债务规模和构成发生变化的活动，包括吸收权益性资本、发行债券、借入资金、支付股利、偿还债务等。

通过现金流量表中筹资活动产生的现金流量，可以分析商业银行的筹资能力，以及筹资产生的现金流量对企业现金流量净额的影响程度。

（二）报表编制方法及格式

1.现金流量表的编制方法

（1）直接法。通过现金收入和现金支出的主要类别直接反映企业经营活动中的现金流量。一般是以利润表中的营业收入为起算点，调整与经营活动有关项目的增减变动，然后计算出经营活动产生的现金流量。有关现金流量的信息可以通过下列途径之一取得：第一，企业的会计记录；第二，根据有关项目对利润表中的营业收入、营业成本及其他项目进行调整。

（2）间接法。以本期净利润为起算点，调整不涉及现金的收入、费用、营业外收支等有关项目的增减变动，计算出经营活动产生的现金流量。

（3）其他方法。企业可以采用工作底稿或T形账户法，也可以根据有关科目记录分析填列。

我国企业会计准则要求采用直接法编报现金流量表的主表，便于分析企业经营活动现金流量的来源和用途，预测现金流量的未来前景；采用间接法编报现金流量表的附表，便于对净利润与经营活动现金净流量进行比较，了解净利润与经营活动现金流量存在差异的原因，从现金流量的角度分析净利润的质量。因此，我国企业应当同时采用直接法和间接法两种方法编报现金流量表。

2.商业银行现金流量表的格式

我国企业现金流量表采用报告式结构，分类反映经营活动产生的现金流量、投资活动产生的现金流量和筹资活动产生的现金流量，最后汇总反映企业某一期间现金及现金等价物的净增加额。商业银行现金流量表的格式见表14-3。

表14-3　　**商业银行现金流量表**

编制单位：　　年　月　日　　单位：

项目	本期金额	上期金额
一、经营活动产生的现金流量		
客户存款和同业存放款项净增加额		
向中央银行借款净增加额		

续表

项目	本期金额	上期金额
向其他金融机构拆入资金净增加额		
收取利息、手续费及佣金的现金		
拆入资金净增加额		
回购业务资金净增加额		
收到其他与经营活动有关的现金		
经营活动现金流入小计		
客户贷款及垫款净增加额		
存放中央银行和同业款项净增加额		
为交易目的而持有的金融资产净增加额		
拆出资金净增加额		
返售业务资金净增加额		
支付利息、手续费及佣金的现金		
支付给职工以及为职工支付的现金		
支付的各项税费		
支付的其他与经营活动有关的现金		
经营活动现金流出小计		
经营活动产生的现金流量净额		
二、投资活动产生的现金流量		
收回投资收到的现金		
取得投资收益收到的现金		
处置固定资产、无形资产和其他长期资产收回的现金净额		
收到其他与投资活动有关的现金		
投资活动现金流入小计		
投资支付的现金		
购建固定资产、无形资产和其他长期资产支付的现金		
支付其他与投资活动有关的现金		

续表

项目	本期金额	上期金额
投资活动现金流出小计		
投资活动产生的现金流量净额		
三、筹资活动产生的现金流量		
吸收投资收到的现金		
发行债券收到的现金		
收到其他与筹资活动有关的现金		
筹资活动现金流入小计		
偿还债务支付的现金		
分配股利、利润或偿付利息支付的现金		
支付其他与筹资活动有关的现金		
筹资活动现金流出小计		
筹资活动产生的现金流量净额		
四、汇率变动对现金及现金等价物的影响		
五、现金及现金等价物净增加额		
加：期初现金及现金等价物余额		
六、期末现金及现金等价物余额		

商业银行现金流量表修订、新增项目的说明如下：

“为交易目的而持有的金融资产净增加额”项目，反映企业因买卖为交易目的而持有的金融资产所支付与收到的经营活动净现金流量。

四、所有者权益变动表

（一）报表内容与格式

所有者权益变动表，是指反映构成所有者权益各组成部分当期增减变动情况的报表。当期损益、直接计入所有者权益的利得和损失，以及与所有者的资本交易导致的所有者权益的变动，应当分别列示。在所有者权益变动表中，企业至少应当单独列示反映下列信息的项目：

（1）综合收益总额。

（2）会计政策变更和差错更正的累积影响金额。

（3）所有者投入资本和向所有者分配利润等。

（4）提取的盈余公积。

（5）实收资本或股本、资本公积、盈余公积、未分配利润的期初和期末余额及其调节情况。

商业银行所有者权益变动表的格式见表14-4。

表14-4　　商业银行所有者权益变动表

编制单位：　　年度　　单位：

项目	本年金额									上年金额								
	实收资本（或股本）	其他权益工具	资本公积	减：库存股	其他综合收益	盈余公积	一般风险准备	未分配利润	所有者权益合计	实收资本（或股本）	其他权益工具	资本公积	减：库存股	其他综合收益	盈余公积	一般风险准备	未分配利润	所有者权益合计
一、上年年末余额																		
加：会计政策变更																		
前期差错更正																		
其他																		
二、本年年初余额																		
三、本年增减变动金额（减少以“—”号填列）																		
（一）综合收益总额																		
（二）所有者投入和减少资本																		
1.所有者投入的普通股																		
2.其他权益工具持有者投入资本																		
3.股份支付计入所有者权益的金额																		
4.其他																		

续表

项目	本年金额									上年金额								
	实收资本（或股本）	其他权益工具	资本公积	减：库存股	其他综合收益	盈余公积	一般风险准备	未分配利润	所有者权益合计	实收资本（或股本）	其他权益工具	资本公积	减：库存股	其他综合收益	盈余公积	一般风险准备	未分配利润	所有者权益合计
（三）利润分配																		
1.提取盈余公积																		
2.提取一般风险准备																		
3.对所有者（或股东）的分配																		
4.其他																		
（四）所有者权益内部结转																		
1.资本公积转增资本（或股本）																		
2.盈余公积转增资本（或股本）																		
3.盈余公积弥补亏损																		
4.设定受益计划变动额结转留存收益																		
5.其他综合收益结转留存收益																		
6.其他																		
四、本年年末余额																		

（二）报表各项目的填列方法

1.“上年金额”项目

该项目反映商业银行上年资产负债表中的实收资本（或股本）、其他权益工具、资本公积、库存股、其他综合收益、盈余公积、一般风险准备、未分配利润的年末余额。

2.“会计政策变更”“前期差错更正”项目

该项目分别反映商业银行采用追溯调整法处理的会计政策变更的累积影响金额和采用追溯重述法处理的会计差错更正的累积影响金额。

3.“本年增减变动金额”项目

（1）“综合收益总额”项目，反映商业银行当年实现的净利润（或净亏损）和其他综合收益项目之和。

（2）“所有者投入和减少资本”项目，反映商业银行当年所有者投入的资本和减少的资本。

（3）“利润分配”项目，反映商业银行当年的利润分配金额。

①“提取盈余公积”项目，反映商业银行按照规定提取的盈余公积。

②“提取一般风险准备”项目，反映商业银行按规定提取的一般风险准备。

③“对所有者（或股东）的分配”项目，反映对普通股东以及企业发行的除普通股以外分类为权益工具的金融工具持有者的股利分配。

（4）“所有者权益内部结转”项目，反映商业银行构成所有者权益的组成部分之间的增减变动情况。

①“资本公积转增资本（或股本）”项目，反映商业银行以资本公积转增资本或股本的金额。

②“盈余公积转增资本（或股本）”项目，反映商业银行以盈余公积转增资本或股本的金额。

③“盈余公积弥补亏损”项目，反映商业银行以盈余公积弥补亏损的金额。

④“设定受益计划变动额结转留存收益“项目，反映商业银行日后对设定受益计划净负债或净资产进行重新计量产生的变动额从其他综合收益转为留存收益的金额。

⑤“其他综合收益结转留存收益”项目主要反映：商业银行指定为以公允价值计量且其变动计入其他综合收益的非交易性权益工具投资终止确认时，之前计入其他综合收益的累计利得或损失从其他综合收益中转入留存收益的金额；商业银行指定为以公允价值计量且其变动计入当期损益的金融负债终止确认时，之前由自身信用风险变动引起而计入其他综合收益的累计利得或损失从其他综合收益中转入留存收益的金额等。

五、商业银行财务报表附注

附注是财务报表不可或缺的组成部分，是对在资产负债表、利润表、现金流量表和所有者权益变动表等报表中列示项目的文字描述或明细资料，以及对未能在这些报表中列示项目的说明等。商业银行应当按照规定披露附注信息，主要包括下列内容：

（一）商业银行的基本情况

（二）财务报表的编制基础

（三）遵循企业会计准则的声明

（四）重要会计政策和会计估计的说明

（五）会计政策和会计估计变更以及差错更正的说明

（六）报表重要项目说明

报表重要项目说明共包括对以下内容的披露：

1.现金及存放中央银行款项

2.拆出资金

3.交易性金融资产（不含衍生金融资产）

4.衍生金融资产

5.买入返售金融资产

6.发放贷款和垫款（包括贷款和垫款按个人和企业、按行业、按地区、按担保方式的分布情况，逾期贷款及贷款损失准备的详细披露）

7.其他权益工具投资

8.其他债权投资

9.债权投资

10.其他资产

11.分别借入中央银行款项、国家外汇存款等披露期末账面余额和年初账面余额

12.分别同业、其他金融机构存放款项披露期末账面余额和年初账面余额

13.分别银行拆入、非银行金融机构拆入披露期末账面余额和年初账面余额

14.交易性金融负债（不含衍生金融负债）

15.卖出回购金融资产款

16.吸收存款

17.应付债券

18.其他负债

19.一般风险准备的期末余额、年初余额及计提比例

20.利息净收入

21.手续费及佣金收入

22.投资收益

23.公允价值变动收益

24.业务及管理费

25.分部报告

26.担保物

27.金融资产转移

28.其他项目比照一般企业披露

（七）或有事项的披露

（八）资产负债表日后事项比照一般企业进行披露

（九）关联方关系及其交易比照一般企业进行披露

（十）风险管理

按照《企业会计准则第37号——金融工具列报》第二十五条至第四十五条的相关规定进行披露。

这些附表和附注有助于报表的使用者更加全面地了解和把握银行的财务状况并做出相关决策。

第三节　其他金融企业的财务报告

由于业务经营内容不同，其他非银行金融企业财务报表与商业银行财务报表的区别主要体现在资产负债表、利润表和现金流量表的内容方面。本节将以证券公司和保险公司为例加以说明。

一、证券公司财务报表及其编制

（一）资产负债表

1.报表格式

证券公司资产负债表如表14-5所示。

表14-5　证券公司资产负债表

编制单位：　年　月　日　单位：

资产	期末余额	上年年末余额	负债和所有者权益（或股东权益）	期末余额	上年年末余额
资产：			负债：		
货币资金			短期借款		
其中：客户资金存款			应付短期融资款		

续表

资产	期末余额	上年年末余额	负债和所有者权益（或股东权益）	期末余额	上年年末余额
结算备付金			拆入资金		
其中：客户备付金			交易性金融负债		
贵金属			衍生金融负债		
拆出资金			卖出回购金融资产款		
融出资金			代理买卖证券款		
衍生金融资产			代理承销证券款		
存出保证金			应付职工薪酬		
应收款项			应交税费		
合同资产			应付款项		
买入返售金融资产			合同负债		
持有待售资产			持有待售负债		
金融投资：			预计负债		
交易性金融资产			长期借款		
债权投资			应付债券		
其他债权投资			递延所得税负债		
其他权益工具投资			其他负债		
长期股权投资			负债合计		
投资性房地产			所有者权益（或股东权益）：		
固定资产			实收资本（或股本）		
在建工程			其他权益工具		
无形资产			资本公积		
递延所得税资产			减：库存股		
其他资产			其他综合收益		
			盈余公积		
			一般风险准备		
			未分配利润		
			所有者权益（或股东权益）合计		
资产总计			负债和所有者权益（或股东权益）总计		

2.报表各项目的填列方法

此表“期末余额”一栏中，除下列项目以外的其他项目，可比照商业银行资产负债表的列报方式填列。

（1）“货币资金”项目，反映证券公司期末持有的现金、银行存款和其他货币资金总额，应根据“库存现金”“银行存款”“其他货币资金”科目的期末余额合计填列。证券经纪业务取得的客户资金存款应在本项目下单独反映。

（2）“结算备付金”项目，反映证券公司期末持有的为证券交易的资金清算与交收而存入指定清算机构的金额，应根据“结算备付金”科目的期末余额填列。证券经纪业务取得的客户备付金应在本项目下单独反映。

（3）“融出资金”为新增行项目，反映证券公司融资融券业务中的融资部分，以及买入相关监管部门规定的约定购回等买入返售之外的向客户提供融资的业务，包括证券公司在境外开展业务等。今后新出现的类似业务，也在此项目下反映。

（4）“存出保证金”项目，反映证券公司因办理业务需要存出或缴纳的各种保证金款项期末余额，应根据“存出保证金”科目的期末余额填列。

（5）“应付短期融资款”为新增行项目，反映证券公司对外发行的期限在1年以下（含1年）的其他金融负债，例如短期融资券和期限短于1年的债券等。

（6）“代理买卖证券款”和“代理承销证券款”项目，反映证券公司接受客户代理买卖证券资金、承销证券后应付未付给委托单位的款项，应根据“代理买卖证券款”和“代理承销证券款”科目的期末贷方余额填列。

（二）利润表

1.报表格式

证券公司的利润表如表14-6所示。

表14-6　　证券公司利润表

编制单位：　　年　月　　单位：

项目	本期金额	上期金额
一、营业总收入		
利息收入		
手续费及佣金净收入		
其中：经纪业务手续费净收入		
投资银行业务手续费净收入		
资产管理业务手续费净收入		

续表

项目	本期金额	上期金额
投资收益（损失以“—”号填列）		
其中：对联营企业和合营企业的投资收益		
以摊余成本计量的金融资产终止确认产生的收益（损失以“—”号填列）		
净敞口套期收益（损失以“—”号填列）		
其他收益		
公允价值变动收益（损失以“—”号填列）		
汇兑收益（损失以“—”号填列）		
其他业务收入		
资产处置收益（损失以“—”号填列）		
二、营业总支出		
利息支出		
税金及附加		
业务及管理费		
信用减值损失		
其他资产减值损失		
其他业务成本		
三、营业利润（亏损以“—”号填列）		
加：营业外收入		
减：营业外支出		
四、利润总额（亏损总额以“—”号填列）		
减：所得税费用		
五、净利润（净亏损以“—”号填列）		
六、其他综合收益的税后净额		
七、综合收益总额		
八、每股收益：		
（一）基本每股收益		
（二）稀释每股收益		

2.报表各项目的填列方法

除下列项目外的其他项目，可比照商业银行利润表的列报方式填列。“手续费及佣金净收入”项目，反映证券公司确认的代理承销、兑付和买卖证券等业务实现的手续费及佣金收入减去发生的各项手续费、佣金支出后的净额。

（三）所有者权益（或股东权益）变动表

证券公司所有者权益（或股东权益）变动表的内容和格式可参照商业银行相关报告的内容和格式填列。

（四）现金流量表

1.报表格式

证券公司现金流量表如表14-7所示。

表14-7　　证券公司现金流量表

编制单位：　　年　月　　单位：

项目	本期金额	上期金额
一、经营活动产生的现金流量		
销售商品、提供劳务收到的现金		
向其他金融机构拆入资金净增加额		
收取利息、手续费及佣金的现金		
拆入资金净增加额		
回购业务资金净增加额		
代理买卖证券收到的现金净额		
收到其他与经营活动有关的现金		
经营活动现金流入小计		
为交易目的而持有的金融资产净增加额		
拆出资金净增加额		
返售业务资金净增加额		
支付利息、手续费及佣金的现金		
支付给职工以及为职工支付的现金		
支付的各项税费		
支付其他与经营活动有关的现金		
经营活动现金流出小计		

续表

项目	本期金额	上期金额
经营活动产生的现金流量净额		
二、投资活动产生的现金流量		
收回投资收到的现金		
取得投资收益收到的现金		
处置固定资产、无形资产和其他长期资产收回的现金净额		
收到其他与投资活动有关的现金		
投资活动现金流入小计		
投资支付的现金		
购建固定资产、无形资产和其他长期资产支付的现金		
支付其他与投资活动有关的现金		
投资活动现金流出小计		
投资活动产生的现金流量净额		
三、筹资活动产生的现金流量		
吸收投资收到的现金		
取得借款收到的现金		
发行债券收到的现金		
收到其他与筹资活动有关的现金		
筹资活动现金流入小计		
偿还债务支付的现金		
分配股利、利润或偿付利息支付的现金		
支付其他与筹资活动有关的现金		
筹资活动现金流出小计		
筹资活动产生的现金流量净额		
四、汇率变动对现金及现金等价物的影响		
五、现金及现金等价物净增加额		
加：期初现金及现金等价物余额		
六、期末现金及现金等价物余额		

2.报表各项目的填列方法

除下列项目外，证券公司现金流量表的其他项目可比照商业银行现金流量表的列报方式填列。

（1）“拆入资金净增加额”项目，反映证券公司本期从境内外金融机构拆入款项所取得的现金，减去拆借给境内外金融机构款项支付现金后的净额。

（2）“回购业务资金净增加额”项目，反映证券公司本期按回购协议卖出票据、证券、贷款等金融资产所融入的现金，减去按返售协议约定先买入再按固定价格返售给卖出方的票据、证券、贷款等金融资产所融出现金后的净额。

（五）财务报表附注

证券公司应当按照规定披露附注信息，主要包括下列内容：

1.证券公司的基本情况

2.财务报表的编制基础

3.遵循企业会计准则的声明

4.重要会计政策和会计估计的说明

5.会计政策和会计估计变更以及差错更正的说明

以上1至5项，应当比照一般企业进行披露。

6.报表重要项目的说明

报表重要项目的说明包括以下23项内容：

（1）现金及现金等价物；

（2）外币业务和外币报表折算

（3）金融工具

（4）坏账准备的确认标准、计提方法

（5）长期股权投资

（6）投资性房地产

（7）固定资产

（8）在建工程

（9）借款费用

（10）无形资产

（11）长期待摊费用

（12）商誉

（13）买入返售与卖出回购款项

（14）预计负债

（15）股份支付

（16）利润分配
（17）收入
（18）政府补助
（19）递延所得税资产和递延所得税负债
（20）经营租赁
（21）融资融券业务
（22）关联方
（23）分部报告
7.或有事项，比照商业银行进行披露
8.资产负债表日后事项，比照商业银行进行披露
9.关联方关系及其交易，比照商业银行进行披露
10.风险管理
（1）风险管理政策和组织架构；
（2）信用风险；
（3）流动风险；
（4）市场风险。

二、保险公司财务报表及其编制

（一）资产负债表

1.报表格式

保险公司的资产负债表如表14-8所示。

表14-8 保险公司资产负债表

编制单位： 年 月 日 单位：

资产	期末余额	上年年末余额	负债和所有者权益（或股东权益）	期末余额	上年年末余额
资产：			负债：		
货币资金			短期借款		
拆出资金			拆入资金		
衍生金融资产			交易性金融负债		
应收款项			衍生金融负债		
合同资产			卖出回购金融资产款		
买入返售金融资产			预收保费		

续表

资产	期末余额	上年年末余额	负债和所有者权益（或股东权益）	期末余额	上年年末余额
持有待售资产			应付职工薪酬		
金融投资：			应交税费		
交易性金融资产			应付款项		
债权投资			合同负债		
其他债权投资			持有待售负债		
其他权益工具投资			预计负债		
保险合同资产			应付债券		
分出再保险合同资产			保险合同负债		
长期股权投资			分出再保险合同负债		
存出资本保证金			租赁负债		
投资性房地产			递延所得税负债		
固定资产			其他负债		
在建工程			其中：应付股利		
使用权资产			负债合计		
无形资产			所有者权益（或股东权益）：		
递延所得税资产			实收资本（或股本）		
其他资产			其他权益工具		
			其中：优先股		
			永续债		
			其他		
			资本公积		
			减：库存股		
			其他综合收益		
			盈余公积		
			一般风险准备		
			未分配利润		
			所有者权益（或股东权益）合计		
资产总计			负债和所有者权益（或股东权益）总计		

2.报表各项目的填列方法

保险公司资产负债表中修订、新增项目的说明如下：

（1）保险公司因签发或者分出不适用《企业会计准则第25号——保险合同》（财会〔2020〕20号）的保单形成的金融资产或金融负债，应根据《企业会计准则第22号——金融工具确认和计量》（财会〔2017〕7号）等相关准则的规定，反映在“衍生金融资产”、“应收款项”、“交易性金融资产”、“债权投资”、“其他债权投资”、“其他权益工具投资”、“交易性金融负债”、“衍生金融负债”、“应付款项”和“应付债券”等项目中。

（2）“保险合同资产”项目，反映保险合同组合层面的保险获取现金流量资产、未到期责任负债和已发生赔款负债合计的账面借方余额。“保险获取现金流量资产”、“未到期责任负债”和“已发生赔款负债”科目在保险合同组合层面的期末余额合计数为借方的，应在此项目填列。

（3）“分出再保险合同资产”项目，反映分出再保险合同组合层面的分保摊回未到期责任资产与分保摊回已发生赔款资产合计的账面借方余额。“分保摊回未到期责任资产”和“分保摊回已发生赔款资产”科目在分出再保险合同组合层面的期末余额合计数为借方的，应在此项目填列。

（4）“预收保费”项目，反映资产负债表日保险公司收到的尚未确定与哪组已确认的保险合同履约直接相关的保费，或尚未确认的保险合同的保费。该项目应根据“预收保费”科目的期末贷方余额填列。

（5）“保险合同负债”项目，反映保险合同组合层面的保险获取现金流量资产、未到期责任负债和已发生赔款负债合计的账面贷方余额。“保险获取现金流量资产”、“未到期责任负债”和“已发生赔款负债”科目在保险合同组合层面的期末余额合计数为贷方的，应在此项目填列。

（6）“分出再保险合同负债”项目，反映分出再保险合同组合层面的分保摊回未到期责任资产与分保摊回已发生赔款资产合计的账面贷方余额。“分保摊回未到期责任资产”和“分保摊回已发生赔款资产”科目在分出再保险合同组合层面的期末余额合计数为贷方的，应在此项目填列。

（二）利润表

1.报表格式

保险公司的利润表如表14-9所示。

2.报表各项目的填列方法

利润表反映一定期间内保险公司实现的利润情况。保险公司利润表中修订、新增项目的说明如下：

表14-9

保险公司利润表

编制单位：　　　　年　月　　　　单位：

项目	本期金额	上期金额
一、营业总收入		
保险服务收入		
利息收入		
投资收益（损失以“-”号填列）		
其中：对联营企业和合营企业的投资收益		
以摊余成本计量的金融资产终止确认产生的收益		
净敞口套期收益（损失以“-”号填列）		
其他收益（损失以“-”号填列）		
公允价值变动收益（损失以“-”号填列）		
汇兑收益（损失以“-”号填列）		
其他业务收入		
资产处置收益（损失以“-”号填列）		
二、营业总支出		
保险服务费用		
分出保费的分摊		
减：摊回保险服务费用		
承保财务损失		
减：分出再保险财务收益		
利息支出		
手续费及佣金支出		
税金及附加		
业务及管理费		
信用减值损失		
其他资产减值损失		
其他业务成本		
三、营业利润		
加：营业外收入		

续表

项目	本期金额	上期金额
减：营业外支出		
四、利润总额		
减：所得税费用		
五、净利润		
六、其他综合收益的税后净额		
（一）不能重分类进损益的其他综合收益		
1.重新计量设定受益计划变动额		
2.权益法下不能转损益的其他综合收益		
3.其他权益工具投资公允价值变动		
4.企业自身信用风险公允价值变动		
5.不能转损益的保险合同金融变动		
……		
（二）将重分类进损益的其他综合收益		
1.权益法下可转损益的其他综合收益		
2.其他债权投资公允价值变动		
3.金融资产重分类计入其他综合收益的金额		
4.其他债权投资信用减值准备		
5.现金流量套期储备		
6.外币财务报表折算差额		
7.可转损益的保险合同金融变动		
8.可转损益的分出再保险合同金融变动		
……		
七、综合收益总额		
八、每股收益：		
（一）基本每股收益		
（二）稀释每股收益		

（1）“保险服务收入”项目，反映保险公司按照新保险准则相关规定确认的保险服务收入，企业不得将分出保费的分摊列示为保险服务收入的减项。该项目应根据“保险服务收入”科目的发生额填列。

（2）“保险服务费用”项目，反映保险公司按照新保险准则相关规定确认的保险合同赔付和费用、亏损保险合同损益等。该项目应根据“保险合同赔付和费用”和“亏损保险合同损益”科目的发生额合计数填列。

（3）“分出保费的分摊”和“摊回保险服务费用”项目，分别反映保险公司按照新保险准则相关规定确认的分出保费的分摊和摊回保险服务费用。该项目应分别根据“分出保费的分摊”和“摊回保险服务费用”科目的发生额填列。

（4）“承保财务损失”和“分出再保险财务收益”项目，分别反映保险公司按照新保险准则相关规定确认签发的保险合同所产生的承保财务损失和分出再保险合同所产生的分出再保险财务收益。该项目应分别根据“承保财务损益”和“分出再保险财务损益”科目的发生额填列。

（5）“手续费及佣金支出”、“税金及附加”、“业务及管理费”和“其他业务成本”项目，反映保险公司确认的与保险合同履约不直接相关的手续费及佣金支出、税金及附加、业务及管理费和其他业务成本。该项目应分别根据“手续费及佣金支出”、“税金及附加”、“业务及管理费”和“其他业务成本”科目的发生额填列。

（三）所有者权益变动表

保险公司的所有者权益变动表与商业银行所有者权益变动表一致，在此不再赘述。

（四）现金流量表

1.报表格式

保险公司现金流量表如表14-10所示。

表14-10　　保险公司现金流量表

编制单位：　　年度　　单位：

项目	本期金额	上期金额
一、经营活动产生的现金流量：		
销售商品、提供劳务收到的现金		
向其他金融机构拆入资金净增加额		
收到签发保险合同保费取得的现金		
收到分入再保险合同的现金净额		
拆入资金净增加额		

续表

项目	本期金额	上期金额
收到其他与经营活动有关的现金		
经营活动现金流入小计		
支付签发保险合同赔款的现金		
支付分出再保险合同的现金净额		
保单质押贷款净增加额		
拆出资金净增加额		
支付手续费及佣金的现金		
支付给职工及为职工支付的现金		
支付的各项税费		
支付其他与经营活动有关的现金		
经营活动现金流出小计		
经营活动产生的现金流量净额		
二、投资活动产生的现金流量：	—	—
收回投资收到的现金		
取得投资收益和利息收入收到的现金		
处置固定资产、无形资产和其他长期资产收回的现金净额		
收到其他与投资活动有关的现金		
投资活动现金流入小计		
投资支付的现金		
返售业务资金净增加额		
购建固定资产、无形资产和其他长期资产支付的现金		
支付其他与投资活动有关的现金		
投资活动现金流出小计		
投资活动产生的现金流量净额		
三、筹资活动产生的现金流量：		
吸收投资收到的现金		
取得借款收到的现金		

续表

项目	本期金额	上期金额
发行债券收到的现金		
回购业务资金净增加额		
收到其他与筹资活动有关的现金		
筹资活动现金流入小计		
偿还债务支付的现金		
分配股利、利润或偿付利息支付的现金		
支付其他与筹资活动有关的现金		
筹资活动现金流出小计		
筹资活动产生的现金流量净额		
四、汇率变动对现金及现金等价物的影响		
五、现金及现金等价物净增加额		
加：期初现金及现金等价物余额		
六、期末现金及现金等价物余额		

2.报表各项目的填列方法

保险公司现金流量表修订、新增项目的说明如下：

（1）“收到签发保险合同保费取得的现金”项目，反映保险公司因签发适用新保险准则的合同（分入再保险合同除外）收到的保费（含投资成分和预收保费，下同）现金流量。若企业在按照新保险准则第八十六条规定对保险合同负债（或保险合同资产）账面价值变动的披露中未将保费返还与投资成分合并披露，则保费返还对应的现金流出应列示在本项目中。

（2）“收到分入再保险合同的现金净额”项目，反映保险公司因签发适用新保险准则的分入再保险合同从分出人收到的分入保费减去向分出人支付的赔款和费用（含投资成分，下同）等后的净额。

（3）“支付签发保险合同赔款的现金”项目，反映保险公司因签发适用新保险准则的合同（分入再保险合同除外）从已发生赔款负债金额中向保单持有人支付的现金流量，例如，向保单持有人支付的赔款（含投资成分）、保单红利、满期给付等。若企业在按照新保险准则第八十六条规定对保险合同负债（或保险合同资产）账面价值变动的披露中将保费返还与投资成分合并披露，则保费返还对应的现金流出应列示在本项目中。

（4）“支付分出再保险合同的现金净额”项目，反映保险公司因分出适用新保险准则的再保险合同向分入人支付的分出保费减去从分入人收到的摊回赔款和费用等后的净额。

（5）“保单质押贷款净增加额”项目，反映保险公司因签发适用新保险准则的保险合同产生的保单质押贷款所支付与收到的经营活动净现金流量。

（6）保险公司因签发或者分出不适用新保险准则的保单而从保单持有人或分入人收到和向保单持有人或分入人支付的现金流量净额，列示在“收到其他与经营活动有关的现金”或“支付其他与经营活动有关的现金”项目。

本章小结

1.财务报告是指企业对外提供的反映企业某一特定日期的财务状况和某一会计期间的经营成果、现金流量等会计信息的文件。

2.财务报表包括资产负债表、利润表、现金流量表、所有者权益（或股东权益）变动表及财务报表附注。

3.本章重点介绍了商业银行财务报表、证券公司财务报表和保险公司财务报表。

关键概念

财务报表　财务报表附注

扩展链接

财政部发《商业银行绩效评价指标体系》

思考与应用

1.商业银行的主要财务报表有哪些？各自的作用如何？

2.商业银行的资产负债表与工商企业的资产负债表有何区别？为什么？

3.试对商业银行经营活动产生的现金流量内容进行分析。

4.何为财务报表附注？财务报表附注在财务报告中的作用是什么？

参考文献

［1］王允平，关新红，李晓梅．金融企业会计［M］．5版．北京：经济科学出版社，2017.

［2］《金融企业会计核算实务全书》编委会．金融企业会计核算实务全书［M］．北京：地震出版社，2016.

［3］中国人民银行支付结算司．中国人民银行支付系统制度汇编［M］．北京：中国金融出版社，2006.

［4］中国人民银行支付结算司．新版票据与结算凭证使用手册［M］．北京：中国金融出版社，2006.

［5］中华人民共和国财政部．企业会计准则应用指南2024年版［M］．上海：立信会计出版社，2024.

［6］企业会计准则编审委员会．企业会计准则案例讲解2024年版［M］．上海：立信会计出版社，2024.